叢書・ウニベルシタス　1052

二人称的観点の倫理学

道徳・尊敬・責任

スティーヴン・ダーウォル
寺田俊郎 監訳／会澤久仁子 訳

法政大学出版局

目次

まえがき

わたしは、本書の主題を、それとは気づかないまま、すでに長い間考えてきたように思う。わたしの目は、三歳のころから、同じ対象に同時に両眼を向けることができない（「斜視」と呼ばれる）状態にある。これは、わたしの視力にはさほど影響を与えてこなかった。そのもっとも顕著な影響は、ヒュームが『人間本性論』のなかで、誤った信念を惹き起こすことが道徳的不正の源泉であるという、奇妙なメタ倫理学的立場を考察する際に触れているものである。(1) このことが真であったとすれば、「やぶにらみの人々」は不道徳だということになるだろう、なぜなら、われわれは「彼らが実際に挨拶したり話しかけたりしている人とは別の人に、言葉を宛てていると想像する」から、とヒュームは言う（Hume 1978: 462n）。(2) それはずっとわたしの問題であった。わたしは、わたしがその人に注意を向けようとしていることを認めてもらうのに、苦労してきた。それで、わたしは、相互に認めあうには厳密に言って何が必要なのだろうか、と考えるようになり、それが人間の経験にどれほど浸透しているかについて考えるようになり、もっと最近になってもっと意識的に、それが道徳理論にとってどれほど重要かを深く考えるようになったのだと思う。(3)

われわれが当たり前だと思っていることが、実際は、われわれが十分理解することができない複雑な能力に関わっていることは、よく知られた事実である。たとえば、われわれは込み入った会話の規範を受け入れているが、たいていの人は、それらの規範に対するはなはだしい違反を目にするまでは、それに気づかない。同じことは、「二人称的観点」に関わる一群の現象にも当てはまる。われわれは、尊敬と「二人称的権威」（権利主張、要求、期待などを誰かに宛てる権威）に関わる規範に暗に関与しているが、その規範を理解するためには、それに違反する事例を考察する必要があるのだ。

さて、もっと核心的なことを言おう。わたしは、二人称的観点が道徳理論にとって基本的な意味があり、それなくしては多くの主要な道徳的観念を十分に理解することができない、と考えるようになった。本書で、わたしは、道徳的義務や道徳的責任（説明責任）、人への尊敬や人の尊厳、道徳的行為主体に特有の自由は、すべて二人称的であり、他のものに還元することができない、と論じる。そしてさらに、わたしは次のような議論を提示しようと試みる。道徳的義務の権威とこれら他の観念とを、繰り返しになるが、二人称的パースペクティヴから立証するような議論である。

ここで読者の忍耐を請わなければならない。本書でわたしが注目する現象はまったくよく知られたものであるものの、それらをわたしは「二人称的理由」や「二人称的能力」などの抽象的な用語を用いて、よく知られていない方法で分析することになるだろう。そして、わたしの主張の多くはあいまいであり、なかにはあいまいすぎる場合もあるだろう。忍耐の限界だと思われることもあるかもしれない。しかし、その場合には、救済策がある。あなたの反応が、苛立ちのようなものであれば、それは、成長して何らかのストローソン的反応的態度、おそらくはわたしの不遜やあなたの時間の無駄に対する憤りに近いものとなるだろう。そのようなことになれば、一歩身を引いて、その考えや気持ちを吟味していただきたい。そのなかに二人称的理由や二人称的権威の観念が潜んでいるのがわかるかもしれない。あなたの反応が退屈やたんなる関心の欠如であれば、この救済策が役に立たないことは、言うまでもない。

　本書で展開される着想を考え続けている間に、わたしは多くの人々のお世話になった。助けていただいたとはっきりと覚えている人にかぎっても、名前をすべて挙げることができないほど多くの人々だ。この数年間、さまざまな討論会や学術集会でこれらの着想のさまざまな発展段階を発表した際に、非常に有益な応答を得た。発表の機会を与えてくださった数多くの哲学科、学会・協会、個人にたいへん感謝している。本書の初期の草稿を二つの大学院のゼミナールで検討することができたことは、特にありがたかった。オハイオ大学の二〇〇三年のゼミナールとミシガン大学の二〇〇五年のゼミナールである。また、他の種類の数えきれないやりとりも有益だった。他の多くの人々に加えて、次の方々に謝意を表したい。Kate Abramson, Donald Ainslie, Elizabeth Anderson, Brian Apicella, Nomy Arpaly, Carla Bagnoli, Marcia Baron, Jack Bender, Alyssa Bernstein, Lorraine Besser-Jones, Simon Blackburn, Michael Bratman, Aaron Bronfman, John Broome, Vivienne Brown, Allen Buchanan, Sarah Buss, Vanessa Carbonell, Jules Coleman, David Coppa, Randall Curren, Jonathan Dancy, Justin D'Arms, Julian Darwall, Will Darwall, Steven Daskal, Remy Debes, Richard Dees, John Deigh, Robin Dillon, Chris Dodsworth, Jamie Dreier, Andrew Eshelman, Nir Eyal, William Fitzpatrick, Samuel Fleischacker, Robert Frank, Harry Frankfurt, Robyn Gaier, David Garvin, Gerald Gaus, Allan Gibbard, Peter Graham, Robert Gressis, Charles Griswold, Michael Hardimon, Christie Hartley, Sally Hanslanger, Daniel Hausman, Susan Hawthorne, Barbara Herman, Pamela Hieronymi, Thomas E. Hill Jr., Ted Hinchman, Paul Hoffman, Tom Hurka, Paul Hurley, Nadeem Hussain, P. J. Ivanhoe, Daniel Jacobson, Agniwszka Jaworska, Marie Jayasekera, Robert Johnson, Rachana Kamtekar, Rob Kar, Daniel Keen, Christine Korsgaard, Michelle Kosch, Richard Kraut,

John Ku, Arthur Kuflik, Rahul Kumar, Joel Kupperman, Rae Langton, Mark LeBar, David Levy, Ira Lindsay, Erica Lucast, Erick Mack, Tito Magri, Douglas MacLean, Michelle Mason, Joe Mendola, Martha Nussbaum, Howard Nye, Derek Parfit, James Petrik, Philip Pettit, Sara Postasi, Jerry Postema, Luke Potter, Ryan Preston, Wlodek Rabinowicz, Peter Railton, Joseph Raz, Andrews Reath, Connie Rosati, Jacob Ross, Emma Rothschild, Geoff Sayre-McCord, T. M. Scanlon, Brian, Schaefer, Tamar Schapiro, Eric Schliesser, Franklin Scott, Mark Schroeder, Nishi Shah, Nancy Sherman, Walter Sinnott-Armstrong, Anthony Skelton, Matthew Smith, Michael Smith, Jim Staihar, Jason Stanley, Micahel Stocker, Sigrun Savavarsdottir, Julie Tannenbaum, ValerieTiberius, Kevin Toh, Mark van Roojen, David Velleman, Peter Vranas, Kendall, Walton, Gary Watson, Eric Weber, Marshall Weinberg, Andrea Westlund.

また、公的機関の潤沢な助成も受けた。それがなければ、本書は成立しえなかっただろう。一九九八～九九年の国立人文学基金の特別研究奨励費は、他のプロジェクトを助成するものだったが、そのプロジェクトを通じて本書で展開する着想が得られた。ミシガン大学哲学科のジェイムズ・B&グレイス・J・ネルソン基金のおかげで二〇〇二～二〇〇三年に一年間の研究休暇を取ることができた。その間に本書の初稿が書かれた。そして、いま、ミシガン大学から特別研究休暇の支援を受けて、最終稿を完成しようとしている。

本書には以前に公刊されたものに依拠する部分がある。第五章の一部は、ラリー・クラスノフ&ナタリー・ブレンダー編集の『自律史新論』〔*New Essays on the History of Automomy*〕（ケンブリッジ大学出版局、二〇〇三年）に基づいており、ケンブリッジ大学出版局の許可を得て出版される。第六章は、『アメリカ哲学会発表・講演報告書』〔*Proceedings and Addresses of the American Philosophical Association*〕第七八号（二〇〇四年）の四三〜六〇頁に所収の「尊敬と二人称的観点」から引いている。これは、アメリカ哲学会の許可を得て出版される。第十章〔本書第八章〕の一部は、『国際ドイツ観念論年報』〔*International Yearbook for German Idealism*〕第三号（二〇〇五年）の九一〜一一三頁所収の「フィヒテと二人称的観点」〔"Fichte and Second-Person Standpoint"〕に基づく。これはヴァルター・デ・グロイター社の許可を得て出版される。

ハーバード大学出版局から受けた助力にも感謝している。リンゼイ・ウォーターズはいつも励ましと知恵を与えてくれた。また、出版局の二人の査読者は多くのたいへん有益な示唆を与えてくれた。

いつもそうだが、わたしの同僚である、ミシガン大学哲学科の学生たちと教員に、最大の感謝を表する。とくに、エリザベス・アンダーソン、アラン・ギバード、ピーター・レイルトン、そして本書を書いている間ではデイヴィド・ヴェルマン、これらの人々みなのおかげで、アン・アーバーは道徳哲学をするのに理想的な場所になった。

最後に、本書を二人の息子たち、ジュリアン・ダーウォルとウィル・ダーウォルに捧げたい。本書の着想について話した時に彼らが示してくれた励ましと理解に勝る支えはなかった。この意味で、そして他のさまざまな意味で、二人に感謝している。

註

（1）ヒュームはこの立場をウィリアム・ウォラストンに帰しているが、これは間違いである。

（2）だが、わたしだけではない。第六章の註41を参照。

（3）わたしがこれらの問題に焦点を当てた理由は、それだけではない。統合失調症に苦しめられ、（一九五〇年代に）施設に収容されるまで、家族との最後の数年間を静かな監獄のようなところで過ごした母をもっていることも、もう一つの理由である。

凡例

一、本書はスティーヴン・ダーウォル（Stephen Darwall）の *The Second-Person Standpoint: Morality, Respect and Accountability*（2006）の第一部、第二部、第四部の全訳である。第三部は原著者と相談のうえ割愛した。

二、訳文中の（　）［　］は原文で使用されているもので、主として前者は補足説明や文献指示、後者は引用文中の原語表示である。〔　〕は訳者が挿入した補足説明および原語表示である。

三、原文中のイタリック体による強調は訳文では傍点で表した。

四、原文では、古典文献の参照箇所も原典ではなく現代版によって指示されているが、訳文でもそのままとした。たとえば、カントの著作の参照箇所は、「(1996a: 31)」などのように、英語版の出版年にプロイセン・アカデミー版の頁付で示されているが、そのままとした。

五、原文中の引用文の訳文は基本的に訳者によるものである。

六、索引は原著に基づいて作成したが、人名、事項とも大幅に簡素化した。

第一部

第一章　主要な着想（一）

人は権利主張の自己創出的な源泉である。
——ジョン・ロールズ「道徳理論におけるカント的構成主義」

あなたとわたしが、互いの行動や意志に対する要求を行ったり承認したりする際にとるパースペクティヴを、二人称的な観点と呼ぶことにしよう[1]。この観点は、J・L・オースティンがその実態を明らかにした遂行語——要求する、非難する、謝罪するなど——の場合のように、発話され、明示的であることもあれば、憤りや罪責感などのような、ストローソンのいう反応的〔reactive〕感情の場合のように、ただ非明示的であることもある（Austin 1975; Strawson 1968）。だが、明示的で声に出されている——「誰に向かって話しているつもりだ」——にしても、憤懣やるかたないふくれっ面のようにただ非明示的でなんとなく感じられるだけであるにしても、二人称的観点から行われる思考と発話とには、〈わたし－あなた－わたし〉という相互に何かを宛てあう構造が終始一貫して見られる。

オースティンは、他の人々に宛てられた言語行為が適切な効果を、いやそもそも何らかの効果を、発揮するために満たさなければならない「適切性の条件」があることを教えてくれた（Austin 1975）[2]。たとえば、ある発話が指図と見なされるためには、特定の慣習的な権威関係が背景になければならず、話し手とその相手とが共にそれを認識していなければならない。しかし、オースティンは倫理学に関心があったわけではない。彼が関心をもっていた問いは、次のような社会的かつ言語的なものであった。慣習的な意味で発話行為がうまくいくためにはどのような条件が満たされなければならないのか。この意味で発話が指図になるためには、話し手がしかるべき事実上の〔de facto〕権威をもっていれば十分であって、権利上の〔de jure〕権威をもっている必要はない。

しかし、われわれの問いは規範的なものである。指図は、ある独特の種類の（規範的な）行為の理由を人に与えることを意図する、誰かに宛てられた発話の一種であり、そのような理由をわたしは二人称的理由と呼ぶ[3]。理由が二人称的になるのは、それが、話し手が自己と相手との間にあると見なす（権利上の）権威関係によって根拠づけられているからである。それゆえ、二人称的理由は、他の種類の実践的理由とは違って、それらの権威関係の範囲内でしか誰かに宛てることができない[4]。そして、これから明らかにするように、二人称的理由は、それが〔他の人の〕意志に対してどのような要求を行うかという点でも独特である。

オースティンのいう適切性の条件は、言語行為が、慣習的に規定された種類の行為——たとえば指図——として通用するために、あるいは、オースティンのいう「誤用」にならないために、効いていなければならないものである（Austin 1975: 16）[5]。「誤用」とは、まぎれもなくその種の行為ではあるがその種の行為を支える何らかの慣習に反する行為——たとえば不誠実な約束——のことである。しかし、われわれが関心を向けるのは「規範的な適切性の条件」とでも呼ぶべきものである。つまり、二人称的な理由が現実に存在するために、そして、二人称的理由が二人称的に宛てられることによってうまく与えられるために、満たされなければならない条件である。

ある人が他の人に二人称的理由を与えようとするとき、その人は相手に対してしかるべき権威関係に立っているものと思っている。その人が相手に理由を宛てることはその権威を前提としている、と言えるだろう。わたしが言おうとしているのは、その人が権威をもっていることが、相手に宛てたつもりの理由が妥当性をもつための必要条件になっており、したがって、相手にうまく理由を与えるための規範的な適切性の条件になっている、ということである。それゆえ、相手にその理由を与えようとすれば、その理由を与えるための規範的な適切性の条件を満たすことを想定せざるをえないので、必然的にその権威を想定することになるのである。

誰かに何かを宛てることにはさまざまな種類があるが、それぞれの種類にはそれぞれの前提があるということに加えて、本書の主要な主張の一つは、誰かに何かを二人称的に宛てることには、一般に、ある一定の前提が組み込まれている、ということである。そもそも、あなたとわたしが有意味に二人称的な姿勢をとり、互いに権利主張や要求を行うためには、二人ともただ自由で理性的な行為主体であるというだけで二人称的な権威、能力、責任をもつ、ということを前提としなければならない、というのがわたしの主張である。

二人称的理由

わたしが主張しようとしていることがどのようなものか感触をつかんでいただくために、誰かにあなたに苦痛を与えるのをやめる——たとえば、あなたの足を踏んでいる足をどける——理由を与えようとしていると想定し、二つの異なる理由の与え方を比較してみよう。

一つは、その人に、あなたの苦境に対する同情的な関心を起こさせ、そうすることによってあなたを苦痛から解放したいと思わせることであろう。[6] かりにその人がそのような欲求をもったとすれば、あなたが苦痛を感じているのはよくないことであり、自分には（それどころかその能力がある人なら誰にでも）その世界の状態を変える理由がある、と見なすことだろう。そして、その人は、ごく自然に、あなたを苦痛から解放したいという自らの欲求を、その世界の状態を変える理由の源泉と見なすのではなく、そのような欲求があろうとなかろうと存在している理由を知る方法の一種と見なすだろう。[7] その人は、あなたが苦痛から解放されることを欲求するとき、この〔苦痛から解放されているという〕可能的な事態を、あなたが苦痛を感じている状態より望ましい世界のあり方、ムーアが「それ自体のために存在すべき」(Moore 1993: 34) と表現した、可能的な結果ないし状態と見なすことだろう。[8]

その状況は、構造的に見て、純粋な認識上の事例によく似ていることだろう。たとえば、あなたが事実苦痛を感じていると信じる理由をその人に与えるような場合である。その人が、自分の欲求のパースペクティヴから見える物事のあり方を信じたとすれば、自分の足をどけるための、世界の状態に関係した行為主体に中立的な理由を受け入れることになるだろう。[9] その理由は、本質的に、他の人に苦痛を与えている行為主体としてのその人にとって存在するのではない。それは、ごく基本的な意味で、あなたを救うことのできる地位にあるどの人にとっても存在し、それゆえ、足を踏んでいる人にとっては、あなたを救うのに最適の場所にいるがゆえに存在するのである。[10] 最後に、このようにしてその人に理由を「与える」とき、あなたはその人に理由を宛てているというよりは、むしろ、あなたがその人にそれをわからせるという事実からも、それをわからせるあなたの能力からも独立に、とにかく理由が存在していることをわからせようとしているのである。[11] ここで二つの点が重要である。第一に、その理由を指示することによって、あなたは——実践的理由が問題になっているにもかかわらず——その人を実践的にというよりも認識的に方向づけることになるだろう。そのように理由を提示すれば、あることを行うことに同意するようその人に求めるというよりも、いわば、あることを行う理由があることに同意するよう求めていることになるだろう。そうすると、あなたがどのような要求を行おうと、それは実践的理由をめぐるその人の信念に対する要求であって、直接その人の意志に対する要求ではないことになるだろう。第二に、あなたがその人に理由を与えることができるかどうかは、あなたがその人に理由を与えようとしているという事実や、あなたにはそうする権威や能力があることを、その人が理解しているかどうかには左右されない。その人に理由を理解させるためにあなたがすることなら、どんなことでも役に立つ。実際、その人があなたを、人を説得することもできないほど無防備で弱い、幼い子どものようだと見なしてくれたとすれば、それがもっとも効果的かもしれない。

もう一つの理由の与え方として、あなたは権利を主張したり、妥当だと思われる要求を相手に宛てたりすることもできるだろう。あなたが、その人に足をどけるよう主張したり要求したりする権威をもっていることをはっきりとあるいはそれとなく示すと同時に、その要求を表現する言葉を口にすることもあるだろう。あなたは、それを、その人に足を踏まれている当人として要求することもあるだろうし、互いの足を踏まないよう要求しあっていると自己了解している成員からなる道徳的共同体の一員として、あるいはその両方の地位から要求することもあるだろう。いずれにせよ、あなたが相手に宛てる理由は、行為主体中立的ではなく行為主体相関的である。(12) それは、ごく基本的な意味で、その人のパースペクティヴから見た他の人々（およびその人自身）との関係に関わる。目下の事例で言えば、その人があなたの足を踏み続ければあなたに苦痛を与える、不便をかける、などといった関係の範囲内でその人のパースペクティヴから見た関係に関わる。その理由がその人に宛てられるのは、たんに、他の人の苦痛という遺憾な状態、あるいは、ある人が他の人に苦痛を与えているという遺憾な状態を変えることができる地位にあるからではない。たとえば、その人の足がしっかりとあなたの足を踏みつけたまま動かないという衝撃的な光景を見ることによって、他の二人の人が不当な苦痛を与えるのを思いとどまることになるとしても、この第二の、要求に基づく（したがって二人称的な）理由は、その人に足を踏み続けるよう勧めることはないだろう。(13) むしろ、その理由は、他の人に不当な苦痛を与えている人――つまり、人々が互いにしないよう要求する権威をもっていると通常想定されていることを行っている人――としてのその人に宛てられているのである。(14)

われわれの目的にとって重要なことは、誰かが、この――あなたの権利主張や要求のなかに表現された――自分の足をどける二人称的な理由を、分別をもって受け入れることができるとすれば、それは、足をどけることを要求するあなたの権威を、その人が（二人称的に）受け入れる場合に限る、ということである。それは、何かを妥当な権利主張や要求として受け入れることに他ならない。(15) そして、あなたが足をどけるよう要求することができる、ということをその人が受け入れるとすれば、次のことをも受け入れなければならなくなる。自分が足をどけなければ、あなたが不服を言ったり責任を追及する態度で応じたりするのももっともだ、ということである。最初にあげた状況や結果に基づく理由とは違って、この第二の理由は次の点で二人称的である。つまり、権利を主張したり人に責任があると見なしたりすることには、相手に何かを二人称的に宛てることが含まれているが、第一の理由はこのことから概念的に独立しているのに対して第二の理由はそれに依拠している、という点である。二人称的理由の妥当性は、人と人との間に前提される権威関係および責任関係に基づいているのであり、それゆえ、理由が人から人に宛てられる可能性に基づいているのである。命令、依頼、主張、非難、不服、要求、約束、契約、同意、指令などに表現されたり前提されたりしている理由は、すべて以上のような意味で二人称的である。相手に何かを二人称的に宛てることに役立つ以外に、それらの理由が存在する余地はない。そして、その二人称的な性格が、それが行為主体相関的であることの説明になる。二人称的理由はつねに行為主体相互の関係に由来するがゆえに、いつも基本的に行為主体相関的なのである[16]。

　命令や依頼に基づく理由が以上の意味で二人称的であることはたぶん明白だろうが、道徳的な義務や要求もまたかなり広く二人称的である、とわたしは主張する（このことは、あなたが誰かに苦痛を与えるのをやめるように要求するのは、たんに被害者としてではなく道徳的共同体の一員としてでもある、と先に述べたときに、それとなく示唆されていた）。わたしが主張したいのは、われわれはふつう道徳的義務を道徳的責任に関係するものとして理解するが、そのように理解するためには、道徳的義務が、道徳的観点から見て、つまり道徳的共同体の（一人称複数の）パースペクティヴから見て、「有効な〔in force〕」要求を含んでいると見なさなければならない[17]。しかし、こう言ったからといって、その要求の二人称的な性格が薄れるわけではない。このことは、すぐに明らかになるだろう。なぜなら、それは、その要求のもつ「要求を誰かに宛てる」という性質に関わるからである。[18]

もちろん、われわれが互いに行いあうことを拘束する行為主体相関的な規範や理由のなかには、二人称的でないものもあるかもしれない。人の足は何か神聖な土地のようなもので、みんなが踏まないようにしなければならない理由がある、と考え、足を踏まないようにすることは、それを要求する誰かの権威とは――神の権威とすら――関係ないと想定することもありうるだろう。しかし、人々の足を踏まないようにする理由が、われわれは足を踏まないよう互いに理性的に要求しあうことができ、また実際に要求しあっているという事実、あるいは、足を踏まないようにする責任があるという事実に存する、と考えるかぎり、われわれは二人称的理由――権利を主張したり要求したりすることに含まれている、主張や要求を誰かに二人称的に宛てる可能性がなかったとしたら、まったく存在しないような種類の理由――を考えていることになる。

二人称的理由はつねに基本的に行為主体相関的であるから、二人称的態度は（単数であろうと複数であろうと）一人称的観点の一種である。人は、実践的な〔行為に関する〕思考や発話を他の人に宛てたり、他の人から自分に宛てられていることを承認したりするが、そうすることによって互いの意志に対して権利主張や要求を行ったり、権利主張や要求を承認したりするのである。その際人が（「わたし」としてであれ「われわれ」の一人としてであれ）想定しているパースペクティヴが二人称的観点である。それは、実践的に〔行為に関して〕指示を与えられたり与えたりする思考に、つまり、自由で理性的な行為主体に宛てられ、要求を行う思考に関わる。二人称的観点に含まれないのは、三人称的パースペクティヴである。それは、実践的な目的のために、他の人々（および自分自身）を、自分自身との関係においてではなく、その人々（あるいは自分）が「客観的に」または「行為主体中立的に」（自らの人格への関係も含めて）あるとおりに、考慮に入れるパースペクティヴである。そして、二人称的観点には、宛先をもたない、つまり二人称的な側面をもたない、一人称的思考も含まれない。

このように、誰かに何かを二人称的に宛てることはつねに一人称的でもあるが、たんに一人称的であることはない。一人称的なパースペクティヴは、単数であれ複数であれ、誰かを明示的な宛先としなくてももつことができるものである。そして、たとえあらゆる発話が（そしてことによると思考も）ある種の非明示的な宛先を含んでいるとしても、本書の中心的なテーマは、二人称的な実践的理由を誰かに宛てることは、意志に対する独特の要求を含んでおり、その点で、理由を与える行為のなかでも他の種類のもの（たとえば助言）とは異なるということである。

論理的関係と人称的関係

二人称的理由という着想を理解するために、トマス・ネーゲルの「義務論的な強制力」は行為主体相関的だという考えに対してクリスティーン・コースガードが行っている批判に照らしてみるのも、有益かもしれない(19)。ネーゲルが、そのような強制力は「被害者が自分に危害を加えようとする人々にいつでも異議申し立てすることを許す」と述べているのを引いて、コースガードは「それは文句なしに正しい」が「それを、義務論的な理由は行為主体相関的だという理論は、許容することができない」と答えている（Nagel 1986: 184, Korsgaard 1996d: 297–298）。道徳的要求は、それに従うことを要求する権威と概念的に結びついている、というのがわたしの主張である。コースガードは、ある行為主体が何かを行う行為主体相関的な理由をもっているという事実からは、その行為主体がそれを行わなかった場合に、誰かが不服を述べる理由をもつということは帰結しない、と述べる。われわれの用語法で言えば、二人称的な権威は帰結しない、ということになる。しかし、わたしの見るところ、そのような不足の原因は行為主体相関性にはない。実際、すでに述べたように、二人称的理由はつねに基本的に——行為主体に対する消去できない再帰的な関係をもつというもっともなじみ深い意味で——行為主体相関的である。[20]規範や理由が行為主体相関的だろうと行為主体中立的だろうと、それが二人称的でないかぎり、異議を申し立てる理由が、ある行為主体がその規範や理由に反しているという事実から直接的に帰結することはない。実際、その規範や理由がどんなに重みをもち優先順位が高かろうと、そこから異議を申し立てる理由は帰結しない。行為主体相関的だろうと行為主体中立的だろうと、また、重みや優先順位がどのようなものだろうと、ある規範や理由に従うよう要求する誰の権威も承認しないまま、その規範や理由を承認することもあるだろう。ある規範や理由を承認することは、いわば規範や理由の論理的形式ないし重みの問題であるが、その規範や理由に従うよう要求する権威を承認することは、二人称的権威に関わる。

コースガードは、最終的に行為主体相関的・行為主体中立的という区別を退け、あらゆる行為の理由は「共有する」ことが可能でなければならない、と主張しようとしている。コースガードが「義務論的な」道徳的義務に関わる理由に関して強調しているように「それらの理由は相互に行為しあう人々の関係に付随して生じる。それは相互主観的な理由である」(Korsgaard 1996d : 298)。このコースガードの主張とわたしが本書で擁護する見解との基本的な一致点は、道徳的義務は以上のように還元不可能な二人称性をもつ、ということである(もっとも、コースガードとは違って、わたしには、あらゆる行為の理由が、コースガードのいう意味で共有可能である理由がわからない)。[21]しかし、わたしの見るところ、道徳的義務の二人称的な側面は、論理的形式の非二人称的な性質によっては説明できないし、それが通常の意味で公共的であるか私的であるかによっても説明できない[22]。これから明らかにしたいと思うが、二人称的権威は、端的に、道徳的義務の本質的で還元不可能な側面なのである。

理由が二人称的であるかどうかは、論理的関係の問題ではなく人称的関係の問題である。二人称的理由は、われわれの相互関係を構成する。そして、道徳的義務と人の平等な尊厳とには、われわれが互いに二人称的に関係しあうときにいつも関与している何かが結びついている、とわたしは主張する。

二人称的概念の還元不可能な円環

二人称的理由は、いつも、明らかに二人称的な種類の実践的権威に結びついている。つまり、要求や権利主張を行う権威である[23]。権利主張や要求が妥当性をもつためには、つねに権利主張や要求を行う権威が前提とされ、正当に権威づけられた権利主張はそれに従うべき独特の理由（二人称的理由）を生み出すことが前提とされる。さらに、これらの概念はすべて応答責任〔responsibility〕または説明責任〔accountability〕という観念を伴っている。要求する権威は、その宛先になる相手がそれに従うべき理由があることだけでなく、その人にはそうする応答責任があることを含意している[24]。逆に、説明責任は説明する責任を問う権威を含意し、この権威は権利主張や要求を行う権威、つまり二人称的理由を相手に宛てる地位を含意する。それゆえ、これらの概念——二人称的な権威、妥当な権利主張や要求、二人称的理由、責任——は、相互に規定しあう円環構造を成す。各々の語が他のすべての語を含意するのである。さらにこの円環には外側から入り込む方法がないことを、強調しておきたい。すでに暗に二人称的であるような規範的・評価的概念以外の概念によって定式化される命題は、この円環内にある概念によって定式化される命題を十分に基礎づけることができない、ということである。

たとえば、この還元不可能な二人称的実践的権威は、その他の種類の権威とは別種のものであり、その他の権威には還元されえないということが、以下では重要になる。たとえば、認識上の権威を考えてみよう。われわれが認識上の権威を尊重する際、その尊重のしかたは——何を信じるべきかをめぐって議論する際、ある人の認識上の主張に重みを認めるという形で——二人称的であることが多いが、認識上の権威それ自体は二人称的ではなく、三人称的である。それは、基本的に、権威を認めるかいなかにかかわらず存在している事実や証拠に対するある人の関係に依拠しているのであって、他の認識主体に対するその人の関係に依拠しているのではない。証言という、誰かの言葉になにがしかの重みを認める行為の場合でも、その二人称的権威は、普通の三人称的な種類の認識上の権威が欠けていれば覆されうる。その人の信念や判断を信用しない理由があれば、その人の認識上の二人称的要求を退ける理由があることにもなる。さらに、認識上の権威を、他の誰にも知られることなく、ひそかに尊重することもできる。たとえば、重役室で飲み物を出しているときにふと耳にした信頼できる株式情報に基づいて行為する場合のように。

しかし、二人称的理由を人に宛てる権威は、基本的に二人称的である。軍曹が自らの部隊に整列せよと命令すれば、部下たちは、通常、軍曹が自分たちに与える理由はもっぱら要求を発する軍曹の権威とそれに従う自分たちの責任に由来する、と考える。それは、助言者の場合とは違って、部隊の行動の非二人称的な理由を見出す軍曹の能力によって獲得される地位ではない。それが、ホッブズの「指令」と「勧告」(25)との有名な区別の要点である。軍曹の命令が部下に宛てる〔行為の〕理由は、指令することを通じて理由を部下に宛てる権威がなかったとしたら存在しないのである。同じように、あなたの足を踏んでいる人に足をどけるようあなたが要求するとき、この二人称的理由を相手に宛てる還元不可能な二人称的地位が前提とされているのである。

もちろん、こう言ったからといって、一般的なものであれ個別的なものであれ、権利主張や要求を誰かに宛てる権威があるという主張は正当化を必要としない、とか、知識や知恵の力によってそのような地位をもつようになることはまったくない、とかいうことにはならない。肝心な点は、その地位自体は三人称的な権威ないし認識上の権威ではなく、そうした権威から帰結するのでもない、ということである。そして、わたしが主張したいのは、そのような二人称的地位が正当化される唯一の方法は、権利主張、説明責任、二人称的理由、これらに関係する種類の権威という、四つの相互に関係しあう観念の円環にある、ということである。二人称的地位は、最終的には、二人称的観点の内で正当化可能でなければならないのである。

このように、純然たる規範的理由を伴う妥当な「べし」というなじみ深い意味での権威ないし拘束力をもつ規範の観念と、権威のある（二人称的な）権利主張や要求の観念との間には、重要な違いがある。たとえば、本書の中心的な主張は、人のいわゆる不可侵の価値ないし尊厳は還元不可能な二人称的要素をもっており、その要素が、互いに足を踏むべきではないというような特定の扱い方を要求するのだ、ということである。たしかに、尊厳は、部分的に次のことに関わる。人々に対してとってはならない振舞い方と、とらなければならない振舞い方とがある、ということ、つまり、よく言われるように、人はある特定のしかたで扱われてはならない存在者である、ということである（Kamm 1989, 1992 ; Nagel 1995）。しかし、それは尊厳のすべてではない。なぜなら、誰もわれわれに要求する地位にないような要求が、われわれに課せられることがあるからだ。たとえば、われわれは、既知の前提から矛盾なく論理的に帰結する命題を信じるべきだという理性の要求の下にある。だが、われわれが互いに論理的に推論することを要求する地位にあるのは、たとえばあなたとわたしが共同で何を信じるべきかを見出そうとしているときなどの、ある特定の状況にあるときのみである。その場合ですら、その権威は、われわれが共同の目的を設定したという道徳的ないし準道徳的な局面に由来する。(26) このように、論理的に推論せよという要求は、人の尊厳に基礎をもつ要求とは基本的に異なるものである──そして、さらに一般的に言えば、道徳的要求とも異なるものである。道徳的義務とは、われわれがある人々に道徳的責任を負っている場合に、その人々が権威をもってわれわれに行うことを要求する何かのことであり、このことは他ならぬ人の尊厳という概念の一部である、とわたしは主張する。それは、明らかに、論理の要求や理性の要求といった概念の一部ではないのである。(27)

われわれの人としての尊厳には還元不可能な二人称的権威が含まれているが、それは、この二人称的権威そのものに対する尊敬と、二人称的権威に従うよう要求する地位をわれわれに与える諸条件に対する尊敬とを要求する、と主張したい。尊厳とは、人に関連する一連の要求事項であるだけでなく、それらに従う責任があると互いに見なしあい、それらに従うよう要求する権威でもある。そのような権威を受け入れることなく人の尊厳を構成する第一階の規範を受け入れ、その規範によって良心的に自らを統制する人もいるかもしれない。その人は、その規範に従えという誰の要求も受け入れることなく、その規範を適切な意味で従うべきものとして受け入れさえするかもしれない。しかし、そういう人はまだ人の尊厳を十分に承認していない、あるいは尊厳のゆえに人を尊敬していない。これらのことは、還元不可能な二人称的次元に関わっているのである。

それゆえ、あることを行うべき、重みや優先順位をもつ規範的理由があるということ――それが行うべきことであり行わなければならないことであるということ――と誰かがそれを行うように主張ないし要求する権威をもっていることとの間には、一般的な違いがある。[28] たとえば、ある規範に従うようわれわれに要求する権威を神がもっているとしても、その要求する権威は、それらの規範自体から発生したり帰結したりする規範的理由にも、神がそれらの理由を知っているということにも、還元することができないのである。[29]

ストローソンの論点

ストローソンは「自由と憤り」(一九六八年)で、道徳的責任を帰結主義的な観点から理解することを批判したが、この影響力のある批判を考察することによって、同じ基礎的な着想を異なる方向から見ることができる。ストローソンは、刑罰の慣行と道徳的責任の慣行とを「行動を社会的に望ましい方向に統制するのに有効であること」によって正当化しようとする説明に反対して、社会的に望ましいということは「われわれが理解している」道徳的責任の「正しい種類」の理由ではない、と論じた(72, 74)。人々に責任を問うとき重要なのは、そうすることが、ある特定の場合や一般の場合に望ましいかどうか、ということではなく、その人の行動が非難に値するかどうか、そして、われわれにその人に説明を求める権威があるかどうか、なのである。望ましさは、誰かに責任を問うことを本質とする態度や行為それ自体を正当化するには、間違った種類の理由なのである。

これをストローソンの論点と呼ぶことができる。本質的に同じ考えがデューイにも見出される。デューイは次のように書いている。「欲求を満足させるものとして、それゆえよいものとして、現れる対象と、人の振舞いに対して承認されるべき要求を突きつけるものとして現れる対象との間には、起源と様相との両面で本質的な違いがある。いずれも他方に還元することができない」(1998b : 319)[30]。そこで、これをデューイの論点と呼んでもよいだろう。

ストローソンの論点は、間違った種類の理由の問題と名づけることのできる、もっと一般的な現象を例証している。たとえば、ある命題を信じる実用的な理由があったとしても、だからといってその命題が信じるべきものになるわけではない(Shah 2003)。その場合、特に信念に適用される理由や基準によって、その命題を信じることが正当化されるわけではないのである。同じように、ダームズとジェイコブソンが指摘したように、ある冗談を面白がることが道徳的な意味で問題だという事実から、その冗談は面白くないという結論を出すことは「道徳主義的誤謬」である[31]。そのような事実は、ある冗談に適切な意味で面白さが期待されない、という主張を正当化するには「間違った種類」の理由なのである(D'Arms and Jacobson 2000a)。

ある事由が正しい種類の理由になるためには、適切な態度をそれ自体において正当化するのでなければならない。それは、ある対象に関する事実またはその対象の性質でなければならず、それを適切に考慮すれば、誰かがその対象に対してその種の態度をとることを正当化する理由が与えられるようなものでなければならない[32]。それは、その態度が、それを行うべきかどうか考慮する(熟慮する)過程の結論と見なされうる(そして、そう見なされるのが適切である)根拠となる何かでなければならない。たとえば、ある命題 p を信じるべきかどうかを考慮する際、p を信じれば生じるであろう望ましい帰結を反省することによって p であると信じるという結論を出し、それで熟慮を終えることは端的に不可能である。それは、pを信じたいと望むことの正しい理由ではあっても、pを信じることの正しい理由ではない（pを信じることから生じる望ましい帰結を反省することによって、pを信じたいと望むようになることがある、という事実によって示されるように）。望ましいことは欲求に特有の規範や理由に関わり、信じるべきことは信念に特有の規範や理由に関わるのである。

同様に、責任があることや責めを負うことは、人々に責任を問うたり人々を非難したりすることに含まれる独特の態度や行為の規範に関わる。人々に責任を問うことが望ましいということ――道徳的な意味で望ましいのであれ、社会的、個人的、その他の意味で望ましいのであれ――あるいはそれが望ましい理由は、責任を問い非難するに値するかどうかという観点から責任を問うことを正当化するには、まったく間違った種類の理由である。(33) 前者は欲求の理由と規範に関わり、したがって何が望ましいか、という問いは、道徳的観点から問われる場合ですら、適切な意味でその人々に責任を問い非難する正当な理由は何か、という問いとは端的に別の問いなのである。

ストローソンは、人々に責任を問うことに含まれる独特の態度に「反応的態度〔reactive attitudes〕」という肩書を与えた。その顕著な例は、義憤、憤り、罪責感、非難などである。ストローソンが指摘し、それ以来ストローソンの解説者たちが強調してきたのは、反応的態度は要求を暗に相手に宛てる、ということである。反応的態度は、互いに一定の行動を「期待し、要求しあうこと」をいつも伴っている（1968：85）。(34) 反応的態度は、いつも、人に何を課すことができるかに関わり、したがって人に責任があると見なしその人に要求を行う権威を前提としている。それゆえ、道徳的な反応的態度は、道徳的義務（それは、道徳的共同体の成員であるわれわれが、当然のこととして互いに課しあう基準に他ならない）を遵守することを要求し、遵守する責任があると互いに見なしあう権威を前提としている。しかし、反応的態度は、責任があるとわれわれが見なす人々もまた同じ地位をもつ、ということを前提としている。反応的態度が他の人に宛てられるとき、それは「その人を道徳的共同体の一員と見なし続ける、ただし道徳的共同体の要求に違反した一員として」(93) というようなしかたで宛てられる、とストローソンは言う。そうすると、反応的態度は、われわれのいう意味で二人称的であり、この態度に特に妥当する倫理的概念──非難に値すること、道徳的責任、そしてわたしの見るところ、道徳的義務も──はすべて還元不可能な二人称的側面をもち、概念的に二人称的理由に結びついている、ということになる。

権利

二人称的円環の内にあるもう一つの中心的な倫理的概念は、権利という概念であり、それは何かを請求する権利の場合にもっとも明白になる。たとえば、誰かが故意にあなたの足を踏むことは、あなたが他の人々に対してもっている権利を侵害する、と考えてよいだろう。そうだとすれば、あなたが考えていることは、他の人はあなたの足を踏まないように気をつけるべきである、気をつけなければならない、というように留まらない。義務の規範があるからといって、権利が存在することになるわけではない。ファインバーグが強調したように、何かを請求する権利をもつということは、この文脈でメタファーを使うことが許されるなら、自分が権利をもっているものを主張し要求するために「立つ」場所をもつということである。それは、抵抗し、不服を申し立て、抗議し、おそらく権利が侵害された場合に補償を得ることを含め、その他さまざまな種類の強制執行の手段を行使する二人称的な権威を含んでいる。(35) あなたの足を踏まないようにする重みのある理由が存在すること、さらに、道徳的共同体の成員はあなたの足を踏まないように要求する地位にあること、これらのことに加えて、あなたに権利があるならば、あなたは、あなたの足を踏む人々に対して特別な要求をする地位〔standing 立場〕をもつ——抵抗する、補償を要求するなどの権威をもつ——ことになる。

このことは、ホーフェルドの有名な定式に明示されている（1923）[36]。ホーフェルドによれば、ある人（甲）が他の人（乙）に何かを行うよう要求する権利をもつのは、乙が甲にそれを行う義務を負っている場合だけである[37]。そして、このことは、たんに、乙がそれを行うべきであること、あるいはそれを行う十分な理由があること、によって成立するのではなく、それどころか、乙がそれを行う理由が、他の競合する事由に対して適切な意味で劣っていないという、ラズのいう意味で排他的だ（1975）ということによって成立するのですらない。要求する権利をもつ人の、それに従うよう要求する権威、そして従わなかった場合には補償を要求する権威、によって成立するのである[38]。このように、権利は二人称的理由と概念的に結びついている。もちろん、われわれが他の人々にあることを行うよう要求する権利をもっている場合、それを行わせる理由のなかには、非二人称的なものもあるかもしれないが、特に権利と結びついている理由は二人称的である。そのような理由は、それが権利に訴えるという形で誰かに宛てられる可能性がなければ、端的に存在しないのである。

他の種類の権利のなかにも、それほど明白ではないとしても、二人称的なものがある。あなたの足を踏んだ人がそうする権利をもっているか、そうする道徳的自由をもっている（ホーフェルド的な「自由」をもっている）とすれば、あなたも他の誰も、そうしないように要求したり、不服を言ったりすることはできない。有名な論文「自然権は存在するか」のなかで、ハートは、フィヒテとカントを貫いて流れている尊敬すべき伝統に従って、権利という観念は、自由の制限を正当化する独特の根拠が存在すること概念的に結びついている、と論じている。[39] この概念領域の中心的要素は「不適合性がない」ことであるが、その適合性は、正当ないし公正なことまたは誰かの権利を保障するために、力あるいは力による威嚇を行使する際の特別な適合性である（1965：178）、とハートは述べる。以下で重要なことは、まさにこの「適合性」は非二人称的な語によっては十分に捉えられないということである。[40] これはストローソンの論点の一側面であり、まもなくわたしが取りあげるプーフェンドルフやフィヒテの、これと深い関連のある考えにもつながる。他の人の自由に圧力をかけその人の意志を方向づけるための「正しい種類の」正当化根拠は、われわれがその人の意志に要求を行う権威をもっている場合（そして、そうしないことを主張し要求する権威を、当人も含め誰ももっていない場合）にしか存在しない。さもなければ、意志への圧力は純然たる強制になるであろう。

さて、本書では、権利よりも道徳的義務が直接的な関心の対象である。しかし、ハート自身が述べているように、「道徳的義務」は「道徳的見地から見て行うべきこと」を表す「一般的ラベル」として使われることがあるという事実にもかかわらず、その概念を権利の概念と密接に結びついた内容に制限するほうが適切である（1965：178）。[41] いずれの概念も、権利主張したり要求したりする（二人称的な）権威から独立に理解することはできない。権利は人が権利をもっているものを要求する権威に関わるが、それとちょうど同じように、道徳的義務も道徳的共同体が要求できること（そして誰にもそうしないでいる権利がないこと）と概念的に結びついている。そして、わたしが道徳的見地から見て自由に行ってよいことは、道徳的共同体の一員として（衝突する道徳的義務がない場合）、あるいは個人として（衝突する〔他の人の〕権利がない場合）、わたしに行わないように正当に要求することが誰にもできないようなことなのである。

理由を二人称的に宛てることの諸前提

どのような種類のものであれ、二人称的理由を誰かに宛てるということは、それを宛てる人と宛てられる人双方の二人称的な権威、能力、責任に関わる一定の前提をつねに伴っている、とわたしは主張する。二人称的に権利を主張し理由を与えることという純粋な事例に焦点を合わせることとし、操作すること、甘言で釣ること、その他の非理性的な影響（あるいは、現実的な事例として、二人称的に宛てることによる非理性的な影響も含めて）は捨象することにする。純粋な事例では、理由を誰かに宛てる人は相手に行為する理由を与えようとするが、その理由は規範的関係に基づいており、その規範的関係は、わたしの主張によれば、理由を宛てる人が相手も受け入れてくれると期待できることを前提として成り立つ。この前提に組み込まれているものは何だろうか。かなりたくさんある。

フィヒテの論点

カント以後のドイツ観念論の哲学者ヨハン・ゴットリープ・フィヒテが主張するところによれば、純粋に二人称的に宛てられたもの〔要求や理由〕は、つねに、〔宛先となる〕行為主体の意志をその行為主体自身の自己決定による選択を通じて方向づけると考えられる。ただこのようなしかたでのみ、純粋に二人称的に宛てられたものは、自由な行為主体としての人に宛てられると同時にその人を方向づけることができる、とフィヒテは論じた。これを、何かを二人称的に宛てることに関するフィヒテの分析と呼ぼう。

わたしはフィヒテの分析を擁護し、さらにフィヒテに従って、この分析はフィヒテの論点を裏づけると論じる。フィヒテの論点とは、どのような二人称的要求または「促し（Aufforderung）」も、自由で理性的な存在者としての共通の能力、権威、それゆえまた責任を前提とする、つまり要求を誰かに宛てる人とその相手とが共通にもち、互いに適切に認知しあう相互的な二人称性を前提とする、というものである（Fichte 2000）。理由を二人称的に宛てることの諸条件によって、当事者双方は互いを、ロールズの有名な定式化によれば「妥当な権利主張の自己創出的な源泉」と見なさざるをえなくなる（1980 : 546）。当事者双方は、自由で理性的な人は尊厳をもっているということを、つまり二人称的理由を相手に宛てる（そして宛てられる）権威を共通にもっているということを、前提とせざるをえない[42]。それは、当事者が、それぞれ、もっと特殊な差異に結びついた権威を前提としているとしても、そうなのである。そして、当事者各人は、共通の二人称的能力、つまり自己をそれらの理由によって規定する能力を前提としなければならない。その能力には、理由が還元不可能な二人称性をもつがゆえに、いかなる結果にも還元されない動機が含まれる[43]。

このように、あらゆる二人称的理由の提示には、それが、現在では道徳的観点の特徴であると思われている完全な平等と相容れない権威関係を前提としていることが明らかである場合ですら、ある種の相互的な尊敬が組み込まれている、とわたしは主張する。どのような権利主張や要求の純粋な事例も、そもそも二人称的な推論に入るために必要な地位を前提とする。細かく見れば、それは、次の二つのことを区別することを前提とする。つまり、フィヒテが言うように二人称的な理由（どんなに身分秩序的なものであれ）によって自由に自己を規定するよう人々を「促す」理由の宛て方は正当であり、強制つまりただ望ましい行動を惹き起こすために「［行為主体から］自由に行為する能力を奪う」ような宛て方は許されないが、これら二つを区別することである（Fichte 2000: 41）[44]。理由を二人称的に宛てることによって差異に結びついた権威が明示され前提とされるときはいつも、その権威を相手が端的に自由で理性的な行為主体として受け入れることができることを前提としなければならないのである。

フィヒテは、自らの論点が法・権利の哲学にとって基本的な意義をもつことをよく理解し、それを『自然法の基礎』の冒頭にある「法・権利という概念の演繹」の一部とした[45]。法が、まさにその本性によって、権利主張し要求する権威を含んでいるとすれば、理由を二人称的に宛てることもまた、宛てる人と宛てられる人とが等しくもっている、二人称的理由によって自由に自分自身を規定する能力と権威との両方を前提とする、とフィヒテは論じている。その二人称的理由の妥当性それ自体が、その理由を承認することによって自分自身を自由に規定する当の権威と能力とに依拠しているのである。そして、だからこそ、理由を宛てる人とそれを承認する相手とは法の基本原理を受け入れざるをえなくなる。「わたしは、あらゆる場合に、わたしの外にいる自由な存在者を自由な存在者として承認しなければならない、すなわち、わたしはわたしの自由をその人の自由の可能性という概念によって制限しなければならない」（2000: 49）。強制、つまり、ある人の意志をその人が受け入れると予想される二人称的理由がないのに方向づけようとすることと、ある人の意志に対する二人称的な権威に裏づけられた指示的な要求との間にある区別それ自体が、理由を宛てる人とその相手とが自由で理性的な人として共通の権威をもっていることを前提としているのである。その権威を、理由を宛てる人も宛てられる人も互いに「促し」の授受のなかで認知するのである。

フィヒテはこの洞察を理論的な理由と実践的な理由の基本的な違いに結びつけているが、わたしの見るところ、それは正しい。理由を誰かに二人称的に宛てることは、理論的領域には類似したもののないある種の実践的自由を可能にすると同時に、それをわれわれに気づかせもする。わたしは、この主張をカントの意志の自律の概念に関係づけて展開し、擁護する。フィヒテの論点こそ、人の尊厳と意志の自由というカントの中心的な考えを正しく理解するために必要なものである、と主張したいのである。

プーフェンドルフの論点

フィヒテの論点を確立するためのフィヒテの分析と並んで、パズルを解くために必要な最後のピースは、ザムエル・プーフェンドルフが、道徳法則に関する十七世紀の神学的主意主義の理論を擁護して提出した考えである。プーフェンドルフによれば、道徳的義務と責任との結びつきは、道徳法則が神の命令から導き出されるという事実によって説明される。究極的には、われわれは道徳的義務をすべて神に対して負っているのである。しかし、プーフェンドルフは、義務がこのようにして生じうるのは、神が理性的な行為主体としてのわれわれに命令を宛てる場合のみであり、われわれも神もその命令をあるしかたで理解する場合のみである。プーフェンドルフの論点は、真の義務は、その宛先となる人の二人称的能力を前提としてその人に宛てることによってしか生じない、ということだったのである[46]。誰かに責任があると有意味に見なすためには、その人が自分自身の推論と思考に際して自己に責任を問うことができると想定しなければならない[47]。そして、自己に責任を問うためには、その人は自己に対して二人称的観点をとり、その観点から自ら要求をなしその要求を承認することができるのでなければならない。したがって、神が自らの命令によってわれわれを義務づけることができるためには、神（そしてわれわれ）は、従うよう強制する制裁に対する恐れのみによって動かされるのではなく、「周知の規則に違反する人に向けられた〔制裁という〕害悪がわが身に降りかかるのは正当だと自ら承認する」ことによって動かされるのでなければならない（Pufendorf 1934 : 91）。これは、ある種の強制と権威ある要求の内的受容による自由な自己規定との間にある違いである。神の命令によって義務づけられるためには、自己に対して二人称的観点をとり、内的に宛てられた要求の（二人称的な）権威を受け入れ、それによって動機づけられることが可能でなければならない。

誰に何を二人称的に宛てようと、宛てる人と宛てられる人とが自由で理性的な行為主体としてもつ共通の能力、責任、権威が前提とされるが、その理由を、ストローソン、フィヒテ、プーフェンドルフの論点をあわせて正しく理解することによって、理解することができるようになる。われわれが互いに規定しあう二人称的概念の円環に入り込み、さらに自由で理性的な人がもつ平等な尊厳に関与することになるのは、二人称的観点を想定することによってである。われわれが（たんに）個人的に「合理的な〔rational〕」ものの空間ではなく「公共的理性〔public reason〕」および「道理にかなった〔reasonable〕」ものの空間に入り込むのは、理由を二人称的に宛てることによってである、と言えば、実質的に同じ論点をロールズ的な用語によって表現することになる（Rawls 1980, 1993）。このように理由を宛てることはいつも、宛先となる人が理性的な人としてその宛てられた内容である要求とその要求の基礎にある権威との両方を受け入れることを、不可避的に前提としている。そして、それは結果的に、相互的な尊敬と責任という関係を想定していることになるが、その関係は、公共的理由と理性的なものとの理解とによって媒介されているのである。

しかし、互いに理由を宛てあう共通の能力も権威も想定せず、二人称的ではない行為の理由を人々に与えることはまったく可能である。たとえば、神が地獄の火の恐怖をわれわれに理解させることができるとすれば、神自身やわれわれが二人称的権威をもっているかいないかにかかわらず罪を犯さないようにする理由が与えられたことになる。神は、われわれが何かを理性的に受け入れるだろうという期待を前提とする必要もない。言いかえれば、われわれがここで適切な意味で「道理にかなって」いるかどうかは、われわれがその適切な理由を理解しそれによって動かされるかどうか、から端的に帰結するのである。同様に、あなたは、自らが苦痛を感じていること、苦痛を感じていることはよくないことであること、したがって誰であれそのよくない状態を変えることのできる人にはそうする理由があることを、自他に対するあなたの権威の問題をもち出すことなく、人にわからせることができる。しかし、われわれが二人称的な理由を誰かに宛てるときは、その理由の存在自体が、明らかにその理由の源である権威関係を相手が理性的に受け入れることができるかどうか、に依拠している。これは、フィヒテの論点の帰結である。そして、だからこそ、ロールズやスキャンロンらの契約主義的枠組みにおいては「われわれが互いに負いあっているもの」つまりわれわれが互いに権威をもって要求できるものを、究極的には、相互的な尊敬や理性的な合意の吟味に結びつけなければならないのである（Scanlon 1998）。契約主義を最深部で基礎づけているのは、われわれが二人称的観点に基づいて前提とする平等な権威である、とわたしは主張する。

はっきりさせておかなければならないが、以上述べたことのどれも、二人称的相互行為に参加する人々はいつもこれらの前提を現に受け入れたり自覚したりしていると主張しているわけではないし、それどころか、その人々はその必然的な想定を知ることができるのでなければならない、と主張しているのですらない(48)。自由で理性的な人々の道徳的共同体という観念は、人類の歴史のなかでも比較的最近の重要な成果であり、たとえば古代ヒッタイト人が命令したり要求したりする際にその観念を用いることができたと考える理由はない。プーフェンドルフは自ら設けた区別によってある立場に与することになったとわたしは主張したが、その立場をプーフェンドルフ自身は間違いなく否定したであろう。わたしのテーゼは次のことに尽きる。わたしが確認した想定が妥当である場合にのみ（二人称的）理由は妥当性をもって誰かに宛てられるという意味で、それらの想定は理由を二人称的に宛てることの前提になっている、ということだ。それは、二人称的理由一般が（純粋に）宛てられることの「規範的な適切性の条件」なのである。

実際、二人称的に理由を与えることの純粋な事例と非理性的な形の影響との区別それ自体――あるいは、二人称的に理由を宛てることそのことという抽象――は、間違いなく比較的最近のものである。二人称的理由を誰かに宛てることには一定の前提が伴っていると言うとき、わたしは純粋な事例のことを語っているのであり、それは、その非明示的な前提ともども、遡及的に考察するときはじめて明瞭に視野に入って来るものであることを理解していただきたい（もっともこの後者のパースペクティヴからは、それらの前提はつねに非明示的だったと思われるであろうが）。[49] わたしが主張したいのは、共通の二人称性は、理由を二人称的に宛てることがそれ自体として成功するための、つまり適切な理由が現実に存在し与えられるための必要条件である、ということである。

一つの類比として、刑罰は自由意志を前提としてはじめて十分に正当化されるというテーゼを考えてみよう。古代ヒッタイト人がこの自由意志という観念を、少なくとも現代的な形で、用いることができたと考える理由はおそらくないだろうが、ヒッタイト人が何らかの種類の刑罰をもっていたことは確かである。[50] 間違いなく、ヒッタイト人の〔刑罰の〕慣行は、われわれが刑罰の純粋な事例と見なすものとはさまざまな点で異なっていたことだろう。しかし、まさにそこが肝心な点である。意志の自由は、われわれが今日認める刑罰の純粋な事例において（それ自体で）、いかにもその前提であるように思われる。そして、同じようなことが二人称的理由を純粋に宛てること一般にも当てはまる、とわたしは主張する。

註

(1) わたしの用語法は、もちろん、文法上の二人称に由来する。それゆえ、デイヴィドソンの二〇〇一年の著作における用法とまったく無関係ではないにしても、異なっている。もっと近い関係にあるのは誰かに宛てられた思想や発話の類である。だが、誰かに宛てられた思想のなかには要求することを含まないように思われる種類のものもある。

(2) オースティン流の遂行語は第三章で、反応的な感情と態度は第四章で検討される。

(3) 文脈によって明らかになる場合を除いて、わたしは一貫して動機的理由ではなく規範的理由に言及することになるだろう。つまり、人が現実に行為する際に従っている理由や人の行為を因果的または目的論的に説明する動機の状態ではなく、何かを行うべき理由である。そして、わたしは通常の用法に従って「誰かに理由を与える」とは「XがYにAを行う理由を与えることになるのは、XがAを行う規範的理由がある場合のみである」という「成功」文と同じこととする。

(4) わたしは頻繁に「二人称的理由を人に宛てる」を「要求や主張によって理由を相手に与えるつもりである」の短縮形として用いる。わたしの使い方からわかるように「主張や要求を人に宛てる」や、したがって「二人称的理由を人に宛てる」は成功文ではない。XがYに主張や要求を宛てるならば、XはYに対して主張や要求をする権威を想定ないし仮定しているが、Xはその権威をもっていないかもしれない。この場合、XはYに自らの権利に根差す理由を与えるつもり（それゆえ、わたしの言葉遣いで言えば「理由をその人に宛てる」かもしれないが）規範的理由は現実には与えられない。これらの点を明らかにするよう促してくれたマーク・シュレーダーに感謝する。

（5）第三章のオースティンに関する検討を見よ。その検討を明確化することができたのはケヴィン・トーのおかげである。

（6）ヒュームの考えるところによれば、われわれはふつう共感によって他の人の福利を考慮に入れるよう促される。「歩いている人が、仲違いしているわけでもない他の人の痛風のつま先を、かたい敷石や舗装と同じように踏みつけることがあろうか」。「この上なく利己的な人を想像することもできる。その人が私的な利害にこの上なく注意を奪われていることもあるだろう。しかし、そうでもないかぎり、他の条件が等しければ、その人は不可避的に人類の利益に対する幾分かの傾向性を感じざるをえず、それを選択の対象とするのである」（Hume 1985 : 225）。

（7）この点に関しては、Bond 1983, Dancy 2000, Darwall 1983, Hampton 1998, Pettit and Smith 1990, Quinn 1991, Scanlon 1998 : 41–55 を見よ。

（8）ムーアがそれをそれ自体のためだけでなく、あなたのために欲求する可能性はきわめて高い。この件の重要性については、Darwall 2002b を見よ。

（9）行為主体中立的な理由は行為主体相関的な理由と対照的である。後者を明確に述べれば、その理由が誰にとっての理由なのかという行為主体への言及が含まれることになる（「わたしがした約束を守る」理由、「他の人［つまりわたし以外の人］に危害を与えないようにする」理由などのように）。行為主体中立的な理由はこのような言及なしに言明できる。たとえば、「何らかの苦痛が誰かに（何かに）生じるのを防ぐ」理由のように。行為主体相関的な（「主観的」または「行為主体中心的」とも呼ばれる）理由、原則、価値、などと行為主体中立的な（「客観的な」とも呼ばれる）それの間の区別については、Darwall 1986a, McNaughton and Rawling 1991, Nagel 1970, 1986, Parfit 1984, Scheffler 1982 を見よ。この区別の価値に関する問いを提起する議論として、Korsgaard 1996d を見よ。

Darwall 2002b: 68–72 において、わたしは、同情を伴う関心は、ある人の福利を促進する行為主体中立的な理由があると思われることに関わる、という主張を擁護している。すでにさまざまな行為主体相関的な規範を受け入れている人が、共感や同情に動機づけられてその苦痛を緩和する特別な責任を感じるとはかぎらないことを、もちろん、否定はしない。わたしの言いたい点は、このことは同情のみでは起こらないと言うことである。

また、ここにいう同情と共感には重要な相違があることに注意せよ。わたしは、次の点についてニア・エヤルに負っている。「乞食が通行人の目を見て、明らかに治療を必要としている、見るからに痛そうな傷を見せる。乞食は通行人を一心に見続ける。この人の行動は「助けてください！ わたしが苦痛を感じていることはおわかりのはずです」というようなことを伝達するものと読むことができる」。わたしの見るところ、このような事例は、同情に訴えかけることと非明示的な（二人称的）要求とを結合しており、混合的である。通行人を苦しむ人のパースペクティヴに引き込む継続的な二人称的関与に訴える程度に応じて、二人称的要求が宛てられていることになる。

(10) 表面的な意味で行為主体相関的な理由は、もっと深い意味では行為主体中立的な事由や価値に基礎をもつことがある、または／かつその逆の場合があるということに注意したい。たとえば、規則功利主義は、概して行為主体中立的な価値に基づいて、約束や契約の権利を規定する規則などの正しい行動の規則は行為主体相関的な原則を含むと主張する。

(11) ちょうど、あなたが苦痛を感じているという事実を信じる理由をわからせようとしている場合に起こりうるように。

(12) 註9の参考文献を見よ。

(13) 所与の理由や原則が行為主体相関的か行為主体中立的かを見る一つのテストは、その理由が誰かに何かをするよう勧める事例を考え、かりにその人がその行為を遂行しなければ、その理由がもう一人の人に（理由または原則に応じて適切に記述された）まったく同じ種類の行為を行わせると想定して、その事例を拡大することである。

その理由が行為主体中立的であれば、その行為主体がその行為を遂行し、もう一人の人がその行為を行わなくても、遂行せず、そのためもう一人の人がそれを行うことになっても、どちらでもよい。どちらでもよいと言えなければ、その理由または原則は行為主体相関的である。「わたしの足を踏みつけるな」や「他の人を踏みつけるな」は「人々が踏みつけられないようにせよ」に還元されない。

(14) その相手があなたの要請を却下し、あなたの足を踏み続けることができるのを楽しんでいるとしよう。すると、あなたはさらに重みのある要求をもつことになる。というのも、いまやその相手はあなたに不当な苦痛を引き起こしているだけでなく、あなたをサディスト的な快楽の対象にしているからである。人々が自らの足を踏まないようにするために、人々に正当にかけることができる面倒がどれほどのものであれ、人々がわれわれをサディスト的な快楽の犠牲にすることを防ぐためには、さらに面倒をかけていいことはたしかである。この点に関しては、マーシャル・ワインバーグとの討論に負っている。

(15) もちろん、要求を受け入れるといってもさまざまな種類があって、たとえば交渉において自己利益から要求を受け入れる場合もそうであるが、それは何かを妥当な要求として受け入れることとは異なる。

(16) しかし、理由の基礎はつねに行為主体相関的であるとは限らないかもしれない。たとえば、定言命法を基礎づける最善の方法は、これからわたしが提案するように、人々が互いに二人称的に何かを宛てあうときに前提としている権威によるものだとしよう。定言命法自体が要求するものは、行為主体中立的に規定できる行動の原則だということは、少なくとも理解可能である。たとえば、R・M・ヘーアは、定言命法からは自分が支持する種類の普遍的指令主義が帰結し、ここから一種の行為功利主義（行為主体中立的な理論）が帰結すると考えている。この点についてはHare 1993を見よ。

(17) このことは『統治論断章』におけるベンサムの教説を、ハートが制定法の明示的な命令というよりも「疑似命令」に関わるものとして解釈していることに似ているだろう。命令は処罰する行為に暗に含まれていると見なされる、とハートは言う。わたしは、それに類比的なことを、道徳的責任について言うことになるだろう（Hart

1990：93–94）。この分析は反応的態度がもつ要求という性質に関するストローソンの分析と同じである。この点は以下と第四章で「ストローソンの論点」として検討する（Strawson 1968）。これらの点を明らかにするよう促してくれたことについて、レイ・ラングトンらに、ハートの見解の検討についてはロブ・カーとケヴィン・トーに感謝する。

（18）道徳的観点が「一人称複数」であることについては、Postema 1995を見よ。これはコースガードの著作のテーマでもある。

（19）義務論的な拘束が行為主体相関的でなければならないのは、義務論的な強制力は、たとえば、ある人自身に危害を加えることは、たとえそれが誰か他の人に同等の被害が加えられるのを防ぐために必要であったとしても、不正であると見なすからだ、とネーゲルは考えている。この点については、クリス・ドッズワースとの討論に負っている。

（20）註9を見よ。

（21）しかし、コースガードは、見たところ、道徳的義務は一人称的な熟慮のみによって基礎づけられると考えてもいる。第七章〔原著第九章〕でこの点に反論する。

（22）コースガードはヴィトゲンシュタインの私的言語の議論を援用している（Korsgaard 1996e）が、第七章〔原著第九章〕でその援用のしかたを検討する。

（23）ラズの「規範的な力」（Raz 1972）という考えを見よ。この参考文献については、ゲリー・ワトソンに負っている。

（24）たとえば、マイケル・ダメットは、命令する権利からは「非難する権利は不服従の自動的な帰結だ」ということが帰結する、と述べている（Dummett 1990：9）。

（25）「言葉の力をそれほど真剣に考えない人は、たしかに時折法律〔law〕を勧告〔counsel〕と混同する……われわれは勧告と法律の違いを、勧告と指令〔command〕の違いから取ってこなければならない。さて、**勧告**は、わたしがそれに従う理由が助言される事自体から取られるような指図である。だが、**指令**は、わたしが従う原因が指令する者の意志に依拠しているような指図である。というのも、意志が理由を表しているのでなければ、かくわたしは意志し、かくわたしは指令する、と言うのは適切ではないからだ。さて、法律に服従するとき、そのこと自体のためにではなく、助言する者の意志を理由としてそうするならば、法律は勧告ではなく、指令であり、次のように定義される。**法律**は、服従の理由が含まれているような指図をする人（人間であれ法廷であれ）の指令である。だから、人間に関する神の指図、被支配者に関する支配者の指図、そして一般に、抵抗できない者に関する力ある者の指図は、法律と命名されてよい」（Hobbes 1983: XIV. 1; Hobbes 1994: XXV をも見よ）。わたしの見るところ、この区別を遵守することができないことが、権威に関するジョゼフ・ラズの説明に影響を及ぼしている（Raz 1986）。註29をも見よ。

(26) もちろん、これらのさらなる強制力が背景にあることはよくある。たとえば、いまこのときのようにわれわれが哲学をするときはそうである。あなたとわたしがいま置かれている関係のゆえに、あなたもわたしも論理的な過ちがあれば説明をするよう求める権威をたしかにもっているが、それは、そのような状況でなければ、存在しないものである。だが、そのような状況や重要な点でそれに類似した状況がしばしばあるとしても、その権威は理性の要請に由来するだけでなく、その状況に前提される何か他の性質にも由来する。

(27) その対照をそのように表現することについては、ピーター・グレアムに負っている。

(28) しかし、もちろん、われわれが道徳的に行わなければならない（道徳的に行うよう要求されている）ことであること、との間には違いはない。なぜなら、それは、道徳的共同体の成員がわれわれに行うように要求する権威をもっていることだからである。

(29) 註25で述べたように、ラズは、われわれが関心をもつ種類の権威、たとえば政治的権威は、認識上の権威によって基礎づけうると主張している（1986）。だが、ノーミー・アーパリーがわたしに言った表現を借りれば、「わたしがあなたよりよく知っているというだけで、わたしがボスになれるわけじゃない」。トマス・ジェファソンが次のように言うとき、類似した点を突いている。「アイザック・ニュートン卿が知性という点で他の人より優れていたからといって、その人の主人になったり、他の人々の所有物の主人になったりするわけではない」(Jefferson 1984: 1202)。この点については、チャールズ・グリスウォルドに負っている。ラズの見解は、わたしがここで扱うよりも注意深く扱われてしかるべきだが、他の機会に譲ることにする。

(30) この点については、エリザベス・アンダーソンに負っている。

(31) ダームズとジェイコブソンは、このことが、さまざまな評価的で規範的な概念の応答依存的な説明、彼らの言葉で言いかえれば「ネオ・センティメンタリスト的な」説明に、問題を突きつけると主張する。なぜなら、このことによって、たとえば、面白いものは、面白がることが有意味であるとか何らかの理由によって正当化されるとかいう観点からは、理解されえないからである。感情や態度の「正しい感じ方」と「[そのしかるべき価値を]正しく理解する」こととの間には区別がある。D'Arms and Jacobson 2000b をも見よ。彼らのいう「適合的態度」(または「FA」)の分析が、どのようにして間違った種類の理由から正しい種類の理由を区別するという問題に対処することができるかに関する優れた議論として、Rabinowicz and Rønnow-Rasmussen 2004 を見よ。(Olson 2004 をも見よ。) この一般的問題の検討についてはジュリアン・ダーウォルに、ストローソンの論点がその一般的問題の一事例であることがわかったことについてはジョー・メンドラに負っている。

(32) ラビノウィッツとロノウ=ラスムセンは本質的に同じ点を、正しい種類の理由はそれが理由となっている態度の内容にも現れる、と言うことによっても表現している。その態度は、それらの理由のためにあるものに向けられているのである。W. D. Falk が指摘するように、価値に関連する支持は「[その対象が]どのようなものであるかを真に理解することによって行われる」(1986: 117)。

(33) プリチャード 2002 における、道徳と道徳的義務を自己利害の観点から立証しようという試みに対するプリチャードの異議と比較せよ。

(34) ゲリー・ワトソンがこの点を強調している(1987: 263, 264)。R・ジェイ・ウォーレスにも注目せよ。「反応的態度と評価の独特の形式との間には本質的な結びつきがある……それを、わたしは人に期待（要求）することと言い表す」（1994 : 19）。以下のものも見よ。Bennet 1980, Scanlon 1998 : 272–290.

（35）「もちろん、権利をもっていることによって要求することが可能になる。だが、権利に特別な道徳的意義を与えるのは要求することである。権利のもつこの特性は、ある意味では、人間であるとはどういうことかをめぐる慣習的なレトリックに結びついている。権利をもっていることが「一人前の人間のように立ち上がる」ことを、他の人々の目を見ることを、誰もが平等だと基本的な意味で感じることを、可能にしてくれる」（Feinberg 1980 : 151）。ミルの次の言葉と比較せよ。「こうして、権利をもつということは、私が所有することを社会が擁護してくれるような何かをもつ、と言うことだと私は考える」（1998 : ch. 5）。

（36）ここでホーフェルドが関連性をもつことを想起させてくれたことについて、マーク・ルバーに感謝する。

（37）ホーフェルドは、人と人との間の「権利・義務の相関関係」を次のように打ち出している。（1）SがTに対して権利をもつのは、TがSに義務をもつ場合であり、その場合だけである。（2）SがTに関して力をもつのは、TがSに関して責任をもつ場合であり、その場合だけである。（3）SがTに関して免責性をもつのは、TがSに関して無能力をもつ場合であり、その場合だけである、等々（1923 : 65–75）。

（38）Thompson 2004 を見よ。また、ここで、あらゆる個人が自然状態においてもっている自然権の侵害を罰する権利と被害者の「回復を求める」権利とのロックの有名な区別と比較せよ。両者は二人称的であり、道徳的共同体の成員として保持されるものだが、後者のみが被害者の地位から二人称的な宛先を含む（Locke 1988 : II, § 7–8）。
すでに述べたように、また次章でさらに力説するように、誰かがあなたの足を踏まないという道徳的義務の下にあるということは（この場合は、道徳的共同体の）二人称的権威にも関わっている。権利の場合独特なのは、補償を要求する権利を含む権利保持者の独特の権威であるが、このことは、ロックの（道徳的共同体の成員として）罰する権威と（権利を保持する被害者として）補償を要求する権威との区別に暗に示されている。

（39）ハートは、ここではだいたい『法論』におけるカントの教説に従っていると述べている（Kant 1996c : 230–

231)。二人称的地位は「法の原理」を前提とするというフィヒテの主張に見られる考えのさらなる表現を、われわれは考察することになるだろう（「わたしは、あらゆる場合に、わたしの外にいる自由な存在者を自由な存在者として承認しなければならない、すなわち、わたしはわたしの自由をその人の自由の可能性という概念によって制限しなければならない」）（2000 : 49）。

（40）この点については、トム・ハーカとの討論に負っている。

（41）しかし、ハートは、義務をさらに限定して、自発的に想定されるものないし創出されるものとすることがある（1965 : 179n）。この点についてはロブ・カーに負っている。

（42）もっと厳密に言えば、この章ですでに述べた意味で、相手に要求を宛てることおよび相手を承認することにはそれぞれの前提がある。個人自身は、それを受け入れないこともあれば、却下することすらある。この点はすぐに再論する。

（43）究極的には、この能力はカントのいう「意志の自律」と同じことになる、と主張したい。つまり「意欲の対象のいかなる性質にも依存しないで自分自身に対して法則となる意志の性質」（Kant 1996b : 441）である。また、規範受容の心理学に関する Gibbard 1990 : 68–82 を見よ。このような状態も欲求と呼ぶこともできるだろうが、そうだとすれば、「対象依存的な」というより「原理依存的な」欲求であると認める必要があることになるだろう。この区別については Rawls 2000 : 45–48, 148–152 を見よ。

（44）同じような考えが「他者」と出会うことをめぐるエマニュエル・レヴィナスの著作に効いているように思われる。たとえば、Levinas 1969。この点については、ラチャナ・カムテカーに負っている。レヴィナスによれば、他者と「顔と顔とを突き合わせて」出会うことは尊敬に対する二人称的な要求を含むが、その意味に関する啓発的な議論として、Putnam 2002 を見よ。

（45）カントの『法論』の直前、一七九六〜一七九七年に出版された。フレデリック・ニューハウザーのフィヒテに関するたいへん有益な入門書を見よ（2000）。

（46）プーフェンドルフの論点は、（力や状況などによって）余儀なくされることと義務づけられることとのハートの区別に共鳴する（1961：6–8）。

（47）自分自身に責任を問う能力の重要性については、Westlund 2003を見よ。カントの次の叙述を参照。「わたしは自分が他の人々に対する義務の下にあることを、同時に自分自身を義務の下に置くかぎりにおいて、認めることができる」（1996b：6：417）。

（48）この点を提示してくれたことについて、エリック・シュリッサーに感謝する。

（49）もちろん、このことは、ヘーゲルの『精神現象学』（1977）のお気に入りの主題である。

（50）Neufeld 1951を見よ。責任とそれに関連する慣行の現代的観念の発展に関する興味深い検討として、Pound 1922, ch. 4を見よ。それが論じるところによれば、裁判所は、元来、そのままでは復讐を要求したり被ったりする当事者どうしの争いを、中立的かつ理性的に裁定する場所と見なされていた。この参照文献および有益な討論について、ランダル・カレンに感謝する。報復ないし復讐と、暗に二人称的な承認ないし尊敬を求める態度としての反応的態度との相違に関する議論として、本書第四章を見よ。

第二章　主要な着想（二）

道徳的義務がもつとされている規範性

道徳的義務がもつとされている規範的な力のもっともなじみ深い特徴は、いわゆる定言的な性格をもつこと、つまりカント（1996b）のいう「定言命法」であるところにある。それは、道徳的義務は形式上定言的であるというだけでなく、行為主体の目的に左右されずに「妥当する」ということである、とフィリッパ・フット（1972）は指摘している。その意味では、エチケットによって要求されることも無条件的だが、それがもつとされる規範的な力が道徳的要求のようなものだと考える人はいない。カント派の主張は、むしろ、道徳的義務は「どの人に対しても行為する理由を必然的に与える」ということでなければならない、とフットは結論する（309）。この主張は、よく、シェフラーのいう「優越性のテーゼ」にまで強められる。つまり「道徳が禁じていると知りながらそれを行うことはけっして理性的でありえない」(1992)[1]というテーゼである。言いかえれば、道徳的義務は、つねに、潜在的に競合する他のどんな事由も凌駕し、それに優先する決定的な行為の理由を行為主体に与える、あるいは、少なくともつねにそうであるとされている。

以上の叙述は、たしかに、道徳的要求が特別だと感じられるところを部分的に捉えているが、一部を捉えているにすぎない。論理の要求と比較してみよう。すでに知られている前提からある結論が出てくるとすれば、われわれは、それとは反対の結論を望む事情があるとしても、あらゆる理性的存在者に当てはまるその結論を導き出せという理性の要求の下にもあることになる。だが、道徳的義務と論理によって課される要求との間には、重要な違いがある。道徳は、まさにその本性からして、独特の種類の責任に関わる。わたしが十分な釈明もなく道徳的に要求されるように行為しないとすると、非難や罪悪感など明らかに二人称的な反応があるのが当然だと見なされる。[2]だが、このような反応が論理的な誤りに対するものとしてふさわしいと思われるのは一定の状況に限られ、その場合でも問題になるのはある種の道徳的誤りである(たとえば特に正しく推論する責任があるとき)[3]。そのうえ、責任と結びついていることは道徳的義務の概念そのものの一部であるが、論理の要求という観念の一部でありえないことは明白である。[4]

ミルが次のように述べたことは有名である。「誰かがそれを行えば何らかのしかたで罰せられるべきだと言うつもりがなければ、われわれは何かを不正と呼ぶことはない。法律によってでなくても、他の人間たちの意見によって、意見によってでなければ自分自身の良心の呵責によって、罰せられるのである」。われわれは、人々があることをする強い道徳的理由があると思い、「それをしないことを理由にその人々を嫌ったり蔑んだりする」ことがある。しかし、おそらくたんなる罪悪感も含めて、「非難」やその他の形の「罰」が与えられるのは正当だと思うのでないかぎり、われわれは「道徳的義務の事例」だとは考えない（Mill 1998 : ch.5）。今日、このミル風の心情に同調する哲学者はたくさんいる（Adams 1999 : 238 ; Baier 1966 ; Brandt 1979 : 163–176 ; Gibbard 1990 : 42 ; Skorupski 1999 : 142）[5]。カート・バイヤーの表現によれば（1966 : 223）、道徳的義務に関わる事柄は道徳的共同体の「本務」である。道徳的義務を課せられるとき、われわれには他のしかたで行為する道徳的自由はない。もし他のしかたで行為すれば、道徳的共同体の成員はわれわれに責任を問う。このように、道徳的義務は、論理よりも強い意味で他の人々に対するものである[6]。論理的誤りに罪悪感をもつ人がいるとすれば、その人は論理的なものに関する「道徳化された」意識をもっているように思われるだろう。

わたしは、この主題を展開して、道徳的義務がもつ独特の規範性に関する説明のうち、この二人称的要素を捉えていないものはどれも欠陥がある、と主張する。さらに、この二人称的側面は、道徳的義務が、定言的であるとか優先的であるとかいうなじみ深い意味で最高の権威をもつとされている理由を説明するのに役立つ、と主張する。

この後者の説明の根は、道徳的義務と責任との概念的なつながりに、とりわけ、義務と正当な非難との結びつきにある。pを主張することはpを信じていることを含意する、とムーアが考えたのと同じような意味で、非難は、非難される行為主体は非難されることをすべきではない十分な理由をもつことを含意する、とわたしは主張するが、これはバーナード・ウィリアムズらと同じような線に沿っている（Gibbard 1990 : 299–300 ; Moore 1942 : 540–543 ; Shafer-Landau 2003 : 181–183 ; Skorupski 1999 ; Williams 1995 : 40–44）。あることを主張しながらそれを信じていることを否定することが理解不能であるのとちょうど同じように、ある人をあることを行ったといって批判しながら、あらゆることを考慮に入れればその人にはそれを行う十分な理由があった、と付け加えることは意味をなさない。非難その他の二人称的な反応的態度によってわれわれは互いに責任を問いあうが、それらの二人称的な反応的態度に共通に見られるのは、たんに「道徳的に言えば」その人はそのようなことをすべきではなかったということだけではなく、端的にその人はそれをすべきではなかった、ということを前提としている点である。ある時点で自らの罪を「認め」ながら、次の時点で自分にはそのようなことを行う十分な理由があったと主張する人は、自分の行為に対する責任を受け入れているとは言えない。あるいは、その点を逆に言えば、ある人が自分にはそのようなことを行う十分な理由があったと確証できるとすれば、その人は説明責任を果たしたことになるのであり、そうすることによって非難が正当ではないことを示したことになるのである。

道徳的義務の範囲

道徳的義務が相互的な責任を含んでいるという考えには、道徳的義務の範囲や内容が自由で理性的な個人の欲求や利害とされるものを超えて拡張することを排除するところは一切ない、ということを強調しておきたい。わたしが本書で何を述べようと、われわれが道徳的責任を負うことのなかには、たとえば文化遺産、原生自然、感覚能力のある生物の福利、これらのすべてであるいはいずれかの保護が、これらのものが自由で理性的な人々の利害に対してもつ関係からまったく独立に、含まれる可能性がある。現に含まれるかどうかは、ここでは立場を決めないでおく。わたしの述べることから帰結するのは、われわれにそのような道徳的義務があるとするなら、それはわれわれ自由で理性的な行為主体が相互に要求し合う権威をもっている事柄の一部である、ということである。もちろん、たとえそういう権威がない場合でも、たとえば原生自然や他の種の生物たちに危害を与えることが、われわれが道徳的な意味で責任を負うべき要求に反することにはならない場合でも、そのような危害に反対すべき重大な理由があることだろう。いずれにせよ、わたしが主張するのは、自由で理性的な個人は、自由で理性的であるというだけで、相互に要求を行いあう地位にあり、道徳的義務はそのような要求に本質的に関わるということ、そして、われわれは二人称的観点の諸前提によって、そのような要求をする地位に関与しているということである。われわれにそれ以上の道徳的責任があるかどうかは重要な問いだが、ここで扱うことはできない(7)。

もちろん、たとえば人間以外の種の生物に関わる道徳的義務がわたしの素描している種類の枠組みのなかにうまく収まるとしても、なお次のように反論されるかもしれない。人間以外の種の生物が二人称的能力を欠き、それゆえ、わたしの主張に従えば何も要求する権威をもたないとすれば、われわれがそれらの義務をその生物自身に対して負っている、と考える余地はない。だが、わたしが展開する種類の見解は、ここでも返答する術をもっている。第一に、わたしは、道徳的義務は、権利の概念と同じように、権威ある要求から切り離して理解することはできない、と主張しなければならないが、われわれは道徳的義務を二人称的能力のない存在者に対しても負っているという考えを、その存在者になり代わって一定の扱い方を要求する(おそらくはその存在者のために一定の権利や補償などを要求する)(たとえば、道徳的共同体の)受託者の権威という観点から捻りだすことができるかもしれない。たとえば、スース博士の登場人物であるローラックス(自由で理性的な存在者)が「わたしは木々に代わって話す」(Dr. Seuss 1971)と言っているように。第二に、われわれは非理性的存在者に対して義務を負っていると考えることが自然だと見なされる程度に応じて、その存在者に原初的——ないし擬似的——二人称性を帰属させることもありそうに思われる。動物や乳児の泣き声を不満の表現の一種と見なす場合のように。いずれにせよ、本書で示したいのは、われわれを道徳的義務に服させる二人称的能力が、道徳的共同体の成員としてお互いに主張しあい要求しあう権威を与えもする、ということである。道徳的義務の範囲と内容がさらに拡張するかどうかという問いは、ここでは考察しない。(8)

道徳的義務を立証する——カント的プロジェクト

道徳的義務は最高の権威をもつとされているかどうか、という問いは、道徳的義務は現に最高の権威をもつかどうか、という問いとは別の問いである。(9) 道徳がもつとされる権威を立証しようというプロジェクトは、道徳哲学の最大の課題の一つである。カント的伝統の一つの印は、そのような課題を真剣に受け止め、それに応えようとすることである(Darwall 1983; Gewarth 1978; Korsgaard 1996f; Nagel 1970)。しかし、カント自身の方策は、見たところ『基礎づけ』から『実践理性批判』にかけて著しく変わった。終始一貫していたのは「相互性のテーゼ」、すなわち、道徳法則は「意志の自律」と呼ばれるもの、つまり「意志の(意欲の対象のいかなる性質にも依存しないで)自分自身に対して法則であるという性質」(Allison 1986: Kant 1996b: 440)と等しい、という確信であった。

まず、カントが『基礎づけ』においてどのように論じているかを考察しよう。『基礎づけ』第二章の終わりで、その時点までは、道徳が「心の妄想」にすぎないと言ったとしても、自らの議論と矛盾しないと述べている。カントは、第一章と第二章で道徳の根本原理は定言命法であり、定言命法は、意志が自律という性質をもつならば、そしてそのときにのみ、妥当すると考えている（相互性のテーゼ）。だが、その時点までは、「一般に受け入れられている」道徳の概念を分析しているにすぎない。したがって、カントが示しえたことは、一般に道徳ということで理解されているものが現に存在するとすれば、そしてそのときにのみ、「定言命法は、そしてそれとともに意志の自律は、ア・プリオリな原理として真であり絶対的に必然的である」（1996b: 445）ということである。しかし、道徳法則を立証するためには、この等価関係が確証されるだけでは不十分である。なぜなら、それは分析的真理であり、道徳と自律のいずれもがたんなる「妄想」であることと矛盾しないからである。カントは、自律が現実に妥当すること、または、定言命法が現実に妥当すること、そのいずれかを確証しなければならない（相互性のテーゼなので、いずれかで足りる）。そして、カントが言うには、両者はア・プリオリで総合的な主張であり、カントが第三章で提示しようとする種類の実践理性の批判を必要とする。

『基礎づけ』の第三章で、カントは、意志の自律を一つの独立した前提として確証し、それを基礎にして定言命法を証明しようと試みる。自律は実践的観点の必然的な前提だ――われわれは「自由という理念の下でなければ行為することができない」――と主張し、それから（相互性のテーゼを介して）自律を前提とすることによって理性的行為主体は定言命法（道徳法則）に必然的に関与することになる、と主張するのである（1996b: 448）。現代のカント派の研究者たちも、クリスティーン・コースガードを筆頭に、よくこの種の方策を追求する（Hill 1985, Korsgaard 1996b, 1996e, 1996f）。

このような試みはどれも挫折せざるをえない、とわたしは主張する。意志の自律は、カントが定義するとおり、独特の意味で実践的であり、理論的な推論には類似物のない種類の自由である。しかし、カントが、『基礎づけ』第三章（1996b: 448）において、実践的推論においては自律を前提せざるをえないという命題に与える唯一の論証は、実践的であれ理論的であれ、いかなる判断を形成するにも理性の自由を想定せざるをえない、というものである。カントの考えは、いかなる領域の思考や判断であれ、それがたんに外部から方向づけられるものと見なせば、その領域でわれわれ自身が推論したり理性的な判断を下したりしているとは言えなくなる、ということであるように思われる。それは疑いなく真であるが、だからといって、われわれの判断が基づいている理由そのものがわれわれの判断の対象の性質から（したがって、実践的熟慮においてはわれわれの欲求や意欲の対象から）導き出されるわけではない、ということが帰結するわけではない。たとえば、何を信じるべきかを推論するとき、少なくとも経験的な事柄については、われわれの形成しようとする信念の対象である、世界内の独立した物体や状態に思考が対応している、と見なす必要がある、ということに意味があることは、明らかである。[10] 理論的な推論は、明らかに、意志の自律、つまり意志が「（［欲求や］意欲の対象のいかなる性質にも依存しないで）自分自身に対して法則である」（Kant 1996b : 440）ことに類似した種類の自由にはまったく関わらない。

だが、自律は、あらゆる有意味な実践的推論において想定される必要があるというわけでもない、とわたしは主張する。実践的推論が経験的世界をめぐる合理的な信念形成に構造的に類似しているとすれば、どのようなものになるか、考えてみよう。（これが実践的推論のもっともらしい構図だと言っているわけではまったくなく、それは有意味な構図であり、自律はそのような推論において想定されないだろうから、実践的観点の不可避の前提にはなりえない、と言うまでである。）素朴な理論的推論者は、自らの経験を独立した世界の状態（正しい信念の対象）の証拠と見なす。それに類似した「素朴な」実践的推論者は、自らの欲求や、快苦のようなその他の種類の「実践的経験」を、この時に限っては世界がどのようにあるか、ではなく、世界がそのようにあることがどれほどよいか・わるいか、世界がどのようにあるべきか・あるべきではないか、を知るための認識上の通路とも見なすかもしれない。[11] p という欲求をもつ行為主体には、世界は p であるべきだと思われるだろうが、それは p はよいことであるかのようであり、それゆえ、その行為主体には p を生じさせる理由があり、また同様に p であることに快・苦を感じる理由があるかのようである。それゆえ、この線に沿った素朴な実践的推論は、行為する理由を欲求と意欲の対象の性質から引き出すのであり、カントのいう意味での自律を前提とはしないのである。

だから、わたしはカントの『基礎づけ』の論証は挫折する、と主張するのである。それは、自律がいかなる可能的な実践的推論においても不可避の前提であることを証明するいかなる論証も挫折せざるをえないのと、まったく同じことである。[12] わたしの見立てによれば、問題は、われわれに意志の自律を想定するよう要求するのは二人称的観点に基づく熟慮のみだ、ということである。

『実践理性批判』を書く頃までには、カントは、明らかに『基礎づけ』の方策を放棄していた。その方策とは、自律があらゆる実践的推論において不可避的に想定されるというア・プリオリな前提に基づいて、道徳法則を確証しようとするものである。『実践理性批判』では、カントは、ある特定の種類の理由の意識、つまり道徳法則によって拘束されているという意識による他には、自律を確証する独立した方法はない、と主張している。カントが「理性の事実」(1996a : 31) と呼ぶのは、道徳法則によって拘束されているという意識を通じて自由であることを意識することであるが、それ自体、道徳が最優先であることを前提とし、それゆえ道徳性を確証するために使うことはできない。

カントが『基礎づけ』の方策を断念し、意志の自律の意識は、ある独特の種類の理由によって拘束されそれに基づいて行為することができる、という意識を含む、と論じたのは正しかったと思う。おそらく、カントのこの議論に、必然的に行為を要求する種類の理由は二人称的でなければならない、とわたしが主張する理由を垣間見ることができるだろう。第一に、前章で述べたように、誰かに何かを二人称的に宛てたり、誰かを二人称的に承認したりするときはいつも、われわれは次の二つのことに関与することになる。一つは人の平等な尊厳であり、これは平等な二人称的権威と見なされる。もう一つは誰かに何かを宛てる人と宛てられる人とには、どちらにも同じように、その権威に基礎をもちいかなる結果や状態の価値にも（それゆえいかなる欲求の対象のいかなる性質にも）還元不可能な理由に基づいて行為する能力がある、という考えである。このように、誰かに何かを二人称的に宛てることによって、われわれは次のような考えに関与することになる。つまり、相互的な責任の関係に入る能力のある行為主体は、その能力（二人称的能力）の範囲内で二人称的権威をもたなければならず、その二人称的権威が、理由や規範に基づいて行為する能力とともに、欲求された（または望ましい）結果や状態のいかなる性質にも依存しないで理由や規範の源泉となる、という考えである。他の自由で理性的な行為主体の促しを承認するとき、われわれは結果として「理性の事実」に直面するのである。われわれは、理性的存在者の平等な尊厳と「法則」ないし理由——その尊厳に基礎をもつ二人称的な理由——に基づいて行為する能力とを前提とする。その「法則」ないし理由は、欲求の対象である事態や結果の価値からではなく、究極的には、他の人々と相互作用しあう一人の自由で理性的な人としてのあり方から導き出されるのである。

第二に、「理性の事実」が第二の『批判』〔『実践理性批判』〕におけるカント自身の議論の範囲内でどのように機能するかを手短に考えてみよう。カントは、ある高潔な人を不利にする証言をしなければ死刑に処すると君主から要求された人を想像するように求める（1996a : 30）。このような状況で自分が何をするか、誰も確信をもって言うことはできない、とカントは述べるが、それでも、この状況にある誰もが君主の要求を断るべきだ、と判断するだろうから、そうすることができると認めなければならないだろう、と主張する。われわれはみなすでに道徳法則の権威を暗に認めているのだから、それに従って行為する能力がある、と結論せざるをえないのである。あることを行うことは不可能だと考え、しかしなお実践的観点から見てそれは行うべきことだ、と考えるとすれば矛盾を犯すことになる。あることを行うことができないのならば、その事実を考慮に入れて他の何を行うべきか、が実践的な問いになる。

道徳的義務の権威を承認することによってこそ、欲求（生存の欲求も含めて）から独立にわれわれを拘束する法則に従って行為することができる、と想定しなければならなくなるのだとすれば、道徳的義務の権威を論証するために自律を想定することができないことは明白である。だが、すでに述べたように、カントはもはやその方策には興味がない。にもかかわらず、カントは明らかに、この例を、誰もがその道徳的義務を（受け入れることによって）遵守することができることを承認しなければならないというだけでなく、定言命法一般を遵守することができることの証拠と見なしている。なぜなら、カントは、先に検討した一節の直後に定言命法の公式の一つ（「あなたの意志の格率がつねに同時に普遍的立法の原理として妥当するように行為せよ」）を提示しているからである（1996a: 30）[13]。そして、結局のところ、それが、意志の自律を受け入れなければならないこと――われわれが意志の形式的原理によって拘束されていること――を示すために、カントが確証する必要があったであろうことである。だが、なぜそうでなければならないのか。これまでのところわかっているのは、われわれは、結果に対する欲求とは無関係に、自らが受け入れた正しさの原理に従って行為することができる、ということだけである。同じことは、リチャード・プライス（1974）やW・D・ロス（1930）といった義務論的直観主義者たちが考えたように、意志の自律などではなく独立した正しさの事実によって説明可能であるが、このことは先に述べたことと矛盾しない。道徳的義務の背後にある定言命法のような意志の形式的原理がなければならない、と考えなければならないのはなぜか。

しかし、カントが描くような状況にある人は誰でも君主の要求を退けるべきだ、ということだけではなく、その人にはそうする道徳的責任がある、ということをもわれわれは考慮しなければならないと仮定しよう。その人に宛てて「あなたには責任がある」と二人称的に言うとすれば、われわれは、その人の内に道徳的に義務づけられている通りに行為する動機の源泉がある、と想定しなければならないだろう。道徳的行為主体としての誰かに要求を課すことは、その人自身が、適切な二人称的理由に従って行為することによって、その同じ要求を自らに課すことができると想定するのでなければ、不合理である。そして、理性的な人は誰でもそのような状況ではそのように行為する責任がある、と考えるとすれば、理性的な人を道徳的義務に服させるもの自体が、その人が道徳的に義務づけられている通りに行為する動機の源泉を含んでいなければならない、と考えざるをえなくなる。この前提の必要性は、誰かが何かをする規範的な理由が、その優先順位や重要性に関わりなく、存在するという想定から来るのではなく、道徳的義務に含まれている明らかに二人称的な理由から来る。それはゲリー・ワトソンが「何かを道徳的に宛てることの諸制約」(1987: 263, 264) と呼ぶものから来るのである。ここから次のことが帰結する、とわたしは主張する。われわれを道徳的義務に服させる二人称的能力は、道徳的義務の本質を成す(二人称的) 理由の源泉を、その理由に従って行為する能力とともに、含んでいるのでなければならない。このことを前提とすることによって、意志の自律を有効に前提とすることができる。われわれを責任を問われるにふさわしいものにする意志の能力、すなわち二人称的能力は、二人称的権威の基礎であるがゆえに「自分自身に対して法則」となるのである。

定言命法の二人称的解釈

　では、二人称的能力の本質は何か。それは、二人称的観点から自分自身に対して要求を行うことのできる能力のようなものであるに違いない。つまり、ある人が（あるいは誰もが）、われわれが相互に責任を負いあう人として共有できる観点から誰に対しても行うことのできる（それゆえ自分自身に対しても行うことのできる）要求と矛盾しない場合にのみ、何かを行おうと決定することができる能力なのである。しかし、それは定言命法の二人称版に他ならない。事実、定言命法やそれに類する黄金律などの道徳的原則を解釈するもっとも自然なやり方は、二人称的に解釈すること、つまり、道徳的共同体の成員が共有する観点からある人（誰であれ）がすべての人に行うことのできる筋の通った要求という観点から、解釈することである。道徳的義務にとって重要なことは、すべての人にしてもらいたいことは何かではなく、相互に責任を負いあう平等な人々の道徳的共同体の一員として他の人々に期待することは何か、つまり、誰もが他の人に行うことができると認められる要求は何か、ということである。それゆえ、意志の自律を想定せざるをえないのは、道徳的義務の二人称的側面のためである、つまり、道徳的な意味で義務的なものとはわれわれが互いに行う責任があるもののことだからである。

　他の人々が自らに課することのできる要求に従って行為することとは、自分自身というより他の人々によって支配されることであり、自律というより他律ではないか。言いかえれば、自律が二人称的相互作用のなかで実現されるのだとすれば、自律の本質は意志自身の外部の何ものにも由来しない法則に存する、などとどうして言えるのだろうか。この反論に対する応答は、ある人が例の君主の要求を、道徳的共同体が権威をもってそれを退けるよう要求するがゆえに退けるとすれば、道徳的共同体の成員の二人称的パースペクティヴは、他の誰のものでもあると同時にその人自身のものでもある、というものである。自由で理性的な人として他の人々と共有する観点から、自らに行動を要求するのである。

契約主義の基礎

本書で展開する線に沿った二人称的観点の説明は、「契約主義〔contractualism〕」の名で知られる道徳理論を採るもっとも自然な動機になる。ある鋭い論評を引用すれば、道徳はもっとも基本的な意味で「どのように人々は互いに関係しあうべきか」(Kumar 1999 : 284) に関わる、と契約主義者は考える。[14] あるいは、スキャンロンが言うように「契約主義の理想は……」他の人々とのある特定の「関係」、つまり「相互に認知しあうこと」の「特徴を表現しようとする」(1998 : 162)。道徳的原則は、契約主義の見方によれば独特の役割をもつ、つまり相互的尊敬を媒介する。[15] それは、どのような行為を行うべきか、あるいは行わなければならないかを告げるだけではない。基本的な相互人格的関係、つまり相互に責任を負いあう人々の間の相互的尊敬を媒介するのである。[16] これらはすべて還元不可能な意味で二人称的な事柄である。

スキャンロンにとっては、道徳の権威を説明するという問題は「他の諸価値に対する正と不正の優位」を説明するという問題、あるいはその特別な「重要性」を説明するという問題である (1998 : 148, 149)。スキャンロンは、最初にその立場を定式化した論文 (1982) で、契約主義の道徳の「動機の基礎」は他の人々に対して正当化できるしかたで行為したいという欲求である、と主張した。しかし、著書

『われわれが互いに負いあっているもの』では、この以前の立場を離れ、契約主義の基礎は、他の人々に対して相互に認知しあう関係に立つことがもつ「価値」と「魅力〔appeal〕」であり、それ自体においても、友情など他の価値ある関係に不可欠の側面としても、そうである、と主張した(1998 : 158–168)。

これが心魅かれる考えであることは明白だが、道徳の拘束力を「同じ人間どうしとの一致」に訴えて説明しようとしたミルの試みと同じように――事実スキャンロンはミルのその試みを引き合いに出している――それが、どのようにして、選択の余地がないという道徳の性格に適切な説明を与えることができるのか、理解しがたい(Mill 1998 : ch.3)。これは、ストローソンの論点のもう一つの事例である。そのような議論は、間違った種類の理由を与えるように思われる。対照的に、わたしが素描するアプローチは、次のことを説明することを約束する。つまり、われわれが二人称的構えを、たんに魅力的だと思われる相互人格的な関係に不可欠の側面としてではなくもっと一般的にとるならば、われわれは、自由で理性的な人として互いに権利を主張しあい要求しあう地位を共に認めざるをえなくなるが、どうしてそうなるのか、ということを説明するのである。

正しさに関する帰結主義的理論と契約主義のような義務論的理論との論争の核心的争点は、行為主体相関的な制限(「義務論的な強制力」)に満足のいく哲学的な理論的根拠を与えられるかどうか、であった(Nagel 1986 ; Scheffler 1982)。ムーア以来の帰結主義者たちは、たとえば裏切ったり他者に危害を与えたりすることが避けられるべきだとすれば、それらが悪いことだからであるに違いない、と論じた。[17]そして、それが悪いことだとすれば、犯人が誰であるかにかかわらず悪い。だから、たとえば、ある行為主体が、結局は他の人を裏切ることになることをしても――もう一人の、これから裏切ろうと思っている人が、最初に裏切った人を見て衝撃を受け、裏切ろうという計画を断念することによって――〔裏切ろうと思った人とその相手との」二人の人がまったく同じような裏切りに巻き込まれずにすむとすれば、道徳的観点から見て二つの結果が相殺しあうことになる。その一回の裏切りがその行為主体自身によって行われるという事実は、その行為主体が行う理由のあることが何であるかには本質的な影響を与えない。その人が何をしようと、世界には一回の裏切りという掛け値なしの結果がもたらされるのである。

道徳的常識の一部であることに加えて、契約主義の枠内で行為主体相関的な行為の強制力を導き出すことができることは——それを言えば、規則功利主義などの間接的な帰結主義のアプローチも同じであるが——よく知られている。[18] 問題として残っているのは、そのようにして導き出されたものに、行為主体相関的な行為の強制力の基礎を揺るがすのではなく固めるような深い哲学的な理論的根拠を与えるにはどうすればいいいか、である。たとえば、間接的な帰結主義の問題は、次のようなところにある。常識的で行為主体相関的な道徳的強制力に反する行為を「正しくない」と呼び、（われわれ自身も含めて）人々にそれは正しくないと考えてほしいと思う（行為主体中立的な）帰結主義的な理由がある、と考えるとしても、そのような行為が全体的な行為主体中立的価値を促進する場合に、どうして帰結主義者が、その行為主体はほんとうにその行為を避けるべきだ、と有意味に考えることができるのかは、明らかではないのである。

契約主義の基礎が、二人称的観点の内で認めざるをえないことに見出されうるとすれば、二人称的観点は、行為主体相関的な行為の強制力に必要な種類の理論的根拠を与えることができる、と思う。二人称的観点は、本性上関係的な理由を立証するだろう。つまり、世界はどのようなあり方をするのがよいかに関わる理由ではなく、どのような行為がその本来的な性質のゆえに求められるかに関わる理由ですらなく、われわれは、自由で理性的な人の一人として、互いに権利主張や要求を宛てあう権威をもつと想定することを避けることができないが、そのような権利主張や要求のゆえに、われわれは互いにどのように関係しあうべきかに関わる理由を立証するのである。それが正しい種類の理由になるだろう。

註

（1）デイヴィド・ブリンクはこれを「最優先性〔supremacy〕」（1997：255）のテーゼ」と呼んでいる。
（2）実際、「免責〔excuse〕」という概念そのものは論理の規則には内在しない。それは他の規範を含む広い文脈との関係で理解されなければならない。
（3）もちろん、論理的な誤りは批判を受けないとか、教員が初回の誤りは非難しないと言う場合のように「非難」というような言葉を使わないことがあるとか、そういうことを言いたいのではない。
（4）この点についてもまた、ピーター・グレアムに負っている。
（5）ユーイングの「べし」の二つの意味の区別を見よ。一つは規範的理由の重みに関わるものであり、もう一つは非難に概念的に関係するものである（1939：3）。この一節を思い出させてくれたことについては、ハワード・ナイに感謝する。
（6）Thompson 2004を見よ。
（7）この段落の論点を明らかにするよう促してくれたことについて、アレン・ブキャナンに感謝する。
（8）この段落の論点に関する討論について、ジム・ステイハーとハワード・ナイに感謝する。
（9）あるいは、道徳的義務は定義からして最高の権威をもつと言うこともできるかもしれないが、そうすると、問いが、われわれが道徳的義務と見なす具体的な指図は事実道徳的義務であるか、に変わるだけのことである。わたしが理解するかぎり、この意味論的な選択に大差はない。
（10）この点は、超越論的観念論が真であろうとなかろうと妥当する。超越論的観念論者ですら、対象ないし状態応答的思考（世界の状態、つまり経験的信念の対象をめぐる通常の信念形成に関わる思考など）とそうではない思考との間に区別を設けなければならないだろう。この点では、フィヒテが、カントが『実践理性批判』（1996a : 20）でそうしているのと同じように、実践的自由を「表象活動」においてわれわれがもつ自由と対照して区別していることは重要である。

(11) これはデニス・スタンペが「欲求の権威」（1987）で提示する図とそれほど違わない。

(12) コースガードやウッドは人間性の公式、自律、それに関連する概念の穏当な再構成を、実践的推論の諸前提のみに基づいて提示しようとする（Korsgaard 1996b, 1996e, 1996f; Wood 1999）。第七章〔原著第九章〕で論じるように、わたしはこうした論者たちとは異なる。後でもっと詳細に指摘するように、コースガードは、カントの枠組みにとって相互性と相互的責任がもつ重要性を鋭く見抜いているが（Korsgaard 1996a, 1996d : 31）、自律とさまざまな公式で言い表される定言命法とが、実践的観点の超越論的な前提であるとも考えている。これは間違いだとわたしは思う。わたしの見るところ、これらの観念を二人称的観点の外部および二人称的観点によって豊かにされた実践理性の包括的理論の内部で導出する方法はない。

(13) そこで、カントはその公式を「実践理性の根本法則」（1996a : 30）と呼んでいる。

(14) カント的な見方によれば「道徳の主題は……われわれは互いにどのように関係しあうべきかである」（1996d : 275）というコースガードの叙述と比較せよ。Schapiro 2001 および 2003b をも見よ。

(15) ラフル・クマールが言うように、それは「人々が、人として互いに払いあう相互的尊敬の事柄として、互いに正当に期待しあう種類の顧慮に関する共通理解の基礎」を与える（1999 : 284）。

(16) エリザベス・アンダーソンの平等の関係的理論（1999）と比較せよ。

(17) この論争と行為主体相関的な強制力をどのようにして正当化するかをめぐる、これとは異なった提案については、Darwall 1986a を見よ。

(18) たとえば、Kumar 1999 を見よ。規則功利主義については、Brandt 1979, Hooker 2000, Johnson 1991, Parfit

1984を見よ。〔見たところ〕異議を申し立てる見解として、Brand-Ballard 2004を見よ。「見たところ」というのは、ブランド＝バラードの議論が圧力をかけるのは、ある種の行為主体相関的な強制力は契約主義の枠内で導出されうるという主張ではたぶんなく、常識の力がもつ行為主体相関的な義務論的強制力は契約主義の枠内で導出されうるという主張だからである。

第三章　二人称的構えと二人称的理由

一方が「あなた」と言うとき、「わたし－あなた」の「わたし」も言われている。「あなた」という人は誰であれ、何かを自己の対象としているのではない……その人は関係の内にあるのだ。関係とは相互性のことである。わたしの「あなた」はわたしがそれにはたらきかけるようにわたしにはたらきかけるのである。

――マルティン・ブーバー『わたしとあなた』

本章の課題は、本書の主要な関心の的である独特の種類の二人称的実践、つまり二人称的な理由を誰かに宛てること、を明確化することにある。ある人が何かを行う理由を他の人に与えるときには、相互に認知しあうという事態が生じているが、相互行為のなかには、相互に意識しあうことに関わる多くの相互行為を含めて、相互的な認知に無関係なものがたくさんある。そのような理由を与える行為の集合のなかでも、われわれの目的に合わせて、焦点をさらに二つに絞ることにする。第一に、そのような相互行為の多くは――脅《おど》し、唆《そそのか》し、など――非理性的な影響力をも含んでいる。われわれは非理性的な要因を捨象して、もっぱら純粋に理由を与えること（あるいは二人称的に理由を宛てることによる相互行為）に関心を向ける。第二に、理由を与える際に、理由そのものは二人称的ではないことがある。われわれの焦点は、二人称的理由を（二人称的に）宛てることに絞られる。

相互的な認知のように見える事態が、非理性的な状況でも生じることがある。たとえば、犬が睨みあって、互いに警告や興奮や敵意の眼差しで見つめあうとき、われわれは、人間が相互に意識しあう際に典型的に見られる多彩な高階《こうかい》の態度を犬がとっている、とは思わないにしても、そこには確かに相互に意識しあうことの一種が生じている。(1) だが、この種の意識はまだわれわれのいう意味で二人称的ではない。それは、誰かに宛てるという形をとる必要がなく、まして人〔人格〕としての誰かが相手に宛てるという形をとる必要もない。優勝をかけて戦う二人のボクサーが、相手の動きを読む手掛かりを求めて互いの目を食い入るように見つめるとき、（とにかくその時点では）ほんとうに互いに何かを宛てあっているわけではない。〔その時の〕彼らの思考と経験に含まれるのは、一人称的パースペクティヴと三人称的パースペクティヴの組み合わせであり、それを二つ合わせてもなお二人称的構えには至らない。各々が、相手が自分を凝視しているのを凝視している。どちらも相手に「あなた」として――相手にとっては「わたし」が「あなた」になるような「あなた」として――関係してはいない。マルティン・ブーバーの言葉で言えば、各々のボクサーの「わたし」は「わたし－それ」の「わたし」であって、「わたし－あなた」の「わたし」ではないのである（1975 : 55）。

しかし、ある人が他の人に侮蔑の眼差しを投げかけるとしよう。それは、まだ、いかなる意味でも二人称的ではないかもしれない。それは、相手に対する侮蔑を表すとは限らないのである。侮蔑を示す眼差しが（侮蔑を示そうとする眼差しですら）それを伝達しない、伝達しようとすらしないことがある。

(誰かを狙ってボールを投げること――あなたがボールを投げるのを見ている誰かを狙ってボールを投げることでもよい――と、その人に対してボールを投げることとを比較されたい。) 誰かが侮蔑を伝えるときですら、その人が伝える態度それ自体は二人称的ではない。それは二人称的な理由を表明しないのである。義憤、憤り、その他のストローソン的な「反応的態度」と違って、侮蔑は本質的に「返信求む〔RSVP〕」を含む主張や要求を宿さない。[2] あるボクサーがまともに入ったパンチに応えて「そんなのなんでもないぜ」と言うとすれば、彼は、相手のボクサーとしての資質に関する問いや、相手を劣ったボクサーとして侮蔑するのが適切かどうかに関する評価的な問いや、それに関連するさまざまな認識上の問いに答える権威を想定しているかもしれないが、相手の意志や行為に対して何かを主張したり要求したりする権威は想定していないのである。[3]

さて、あるボクサーが相手にそのような主張〔や要求〕を示すようなことを言ったり表明したりするところを想像してみよう。それは、一九六五年のヘビー級タイトルマッチで「おれの名前は何だ。おれの名前は何だ」と絶え間なく圧倒するような問いかけでフロイド・パターソンを挑発するムハマド・アリだとしよう。これは、わたしが念頭に置いている意味で二人称的である。それは、「おれに……を言え」という含みを理解したうえで答えよという要求なのである。問いを誰かに有意味に宛てることができるのは、確かな応答をする能力と地位とをもった存在者に対してだけである。[4] そして、その問いが明らかに前提としているのは、問い一般または特にこの問いを問う規範的な地位、あるいはそういった問いに答えることを要求する規範的な地位、だけではなく、アリが自分自身に与えた名によって認知されることを要求する権威でもあるのだ。(思い出される方もあるかもしれないが、アリはイスラームに改宗するとともに名前を変えたのに、パターソンはアリを「カシアス・クレイ」と呼ぶと言って譲らなかった。) というわけで、この事例は、われわれが関心をもっている領域にぴったりと収まる。もちろん、アリの事例は、誰かに何かを二人称的に宛てることの純粋な事例ではない。彼の目的は明らかに道具的でもあって、パターソンの気力を挫《くじ》き、辱《はずか》しめ、弄《もてあそ》び、打ちのめすためでもあった。だが、その場合ですら、アリは、パターソンが情け容赦なく打ち破られることを当然の報いだと見なすかぎりにおいて、自らのしていることを二人称的な観点から見ていたのかもしれない。彼は、自分は人対人の正義を遂行しているのだと、つまり、自分自身を人として認知するよう強く要求しているのだと、思っていたのかもしれない。

あるいは、ウェイクフィールドの教区司祭の娘たちは「顔つきによって〈おこがましい〉と伝えることを早いうちに学んだ」(Goldsmith 1901 : 52) という叙述を考えてみよう。この言明はわれわれのいう意味で二人称的だろうか、二人称的ではないだろうか。場合によるだろう。「顔つきによって〈おこがましい〉と伝える」が、求婚したがっている人に、もっと親しくなりたいという希望を挫いたり萎えさせたりするような視線を送る、というだけのことなら、必ずしも二人称的なことが起こっているわけではない。その顔つきで示すことが誰かに何かを宛てること、たとえば侮蔑を表現することの一種だったとしても、繰り返しになるが、その娘たちの心づもりや態度をめぐって何を信じるべきか、あるいはその娘たちについておこがましい推測をすることがどれほど高貴だったり下劣だったりするか、という問いに関わるものの他には、いかなる権利主張も要求も表現されていないかもしれない。他方、彼女たちの顔つきが、いわばおこがましさに対する非難を相手に宛てるのであれば、求婚者の意志や行動に対して権利主張や要求をすることになるだろう。それは、求婚者に引き下がるよう促し、頼み、要求するのである。そして、そうだとすれば、彼女たちは、そのようなしかたで求婚者たちに要求を宛てる権威を前提としており、また、道徳的共同体の観点の場合と同じように、求婚者たちには、そのような要求を娘たちに宛てる権威がないということを示しているのである。(5)

これほど劇的でも文学的でもなくてよければ、何かを二人称的に宛てることの例は豊富にある。クリスティーン・コースガードは、研究室の入り口に姿を現して面談する時間があるかどうか尋ねる学生の例を挙げている(1996e: 141)。(6) その学生は、自分の頼みごとを考慮してもらうために必要な時間以上のものを要求するつもりはないかもしれない。しかし、その学生は、それ以上のことをたしかに前提としているし、それだけでなく、その他の、頼みごとや質問を相手に宛てるときに必要なあれこれのことを前提としている。その学生は一人の独立した人としてのあなたに宛てて、そして特にこの場合、自分と一定の教育的関係に立っている人としてのあなたに宛てて話している。そして、その学生は、あなたと自分とがこういったことすべてを、ともに当然のこととして認めることができることを前提としているのである。

以上のような形で何かを相手に宛てることと、たとえばペットの猫に対する気の遣い方とには、重要な違いがある。後者は、たしかに、二人称的な外見をまとうことがある。人は、たんに自分が飼っている猫の方を向いて話したり感情を表したりするのではなく、猫に対して話したり感情を表したりするのである。にもかかわらず、われわれは、ペットを躾けはするが、人どうしでするように、ペットに要求を突きつけたり、ペットに責任を問うたりはしない。だから、このようなことにふさわしい能力――たとえば、各人が独立したパースペクティヴをもっていて、互いにそれに入り込むことができることを認知すること――をわれわれ(そしてペットたち)がもっていることを前提としたり相互に承認したりする必要はない。(7) わたしが猫の目を見つめるとき、猫もわたしの目をまるで人どうしのように見つめていないるという気持ちを打ち消すことができないこと、猫が「ぼくに餌をくれ、ぼくを可愛がってくれる奴」という以上のしかたで見てくれているという希望を揺るがすことができないこと、それは認めよう。だが、猫が想像力を働かせてわたしの視点に入ってくるとか、わたしを独立したパースペクティヴをもつ存在者として承認してくれるとかいう考えを持ち続けることは難しい。(8) しかし、まさにそれがアリ、教区司祭の娘たち、学生が何かを相手に宛てるとき前提としていることなのである。

共感とアダム・スミスの交換論

以上のことから、二人称的観点にとって共感〔empathy 感情移入〕が中心的であることが明らかになる。このことは第七章〔原著第九章〕でかなり詳しく考察することになるが、その主な要素のいくつかをいま見ておくことは有益だろう。他の人を「あなた」と見なすとき、わたしは、その人が同じ関係をわたしに対して相互的にもっていると見なしている。その人がわたしに相互的に関係していると見なして関係している。そこには何が含まれているだろうか。一部には、濃厚な一連の高階の態度が含まれている。つまり、わたしはその人がわたしを意識していることを意識しており、わたしがその人を意識していることをその人が意識していることを意識しており、その人がわたしを意識していることをわたしが意識していることをその人が意識していることを意識しており……である。(9) しかし、それが二人称的実践に属するもののすべてだということはありえない。というのも、すでに見たように、二人称的ではない相互的意識も同じような構造をもつことがあるからだ。どのレベルであれ、あらゆる意識は非二人称的でありうるし、そうであれば、それをいくら積み上げたところで、結局二人称的にはならないのである。

鍵となる違いは、その人もわたしも自分たちが二人称的に関係していること、を相互に意識していなければならない、というところにある。互いに二人称的パースペクティヴを向けあっていなければならないのである。わたしは、わたしが宛てているものに相手が（程度の差はあれ理性的に）応答していると見なすことができなければならないが、相手もわたしが宛てているものを、自分に対して有意味に応答するものあるいは宛てられたものと見なすのである。

こうして、各々のパースペクティヴは相互関係に入り、互いに相手のパースペクティヴをとることができることが必要となるのである。わたしは、自分が宛てたものに対する相手の応答を、その人の観点から、程度の差はあれ理性的なものと見なすことができるのでなければならない。わたしは、自分が宛てたものを、その人の目を通して見ることができるのでなければならない。同じように、わたしが宛てたものの意味を相手が理解するためには、相手はそれをわたしのパースペクティヴから見て意味のあるものと見なさなければならない。このことを明確に理解するために、誰かに何かを宛てることが不発に終わる場合を考えてみよう。「時間をおもちですか〔Do you have the time?〕」と一方が尋ねる。「すみません、いま手が離せないのです」と他方が答える。前者の人はこの返答をどう解釈するだろうか。その人は思い出そうとするまでもなく自分が言おうとしたことを知っているとしよう。「いま何時ですか」である。だが、自分が言おうとしたことを相手が何だと思ったのかがわかるためには、その人は、自分が言ったことを思い出して、相手の観点からどのように解釈された可能性があるか考えなければならない。自分の言葉を——自分が言っているようにではなく、聞き手のパースペクティヴから——思い出すと、相手は自分の言おうとしたことをこうとったに違いない、と思い当たるのである。「わたしと一緒にあるいはわたしのために（たとえば時刻を教えるよりも長くかかる）何かをする時間がいまありますか」[10]。

このように二人称性には共感ないし他の人の観点に立つ能力が必要である。想像力を使って他の人の立場に身を置いてみることは「シミュレーション」とも呼ばれることがあるが、「共感」が指すことができるのはそれだけではない。[11] 論者たちが、しばしば、シミュレーションや他の種類の共感（感情の伝染や感情の共有など）を含む多様な現象を指すのに「同情〔sympathy〕」という語を用いるため、事態はいっそうややこしくなる。[12] わたしの好みを言えば、「同情」を、他の人々のことを気にかける感情のうち、完全にその人々の観点からというよりも、その人々を気遣う人の三人称のパースペクティヴから感じられるものを指すために使い、「共感」を、他の人の観点に想像力を使って入る感情か、その人の感情に感染した結果生じる感情か、いずれかを指すために使いたい。[13] 二人称的な相互行為には、シミュレーション、つまり想像力を使って他の人の観点に身を置くという意味での共感が必要である（その際自分自身の独立したパースペクティヴの意識は維持されたままであることに注意[14]）。

多くの哲学者が、共感（シミュレーション）は心の状態を他の人々に帰属させることにかなり一般的に関わっている、と論じた（Goldman 1989, 1992; Gordon 1986, 1992）。[15] この仮説には印象的な実験に基づく証拠があるように思われる。ある実験で、エイモス・トゥヴァスキは被験者に次の話を提示した。

クレイン氏とティーズ氏は空港から同時刻に別々の便で飛ぶことになっていた。彼らは町から同じリムジンバスで移動し、交通渋滞に巻き込まれ、乗ることになっていた便の予定出発時刻の三十分後に空港に到着した。クレイン氏は自分の便は定刻に出発したことを知らされた。ティーズ氏は、自分の便が遅れ、ほんの五分前に出発したことを知らされた。どちらの方が残念に思うだろうか（Kahneman and Tversky 1982）。

もしあなたがトゥバスキの被験者の九六パーセントと同じような人なら、クレイン氏よりティーズ氏の方が残念に思っている、とほとんど即座に言うことだろう。どのようにしてそう判断したのだろうか。アルヴィン・ゴールドマン（1989）は次のように論じている。われわれはみな一般則に基づく共通の常識的理論をもっていて、それを目下の事例に適用したとか、過去にどのように感じたかを意識的に考え、類比的に推論したとかいうことは、ありそうもない。それよりはるかに可能性が高いのは、あなたがティーズやクレインの各々の状況にただ無意識に身を置いて、想像力を働かせて「相手の立場に立って」感情をシミュレーションした、ということである。これが正しいとすれば、信念や感情を他の人々に帰属させる（少なくとも一つの重要な種類の）能力は、互いに二人称的に関わりあう能力と密接に結びついていることになるだろう。

アダム・スミスの『道徳感情論』は、人間の思考と実践における共感の役割のもっとも包括的で絶妙な説明の一つだが、シミュレーション説の主張とおおむね一致する。スミスが言うには「他の人が感じていること」を把握する唯一の方法は、「同じような状況で自分自身が感じるはずのことを思い描くことによるもののみである……同胞が苦痛の状態にあっても、自分が安楽な状態にあれば、その同胞がどんな苦しみを被っているかは五感ではわからない」（1982b : 9）。スミスが、共感の遍在に関する自己の洞察を、一定の独特の道徳現象——特に、正義、相互的な責任、尊敬、尊厳——のもつ根本的に二人称的な側面に関する鋭い理解と結びつけているのは、偶然ではない。この道徳現象がもつ二人称的側面は、後に本書のさまざまな箇所で示されるであろう。(16) 実際、スミスをもっとも早い時期の「二人称」の哲学者の一人、いや、まさに最初の「二人称」の哲学者と見なしたとしても、それほど間違ってはいないだろう。

たとえば『諸国民の富』は、事実上、スミスが「交換」と呼ぶ独特の種類の二人称的相互行為を行う人間の能力と相互的尊敬との関係を検討することから始まる。(17) スミスが言うには、人間以外の動物が助けを必要とするときは「自らが必要とするサービスを提供してくれる者の好意を獲得すること以外に説得の手段が」なく「……子犬は雌親に甘え、スパニエル犬は、ありとあらゆる魅力を用いて飼い主の注意を引こうと努める」(1976 : 25)。人のご機嫌をとって同情や好意を得るためには、何かを二人称的に宛てる能力や共感の能力は必要ない。それらは、三人称的に推測し引き出すことのできる、非二人称的な反応である。人にあなたとあなたの足の痛みに同情を感じさせるという、最初の例を思い起こそう。他の人の同情的な関心が、あなたが表現した何かに応答しているとは限らないのであり、二人称的関係においてあなたに一定の地位を与えるよう促すためにあなたが相手に宛てた何かに応答しているとは限らないのは、言うまでもない。(18)

もちろん、われわれ人間は、よく互いの同情を頼りにする。それは、多くの場合、まったく問題ないし、望ましくすらある。「だが、人はほとんど恒常的に同胞の助けを必要とするが、それを同胞の善意にのみ期待するのは虚しい」(Smith 1976 : 25)。人生がままならぬことを考えれば、他の人々が善意によってわれわれのことを気遣ってくれると期待できないこともしばしばである。そのうえ、他の人の好意を獲得しようとすれば、隷属の危険に身を曝すことにもなる。「卑屈になりへつらって注意を引くこと」によって、われわれは他の人々のなすがままになり、その人々の恩着せがましさに屈しがちになり、それどころか悪くすれば支配にすら屈しがちになる。(19) スミスが信じるところによれば、幸いにも自然は人間にもっと尊厳のある選択肢を与えた。「取引し、交渉し、交換するという一般的な傾向」である

（25）。スミスの見方によれば、自由交換は一種の相互的尊敬を前提として二人称的に要求を宛てることに関わるのである。

うまく機能する経済を備えた社会では、相互に有利な交換の場である公式・非公式の市場を通じて、富者も貧者も同じように自己の必要や欠乏を満たすことができる、というスミス的な考えを、われわれはよく知っている。「われわれが夕食にありつけると期待できるのは、食肉業者やビール醸造者やパン製造業者の善意によるのではなく、彼らの自分自身の利害に対する顧慮による」（Smith 1976 : 25）。だが、実際に働く動機は自己利害だとしても、交換は二人称的な規範的基盤を前提としなければ不可能である。なぜ他の動物たちは交換をすることができないのか。スミスは言う、「一本の骨にはもう一本の骨というように、他の犬と公正で計画的な交換をする犬を見た人はいない。獣が他の獣に、身振りや吠え声を使って、これはわたしのものであれはあなたのものだ、これをそれと交換したい、と合図するのを見た人はいない」（25）。スミスが交換を当事者双方がさまざまな規範的前提に拘束される相互行為と見なしていることは、明らかである。たとえば、交換は自由な相互了解に基づいて行われること、当事者双方が相手がもっているものをただ取るのではないこと、などの規範的前提である。当事者双方が、相手が公正に取引をしていることを前提としなければならない。それは、提示されたものが公正な価値をもつという意味ではなく（*caveat emptor* ——それを統制するのは自己利益と交渉である）、互いが正直に取引している、提示された品物が実際に手許に届けられる、各人が強制されることなく自由に取引を拒否し立ち去ることができる、いずれの側も自らが自由に売り渡したものを強制によって取り返さない、などという意味での公正さである。

このように、交換は当事者双方を支配する規範を相互に承認しあうことに関わり、当事者双方が互いに責任を負い、苦情を訴えたり強制に抵抗したりするなどの平等な権威をもっていることを前提とする。それゆえ、そもそも交換に携わるためには、必要条件として、相互に認知しあう能力をもたなければならず、それは共感の能力を必要とする。相手が誠実に交渉しているかどうか推測するためには、各人が、自分が誠実に交渉しているかどうかを相手が見定めようとしているかどうか、相手が誠実に交渉しているかどうかを自分が見定めようとしているかどうかを相手が見定めようとしているかどうか、などを見定めようとしなければならない。このことにはすべて、当事者双方が想像力を使って相手の観点に身を置き、そのパースペクティヴから見て道理にかなっていると自分が思う応答を、三人称的に知覚される相手の現実の応答と比較することができることを必要とする。[20] そうだとすれば、必要なのは共感することだけでなく、これから見るように、二人称的観点から見て意味のある主張、要求、規範を用いて当事者が互いの行為を統制することでもあるのだ。[21]

強いることと導くこと

さて、相互人格的な影響のうち、理性的な種類のものと非理性的な種類のものとの相違に目を向けよう。われわれが定義しているように、誰かに何かを二人称的に宛てることは、理由を与えるという性質をもつ（そして、それが与えようとする独特の種類の理由によってさらに区別される）。そうだとすれば、二人称的な理由を与えることに適切に焦点を当てるためには、W・D・フォークのいう「強いること」と「導くこと」との区別を念頭に置かなければならない（1953）。[22] この作業は次のような事実のために複雑になる。すでに示唆しておいたように、二人称的理由を誰かに宛てることは、それが純粋である場合でも、純粋な助言には見られない指図的な要素をもつ、という事実である。わたしの理解によれば、誰かに何かを二人称的に宛てるならば（助言とは違って、行う理由のあることをめぐる信念に対する要求だけではなく）それが宛てられた人の意志に対して要求を行うことになる。それは、助言の場合のように行うべきことを告げるだけではなく、ある意味でまたはある程度まで、相手にそれを行えと告げるものであることが前提とされている。しかし、本書（そしてフィヒテやプーフェンドルフの論点に関する考察）の中心的テーマは、そのような指図的な権利主張や要求が、強制やその他の強いる行為とは基本的に異なる、ということである。誰かに何かを二人称的に宛てるならば、相手自身の自由な選択を通じて、そして相手の自由で理性的な行為主体としての地位を承認するようなしかたで、指図しようとすることになる。

理性的な影響力と非理性的な影響力とを区別することは、極端な事例であれば、比較的易しい。広く公衆に宛てられた道徳的論説のうち、冷静に自らの大義の正しさを理性的な議論によって読者に納得させようとするものが、強いるというより導いていることは明らかである。威嚇するような顔つきで異論を沈黙させる悪者が、導くというより強いていることは明らかである[23]。しかし、それほど明らかではない中間的な事例もたくさんある。提案を受ける側の判断のほうが優れていたとしても断ることができないことを当事者双方が知っているがゆえに、ありがたくない提案はどうだろうか。提案は通常は導くものだとしても、この場合は強いるものと見なされてもまったくおかしくない。提案の適切性の条件は、受け手は断るかもしれないし断ることもできることを当事者双方が前提としているという意味で、受け手が自由に断ることができるということを含む。受け手が受諾せざるをえないがゆえになされる提案は、表面的には導いているように見えるが「深層構造」では強いている。

しかし、その提案がありがたくないわけではなく、提案する人が、受諾する理由にたんに付随的に関係するにすぎない種類の影響力によって、それを受諾させようとするものとしよう。セールスに携わる人々は、早くから、たとえば、互いに気遣いあうことによって作用する個人的関係に頼るほうが、商品の特性をくどくど説明するよりも効果的な策であることを学ぶ。魅力で誘うこと、甘言で釣ること、調子に乗せること、幻惑すること、脅すこと、これらはみな（とにかく基本的には）理由を与えるというよりも非理性的に説き伏せることを狙っている。それは、導くことの本質が無味乾燥な事実をたんに並べ立てることにある、ということではない。われわれの通常のものの見方を変えるような、想像力を用いた種々の実践によってしか、たとえば、人を感動させる力のある映画や小説によって、あるいはヒュームのいう「その事例の雄弁な語りによって」（1985a : 230）しか、理解できないような——たとえば、ある種の経験をするとはどういうことかに関わる——理由があるのである。

脅迫による強制は一般に強いることだと考えられているが、なぜそうなのかは、立ち止まって考えてみる価値がある。われわれは、まず、「理性的な」強制と文字通りの力ないし威嚇とを区別しなければならない。後者は、理性的な強制には見られないしかたで、理性的な過程を迂回したり妨害したりしようとする。ある人が「あなたがAを行わないなら、X、Y、Zなどの災いが起こる、と言わなければならないと思う」というようなことを言って、いわば脅迫していないようなしかたで脅迫するとき、強制される相手はその理由を理解して従うのだから、自分は相手に純然たる理由を与えているのだ、と想定するとすれば、それは正しいと言えるかもしれない。そうだとすれば、脅迫は強いるというより導くと言えないのはなぜだろうか。〔脅迫する本人以外の〕誰か他の人が、その脅迫は黙って従うべき理由だと本心から信じて、相手にその脅迫の内容をただ知らせるだけだとすれば、明らかに強いているというより導いていることになるだろう。脅迫する人がそれを声に出すと、それが「脅迫ではないようなしかた」であっても、強いることになるのは、なぜだろうか。

ある人が他の人に、あることをすれば災いが降りかかるだろう、とたんに知らせる場合、その災いを起こすのがその人自身だったとしても、与えられた理由は特に二人称的であるわけではない。その理由は、誰かに宛てる可能性がなければ存在しないというわけではないし、誰かに宛てられなければ人に知られるようにならないというわけでもない。誰かを宛先とするという形式にまったく関わらないしかたで（わたしの日記にその理由が書かれているのを読ませる、というのもその一つだろう）、その人がAを行わなければX、Y、Zを行うというわたしの意図を誰かに知らせるよう取り計らうことができる。

もちろん、脅迫はたんに情報を与えるのではない。おそらく、脅迫が強いることになる理由は、その脅迫が与えられるかどうか、あるいは実行されるかどうか、それ自体が、脅迫する人の意思次第だという意味で、行為の理由を生み出すからだろう。まったくその通りだが、ある人が他の人に理由を与えることによって理由を生み出す場合でも、導くというより強いることになるとは言えない場合がたくさんある。エッグ・ベネディクトを注文するとき、あなたはウェイターにそれをもってくる理由を与えることになるが、その理由はあなたが依頼する以前には存在しなかった。だが、導いているのであって、強いているのではない。この場合、注文することによってウェイターがそのように行動する理由を生み出す地位をあなたに与える背景的な権威関係を、あなたもウェイターも受け入れている。そこに違いがある。そのようなことは純粋な脅迫にはまったく当てはまらないが、もちろん、当事者が相互に受け入れている法律、慣習、道徳などによって裏づけられた、ときおり「脅迫」と呼ばれることがあるものには当てはまる。教員が、学生が宿題の読み物をもっと注意深く読まなければ抜き打ちテストをする、といって「脅迫し」、学生一同がそれはまったく教員の権限の範囲内であることに同意するとすれば、その教員は学生に強いているわけではない——学生に勉強するさらなる理由を与えているのである。その教員のしていることは、強制するとか強いるとかいう意味での脅迫では実はなく、自らの権限の範囲内で適用することのできる制裁を学生に通告するだけのことである。

「理性的な」脅迫による強制が導くというよりも強いることになるのは、わたしの見るところ、次のような事情による。そのような強制は、正当な権利主張や要求と同じようなしかたで、つまり二人称的に、理由を生み出すとされているが、ちらつかされる「制裁」の背景にあるべき適切な規範的裏づけをもっておらず、したがってそのような理由は、責任関係があるかのように表面的に見せかけるにすぎない、という事情である。そのような脅迫は、強いることを二人称的に導くことに変えるだけの権威をもつ制裁を通告するかわりに、効き目のある脅迫に含まれている威力を用いているかのようだ。実際、脅迫あるいはその他の種類の強制や操作が、自らの権威が正当化されているという自分勝手な幻想による合理化を伴っていることは、稀なことではない。専制君主や暴力の常習犯は、自らの大義は正しいと想像して自ら慰めることがよくある。あるいは、自らの「権威」の勝手な合理化と純然たる脅迫との間を、行ったり来たりすることがある。(24)

しかし、ある人が何らかの制裁を適用する権威をもっていると仮定しよう。以前の例に戻って、あなたの足を誰か他の人の足が踏んでいて、その人が自発的に足をどけることを拒むならば、きっぱりとだが丁重にその足を持ち上げる権威を、あなたはもっているとしよう。このことを、その人が足をどけてくれなければ、自分がどけるつもりだと通告することによって、その人に伝えるとしよう。あなたがその権威をもっていれば、あなたの要求がどんなに指図的であったとしても、その脅迫的な通告が強制になることはない。しかし、その人の足を、たとえば公道上のあなたのお気に入りの場所から、きっぱりとだが丁重に移動させるぞと迫るとすれば、強制になるだろう。あなたにはそのようなことをする権威はないからである。わたしの見るところ、強制と、プーフェンドルフのいう「(人に)正当に降りかかる災い」(Pufendorf 1934:91)の通告との区別をつけることは、二人称的概念の円環のなかでしか、したがって究極的には二人称観点からしか、できないのである。(25)

言語行為と適切性の条件

次節では、二人称的な理論的推論——信念の理由を誰かに宛てること——を簡潔に考察する。二人称的な実践的理由のもつ独特の性格を理解するために必要な、いくつかの重要な比較対照への道を用意するためである。しかし、その前に、これまで暗に想定してきた、言語行為を分析するためのオースティン流の枠組みを、もっと明示的にしておくことが有益だろう。このことは、二人称的な実践的理由を理解することに特に関連する。しかし、次節では、信念の理由や特に二人称的であるわけではない実践的理由を誰かに宛てることができるのはいかにしてかを把握するためにも、それが必要であることが明らかになるだろう。

オースティン(1975)が関心をもっていたのは、人々が文を発することによって多種多様な「言語行為」——船舶に名前をつけること、夫婦になること、警告を発すること、賭けをすること、など——を遂行することが、言語の慣習的な性格によって可能になるのはいかにしてか、であった。オースティンは、三つの次元に沿って言語行為を分析した。(あ)発語的なもの〔the locutionary〕(発せられた文の意味論的内容）、（い）発語内的なもの〔the illocutionary〕（文を発することによって行為主体が何を行うか）、（う）発語媒介的なもの〔the perlocurionary〕（文を発することによってさらにどのような効果が生じるか）である。たとえば「この地域には繋がれていないライオンがいる」という文を発することは、同時に、ヒョウ属ライオン種の動物の存在に関する意味論的な内容を表現し（発語的）、警告となり（発語内的）、それを聞いた人の命を救う（発語媒介的）可能性がある。

　発語内的な行為は、たんに聴き手一般を宛先とするものも含めて、いつも誰かに宛てられたものの要素を含んでいるが、それはオースティンのカテゴリーを概観すれば明らかになる。オースティンは次のような種類を列挙している。「判決宣告型〔verdictives〕」（法的な判決およびその他の公的な判断）」、「権限行使型〔exertives〕」（議決や権利主張などのような、その他の権威の執行）、「行為拘束型〔commissives〕」（約束や契約のように話し手の言質をとるもの）、「感情表出型〔behabitives〕」（非難、感謝、謝罪などのような、行為や出来事に対する二人称的な反応）、「言明説明型〔expositives〕」（肯定や否定などのような、宛先のある「説明行為」）である（1975: 150–163）。われわれが第一に関心を寄せるのは、権限行使型、言明説明型、行為拘束型に前提され、援用され、関係づけられる、明らかに二人称的な理由である。[26] しかし、次節では、理論的な（非二人称的な）理由を与えることに関わる言明説明型に焦点を絞る。

　オースティンは、あらゆる種類の発語内行為には「適切性」の条件がある、と主張する。それは、行為主体がある特定の種類の（慣習的に規定された）発語内行為をうまく遂行するために――たとえば、言語行為が警告や命令であったりするために――真でなければならないもの、または、その行為が（慣習的な意味で）適正に遂行されたと言えるために真でなければならないものである。前者の種類の条件が満たされなければ、その行為は「不発に終わる」とオースティンは言う。その特定の種類の行為は生じないのである。そして、前者の種類の条件は満たされるが、後者の種類の条件が満たされないとき、その発語内行為は「誤用される」とオースティンは言う。該当する種類の行為は遂行されるが、適正に遂行されない場合である（1975：18）。繰り返すが、「適正な〔proper〕」は規範的な意味ではなく、慣習的な意味で解されるべきである。部外者が、適用される慣習にはおおいに疑問の余地があると思うにもかかわらず、ある行為がその慣習的な意味では適正である、と正しく判断することがある。（この場合、その部外者はオースティンのいう〈慣習的な〉適切性の条件が満たされたということに同意せざるをえないが、「規範的な適切性の条件」が満たされたことを否定することができる――それによって真に規範的な理由は発せられなかったと考えるのである。）

第一の種類の適切性の条件のうち、特に重要な二つは次のものである。

A・1　一定の慣習的な効果をもつ一般に受け入れられた慣習的な手続きが存在しなければならない。そして、その手続きは、一定の人々によって一定の状況で一定の語が発せられることを含んでいなければならない。

A・2　ある特定の手続きが発動される場合の特定の人と状況は、その特定の手続きの発動にふさわしくなければならない（26, 34）。

慣習的な手続きということでオースティンが言おうとしているのは、十分に広い事実的な権威をもつもののことである。ある人が他の人に「わたしの介添人が貴公を呼びに行くだろう」という古風な言い回しで決闘を挑もうとするとしよう。オースティンが述べるように、昔ならこう言えば決闘に至っただろうが、いまではたいていの人が決闘も決闘と結びついた手続きや名誉のコードも否定するから、このような企てをばかばかしいと言ってやりすごすことができる（よく知られているように、ある一定の環境ではそうではないが）(27)。必須とされる事実的な権威が不在なので、その挑戦の試みは「不発に終わる」。しかし、そのコードが十分広く受け入れられていれば、そうではないであろう。十分多くの人が、挑戦を受けた人には名誉にかけて受けて立つ義務があるということを認め、そのような言い回しを知っていたとすれば、その他の条件が変わらないかぎり、その言い回しを口にすることは、少なくともその慣習に関するかぎり、挑戦の意を伝えそれに応答する義務を生み出すのに、通常は十分だろう。「である」から「べし」を導き出すことはできないから、ここでもまた、挑戦の存在から（権利問題として）義務が帰結するというわけではない。むしろ、言いたいことは、挑戦を受けた人に（事実問題として）応答する義務があることを十分多くの人々が認めなければ、挑戦そのものがオースティンのいう事実的な慣習的意味で存在しえない、ということである。

それに加えて、適切な発語内行為が遂行されるためには必要なくても、適切な言語行為が「誤用」されて別の意味でよくないことにならないために必要な、別の条件がある。これらの条件が要求するのは、その慣行への参加がさまざまな点で真正かつ誠実であることである。(27) オースティンの挙げる誤用の例は、不誠実な約束・祝辞・助言を含む（40–47）。わたしが守るつもりのない約束をするとすれば、他の適切性の条件が満たされるかぎり、問題なく約束をすることはできるが、わたしの約束そのものが前提としている規範を犯すことになる。同じように、ある人が他の人に決闘を挑むが、決闘という慣行を構成している名誉や「尊敬」の規範を受け入れず、遵守するつもりがまったくないとすれば、その人は「誤用的に」挑戦することになる。

オースティンの枠組みは、ある人が他の人に何かを行う（規範的な）理由を与えようとする言語行為にも適用できる。たとえば、助言を与える人と助言を受ける人それぞれが、助言を授受する際に暗に前提している、助言を与えることに関する（非二人称的な理由を伴う）規範がある。ある人が実際にはその規範を受け入れないとしても、その人が助言をする人としてその場にいるならば、助言の相手は、当然その人がその規範を受け入れているものと、あるいは少なくともその規範を受け入れているかのように行動するものと、想定する権利がある。さらに、その規範が犯されるならば、非難の新たな根拠にもなる。わたしの「助言」が自己利益のためにすぎなかったと判明すれば、あなたには不服を述べる根拠がある。同じように、ある人が他の人に、命令、権利主張、依頼、その他によって二人称的理由を与えるとき、その人は、当事者双方がこれらの理由の根拠となる規範とそれを相手に宛てる地位とを受け入れることを前提としているのである。

信念の理由を宛てること

フィリップ・ペティットとマイケル・スミス（1996）は、信念と行為の理由を互いに与えあうこと一般に関して、以上のような主張の一種を擁護する議論を行った（Bohman 2000 をも見よ）[28]。彼らの見るところ、われわれはいつも「会話的構え」をとり、その構えには、われわれが信じたり行ったりする理由があることをめぐって互いに真剣に見解を表明しあうときにはつねに、いくつかの重要な想定が伴っている。ペティットとスミスは、二人称的理由を人に宛てることを特別な事例としては検討していない。それゆえ、彼らの検討を考察することは、何を信じ何を行うべきかをめぐるあらゆる真剣な会話において相互に認知しあうことが果たす役割に光をあてるためにも、また、相互に認知しあうことと二人称的な実践的理由との間にある独特のつながりを浮かびあがらせて把握するための背景を用意するためにも、有益だろう。

ペティットとスミスは「会話は、他の人々を認知し、その人々から認知を得る手段である」(1996 : 430)と言う。真剣な「知的な種類の会話」において、人々は「話し相手に権威を認め、その代わりに相手も自分に権威を認めてくれるものと想定する」(430, 432)。何を信じるべきかが問題であれば、当事者双方は「各々が耳を傾けるに値する権威をもつ」ということを、そして、意見が異なる場合には「双方が共同で利用できる証拠を見直せば、ふつうは誰が間違っているかを明らかにすることができ、そうすることによって合意を樹立することができる」(430–431)ということを、共通の前提とする。その要点は、真剣な共同の探求に参加する人は、相手が信用に足るとか、判断力が確かだとか、真剣な会話に携わるに十分な知的能力をもつとか、そういうことを信じていなければならない、というところにはない。むしろ、誠実な議論は、相手が理論的に推論する能力を備えた人だという想定に基づいて進んでいかなければならない、ということである。そうでなければ、何を信じるべきかをめぐって相手と真の議論を行うことそれ自体、まったく意味を成さない。

詳しく言えば、ペティットとスミスが主張するのは、「会話的構え」をとる参加者一人一人は、次のことを想定しなければならない、ということである。(一) 各人が何を信じるべきかを統制する規範がある。(二) 各人がその規範を認識することができる。(三) 各人は自らの信念をその規範によって導く能力がある(1996 : 433)。繰り返しになるが、要点は、相互に理由を与えあうことがそれ自体で意味を成すのは、以上のことが前提されている場合のみである、というところにある。何を信じるべきかを決定することを目的とする議論に従事することが意味を成すのは、各人が、相手が推論の能力を備えた人であること、そして相手が信念の規範を受け入れそれぞれによって導かれていること、を想定している場合のみである。もちろん、ほんものの相互行為のように見える会話に入る理由としては、そのような想定を必要としないさまざまな種類の非本質的な理由も考えられるだろう。あるいは、他の人との「議論」を別の意味で証拠と見なす（「わたしはつねにあの人が言うこととは反対のことを信じる」という場合のように）こともありえるだろう。

これは、言語行為をめぐる一般的なオースティン流の論点よりも強い主張である。たとえば、助言をする人は、一般に、助言を受ける相手が、助言に従うよう自らを導く規範的能力を十分もっているものと想定しなければならない。だが、このように想定したからといって、助言を受ける人が自分で自分に助言ができるとか、何をすべきかをめぐる純粋に相互的な会話に参加することができるとか、そういうことを想定しなければならなくなるわけではない。とはいえ、理論的理由および実践的理由を与えることがすべて、真剣な会話への「入場料」になっている相互的な権威を前提としているわけではないとしても、明らかに二人称的な実践的理由を人に宛てるときにはいつも、それを宛てる人と宛先となる人とが自由で理性的な行為主体として平等にもっている共通の権威が前提されている、とわたしは主張する。この想定を保持することは、二人称的理由が現実に存在し、誰かに宛てられることによって現実に与えられるための必要条件である。この意味で、その想定を保持することは、誰かに何かを二人称的に宛てることすべての「規範的な適切性の条件」なのである。

しかし、この節でわれわれが目的としているのは、理論的な理由を与えることの前提を理解することによって、それを、二人称的理由を誰かに宛てることの条件と比較対照することができるようにすることである。それゆえ、信念について二、三述べておくことが必要である。信念は、まさにその本性上、独立した事実の秩序に呼応するものであり、その事実の秩序を、信念をもつ人にとって中立的に提示しようとする。信念は、独立した真理によって統制される（Shah 2003；Shah and Velleman forthcoming）。たとえば、pが偽であれば、想定された命題pも信じられた命題pも偽であることに変わりはないにもかかわらず、pであるという想定は誤りではないが、pであるという信念は誤りである。もちろん、世界にまつわる物事を信じるどのような理由を人々がもつかは、多くの点で、人々が世界に対してどのような関係に立っているかに左右される。だが、究極的には、人々がもつ理由は、人々の構えから独立なものに、つまり信念をもつ人から中立的にそうであるところの事実に、根拠づけられていなければならない。われわれの信念は、端的に、（世界に関わりつつ）われわれのパースペクティヴから見られた（そのなかでわれわれが占めている場所も含む）世界なのである。われわれが何を信じるべきかは、究極的に、現にある世界に依拠しているのである。

以上のことから、われわれが互いに信念の理由を宛てるとき想定しなければならないものにとって、重要なことが帰結する。証言に関する最近の検討が明らかにしたように、信念の理由が少なくとも表面的には二人称的であることがある（Burge 1993, Coady 1992, Foley 1994, Hinchman 200, Moran 2005）。誰かがあなたに何かを信じる理由を与えることができるのは、たんに証拠を示すことによるばかりではなく、ただそうであるとあなたに告げることにもよるのである。このような理由で何かを信じるとすれば、何を信じるべきかをめぐるあなた自身の推論において、あなたが信頼する証言をしたその人に一種の二人称的権威を与えることになる。だが、その権威は、どこまでも二人称的だというわけではない。それは、最終的には、認識上の権威に依拠しており、それによって無効にされうる。その人の証言が絶対に信頼できないと信じるようになれば、何を信じるべきかをめぐる真剣な会話においてその人に二人称的権威を認めることは、もはやないだろう。

それゆえ、誰かがわれわれに信念の理由を宛てることができるのは、われわれがその人に何らかの認識上の権威があると見なす場合のみ、あるいは、少なくとも、その人にはまったく認識上の権威がないとは見なさない場合のみである。われわれは、デイヴィドソンの流儀に従って、その人が心をもっていると解釈する際には不可避的にそのような想定をするとしても、その人がわれわれに理由を与える地位を獲得するのは、いずれにせよありのままの事実に対する関係が前提とされていることによる。われわれはそう想定せざるをえないのである。われわれが、その人の発言が物事の現実のあり方にランダムにしか関係していないと信じたとすれば、仮にその人が何か意味のあることを言っていると解釈することができたとしても、その人はわれわれに信念の理由を与えることはできないだろう。先に示したように、このことは二人称的な実践的理由を与える権威と対照を成す。知識や知恵は、それが実践的な事柄に関わる場合も、行動に関するある種の二人称的権威をある人に認める根拠になることがあるが、それはそのような権威の本質ではない。そして、おそらく人々自身に属する、比較的僅かな認識上の権威しか必要としない、ある種の二人称的権威というものがあるのである。

二人称的な実践的理由を宛てること

ペティットとスミスは、実践的理由を互いに与えあうことが、相互的な理論的推論と完全に類比的なものであるかのように論じる。何を信じるべきかをめぐって会話する人々は、信念を支える規範とその規範によって導かれる能力とを、その規範に基づいて理由を宛てる双方の地位とともに、相互に認知しあうが、それと同じように、何を行うべきかをめぐる真剣な会話に参加している個人は、それに類比的な想定をせざるをえない、とペティットとスミスは論じるのである。つまり、欲求と行為との規範、その規範によって自らを導く能力、その規範に基づいて理由を与える地位に関する想定である。

実践的理由を与えることが、理論的理由を与えることと完全に類比的だったとすれば、前者における権威もまた、欲求し行う理由があることは何かをめぐるものであるとはいえ、すべて基本的に認識上のものだと予想しなければならないだろう。行為主体の問いが、何を信じるべきか、ではなく、何を行うべきか、であるとしても、ある人が他の人に実践的理由を与える地位にあるのは、その人が、その行為主体の理由をめぐる知識や道理にかなった信念をもっている場合のみであって、その理由の存在は、わかりにくい事例は別として、その人がその行為主体に理由を与えることや理由を与える能力からもまったく独立している、と考えるのが適切だろう。こうして、理由を与える人は、相手に対して理由を与える関係に立つ権威を、いずれにせよその関係から独立に成立している何かにアクセスすることによって、獲得することになるだろう。つまり、何を行うべきかに関する〔相手との〕関係から独立な事実にアクセスすることによって、獲得することになるだろう。

このモデルは、ある種の理由を与えることには十分うまく当てはまり、特に理由を与える関係が助言の関係の場合にはそうである。(29) 助言を行う人が助言を求める人に与える理由は、その助言の関係やその関係に立つ能力から独立に成立しているものとされている。しかし、このイメージは、われわれが本書で第一に関心をもっている明らかに二人称的な実践的理由にとって、誤解を招きやすいものである。おなじみの例を思い出そう。誰かの同情を、誰の目にも明らかなあなたの痛みを表明することによって誘い出すことは、厳密に言えば助言を与えることではないが、次の点ではそれに似ているし、また理論的理由を与えることにも似ている。つまり、その人が理解するようになる理由が、その人に理由を与えるあなたの地位から独立だという点である。[30] たとえ、あなたが幼い子どもで、人に助言をする能力をまったくもたない場合にも、いや、おそらく特にそういう場合にこそ、その理由は通用するだろうし、有効に与えられるだろう。

しかし、あなたがその人に足を動かしてくれという要求を宛てるとすれば、あなたは相互に認知しあう関係を開始し、あなたが宛てる理由の基礎になると見られる権威を前提とすることになる。そして、あなたは相手に、あなたの依頼や要求を考慮しそれに従って行為する能力を暗に認めることになり、またこの場合には、相手が十分に類似した状況の下にあれば、同じような理由をあなたに与え返す権威を認めることになる。信念の理由や助言によって与えられる実践的理由とは違って、この種の理由はその本性上二人称的である。[31] その理由の存在自体が、人から人へと宛てられることに依拠しているのである。痛みを感じているという単純によくない状態に関わる理由とは違って、あなたがその人に足を動かしてくれと道理にかなって要求することができるし、また実際そう要求するという事実は、相互に理由を宛てあうという二人称的な関係に入る共通の能力と権威がなければ、成り立たないのである。あなたが前提とする権威はどこまでも二人称的である。

それゆえ、実践的理由を人に宛てる権威は、認識上の権威とはかなり異なった形をとりうる、とわたしは主張する。認識上の権威は、理論的理由を与える場合や助言のような二人称的ではない他の種類の実践的理由を与える場合などに、前提とされるものである。[32] あらゆる種類の二人称的な理由は、二人称的理由を人に宛てる権威を前提とするが、その権威は、主張したり要求したりする二人称的地位をはじめから前提としない価値や正しさの命題に還元したり、そこから導出したりすることができない。スローガン風に言えば、二人称的な要求を、はじめから（少なくとも暗に）二人称的権威を含んでいないようなものから引き出すことはできない。あるいは、バーナード・ウィリアムズの言葉を言い換えて「二人称的権威に始まり、二人称的権威に終わる」[33]。これが、理論的理由と実践的理由との基本的な違いである。理論的理由を与えるとき、他の人に対して理由を与える関係に入る権威は、究極的には、権威があるとされている人がもっている、そのような関係やそのような関係に入る能力から独立に成立している事実へのアクセスから導出される[34]。対照的に、われわれが関心を寄せている種類の二人称的理由は、どこまでも関係的である。それは、究極的には、相互に認知しあう人々が互いの間に存在していると想定する規範的関係から導出されるのである。

二人称的理由、責任、尊敬

二人称的理由には重要な特性がもう一つあり、それによって二人称的理由は特に責任〔acountability 説明責任〕にふさわしいものになる。すでに見たように、二人称的理由を認識すれば、暗に誰かの権威を承認することになる。それは、二人称的理由が与えられるときはいつも、尊敬に関わる問題が焦点になるということだ。兵卒が軍曹の命令に注意を払わないとすれば、たんに戦況を有利にする理由に反して行為することになるだけではない。その兵卒は、軍曹の命令をないがしろにし、そうすることによって軍曹とその権威に対する尊敬を欠くことになる。あなたの足を踏む人があなたの要求に応えないとすれば、あなたの正当な期待に応えないことにもなり、その要求を行うあなたの地位に対する尊敬を、それゆえまたあなたに対する尊敬を欠くことになる。人が依頼や嘆願をする権利をもっているだけで要求する真の権利をもっていない場合であっても、その依頼の宛先になっている人が耳を貸すことすら拒否するとすれば、それもまた尊敬を欠くことの一種である。

尊敬を欠くこと〔不敬〕は、その本性上、尊厳を傷つけることであり、尊厳に背くことであり、尊厳を貶めることであって、それに対するふさわしい応答は、尊厳を傷つけた人に尊厳の認知を求める（要求する）二人称的な行為や態度である。要求、命令、依頼などを誰かに宛てる人や将校や機関の尊厳を基礎づけるものが何であれ、それが、相互に認知しあう尊敬を樹立し直すことを求める、彼らによるまたは彼らのための、行為や態度を基礎づけもするのである。「反応的な」態度や行為それ自体は二人称的理由を尊厳を傷つけた人に暗に宛てるが、その理由自体が前提としている当の権威を相互に認知しあうことを、その行為や態度は樹立し直そうとするのである。(35) 次章では、非難、叱責、憤り、義憤などの反応的態度が二人称的であるとはどういうことかを考察する。ストローソンの表現を借りれば、これらの態度は尊厳を傷つけた人を宛先とするが、それは「その人を道徳的共同体の一員と見なし続ける、ただし、道徳的共同体の要求に違反した人として」（1968 : 93）という意味で、である。このように、反応的態度は、相互に責任を認めあう共同体の平等な一員として相互に尊敬しあうことを、強化し直し、樹立し直すことができるのである。

註

（1） たとえば、一匹の犬がもう一匹の犬を熱心に見つめて遊び始め、相手を模倣遊びに引き込もうとすることがある。だが、このような行動を志向的と呼ぶことができるとしても、その誘いが本書の意味で二人称的に宛てられているということにはならない。

（2） これに関連する検討については、第四章と第六章を見よ。二人称的要素をもっていない点で反応的態度とは異なる反応のもう一つの好例は、嫌悪である（これは、関わりたくない、むしろ距離をとり、退け、追い出したい、などという欲求を含む）。嫌悪については、Miller 1997 を見よ。

（3） もちろん、このような侮辱は、応答せよというある種の挑発を相手に送る。だが、侮辱する人は、相手が応答することを主張したり要求したりすることはない。このような挑発には、二つの区別されるべき面があるように思われる。一つは、事実に関する暗黙的な主張（したがって、その状況においてあまりにもばかげていると思われない場合には、相手の信念や理論的推論に関する主張）、つまり、自分が勝つのであり、相手にはそれを（あるいはその侮辱を）どうすることもできない、という主張である。もう一つは、相手の名誉に対する挑発である（部外者や疎外された部内者は却下することができ、道徳的尊厳とは別に生じるという点で慣用的な意味での名誉に対する挑発）。この区別については第六章を見よ）。この後者の意味は、たしかに明確な二人称的次元をもっているが、その点でもなお、相手の行動に対する暗黙的な主張や要求はないように思われる。最後に、合意の上で争いに参加することには、たしかに二人称的な面がある。各人が相手の反応（先制の反応すら）を促し、通常はもっている暴行を受けない権利を一切放棄する（そして、いずれにせよ今日のプロのボクシングでは、双方が侮辱を受けない権利を一切放棄することは明白である）。

（4） もちろん、相手の一撃など「なんでもないぜ」と言い切ることも、その言明を理解する相手の能力などを前提としている。

（5） 侮蔑を表して露骨に目を転がせることと、憤りや義憤を表現する眼差し（「刺すような眼差し」）との違いを考えてみよう。後者が、前者には見られないしかたで、相手に（「返信求む」を添えて）何かを宛てていることは明らかである。最近の鮮烈な例は、イタリアのトリノで開かれた二〇〇六年冬季オリンピックのアイス・ダンス競技における「オリジナル・ダンス」の競技中に、マウリツィオ・マルガグリオが、十二年越しのパートナー、バルバラ・フサル・ポリを受けとめ損ねて落とした後で、フサル・ポリがマルガグリオに与えた「睨み」である。ある解説によれば「音楽が終わったとき、ほとんど一分の間リンクの中央で二人は向かいあい、フサル・ポリはマルガグリオを炎のような眼差しで射抜きながら、怒りを沸騰させていた」(Juliet Macur, "After Staredown, a Détente for an Italian Pair," *New York Times*, February 21, 2006)。あるいは、San Diego Union-Tribune のこの「睨み」の写真につけられたキャプションによれば、「バルバラ・フサル・ポリからパートナーのマウリツィオ・マルガグリオへ——わたしの目を見てなぜ落としたのか言って」(http://www.signonsandiego.com/sports/olympics/20060220-9999-1z1x20falls.html)。しかし、フサル・ポリが、転倒の後で、侮蔑もあらわに目を転がし、愛想をつかして滑り去ったと想像してみよう。その場合、表立って誰かに何かが宛てられているとすれば、舞台裏の批評家に対してであろう。メイカーが活写しているように、翌日の夜事態は好転した。「観衆が黙り込むなか、二人は……感情と決意を込めてきれいに演技した。……そして、プログラムが終わったとき、フサル・ポリはひざまずいた。マルガグリオは〔昨日より〕たくましく見え、彼女のほうに身をかがめて立ち、彼女の腰に両手を当てた。彼女が立ち上がったとき、二人は抱き合った。抱きしめあい、マルガグリオはフサル・ポリをもち上げ、くるくると回した。フサル・ポリはマルガグリオの頬にキスした。マルガグリオはフサル・ポリに何度もキスした。結局、二人は八位に終わったが、ふたたび口をきいていた。観衆は、今度はオリンピックでもっとも公共的なキスをして仲直りする場面を見つめながら、「イタリア!」と唱和し始めた」。

(6) 以前述べたことだが、これはコースガードが、後で指摘するように、道徳的思考と意図の二人称的な側面に対する鋭い意識を示すいくつかの箇所の、ほんの一つにすぎない。コースガードとわたしが考えを異にするかもしれない点は、道徳的義務の権威を解明する際に、二人称的観点がどれほど根本的な役割を演じるかにある。このことは、第七章〔原著第九章〕と第八章〔原著第十章〕でさらに明らかになるだろう。

(7) 仮に動物の扱いが通常より大きな相互的責任に関わるとしたら、動物の扱い方は当事者全員にとってもっとましなものになるだろうということは、このことと矛盾しない。この点に関しては、次のすばらしい文献を見よ。Vicki Hearne, *Adam's Task: Calling Animals By Name* (1986). この点については、エリザベス・アンダーソンに負っている。

（8） おそらく、次のことが間接的な証拠になるだろう。（制限時間のある暗算テストや冷水に長時間手を浸すことによって）ストレスを受けている人は、ペットがいるときのほうが、配偶者がいるときよりも、心拍数および最大・最小血圧が低くなることが示されている。このことは、他の動物によって評価されると感じる可能性が低いということを、部分的に示してはいないだろうか。Allen, Blascovich, Mendes 2001 を見よ。ここで、二人称的観点をとることができる他の動物種がいるかどうかに関して見解を示す必要がないことは、言うまでもない。

（9） この点については、Vranas 2001 に助けられた。

（10） もっと鮮烈な例もある。最近わたしがロード・レースで走っていたとき、空軍士官学校のスウェット・シャツを着ている人がランナーに声援を送っているのを見た。前日の夜早く就寝したために、空軍士官学校対ノートルデイム大学のフットボールの結果を見ることができなかったことを思い出し、通り過ぎざまに「どっちが勝った」と尋ねた。その人は心得ていると言わんばかりに「ノートルデイムだよ」と答えた。わたしのパースペクティヴに入り込んでいなかったとすれば、質問された人のもっとも自然な解釈は「誰がレースに勝ったか」だっただろう（速いランナーはもうゴールしていた）。

（11） 心の哲学におけるシミュレーションの重要性に関する興味深い論文については、Davies and Stone 1995, Goldman 1989, Gordon 1986, 1992 を見よ。

（12） たとえば、Adam Smith (1982b) と David Hume (1978) は、前者は「同情」を基本的にシミュレーション（またはシミュレーションから生じる同胞感情）を、後者は感情の伝染を指示するために用いている。

（13） 多様な種類の共感と同情については、Darwall 1998 で論じた。

（14） この最後の要素の独特の重要性、およびさらに一般的な共感の道徳的重要性に関する洞察に満ちた議論については、Deigh 1995 を見よ。

(15) Kögler and Stueber 2000 所収の記事も見よ。

(16) 〔訳註　原著ではここに原著第七章への参照指示が入る。〕エマ・ロスチャイルドはスミスにおける承認の重要性に関する他の多くの例を指摘してくれた。「この世の労苦と努力の目的は、眼差しを向けてもらい、注意を向けてもらい、関心をもってもらうことである」(1982b : 50) とスミスは書いている。貧しい人のみじめな境遇は「そこにいようとそこを去ろうと誰にも顧みられないこと」であり、「人類の視野に入っていないこと」であり、「誰にも眼差しや注意を注いでもらえない」(Smith 1976 : 795) ことである。ロスチャイルドは、スミスは『道徳感情論』で「他の人々〔other people〕」という語を八十四回使っていると注記している。哲学文献の InterLex データベース (http : //www.nlx.com) によれば、『諸国民の富』には四十三回出てくるが、たとえばヒュームの『人間本性論』、『人間知性研究』、『道徳原理研究』、『対話』、『試論』すべて合わせても五回にも満たない。

(17) この主題を強調するスミスの読解については、Fleischacker 2004a, 2004b, Rothschild 2001 を見よ。

(18) 繰り返しになるが、これは Darwall 2002b の主題である。

(19) 支配と隷属はどこか二人称的な相貌と感触をもっているが、権利上いかなる権威も前提としていないことは、重要な点である。事実上の権威すら前提としていない。そのためには、実際にそうであるかどうかにかかわらず、相手に宛てられるものが権利上の権威をもつものとして提示されることが必要だろうが、支配のためにはそれは必要ない。それは、「これからどうするつもりだ」と言うプロ・ボクサーの身分に近い。

(20) 所有制度と市民社会によるその保護に関するスミスの歴史的な説明は、交換と所有とが二人称的な共通基盤を前提としていると考えることと矛盾しない、ということを指摘しておく価値はあるだろう。取引の交渉をするためにすら、あなたとわたしは相互的な地位を有意味に前提としなければならないが、さらに、確立した正式の慣行や制度だけが解決することができる、最終的な保証と期待に関する問題にも直面する。〔訳註　原著ではここに、第八章でスミスのこの考えとヒュームの考えの違いを、第七章でスミスのいうような協働を可能にする心理メカニズムを考察する旨を述べる一文が入る。」所有制度の歴史的発展に関するスミスの見解については、Smith 1976: 715 および 1982b を参照せよ。この点については、チャールズ・グリスウォルドとの議論に負っている。

(21) 「外的感覚について」で、スミスは、他の動物との相互行為においてすら、共感を尊敬と結びつける。「人が自らの手を他の人や他の動物の体に当てるとき、彼らは、彼が彼らの体の圧力を感じるのと同じだけ彼の手の圧力を感じるということを知っている、あるいは少なくとも知っている可能性があるにもかかわらず、この感じはまったく彼にとって外的なものであるので、彼はそれに注意を払わないことがしばしばであり、自然が最高に賢明な目的のために人間に植えつけた、他のあらゆる人だけでなく(もちろんもっと低い度合いであるが)他のあらゆる動物にも向けられる同胞感情によって課される以上の関心を払わない。自然は、人間を、この小さな世界のなかで支配する動物であると定めたが、人間の臣下たちのうちもっとも卑しく弱いものにすらある程度の尊敬を惹き起こすことは、自然の慈悲深い意図であったように思われる」(1995)。この参照箇所については、エリック・シュリーサーに負っている。

(22) フォークは、これを、情動主義および指令主義のメタ倫理学の理論に対する応答として書いた。フォークは、これらの理論が、導くことを強いることに近づけすぎ、これらの違いに対して鈍感であるために不適切だと考えた。

(23) それが二人称的要求を宛てるとしても、このことは変わらない。「啓蒙とは何か」における理性の公的使用を参照せよ(Kant 1996f: 17–22)。

(24) 第六章のスターリンに関する議論も見よ。

(25) Nozick 1969 も見よ。

(26) 発語内行為の種類は規範的にではなく慣習的に定義されるが、にもかかわらずそれが通常は純然たる規範的理由を宛てるものとされていることは、事実である。

(27) これらはオースティンのΓ.1とΓ.2である(1975: 15)。

(28) 確言の二人称的性格をめぐる同様の見方は、Dummett 1990 におけるダメットの真理の見方の背後にも潜んでいる。この点については、ラムフィットの近刊に負っている。

(29) 二人称的理由に関する助言の場合ですら、その理由の存在は、二人称的な主張や要求をすることによって誰かに宛てることができるということから独立ではないが、助言者の認識上の権威や知識から独立である。

(30) もちろん、この事例も、認識上の権威を前提としていないという点で助言とは異なる。

(31) しかし、協働的な理論的推論においてわれわれが想定する種類の能力や権威と、道徳の領域において人々に責任を問うこととの間には、深いつながりがある。発見と事実解明はそれ自体後者の一部である。ある人が自らの行動について応答し説明する〔応答責任と説明責任を果たす〕ことができるのは、自分のしたことの真相を発見し承認することを誠実に求めることによってのみである。そして、真相究明の伝統や制度をもつ社会のほうが公共的な説明責任を一般的に維持しやすく、その逆もまた言えるように思われる。

(32) 認識上の権威と命令や要求をする地位を含む実践上の権威との違いについては、Wolff 1970: 7 を見よ。

(33) ウィリアムズのスローガンは「義務に始まり、義務に終わる」(1985: 181) である。第三章と第四章の主要なテーゼ——道徳的義務は二人称的理由という観点から理解されなければならない——を定式化する一つの方法は、本文中の定式化はウィリアムズのスローガンのたんなる言い換えではなく、それが定式化する論点は類であり、ウィリアムズのスローガンによって定式化されるものはその種である、と言うことである。

(34) ある人が、その人がもっている前提の信憑性とは独立に、その人の推論の能力のおかげで二人称的な理論上の権威をもつこともありうる。だが、このことも基本的には二人称的ではない。この点については、ジャック・ベンダーおよびマーク・ルバーとの議論に負っている。

(35) これとのつながりで、バーナード・ウィリアムズの非難の「予期的な」メカニズムに関する所説 (1995) を見よ。

第二部

第四章　責任と二人称

本章と次章で、道徳的義務は本質的に二人称的であるという主張を支持する主要な論拠を提示し始める。現時点では、この主張は、基本的に、道徳的要求は本質的に二人称的責任〔accountability 説明責任〕に結びついている、という道徳的義務の形式をめぐるテーゼである。（最終的には、その主張は、少なくとも部分的には、われわれの自由で理性的な人〔人格〕としての平等な尊厳に由来する、という道徳的義務の内容をめぐる主張を含む。）本章では道徳的責任の二人称的性格に焦点を当てる。次章では責任と道徳的義務とのつながりを論じる。

P・F・ストローソンは「自由と憤り」（1968）という有名な論文において、帰結主義者の〔自由と決定論に関する〕両立論的見解に対して反論を行ったが、それは後に影響力をもつようになった。その両立論的見解とは、道徳的責任の慣行は「社会的に望ましい方向で行動を統制するのに……有効であること」（72）によって十分に正当化することができるから、決定論は道徳的責任の慣行に対する脅威とはならない、と見なすものである。[1]〔この見解によれば〕刑罰はその奨励効果と抑止効果によって正当化されるのであり、同様の理由によって標準的な免責が正当化されることはあるものの、ある行為がたんに因果的に引き起こされたというだけでその行為を免責することには、相応の正当化根拠がない。まったくの無知やひどい強迫のもとで行われた不正は、これらの条件下では刑罰が抑止力をもつことはありえないので、免責されるのが適切である。だが、一般に決定論を免責の理由と見なすような帰結主義的正当化は、どう見ても存在しない。

　このようなアプローチに反対して、ストローソンは、社会的な望ましさは「われわれが理解している」道徳的責任の慣行に対して「正しい種類」の正当化を提供するものではありえない、と論じた(1968: 74)。人々に責任を問おうとするとき重要なのは、刑罰がある特定の場合に、あるいは一般に、実用的観点から見て望ましいかどうかではなく、刑罰がふさわしいものかどうか、そして、それを与える権威がわれわれにあるかどうかである。望ましさは、ある人に責任を問う態度や行為にそれ自体の正当化根拠を与えるには間違った種類の理由である。これがストローソンの論点である。

　第一章で示した通り、ストローソンの論点は間違った種類の理由という問題の一事例である。ある命題を信じる実用的な事由があるからといって、その命題が信じるべきものになるわけではない。また、ある冗談を面白がることに反対する道徳的理由があるからといって、その冗談の面白さがなくなるわけではない。そして、ある人に責任を問うことが――個人的に、あるいは社会的に、それどころか道徳的にすら――望ましい事由があるからといって、その人の振舞いが非難に値するものとなるわけではない[2]。それぞれの場合に、しかるべき態度をそれ自体として正当化する正しい種類の理由が、その種の態度に関する独特の規範――信念、面白さ、人々に責任を問うことに関わる独特の態度や行為のための規範――から導き出されなければならない。対象にまつわる事実ないし対象の特質を適切に考慮することによってこそ、その対象に対するその種の正当な態度の基盤（誰かの理由）を見出すことができるのでなければならない。(3) ある命題 p を信じるのが望ましいという事実を考慮することによって、p を信じるようになることは不可能である。また、あることを面白いと感じることが道徳に反すると考えることによって（ユーモアの感覚を抑えることは可能かもしれないが）それが面白くないと感じることは（とても）不可能である。そして、罪責感を覚えたり不正に対して憤りを覚えたりすることが（個人的、社会的、道徳的に）望ましいことを考慮することによって、それらの感情を覚えることも不可能である。

ストローソンが「反応的態度〔reactive attitudes〕」と名づけたことで有名な一連の反応を反省することによって、以上の論点を理解することができる。彼は反応的態度を人間の道徳的責任の慣行にとって本質的なものと見なした。ストローソンは二種類──「当事者的〔participant〕」と「非個人的〔impersonal〕」──を区別するが、両者とも個人間の「相互行為〔transactions〕」に対応するものである（1968 : 74）。当事者的な（もしくは個人的な〔personal〕）反応的態度とは、第一に、相互行為している個々人自身─相互行為主体〔transagents〕─の反応的態度である。もちろん、他の人々が「その人に代わって」その人の観点に立つかのように、当事者的態度をとることもできる。ストローソンが挙げる例には、感謝、憤り、赦し、愛、傷ついた気持ちがある（72）。非個人的な反応的態度とは、これらの態度の「非個人的な、または利害関心を離れた、または一般化された類比物」であり、道徳的義憤、非難、そして対象が自分自身であるときは義務感や罪責感、呵責、悔恨の感情が含まれる（84-85）。非個人的な反応的態度は、相互行為する行為主体の観点からのものであるかのようにではなく、中立的な観点、つまり道徳的観点から感じられる。たとえば、憤りは不正を被ったり権利を侵害されたりした個人のパースペクティヴから感じられるが、義憤は道徳的共同体の観点から感じられる。

わたしが主張したいのは、反応的態度がつねに暗に二人称的であり、それゆえ誰かに何かを二人称的に宛てることが前提としていることをいつも伴っている、ということだ。その前提とは、反応的態度が向けられている個々人の能力と権威、および反応的態度を示す個々人の能力と権威にまつわるものである。(4) 個人的な反応的態度は相互行為する当の行為主体の二人称的観点から生じるものとして感じられ、非個人的な反応的態度は道徳的共同体の一員の観点から生じるものとして感じられる。すると、これらの態度を正当化することができる理由——正しい種類の理由でありうるもの——は二人称的理由でなければならないことになる。

例として義憤を考えてみよう。誰かに対して義憤を感じるということは、その人が不正な行動のせいで非難されるべきであり、それゆえ、たとえ本人自身や他の人々からの反応的態度の対象になっているにすぎないとしても、行ったことに対する責任があると見なされるのが適切であると感じるということである。さらに、これはストローソンの論点の一部であるが、義憤は、制裁が望ましいと思われるとか、さらにはある害悪がその人に降りかかれば、事態全体がより価値があり適切なものになると思われる(詩的正義)とかいうこととは異なる。義憤の感情には、何かが望ましいとか適切だとかいう感情には見られない、権威に裏づけられた要求の感覚がいつも含まれている。どのような信念によって義憤が和らいだり収まったりするかを考えてみればよい。ある人が、たとえば自らのしていることの真の性格をどうしても知ることができなかったり、ひどく強迫されていたりしたために、非難するには及ばないとわれわれが信じるようになるとすれば、それでその人に対するわれわれの義憤は弱まり、消えさえするだろう。だが、たとえば、その人に責任を問おうとすればその人の行動を助長することになるだろうから、そうするのは望ましくないと分かったとしても、義憤が鎮まることはほとんどないのである。

類似した点が個人的な反応的態度にもあてはまる。たとえば憤りは、犠牲者の観点から生じるかのように、明白な不正義に反応して感じられる。われわれは、自分自身や自分と結びついている人々に対する侵害だと思うものに憤る。誰かがあなたの足を踏むことに、さらにはそれを止めるようにというあなたの依頼や要求をその人が拒否することに、あなたが憤るとすれば、その人が当然の権利主張や要求を侵害しているかのように、そして、あなたやあなたの代弁者が要求を突きつけ、責任を追及するような応答を示すことが正当であるかのように、あなたは感じる。あなたが感じるのは、この反応が望ましい救済のための効果的な手段や望ましい手段として正当化されるだろう、ということだけでは(ことですら)ない。そのような反応があったほうが、事態全体が道徳的に適切なものになるとあなたは考えるかもしれないが、その考え自体は憤りの一部ではない。憤りはむしろ、端的に相手の行動によって、そしてあなたと相手が妥当性をもって、つまり権威をもって、互いに主張し要求できるものによって、正当化されるように思われる。あなた自身の権力ではなく権威に訴えて「そんなことをわたしにしてはいけない」とあなたは考えることができるのである。

ストローソンは、反応的態度が道徳的責任において果たす役割を理解することは、自由意志の問題にとって中心的な意義がある、と論じる。他の人々に責任を問うかどうか、そしてどのように責任を問うか、という問いは、人間のさまざまな関係(つまりさまざまな関わりあい)のなかで生じる問いであり、その関係のなかで反応的態度を通じて、それらの関係を規定していると見なされるさまざまな期待に他の人々を従わせる権威をわれわれはもつ、と想定しようとする。[5] スローガン風に言えば、「[物事]についての責任」という道徳的感覚は「[人]に対する責任」と概念的に結びついている(個人に対するものであれ、道徳的共同体の成員としての互いに対するものであれ)[6]。責任は次のことに独特の関わりをもっている。つまり、ある人が行ったことに照らして、われわれが道徳的共同体の成員として身を置いている二人称的関係の内で、われわれ（その人自身も含めて）はその人とどのように関係すべきか、つまりその人をどのように顧慮し、その人にどのように〔要求を〕宛てるべきか、ということである。この点を見逃さないために、「応答責任〔responsibility〕」よりも「説明責任〔accountability〕」という用語を通常用いることにする。というのも「応答責任」にはわたしが考える意味とは異なる意味があるからである。たとえば「応答責任」は道徳的な含意の有無にかかわらず原因責任〔causal responsibility〕を指すことがあるし、また、たとえばときに「帰責可能性としての責任」と呼ばれる、さらに広い道徳的責任の意味さえあり、われわれが問題にしている「説明責任としての責任」という独特の種類の道徳的責任とは異なるのである。(7) わたしの論点は、後者の意味で誰かに責任を問うことは、まぎれもなく二人称的であるということである。

ストローソンは、「人間的関係に関与または参加するという態度（ないし一連の態度）」、すなわち二人称的構えを「他の人間への客観的態度（ないし一連の態度）」と対照させた（1968: 79）。われわれは、ごく幼い子どもや「根深い異常心理」をもつ人々のように「通常のおとなの関係」に適しないと見なされる人々に対して「客観的」態度をとり、反応的態度や反応的態度を含む相互人格的な要求の宛てあいよりも、「治療」や「監督」の対象とするのが適切であると見なす（1968: 81）。(8) したがって、決定論が突きつけるほんとうの問題は、それを受け入れることで「われわれはつねに、もっぱらこのような「客観的な」しかたであらゆる人を見ることになりうる、またはそうなるはず」（81）かどうかである。よく知られているように、ストローソンはそうはなりえないと考えた。

本章の関心事は、自由意志というよりもむしろ道徳的責任の本性であり、とりわけその二人称的性格である。しかしながら、これらのつながりに注目しておくことには価値がある。ストローソンが正しいとすれば、（説明責任としての）責任や、自由意志や、これらを覆すかもしれないものに関する問いが生じるのは、われわれが互いに関係しあうときにとる明らかに二人称的な見方で、互いを見るからにすぎないことになる。それゆえ、われわれは互いに（そして自分自身を）二人称的に見、互いに要求を宛てあうがゆえに、自由意志の問題は注意を引くのである。繰り返しになるが、われわれが自らが行うことに関して、自由意志が問題になるような意味で道徳的責任（説明責任）がわれわれにあると言えるのは、互いに道徳的責任を負っているから、つまり道徳的共同体の成員として互いに要求を宛てあう権威があるからにすぎない。(9) 要求を宛てる人と宛てられる人とが同じように自由であると想定せざるをえなくなるのは、（反応的態度に見られるように）要求を二人称的に宛てることによるのである。

誰かに何かを宛てることの一種としての反応的応答

以下の四つの節では、反応的態度がいつも次のことを含むことを示そうと思う。

（あ）（二人称的に）何かを宛てることの一種であり、
（い）それは、二人称的に何かを宛てられる能力と地位（二人称的な能力と権威）を相手がもっていることを前提とし、そして
（う）それは、その相手の人の振舞いに応答するものであり、
（え）その振舞いは（少なくとも）人に関わるものである。(10)

本節では（あ）に関心を向け、したがって反応的態度それ自体の二人称的性格について考察を続けることになる。個人的な反応的態度とそれらを一般化したあるいは代表する類似物とはいずれも「一定程度の善意が示されることへの期待または要求」をいつも含んでいる、とストローソンは明示的に述べる（1968 : 85）。さらに、ストローソンが挙げる例には、これらの要求を（少なくとも暗に）誰かに宛てることが含まれていることがわかる。[11]

たとえば、罪責感と恥の違いを考えてみよう。罪責感は反応的態度である。罪責感を感じることは、自分が非難されており（非難されるべきであり）、自分がしたことに責任があると見なされているのはもっともであるように感じることである。[12]罪責感は、非難に対する適切な（二人称的）反応のように感じられる。つまり、非難の根拠と、われわれにとってより重要なことだが、非難を向ける権威との両方を（たとえ「神に対して」だけだったとしても）承認し、自分が非難に値すると認めることである。したがって、罪責感を感じることは、責任があると自分に宛てて言うのに必要な能力と地位が自分にあるように感じることであり、この点で罪責感は、ストローソンのいう意味での自分自身の純粋に「客観的な」見え方と対立する。最後に、罪責感の自然な表現——懺悔、謝罪、贖罪、自責——はそれ自体二人称的である。

恥は、罪責感と同じように、自らがあるしかたで眼差されたり見られたりするのが正当であるように感じることである。だが、これに該当する眼差しは二人称的ではない。それは三人称的である。人は自分自身を、相手の眼差しや「凝視」——おそらくは相手の侮蔑の眼差し、あるいは見たことを恥じるようなものを世間向けの顔の背後に見通す眼差し——の対象と見なす。[13]サルトルが「わたしが恥じることができるのは、わたしの自由が所与の対象となるべくわたしから逃れるときだけだ」と述べたのは有名である（1957 : 260）[14]。対照的に、罪責感を感じることは、自由な人としての自分に権威をもって要求が宛てられていると感じることである。いわば「罪責感からの見え方」はストローソンのいう意味での自分自身の純粋に「客観的な」見え方とは相容れない。自分が行わなかったことを自分は行うべきだったし、行うことができたのにと感じ、それゆえ、それを理由に非難されるのはもっともだと感じるのである。罪責感に特徴的な表現は二人称的であるのに対して、恥は二人称的関与を妨げる——つまり視界から消えたいような気がするのである。

恥も罪責感も、想像された他の人の眼差しに権威を認める。だが、恥が認める権威は基本的に認識的で、三人称的である。自分をあるしかたで見る地位を相手はもつ（したがってそのように自分が見られるのは正しい）とする。しかし、罪責感は最初に述べた種類の、還元不可能な二人称的実践的権威を認める。罪責感は、要求を行う権威、つまり行為の二人称的理由を相手に宛てる権威を承認するのである。

ここで、ストローソンが挙げている残りの例を考えてみよう[15]。彼が挙げている範例的な当事者的ないし個人的な反応的反応は、繰り返しになるが、感謝、憤り、愛、赦し、傷ついた気持ちである。憤りと赦しはおそらくもっとも簡単な事例である。憤りは、正当な要求や期待が裏切られたことに反応するように感じられ、裏切った人に向けられるだけでなく、暗に宛てられるように感じられる。これによって憤りは「客観的」というより「反応的」なものになる。それは「責任を問う」ことの一種であり、そのようなしかたで要求を宛てられ追求される能力と地位が備わった人としての相手に要求を宛てることである。たとえば、揺れながら走るバスに乗っているとき重い荷物が動いたせいで、あなたの足を誰かが踏まざるをえなかったとわかるとする。それを知っても足をどけてほしいという欲求は変わらないかもしれないが、憤りは小さくなるか、新たな対象（運転手）に向け直されるだろう。

赦しの二人称的性格は、憤りと関係づけることによってもっとも容易に理解される。赦すことは、大まかに言えば、憤りを自制したり撤回したりすることである。[16] 赦しは、自分に対して不正を犯したことについて相手の責任を認めるが、要求を押し通すことや「要求によって相手を責めたてること」を控える。[17] もちろん赦したり赦されたと感じたりすることは、それを伝えなくてもできる。だが、赦しは、責任を問う二人称的空間の内で機能する。もし憤りや義憤、それに類するものが何もなかったとしたら、赦しのようなものは存在しなかっただろう。

感謝は赦しに似て、正当な要求や期待に依拠している。感謝することがふさわしいのは、しかるべき要求や期待をしていないのに、人々が自分によくしてくれたり、望みどおりに行為してくれたりするときである。さらに、感謝は責任を負いうる行為主体の行為に対して感じられる。たしかに、たとえば「よい天気に感謝する」などと言うが、それには、天気は神からの贈り物のような無償の贈り物だ、という考えが含まれているのは明らかだ。[18] そして、感謝の自然な表現もまた二人称的であって、恩人が、自分たちが期待する権利をもっている以上によくしてくれたことをこちらから認知し、それをその人に宛てて感謝を込めて表明するのである。「そんなことしなくてよかったのに」と言うが、文句を言っているのではないことは明らかだ。最後に（感謝を感じないことは言うまでもなく）感謝の感情が相手に宛てて表明されないことはそれ自体、恩知らずでありうる。

ストローソンが挙げている「愛」と「傷ついた気持ち」という例は、それほど直接的に二人称的だとは思われないかもしれない。たしかに、まったく二人称的ではない種類の愛もある。人と見なされない存在を深く気遣うことができるし、人に対する気遣いは、想像のなかですら相手に宛てる形で示される必要もなければ、本質的に相手の行動に対する応答であると見なされる必要もない。ほとんどの愛は完全に無条件的というわけではないかもしれないが、二人称的に条件づけられているとは限らない。しかし、ストローソンが念頭に置いているのは、互いに何かを宛てあっていることを相互に認知することによって維持される愛の関係やその他の親密な関係であることは、かなり明確である。そして、傷ついた気持ちは、同じ枠組みの内で理解されなければならない。気持ちが傷つくのは、個人的な思いやりを相手に期待し、その期待を相手も認めたものと思っているか、認めたはずだと思っているのに、その期待に反するようなしかたで相手が行為するときである。憤りが正当化される場合とは違って、自分には他の人に思いやりを要求する権利がある、と思うとは限らない[19]。だが、拒絶と相互信頼に関わる何らかの問題が生じたかのように感じるのである。

あと残っているのは、ストローソンが挙げた非個人的な反応的感情の例であり、他の人に宛てられたもの——道徳的な義憤と反感——および自己に宛てられたもの、つまり罪責感、呵責、悔恨である。これらについては簡潔に済ませることができる。道徳的義憤とは、ある人がある行動に関して責任があると見なされるのは正当だという感情であり、したがってそれ自体、その人に責任を問うことの一部である。ストローソンが指摘するように、人々が一定のしかたで行為することをわれわれが道徳的共同体の成員として要求できると感じるとき、義憤と反感を感じる。実際、ストローソンは「そのような要求をすることは、そのような態度をとる傾向をもつことである」述べている（1968 : 92–93）[20]。これは心に留めておく必要のある重要な論点である。つまり、われわれが相手に道徳的要求を宛てるのは、部分的には、われわれが非個人的な（だが依然として二人称的な）「要求的」態度をとる傾向をもち、明示的なしかたで互いに責任があると見なしあう傾向をもつ、という共通知があることによる。

これらと同じ論点が、再帰的な非個人的反応的態度にもあてはまる。しかしこの場合は、すでに罪責感を例として示したとおり、要求は自らに宛てられる。呵責と悔恨は、弱められ和らげられれば、重要な点で〔罪責感に〕似ているように思われる。ジョナサン・ベネットが指摘したとおり「対自己反応的態度〔self-reactive attitudes〕」は「現在の自己と過去の自己との間の……一種の相互人格的関係を含んでいる」(1980: 44)[21]。

二人称的な能力と権威を前提とすること

ストローソンによる反応的態度の議論が自由意志の問題に特別な関連があるのは、反応的態度がいつも要求を相手に宛てるからであり、ゲリー・ワトソンが指摘するように、要求を宛てる際の規範的な適切性の条件として前提とされねばならない「要求を道徳的に宛てることの諸制約」がある(1987: 263, 264)からである[22]。「要求が有意味であるためには、要求の相手の側の理解が必要である」(264)とワトソンは指摘する。その要点は、相手が当の要求を理解する能力をもっていなければ要求を行っても効果がありそうにない、ということではない。むしろ、反応的態度は、相手が言われていることを理解でき、この理解に基づいて行為できるという前提がなければ、それ自体まったく意味をなさない「コミュニケーションの形式」だということである[23]。この論点は(規範的な音階に転調されてはいるが)オースティン流の言語行為ないしは準言語行為の適切性の条件をめぐる論点と同じものである。ごく幼い子どもや正気を失っている人のような、必要な能力を欠く人々に反応的態度を示すことによって、彼らが望ましい行動をすることになるとしても、その場合の反応的態度は「要求を道徳的に宛てる形式としての意味を失う」(265)。要求を道徳的に宛てることが効果を生むか生まないかは、発語媒介的な力の問題であるのに対して、要求を宛てる相手が二人称的理由を認知しそれをもとに行為する能力をもっている(そしてもっていると想定される)ことは、要求を道徳的に宛てることがもつ独特の(規範的な)発語内的な力の適切性の条件である、とわたしは主張する。もっと正確にわれわれの論点に関連させて言えば、その能力は、適切な二人称的理由が存在し、それが誰かに宛てられることによってうまく機能するための規範的適切性の条件である、ということになる。

繰り返しになるが、自分が要求や理由を宛てる相手が必要な能力や地位をもっていると信じる必要はない。肝心な点はむしろ、要求や理由を道徳的に宛てることはこれらのことを前提としている、というところにある。ワトソンが述べているのは、われわれは自分が言うことを他の人々が理解でき、それによって導かれるという想定に基づいて、要求や理由を他の人々に宛てている、ということなのである。わたしがそれに加えて主張したいのは、要求や理由が二人称的に宛てられる際に想定されているのは二人称的能力であること、要求や理由の宛て先になる人々は、われわれがその人に宛てる二人称的理由とそれをその人に宛てるわれわれの権威とを相互的に承認することによって自らを導くことができること、自分自身に対して二人称的パースペクティヴをとることができ、その観点から受け入れる理由に基づいて(自分自身にしかるべき要求を課すことによって)行為することができること、である。[24][25]

わたしの主張を構成する主な論拠にとって重要なことは、権利主張や要求によって何らかの二人称的理由を誰かに宛てることは、相手がその理由の妥当性を認知でき、この認知を通じてその理由に基づいて(自由に)行為できることをいつも前提としている、ということである。もしある人があなたの足を踏んでいる足をどけないことにあなたが憤りを表明するならば、あなたは、その人が足をどけることを暗に要求している。そしてあなたが暗に相手に宛てる二人称的理由がどのようなものであれ、それが前提しているのは、第一に、その要求の妥当性を相手が認識できること、第二に、あなたの権威ある要求に由来する行為の決定的な理由を認識しさえすれば（注記する価値のあることだが、あなたが相手の同情を引くか引かないかにかかわらず）相手が足をどけることができることである。そして、もしわたしが中立公平な傍観者として義憤を表明する場合も、これらの想定をしているのでなければならない。権威があるとされる要求でも、ある人がその妥当性をどうしても理解できず、それに基づいて行為できないなら、不適切であることは避けられない。繰り返しになるが、肝心な点は、そのような要求には人を従わせる力がない、というところにはない。人を従わせることは十分ありうるが、それは要求の発語媒介的な力の問題である。つまり、その発話が（規範的）発語内行為という意味では、つまり権威ある要求や二人称的理由を誰かに宛てることとしては、失敗せざるをえないということである。[26] 宛先となる人の二人称的能力は、要求や理由を二人称的に宛てること一般の規範的な適切性の条件なのである。

権利主張することや要求することは、たんにある権利主張や要求に誰かの注意を向けさせることではない。それは、明らかに二人称的な種類の理由を他の人に宛てることである。二人称的な種類の理由は、その人の意志に指図を与えることを意図するが、ある意味ではその人の権威と独立した実践的推論を認知する。ストローソンが強調しているように、他の人の行動に反応的態度で応えるということは、「その人を道徳的共同体の一員と見なす」ことである、「ただし、道徳的共同体の要求に違反した人として」(1968:93)。[27] したがって反応的態度は、他の種類の批判的態度、たとえば侮蔑とは異なっている。後者はその対象の側の権威を前提としないからである。倫理のカント的および契約主義的理解において二人称的態度や二人称的構えが（相互的）責任を媒介する際に果たす役割は（四人の著名な、しかしかなり異なった例を挙げるならば）プラトン、アリストテレス、ヒューム、ニーチェといった思想家の倫理学上の見解（それらは徳の倫理学であることが多い）と根本的な相違を示していると思う。この四人にとって、行動や性格の評価は、基本的に二人称的な形式をとるものではない[28]。

要求を二人称的に宛てることが前提とする自由がどのような種類のものかを、明確に理解しなければならない。生物はさまざまな自由な選択ができるかもしれないが、われわれが反応的態度において前提とする明らかに二人称的な道徳的自由をもってはいないだろう。道徳的要求を尊重しない人に反応的に応答するときは、権威ある要求に結びついた独特の種類の理由つまり二人称的理由に基づいて行為する能力を、その人に帰している。

たとえば、ケンブリッジ・プラトニストのラルフ・カドワース（〜一六七〇）が「動物的自由意志」と呼んだものをもっている生物を想像してみよう[29]。そのような生物は、自らの欲求を批判的に修正し、欲求を熟知した上でそれを長い目で見て満たす可能性が高いものは何かを査定し、この査定に基づいて行為する、そのような能力をもっていてもおかしくない、とカドワースは考えた[30]。カドワースは、動物的自由意志をもつ生物が自らの行動を行動の法則と一致させることができるような動機を考案することができる、という考えに賛同する。だが、それらの生物が、これらの要求がそれ自体で理由を与えるものであることを認知することができない（それゆえ「道徳的自由意志」を欠いている）とすれば、そのような生物は、真の道徳的義務の下にあることができないだろう、つまり道徳的要求に真に従うことはできないだろう、と主張する。真に道徳的な責任を負うためには、それゆえ真に道徳的に義務を課せられることができるためには、生物は自らに責任を問うことができなければならず、それができるのは、自らに対して二人称的パースペクティヴをとり、権威ある要求を認め、それに基づいて行為することができる場合のみである。生物が動物的自由意志しかもっていなかったとすれば「法は、その生物の動物的な利己的感情を支配することによってしか、その生物に作用せず効果を及ぼさないことになるだろう……そうだとすれば……あらゆる道徳は壊滅する」(4980, 9)。

反応的態度は、道徳的要求を行為の決定的な理由と見なす能力を前提とする。[31] そして、このことは、自らに責任を問う能力と、わたしの主張によれば、二人称的理由によって、つまり行為主体相関的な理由によって、自ら〔の意志〕を決定する能力とに関わる。二人称的理由の妥当性は人々の間で前提とされている規範的関係に基づき、それゆえいかなる結果や状態の価値からも独立であるから、行為主体相関的な理由なのである。[32] それゆえ、反応的態度は〔同情に関与しているような〕結果や状態を対象とする評価〔およびそれに関連する欲求〕には還元不可能な、動機の能力を暗に前提とする。少なくとも、反応的態度は〔行為主体相関的な〕行為規範を受け入れることを含む。それは、世界や結果の状態を好ましいと見なすことにはまったく還元できない、本質的に行為に関わる心の状態である。[33] だが、ストローソンの論点からさらに帰結するのは、これだけのことを前提としたとしても、二人称的責任がそれ自体で十分に有意味であるためには不十分だということである。明らかに二人称的能力をも前提としなければならない。つまり道徳的共同体の二人称的構えを自分に対してとり、そのパースペクティヴから誰にでも有意味に宛てることのできる要求によって自分自身を動機づける能力である。

プーフェンドルフの論点は、次章でさらに紙幅を割いて明らかにするとおり、だいたい同じことになる。道徳的義務には純粋に二人称的に要求を宛てることが含まれているが、それは——プーフェンドルフの理解によれば、神がわれわれに妥当な要求を宛てる際に——たんに神のような権威ある誰かによって課されるかもしれない制裁を恐れることによってではなく、必要な権威をわれわれ自身が受け入れることによって自らに責任を問うことができる、と想定することを要求する。責任ある行為主体としてのわれわれに行為の責任を帰することができるためには、われわれが責任を負う相手とわれわれがともに、たんに従うことを強制する制裁の恐怖によって動かされるのではなく、「周知の規則に違反する人に向けられた害悪が、違反する当人に降りかかるのは正当だと［いうことを］［われわれ自身］承認すること」（Pufendorf 1934 : 91）によって動かされるのだと想定しなければならない。われわれは罪責感を感じるときのように、自分自身を非難できるのでなければならない。

以上のことから帰結するのは、われわれが反応的態度を通じて有意味に要求を宛てることができるのは、それと同じ態度を自分自身に対してとる能力があると想定される人々だけだ、ということである。要求の宛先となる人は、自分自身に対して二人称的パースペクティヴをとることができ、同じ要求を自分自身に行うことができると想定されるのでなければならない。それができるのは、罪責感のような対自反応的態度の場合のように、その要求の妥当性を承認することによってであり、そしてもちろん、自分自身の実践的推論を適切に統制することによってである。そうすることによって、要求を宛てられる人は、要求を宛てる人が宛てられる人に責任を問うときにとるのとまったく同じ観点をとることになる。彼らは自らを非難することによって自らに責任を問う。自らが非難されるべきだと見なすことによって、道徳的共同体の一員のパースペクティヴから自らが非難されるのは当然だと見なすのである。

（人としての）相手の振舞いに応答すること

そうすると、反応的態度は、それが前提とする当の能力を個人が行使することに対して、反応することになる。つまり、反応的態度によって宛てられた要求を尊重する人としての振舞いに対して、反応することになるのである。反応的態度の対象はつねに、要求が自らに宛てる明らかに二人称的な理由を認知し、自由に受け入れ、それに基づいて行為することができる人という意味で自由で理性的だと見なされる個人である。そして反応的態度が反応する対象は、まさにその個人によるこれらの能力の行使であり、つまり妥当な二人称的理由に照らしてその個人がとる振舞いである。これらの理由自体が二人称的関係を構成するので、反応的態度は、個人が二人称としてどのように振舞うかに反応すると言えるかもしれない。反応的態度は、その個人が、権利主張や要求をする権威をもつ人々にどのように関係しどのように（二人称的に）振舞うかに対して、応答するのである。第六章と第八章〔原著第十章〕で論じるように、誰かの人としての尊厳を尊重すること、そして実に尊厳自体がすでに本質的に二人称的現象であるがゆえに、人〔人格〕という概念それ自体が二人称的な概念であることになる。[34]

（少なくとも部分的に）人に対する尊敬をもつこと

したがって反応的態度は、ある人の行為主体性全般に関係するのではなく、その人に対して他の人たちが権利主張や要求を行う地位にある場合に、その権利主張や要求に関連するその人の振舞いに特に関係する。[35]つまり、反応的態度は、たんにどのようにその人が他の人々を顧慮したり顧慮しながら行為したりするかに反応するのではなく、他の人々の妥当な権利主張や要求をそれを行う人々の権威とともに認知するという意味で、その人がどのようにその人々を尊重するかに反応するのである。反応的態度は、その人がどのように二人称的に振舞うかに応答するのである。

このように、反応的態度はつねに、われわれが誰かに二人称的に関わり、二人称的理由とその基礎となる権威関係を承認するときに実現される一種の尊敬に関わるのであって、それは反応的態度自体を通じてであれ、反応的態度が求めるとおり実践的推論を統制することによってであれ、そうなのである。尊敬と二人称的理由の関係については第六章で再び取り上げる。

(少なくとも見たところでは) 無道徳的な事例

これまで、反応的態度を特に道徳的な文脈において考察してきた。しかし、反応的態度は、少なくとも個人的なものであれば、無道徳的な事例でも登場することがあると考える人もいるかもしれない。軍曹が自分の部隊に整列せよと命じたとき部隊がそれを拒否したとすれば、軍曹はこれに憤るであろうし、その憤りは軍曹の部下が認知しそれに基づいて行為することができる要求を前提としているであろうが、その軍曹の権威を道徳的なものと見なすのは曲解だと思われるかもしれない。しかしながら、その軍曹がある種の正当な権威を前提としなければならないことは、文句なく明白である。憤りは、その対象がたんに憤る人の意志に反していることを表すのではなく、ある正当な要求に反していることを表す。さらに、その軍曹が義憤や非難のような非個人的な反応的態度を感じるとすれば、これらは道徳的共同体の成員として軍曹が部隊と共有する観点から生じるものであろう。自分の部隊が非難されてしかるべきだと感じる際、軍曹は、部隊もまた、軍曹が部隊を非難するのと同じ観点から、自分自身を非難し、自分自身に責任を問うのは当然だと考えるのでなければならない。

もちろん、自由で理性的な人々の相互的責任からは導出されないような正当な権威関係がある、と考えることは可能である。事実、人類の歴史の大部分にわたり、どの正当な秩序をとってみても、少なくとも本書の読者の多くが進んであたりまえのことと見なすような道徳的平等とはまったく相容れない、とたいていの人には思われるだろう。プーフェンドルフ自身もおそらくそう考えた。しかし、どんな種類の二人称的理由も、それが誰かに宛てられるときには、ある前提を伴っており、その前提が十分に明らかであれば、二人称的理由を宛てる人も宛てられる人も同じように、二人称的能力およびそれを根拠とする平等な二人称的権威に、したがって人の平等な尊厳および一種の相互的責任としての道徳に与することになる、とわたしは主張する。しかし、ここでは、どんな要求もそれが誰かに宛てられるときには、道徳的な事例とまったく同じように、二人称性の諸前提を伴っていることを指摘できさえすればよいと思う。

王や皇帝が臣民に行う要求を考えてみよう。たとえば、ミラノ勅令は、ローマ皇帝のコンスタンティヌスとリキニウスが、ローマ帝国内でキリスト教徒を迫害することをやめさせるために発布したものである。コンスタンティヌスとリキニウスが、適切な免責の理由がないのにこの要求に対する違反が生じたことに憤り、違反者を非難するとしよう。皇帝たちは二人称的理由を国民に宛てている（それゆえ国民を導いている）のであって、国民に強いているのではなく、理性的な強制すら用いていない、と解釈するならば、その際皇帝たちは、勅令が（正当な）権威の裏づけをもっていることを国民が認知することができ、それによって自らを導くことができると認めているものと見なければならない。真の二人称的理由を生み出すことができる命令の規範的適切性の条件は、命令の宛先となる人がそのような実践的な効力のある認知能力をもっていることを含んでいる。勅令は、理由を二人称的に宛てることである以上、この二人称的関係に対する国民の理解力、特に、皇帝に対する自分たちの責任を自分たち自身も認知し受け入れる能力と、この認知を通じて責任を果たす能力とを前提とする。

その状況は、非難、憤り、義憤のような二人称的理由を誰かに宛てる反応的態度ならば、どれでも同じであるとわたしは思う。そのような場合にはいつも、理由を誰かに宛てる人は、ワトソンが「要求を道徳的に宛てることとの諸制約」と呼ぶものに相似的な前提に与している。つまり理由の宛先になる人が、その人自身の反応的態度と実践的推論を介して、二人称的で相互的な認知をする必須能力をもつ、という前提に与しているのである。

尊敬、尊厳、反応的制裁

反応的態度の、自由と平等という前提とのつながりを強調してきた。だが、反応的態度はいささか反動的〔reactionary〕ではないだろうか。応報を復讐や報復から区別するのは難しいことがある。ニーチェのように、義憤や憤りのような態度は、ほんとうは残忍やサディズム・マゾヒズム、つまり他の人々や自分自身が苦しむのを見たいという欲求、一ポンドの生身の肉を取りたてたいという欲求、いやもっとひどい欲求を覆い隠すものだ、と感じることもある。[36] ミルは、道徳的不正の概念は本質的に反応的態度に関係があると述べるが、そのミルでさえ、反応的態度はそれ自体で道徳的な反応であるわけではないと主張する。反応的態度は、同感によって適切に統制され、公共善に向けられてはじめて、道徳的になる。[37] われわれが憤りのような情動や「報復ないし復讐の自然な感情」をもっていなかったら、正義や道徳的不正の観念もないだろうと認めるとしても、そのような「感情それ自体には道徳的なところはない」、「道徳的なこととは、感情が社会的同感にもっぱら従属していることである」(1998: ch. 5) とミルは言う。

そうだとすれば、どうして反応的態度は報復したいという欲求に関わらないことがあろうか。「応報の」感情は、いつも敵意と悪意を、あるいは少なくとも自らに加えられた害悪をそれに釣合う害悪と均衡させたいという欲求をもたらすのではないか。二つの観念が反応的態度にとってまったく本質的であると思われる。第一に、権利主張ないし要求の観念であり、第二に、要求を宛てる人と宛てられる人という対応する地位の観念である。つまり、要求を相手に宛てる権威と、それを宛てられる地位、したがって要求を宛てる人に応えなければならず、要求を承認しそれを遂行する説明責任ないし応答責任を負う地位である。しかし、これら二つの本質的要素以上のものはすべて、原則として、規範的な議論や討論によって決まると思われる[38]。

刑罰の理論はその精神において応報的でありながら、厳密な釣合いというテーゼを――目には目を、であれ何であれ――却下しうる、というのはよく知られた考えである。さらに、ローレンス・スターン（1974）が指摘したように、ガンジーとキングのような例は、責任や反応的態度と報復や復讐とを区別できることを示している（Watson 1987 : 286 も参照）。ガンジーとキング、それにマンデラも加えることができようが、彼らはたしかに要求を誰かに宛て、要求を誰かに宛てる態度を表明し、明示的にそして暗黙的に他の人々にその要求を尊重する責任を問うた。だが、彼らは、まさに報復を拒否したがゆえに、自らの尊厳を高め（もしくは見えやすくし）、しかも宛先となる人の尊厳を尊重するしかたでそうしたのだった。

道徳的責任は、何らかの具体的な反応的態度に、それどころか、原則として、特に人間的な反応的態度にさえ、結びついている必要はない[39]。そして、憤りや義憤のような反応的態度でさえ、間もなく見るとおり、報復や復讐の欲求から区別される。(40) 肝心なことは、ただ、一定の要求を行いあう地位を相互的に承認しあうことであり、つまり、道徳的な事例において、自由で理性的な人々の平等な尊厳を互いに尊重しあうことである。人は平等な尊厳を尊重する責任を互いに負いあい、反応的態度はこの種の尊敬を要求し、それに対する責任を媒介する。これらの要求に反した個人に厳密には何が要求されうるかは、どのような制裁が平等な尊敬という理想をもっともよく実現するかによって決定されるべき規範的問題だと思われる。(41)

誰かがあなたの足を自分の足置きに使うとき、これはあなたの足への危害であるだけでなく、あなたの人格への危害である。それは、そのようには扱われてはならない人としての、また他の人々と同様にそのように扱わないようにさせる地位にある人としての、あなたの地位や尊厳を尊重していない。(42) アダム・スミスは、われわれは自らの人格が尊敬されないことに対して、どんな身体的危害や心理的危害とも同じくらい、いやそれ以上に、憤るものである、という考察を記している。「危害や侮辱を与える人に対してわれわれが怒るのは、われわれを軽視しているように見えること……ばかげた自愛によって、他の人々をいつでも自らの都合で犠牲にしてもよいと彼が想像しているように見えることによる」(1982a : 96) とスミスは書いている。(43)

もちろん、反応的態度が求めているものがやはり、危害を返し、受け取ったのと同じだけお返しするというある種の報復だったとしても、反応的態度の対象がいつも不敬であることと矛盾するわけではない。しかし、よく考えれば、スミス自身が見るように、それが正しいことはありえない。反応的態度が報復的であったとすれば、それは不敬に不敬を返そうとしていることになるだろう。だが、ストローソンが指摘したように、道徳的な反応的態度はそれ自体一種の尊敬である。反応的態度は、それを感じる人たちと同じく、その対象となる人を「道徳的共同体の一員」と見、したがって相互的尊敬を条件としてその対象に要求を宛てる（1968: 93）。反応的態度は（平等な）尊厳を相互的に承認することを求めるが、その尊厳は反応的態度が主張するもの（要求を宛てる人の尊厳）であるとともに前提とするもの（要求を宛てられる人の尊厳）である。スミスの書いていることは洞察に富んでいる。われわれが危害に憤るとき、憤りが「主として意図しているのは、お返しに敵に痛みを感じさせることではなく、……危害を加えられた人がそのような扱いを受けるいわれはないと感じさせることである」（1982: 95–96）[44]。反応的態度の暗黙的な目的は、他の人々に自らの尊厳を（そして、それほど明白ではないが、その人々自身の尊厳を）感じさせることである。

以上のことが正しければ、反応的態度とそれが伝える道徳的責任の慣行は、実は、報復が求めていることと反対のことを追求することになる。報復することは不敬に対して不敬を返すことであるのに対して、誰かに責任を問うことは、不敬に対して尊敬を返すことを敬意をもって要求する。反応的態度は「〔その対象を〕道徳的共同体の一員と見なし続ける」（Strawson 1968: 93）のである。

この現象を生き生きと示す例が、ローラ・ブルーメンフェルドのすばらしい文章に見出される（2002）。ローラは、彼女の父、デイヴィド・ブルーメンフェルドを銃撃したオマール・ハティブという男に然るべきしかたで責任を問うために、ハティブを探そうと試み、それを文章にしたのである[45]。デイヴィドがイェルサレムを訪ねたのは、一九八六年、オマールやPLOの反乱分派に属するその他のメンバーが旧市街で旅行者に何回かの襲撃を行った時期であった。デイヴィドはその旅行者の一人だったが、オマールの銃弾が頭皮をかすめただけで、辛うじて死を免れた。ローラはその旅の途上で、オマールに近づこうとしてイスラエルで数年を過ごす。オマールはまだ獄中にいた。ローラはジャーナリストであると自己紹介してオマールの家族と知り合いになり、家族が獄中のオマールにこっそり届ける手紙で彼と文通を始める。これらの手紙を通じて、オマールやその家族がローラの本当の身元を知らないまま、ローラとオマールの親密な交流が始まる。オマールは、自分のしてきたことを、他の人に対する襲撃ではなく非個人的な政治的行為と見て、終始自責の念はないままであった。オマールの家族も同様に、発砲を「何ら個人的なものではない」、一つの「広報活動、人々をわれわれに注目させる方法」と捉えていた。

ブルーメンフェルドはついに、責任を明らかにする方策とそれを遂行する状況に出会う。ヘブライ大学の心理学者、ハノホ・イェルシャルミは「復讐の代わりになる唯一のものは承認である」と彼女を説得する。「承認とは、……責任を引き受けることである。それは〈自分自身の罪を負う〉ときである」と彼は述べる（Blumenfeld 2002 : 292）。

オマールの健康状態悪化を理由にした出獄要請を審理する法的手続きの場で、初めて互いの姿を見たとき、ローラにチャンスが到来する。手続きの山場でローラは立ち上がり、発言を求める。困惑したイスラエルの判事たちがなぜかと尋ねると、彼女はハティブの家族と知り合ったこと、オマールが自分のしたことを済まないと思っていると信じていることから話し始める。ローラはまた、デイヴィド・ブルーメンフェルドと話し、彼もオマールの要請が認められることに賛成している、と述べる。判事たちがローラの発言権に異議を申し立てると、彼女は静まりかえった法廷に向かって、自分はデイヴィド・ブルーメンフェルドの娘であるがゆえに発言権があるのは当然だ、と答える。この展開に衝撃を受けて、オマールとその家族は涙を流し始める。ブルーメンフェルドは書いている。「オマールの母はわたしのヘブライ語がわからず、廷内を見回し、うろたえて「なぜわたしの子どもたちは涙を流しているのか」と言った」。なぜこのような介入をするのかと判事に訊かれ、ローラは、オマールに「われわれは人である。〈標的〉ではない。われわれは人であって家族がいる。だからわれわれをむげに殺すことはできない」と知ってほしいのだ、と述べる。その後オマールはローラに手紙を書いて「あなたとあなたの優しいお母さんの苦痛の原因」となったことを謝罪する。（ローラの母親もその法的手続きの場にいた。）彼は犠牲者をはじめて「デイヴィド」と呼んで、人であること〔personality 人格性〕を認める。彼はデイヴィドにも手紙を書いて、「わたしのせいであなたに起こったことに対する深い苦痛と後悔」の念を表明する（Blumenfeld 2002 : 265–267）。

ブルーメンフェルドの物語は、スミスの分析を裏づける。反応的態度は尊敬を求める。反応的態度は、相手に二人称的に関わろうとし、その相手が自らに宛てられた要求を受け止め、その条件を承認し、その要求を宛てる人の尊厳を尊重するとき、つまり宛てられた要求と要求を宛てる地位とをともに尊重するとき、成功する。[46] したがって、尊敬は次の三つの異なった点で反応的態度に入ってくる。（一）反応的態度の対象は、より正確に記述すれば、つねにある種の不敬だと思われるものである。（二）反応的態度の目的は尊敬を要求することである。（三）反応的態度の様相は、それが向けられる人に対する尊敬を含む――それは敬意をもって尊敬を要求する。

責任、自由、中心的ではない事例

だが、以上のことは別の懸念を引き起こすかもしれない。われわれが責任を問おうとする人々が、自らに宛てられた二人称的理由の妥当性を認め、その認知に基づいて行為する能力をもつ、ということ、このことを反応的態度が必然的に前提するとすれば、基準を高く引き上げすぎることにならないだろう

か。他の人たちが、あるいはわれわれ自身が、実際にこの能力をもっているという確信を与えるものは何だろうか。(47)

互いに責任を問うことが正当であるために、われわれが道徳的自由（二人称的能力）をもつことを独立に確証する必要はない。カントの「理性の事実」が示すように、われわれが要求を二人称的に宛てることは、われわれが道徳的自由をもつことを不可避的に想定させるのであり、それを覆すような、われわれが道徳的自由をもたないと考える特定の理由があるわけではない、というだけで十分であると言うことができる。だが、だからといってこの仮説が覆されえないということにはならない。結局のところ、ストローソンによる客観的態度と反応的態度の区別の要点は、有意味に責任を問われるために必要な自由を欠いているがゆえに「客観的に」眺めるのが適切な存在者がある、というに尽きる。そしてストローソンが指摘したとおり、一般にわれわれは人々に責任を問う心構えができていても、人々はたとえば重い精神疾患などの状態に陥る場合もあり、そのようなときは反応的態度を控えるのが適切なのである。実際、同じことが自分自身の場合に起こりえない理由もない。たとえば統合失調症の初期段階にある人が、道徳的自由という前提が残念ながらもはや当てはまらないのに、それを前提とする道徳的判断を自分自身に関して下すことがありうる。

だから、たとえわれわれには道徳的自由という取り消し可能な想定をする資格があるとしても、それは現場の事実によって覆されることがある。こうして、先の懸念が形を変えて再び現れる。ストローソンが述べる、ごく幼い子どもや妄想を伴う精神障害を患う人々を含めた、議論の余地なく「客観的な」事例を除外するとしても、誰かに完全な責任を負わせる慣行が前提としていると思われる意味では道徳的理由に基づいて行為する自由がない、と考えるべきもっともな証拠があると思われるのに、そのような人々に責任があると見なしたいと思う場合がしばしばあるように思われるのだ。

この懸念をここで徹底して扱うことはほとんど不可能である。一般に、それを系統的に行うためには、わたしがこれまで述べてきたことを中心的で理想的な事例（「完全な責任」の事例と呼べるかもしれないもの）に当てはまるものとして考え、その他の事例は、中心的な二人称的事例に照らしてあれこれのしかたで理解されなければならない逸脱と見なさなければならないであろう。いくつかの事例では、たとえば子どもの場合のように、道徳的能力を発達させる方法として、ときには二人称的に要求を宛てるのにふさわしいかのように先取り的に扱う一方で、（「客観的に」は）それが認知されるべき幻想であるとわかっている、というふうに、子どもたちを完全な二人称的責任へと導くプロセスにおいて、同時に二つの路線を進んでいるように思われることがある。(48)

アルツハイマー症やダウン症候群の人々のように、完全な責任を免除するような障害があるが、子どもの場合のような先取り的なプロセスがない場合も、類似のことが当てはまることがある。この場合も二つの路線に沿って進むことがある。つまり、おそらくは、比較的限定された領域の、少なくとも推定上は完全に二人称的な路線と、その制限をめぐって継続的に検討するという二つの路線である。(49)そして、われわれが責任を問うことを通じて行う要求によってその人が自己決定する、と実際には期待できなかっただろうという確信があるにもかかわらず、その人に完全な責任を問う事例がありうるが、このことについてはまもなくさらに考察することになる。そのような事例はつねに違和感を生みださずにはいないだろう。なぜなら、われわれはひょっとすると、その人に責任を問うのに必要な前提が満たされていない可能性がきわめて高いと思っているにもかかわらず、その人に行う要求を、われわれ自身にそして互いに納得させるために、そのような事例をあたかも中心的な二人称的事例であるかのように扱うことになるからである。[50]

以上のことを確認したうえで、二つのかなり異なる種類の事例について簡潔に述べておきたい。一つ目は、さまざまな種類の虐待と暴力についてわれわれが責任を問おうとする人々が、制御できない情動のせいだと弁解しようとする場合である。わたしの見るところ、このような場合は、一般に、自由の想定は覆されないと想定するのが正しい。二つ目は、その前提に対して真の難問を突きつけうるものだが、たとえばロバート・アルトン・ハリスのような、極端な精神病質者の事例である。彼は一九七八年に二人の十代の少年をぞっとするようなしかたで殺したのだが、彼についてゲリー・ワトソンがまさにこういった観点から論じている。[51]

一つ目の種類の事例は、さまざまな家庭内暴力や自動車運転者の逆上などの実例を見ればよくわかる。分析してみれば、虐待や暴力という行動は自由に選択され、本人は他の行動もできたにもかかわらず、あれこれのしかたで自らの行為を合理化する思念や感情に身を任せたことが十分に明らかであることが多い。その徴の一つは、加害者が、自分のしたことが免責可能な不正であるという主張を一貫して守ることをせず、自分の行為が行う価値があったとか、ほんとうは犠牲者の利益になる一種の「矯正」だとか口をすべらせて、自分の行為は正当化されると称するようになるときである。無防備なときに彼らが表現する情動と態度は、いったいどうしてこのような行為を行いえたのだろうという、自分のしたことに対する平静を失い取り乱すような悲嘆や後悔ではなく、正当化の感覚を映し出している。ここで起きていると思われるのは、カントが「自惚れ」と呼んだようなことであり、しばしば男性至上主義のような何らかの正当化のイデオロギーと結びついているものである。その人は道徳的カテゴリーに無感覚であるのではない。むしろ道徳的カテゴリーを自分自身の目的のために歪曲しているのである。

しかし、精神病質者の事例は非常に異なっているように思われる。ロバート・ハリスは、人生のさまざまな時点で、どちらかといま検討したばかりの種類の人に似ていたかもしれないが、身の毛がよだつような殺人の時点では、道徳的要求に対する冷淡さとまったくの鈍感さを露わにし、自惚れという堕落した道徳的感受性すら示さなかった。このことは、ハリスが道徳的な要求を宛てられることに対する適性がなく、道徳的共同体の外部にいる道徳的無法者であることを暗示している。それにもかかわらず、ハリスのような人々に責任があるとみなす理由はあるかもしれない。

ワトソンが記述するとおり、ハリスの冷淡さは、道徳的共同体を拒絶するという、先行する意図的な選択に由来し、その一部は彼自身がひどい虐待の犠牲者であったという経歴から生じた――その選択は正確にはカント的な無時間的な悪の選択ではなく、むしろ拒絶的な選択の連続のようである。(52) 後の時点では、ハリスは以前から選んでいた「地獄への道」を辿り続けるほかなかったということかもしれない。(53) しかし、いま彼を責任のある人として扱うことは、その拒絶を敬意をもって拒絶することである。そうすることが伴っている〔道徳的自由という〕前提は、いまはもはや文字通り偽でしかないとしても、〔道徳的〕共同体に資する重要な表現的機能をもちうる。人の尊厳を保持することである。さらに、文字通りに能力がない場合と、まだ道徳的救済ができるのに自己救済しないことを自由に選択する場合（ひょっとするとハリスは早い時点では、いや後の時点でもそうであったかもしれない――それは誰にもわからない）とを区別する、公共的に信頼できる方法はまったくないかもしれない。だから、ロバート・ハリスのような事例に直面するときでさえ、道徳的自由という前提は、正当な種類の「実践的信念」であり、それを覆す十分な証拠はわれわれにはないかもしれないのである。(54)

しかし、この前提が特定の事例においては事実として覆されるという見解に至るとしても、それは通常の責任の慣行において働いているその前提に対する重大な圧力になるわけでは必ずしもない(55)。われわれは依然として、真の二人称的能力をもたない精神病質者の自由を制限することの適切な正当化を、自己防衛に見出すことができる。そして、われわれが他の観点から正当化を考えなければならない、つまり精神病質者に真の責任があるとは見なさないしかたで正当化を考えなければならないという事実それ自体が、道徳的責任の慣行が通常の機能を果たすとき、それが二人称的性格をもつことの証拠になるだろう(56)。

註

(1) ストローソンはそのような見解の一例としてNowell-Smith 1948を挙げる。古典的な言明の一つとしてSchlick 1939がある。

(2) 第一章註31参照。

(3) ラビノウィッツとロノウ＝ラスムセンは、正しい種類の理由が態度の理由となる内容にも見られると述べ、本質的に同様の指摘をした。すなわち、態度はそれらの理由「による」何かに関するものである（Rabinowicz and Rønnow-Rasmussen 2004: 414）。W・D・フォークが指摘したとおり、価値を認めるにふさわしい好みは「(対象が）どのようなものであるかを真に把握することによる」好みである（1987: 117）。デレク・パーフィットによる「対象に与えられた」理由と「状態に与えられた」理由との区別も見よ（2001）。

(4) ミシェル・メイソンは、これに類似していると思われる主張をし、次のように述べる。ある意味で「すべての反応的態度が実は道徳的態度であることは真である」。「その意味とは、人がある特定の反応的態度の域内にいると見なすことは、その人が、期待、要求、権利からなる体系の一部をなす期待や要求に応答できると見なすことであり、その期待、要求、権利に従って〔行為を〕規制することが、われわれとともに道徳共同体に入ることを求めるために必要だということは真である、という意味である」(2003：244)。メイソンは、少なくともある種の軽蔑が反応的態度としても理解されるべきである、と説得力をもって主張している。それがとりわけ興味深い主張であるのは、メイソンが論じるとおり、軽蔑がその対象となる人への要求を背後で前提しているのにもかかわらず、一種の要求の取り下げとして表現されるのが自然であるため、要求を相手に宛てているようには見えないことがあるからである。しかし、わたしが思うに、彼女が論じている種類の軽蔑が、彼女の主張するとおり反応的態度であるならば、要求の取り下げは相手に責任を問う一つのしかたであって、たとえば嫌悪や、その他の種類の軽蔑のように、非「反応的」ではないということを前提としなければならない。

(5) これはスキャンロンがScanlon 1995で探っているテーマでもある。

(6) もっと慎重に言うと、道徳的責任の概念に関するかぎり、それは〔誰かに〕道徳的責任を問う権威のある人々(道徳的共同体)に対する責任と結びついている。次章では、神学的主意主義とカントの見解が、道徳的共同体をめぐる競合する概念を、それぞれ神およびあらゆる自由で理性的な行為主体(目的の国)として、提起していることを論じる。

(7) この区別についてはWatson 1996を見よ。前者の意味は、二人称的である必要のまったくない、もっと広い種類の評価に関連するもので、誰かのせいにできることを問題とする。たとえば、誇りが正当なものであるかどうかは、わたしに関する何かについてこの意味でわたしに責任があるかどうかに依拠しているかもしれないが、何らかの権利主張や要求が正当と見なされることを必要とはしない。Scanlon 1998：248fも見よ。スキャンロンは、わたしが考える意味での責任を「実質的責任」と呼んでいる。この点についてはアンドリュー・エシェルマン、レイ・ツォング、ジム・スタイアー、スーザン・ウルフとの議論に負っている。

(8) この点は、明らかに、その程度、責任、障害といった問題、そして十全に責任を問うことができない人々への尊敬や処遇といった問題をめぐって、多くの争点を生む。ここでこれらのことを適切に論じ始めることはできない。本章のこういった論争点のほとんどにとって、焦点を合わせる必要があるのは、二つのカテゴリー（つまり、二人称的責任があるとするにふさわしい人々と、ないとするにふさわしい人々）に入るのが明白な事例だけである。この問題には本章の終わりで、今度もまた不十分ながら、戻ることにする。

（9）繰り返しになるが、前註の補足説明を見よ。

（10）この問題に関する第二章の短い検討を見よ。

（11）しかし、ストローソンは恥を除外している。理由を述べてはいないが、彼は「恥のさらに複雑な現象」を反応的なものと位置づけている（1968：86）。これは、次の段落で挙げる理由によって（少なくとも非二人称的な種類の恥については）誤っている可能性があるとわたしは考える。とはいえ、このことはわたしの目的には何の影響もない。もしストローソンが正しくわたしが間違っているならば、わたしが認識していない恥の二人称的側面があるかないかのいずれかであり、その場合は、本章でのわたしの主張は恥以外の反応的態度をめぐるものであると解釈することができる。もちろん恥は、それ自体は反応的ではなくても、反応的な態度や情動の内に現れることがある。「恥を知れ」と反応的な調子で言うが、その意味は、その人が恥を感じるならば自らの恥ずべき状態を正確に表象していることになるだろう、というだけでなく、恥の経験とは自らのしたことゆえに経験すべき心理的状態であるということである。そのような文脈では、恥は制裁として機能している。さらに、道徳的恥のようなもの、つまり、自らの品性や性格に対する恥がある。だが、道徳的恥は本質的に対象としての人に関わるとしても、二人称的に宛てられるという特徴をもつという意味で反応的であるわけではない。この点については、ジョン・ダイとの議論および Deigh 1983 に助けられた。メイソンの未公刊文献も見よ。

（12）この点については、Greenspan 1992 を参照。罪責感と恥の対照性に関する他の要素については、Gibbard 1990 の第七章、Morris 1976、Rawls 1971 の第67節と第70—75節、Williams 1993：89–90、Wollheim 1984 を見よ。対照的な見解はストッカーの近刊を参照。罪責感に関するとりわけ興味深い議論が Buber 1965 に見出される。この参照はデイヴィド・レヴィーに負っている。

(13) 恥に関して後者の要素を強調する魅力的な議論については、Velleman 2001 を見よ。反応的態度ではない反応の別の例は嫌悪である。Miller 1997 を見よ。

(14) ポール・ホフマンがわたしに指摘してくれたとおり、少なくともある種の恥は（道徳的恥はもちろん、ことによるとその他の恥も）、たとえば軽蔑のような三人称的眼差しを認める感情だけでなく、行為主体的にそれに抵抗する感情も含む。おそらくサルトルの論じている種類の恥はこれを含んでいる。この種の恥でさえ二人称的に何かを宛てられることに応えるというよりも三人称的視線に応えるかのようであるという論点は変わらない。

(15) ここでも恥は除外する。

(16) この立場の古典的表明はバトラー主教によるものである。Butler 1900 の説教ⅧとⅨを見よ。Murphy and Hampson 1988 も見よ。

(17) 憤りは自分と強い結びつきのある人々への侵害〔injuries〕に対して感じることがあると上に記した。同様に、自分と強いつながりのある人たちへの侵害を赦すことも可能である。

(18) しかし、この考えを許容するのは有益かもしれない。この点については、Emmons and McCullough 2003 を見よ。これは二人称的な心理機構のさらなる証拠だろうか。

(19) もっとも、明らかにこれも起こりうることである。イアソンがメデイアと別れてコリントの王女に走ったことに対する彼女の応答のように。またアラニス・モリセットの「あなたに思い知らせたい〔You Oughta Know〕」(1995) の次の歌詞のように。「ここにいればあなたは思い出すかしら／あなたが去った後に残っためちゃくちゃのこと／わたしを拒むのはずるいわ／わたしが背負っている十字架はあなたがくれたものなのに／あなたに、あなたに、あなたに……思い知らせてやりたい」。同じことはボブ・ディランの「廃墟の街〔Desolation Raw〕」(2004: 181–183) でも生じる。「ああ、昨日手紙を受け取ったよ／（ちょうどドアノブが壊れた頃）／元気ってきいたのは／何かのジョークだったのかい／……／もう手紙は送らないで、もうたくさんだ／廃墟の街から送るのなら／話は別だけど」。

(20) ベンサムの法律における「準命令」についてハートが論じていることと比較せよ。(第一章註17参照。)

(21) この参照についてはダニエル・キーンに感謝する。

(22) R・ジェイ・ウォーレスが「わたしの主な主張は、反応的態度と、人を期待(ないし要求)につなぎとめることとわたしが呼ぶ独特の種類の評価との間には、本質的なつながりがあるということである……」(1994 : 19)と述べていることにも注意せよ。Bennett 1980も見よ。

Scanlon 1998 : 272–290による類似の論点にも注意するべきである。というのも、それは、いかにして二人称的観点が道徳の契約主義的アプローチを基礎づけることができるかに関する第十章〔原著第十二章〕の考察と特別な関係があるからである。

(23) ワトソンは、上記の通り、反応的態度のコミュニケーション的(二人称的)性格とは、反応的態度が「通常は伝達される」ことではなく、「実際はしばしば伝達されない。むしろ、もっとも適切で直接的な憤りの表現は、相手に不満と要求を宛てることである」と述べている(1987 : 265)。

(24) 道徳的共同体の(平等な)成員であるために必要な道徳的能力(二人称的能力)とは、ロールズが「領域特性〔range property〕」と呼ぶものである。この意味で、人々は等しく道徳的共同体の成員である。なぜなら、この領域内にいる人々は等しくこの領域内にいるからである。この論点については、Rawls 1971 : 508を参照。

(25) 自閉症とそれに関連する共感の障害、したがって二人称的能力の障害を含む状態に関するたいへん興味深い問題があるが、ここでそれを適切に扱うことはできない。Jeanette Kennett (2002) は、高次機能性自閉症の人々にはたしかに道徳的責任能力があり、これは道徳的行為主体に関するヒューム的なイメージよりも、カント的なイメージを支持するものであると論じる。高次機能性自閉症が原則に基づく行為と高度に一致していることは正しいと思われる。わたしが正しいなら、定言命法とそれに関係する道徳的原則は、基本的に二人称的な意味で理解されなければならない。しかしながら、高次機能性自閉症が基本的な道徳的動機と道徳的義務の基礎を十分に認識することと一致しないとしても、この状態にある人々が確実にこれらの原則によって行為を決定することができ、それゆえ道徳的共同体の成員としての役目を果たすことができることが判明する可能性がある。もちろん、一定の規範によって導かれるとしても、道徳的責任にとって本質的な二人称的権威を承認していることにはならない、とわたしは強調してきた。だが、これらのさらに二人称的といいうる側面を正確に追跡する方法があるかもしれない。この点については、ウォルター・シノット＝アームストロングに負っている。

(26) 現時点では、これを論証しているというよりはただ主張している。この主張を支持するための論拠の一部は、もちろん、要求や理由を二人称的に宛てることと理由の全体像におけるこの主張の役割にあり、その全体像に説得力があって重要な倫理的現象を説明できるように思われればいいと思う。しかし、もっと焦点を絞った議論は、第八章〔原著第十章〕でフィヒテの論点を提示する際に行う。

(27) これも、ヘーゲルの「刑罰の権利」(1991: 126–127) という有名な考えに含まれる一抹の真理であると思う。すなわち、誰かに責任があると見なさないことは、その人の理性的な人としての尊厳を尊重しないことでありうる。

(28) カント的枠組みのこの側面に関する卓抜した議論として、Korsgaard 1996a を見よ。

(29) これは、大英図書館に収められた彼の自由意志に関する未公刊手稿に見られる。参照は手稿番号と頁番号による。これについては Darwall 1995a: 109–148 で検討している。

(30) これはだいたい、ロックが『人間知性論』(1975) で擁護した種類の自己決定である。Darwall 1995a: 149–175 において、ロックの構想を彼の道徳的義務の理論との関係で検討した。

(31) カドワースはこれを「道徳的自由意志」と呼ぶ。カントの次の言葉と比較せよ。「わたしが他の人々に対する義務の下にあること認識できるのは、同時に自らを義務の下に置くかぎりでのみである」(1996d: 417–418)。

(32) 第一章註16を見よ。そこで、二人称的理由が実際は行為主体中立的に表現されるということは、二人称的理由の観念と矛盾しない、と記した。重要なのは、その理由が、基本的に行為主体相関的なものに、つまり権威をもって主張や要求をする関係のネットワークにおける行為主体の位置に、由来するということである。このことと理由自体が行為主体中立的であるということとは矛盾しない。したがって、たとえば、どの人も幸福への平等な権利主張をもつという基本的な命題から、人々に功利原理という行為主体中立的な原理に従うよう理性的に要求できる、と主張する人もいるかもしれないが、この主張は行為主体中立的である。したがって、これまで述べたことはいずれも権利の行為帰結主義的理論を排除しない。この点については、アラン・ギバードとジム・スタイアーとの議論に負っている。

(33) 第二章の議論を見よ。Gibbard 1990 の規範を受容する心的状態も見よ。

(34) ここで、「人〔人格〕」は「法廷用語」である、つまり法的ないし道徳的責任を帰すことに本質的に結びつく用語である、という次章で論じるロックの考えと比較せよ（1975：386）。

(35) 繰り返しになるが、道徳的共同体の成員として互いに行う要求のいくつかは、個々の人の要求や権利主張に必要とされるであろういかなるものも超えて、幼児であれ、無能力者であれ、動物であれ、さらには環境のその他の諸側面も含めて、人〔人格〕と見なされない存在に対して人々がどのように行動すべきかに関わるということとは、これと矛盾しない。

(36) アブ・グレイブ収容所や、刑務官に扮した普通の大学生が「囚人」を虐待した、ジンバルドーの監獄実験のことも考えてみよう（Zimbardo, Ebbeson, and Maslach：1977）。Nietzsche 1994、特に第二論文（「『罪責感』『やましい良心』など」）も見よ。いくらか類似する路線の最近の批判としては、Baier 1993 を見よ。しかし、よい対照として、テリー・グロスによるナイジェリアの人権活動家アエシャ・イマムへのインタビューを見よ。そのインタビューは、イスラームの男性がイスラームの女性を、ジェンダーないしセックスにまつわる自己主張に対する「罰」として路上で暴行するという現象を、責任と権利を強く擁護する文脈の内ではあるが、検討している。http：//freshair.npr.org/day_fa.jhtml?diaplay=day&todayDate=12/05/2002.

(37) この点でミルはストローソンの論点を理解しそこなっていると思う。

(38) しかし、ストローソンの論点から、この議論が二人称的観点の内で起こらなければならないことが帰結する。

第十章〔原著第十二章〕で、まさにこのやりかたで契約主義の枠組みを考えなければならないことを論じる。それと同じ精神で、相互的責任の実践が正確にはどんな形をとるべきかという問いはそれ自体、契約主義内部の規範理論の実質的問題として提示されるのが適切だ、とここでは言ってよいだろう。

(39) たとえば、非難は必然的に怒りの表現やある種の敵意に関わると考えるとすれば、その意味での非難を含む必要はない。しかし、咎めに値すると見なすという正式の意味での非難は含まなければならない。

(40) これに関連して、古代ギリシャの責任の形式と比較することは興味深い。ドラコンの殺人に関する法典では、同胞のアテナイ人を殺した者は、犠牲者の肉親のすべての男性によって赦されないかぎり、追放を余儀なくされた。しかし、殺人者が国境にある市場や生贄を捧げる集会所などの公共空間に近づいた場合以外は、追放中の殺人者に誰かが復讐したら、その人は同じ宣告を受けた。ここに、われわれが理解しているような道徳的責任の方に向かう、正当な復讐と不当な復讐の区別の始まりが見られる。復讐の欲求はここでは、不正を対象とする憤りから内的に区別されるというよりも、外的に手続き的に規定されている。Stroud 1979を見よ。この参照とたいへん有益な議論についてランダル・カレンに感謝する。

(41) たとえば、契約主義的枠組みの内で。

(42) 繰り返しになるが、尊厳についてのこの考えを第八章〔原著書十章〕で擁護する。

(43) ストローソンの次の所見を参照。「われわれの行動の大部分において、利益や侵害は、主として、いや完全に、態度自体の表れに存している」(1968 : 76)。

(44) スミスが一九七五年七月の『エディンバラ・レヴュー』誌の編集者への手紙』で「……ルソーの『不平等起源論』を自分自身の読みに基づいて〔あらためて〕叙述する」ことができるだろうと書いたことを、ラファエルとマクフィーが序論で指摘している (Smith 1982a : 10)。

(45) ブルーメンフェルドの本の表題は『復讐――希望の物語』〔*Revenge : A Story of Hope*〕である。この本には何人かの書評者がいるが、わたしも書評者たちと同じく、ブルーメンフェルドの「建設的復讐」という用語は実のところ、彼女が実際に叙述し（そして達成し）ている、責任を相互的に尊重することないし相互的に承認することの誤称である、と思う。

(46) 別の痛切な例が見出されるのは、一九八八年十二月のスコットランドのロッカビーで開かれたパンナム一〇三便爆破墜落事件の犠牲者のための追悼式で、ジェイムズ・ホワイト師が述べた言葉である。ザ・スコッツマン紙二〇〇五年六月二六日付（三九頁）掲載のホワイトの死亡記事から引用しよう。「彼の穏当でバランスのとれた理性的思考は、教会にいたすべての人々とテレビで見ていた人々の琴線に触れたようであった。さらに多くの若者が死ぬのを見、さらに多くの残骸のなかでさらに多くの救助隊員が働くのを見るのは、男らしさの徴ではなく、非人間性の徴であると彼は論じた。「報復とはそういうものだ」とホワイトは締めくくった。「『われわれは腕力で応じようと、男であることを見せようと、そういう気になっているかもしれない、いやそうけしかける人々すらいるかもしれない。自分が何者かであると示すために。わたしとしては、報復する気持ちは一つもないし、あなた方にもないことを望む。正義にイエス、報復にノー』」。

(47) もちろん、二人称的に要求を宛てることの特定の種類の規範的前提もまた崩されうる。第八章〔原著第十章〕、第九章〔原著第十一章〕では、二人称的に要求を宛てること一般におけるその前提の役割と、二人称的関係の能力ゆえにわれわれがもつ独特の種類の実践的自由を理解することで、道徳性の権威が擁護されうると論じる。

(48) この点については、Schapiro 1999 と 2003a に負っている。Dewey 1998a : 343 も見よ。この参照はエリザベス・アンダーソンに負っている。

(49) この点については、クリスティー・ハートリーとの議論と、契約主義において障害者がどのように代表されるべきかに関する彼女の著作（Hartley : 2005）に助けられた。

(50) この議論はチャールズ・グリスウォルドとリチャード・クラウトに負っている。

(51) ハリスは一九九二年に死刑に処された。カリフォルニア州では死刑は二十五年間執行されていなかった。ワトソンは Corwin 1982 から引用しながら、ハリスの人生の詳細を多く記している（Watson 1987 : 268–271）。ハリスの弁護士が出した死刑宣告に関する抗議のなかにある記事も見よ（Laurence 1997）。

(52) ワトソンはこのことを Watoson 1987：271 で示唆している。メノ・メイェジェスの映画脚本『マックス』（2002年）は、ヒットラーをめぐって類似の含みをもっている。メイェジェスはこの点を次のように論じている。「ヒトラーは、オサマやサダムやミロシェヴィチと同じく、悪の単純なイメージを提示することでわれわれの願望をかなえてくれる。だが、ある日目覚めて〔突然〕何千人も虐殺する人はいない。彼らは一度に一つずつ選択するのだ」。彼はまた、その映画は「ヒトラーの大犯罪のお話しではない。観客はもうそんなことはすべてご承知だ。これは彼の小さな罪——情動的な臆病、無情な自己憐憫、嫉妬、欲求不満、違反行為を蓄積し増長させる方法——のお話しである」と述べる（Malanowski 2002：1, 36）。

(53) ハリスの姉妹が「彼は、運に任せてやる、地獄への道をとる、それ以上言うことはないと、わたしに語った」と言ったのが引用されている（Watson 1987：270）。しかし、この時点でも、なお自分に加えられた危害にハリスが憤ることができたなら、きわめて限定的ではあるが、まだハリスは二人称的観点の参加者である。この点については、アーサー・リプスタインに感謝する。

(54) 言うまでもなくこの隠喩は、カントの『実践理性批判』における神の存在と魂の不死の要請を示唆するものである。

(55) 精神病理と、二人称的能力に必要な共感のような、情動的メカニズムとが重なる可能性に関する悲観的な見解については Robert D. Hare（1993）を参照。

(56) この点についてはヴァネッサ・カーボネルとの議論に助けられた。

第五章　道徳的義務と責任

ストローソンの批判は、道徳心理学と行為の哲学の内部における責任と自由意志をめぐる論争に大きな影響力をもってきたにもかかわらず、道徳的義務のメタ倫理学や規範的道徳理論に対するその批判の含意はほとんど見落とされてきた。それは現代の哲学界の不思議な一面である。本章では、道徳的義務と道徳的責任には概念上の内在的な結びつきがあると論じる。それはストローソン自身も暗に依拠していた結びつきである。したがって、道徳的責任の帰結主義的説明に対する、影響力のあるストローソンの批判は、道徳的義務の帰結主義的理論に対する強力な批判になりうる、とわたしは論じる。それは、行為帰結主義の場合にはまったく明白であり、おそらくは規則功利主義などのような間接的帰結主義にも当てはまる。(1) 義務と（二人称的）説明責任の内在的結びつきを反省するとき、外在的目的に役立つということは、道徳的責任に対する要求を正当化するための間違った種類の理由であるだけでなく、道徳的義務を正当化するための間違った種類の理由であることがわかる。道徳的責任と同様に道徳的義務も、還元不可能な二人称性をもつ概念である。ある行為が道徳的義務に反するだろうということは、それをしない二人称的理由になる、とここでは論じる。

責任と道徳的義務のメタ倫理学

以上のことを理解する一つの方法は、ストローソンが「義務感」を（再帰的な）反応的態度に含め、責任に対する実用主義的なアプローチが対応していると考えられる〔自由をめぐる〕懐疑論に、次のような特徴を認めていることに注目することである。つまり、決定論が正しければ「道徳的義務や責任の概念はほんとうは妥当性がないことになる」（1968: 86, 71）と見なしている、という特徴である。ストローソンが見るとおり、自由な行為主体性をめぐる懐疑論は、道徳的責任と道徳的義務の両方に圧力をかける。なぜそうなのかストローソンは直接的には述べないが、道徳的義務と責任が概念上内在的に関連しており、たんに実質的な規範的判断の問題として関連しているだけではない、とストローソンが考えていることは、まったく明らかである。われわれが行うよう道徳的に義務づけられていることは、われわれが行うよう道徳的共同体の成員が適切に要求できることであり、十分な免責の理由なしにその要求に従わなければ、非難やその他の反応的態度でもって応じることも含まれている、とストローソンは考えているようである。

おそらく、この考えを引き合いに出したことでもっともよく知られているのは、たいへん皮肉なことに、帰結主義の思想家、ジョン・スチュアート・ミルである。(2)『功利主義論』（1998）の第五章で、功利主義者がどのように権利や正義を説明することができるかを考える過程で、ミルは正義に関する諸概念の系譜を提示し、「正義概念の形成において原初的な契機は、法に従うことであった」が、これは正当な制裁という観念に関わると結論する。このことをミルが概念的な論点のつもりで言っていることは明らかである。われわれの目的にとっていっそう重要なことは、ミルがこの概念的分析を「道徳的義務一般」に適用していくことである。そして、続けて次のように書いていることはよく知られている。

人がそれを行ったがゆえにあれこれのしかたで罰せられるべきだと言うつもりがないかぎり、われわれはそれを不正と呼んだりはしない。法によってでなければ、他の人間の意見によって、意見によってでなければ、自分自身の良心の呵責によって。これは道徳とただの便宜とを区別する真の分岐点であると思われる。それを果たすよう正当に強いてよいということは、いかなる種類のものであれ「義務」という概念の一部である。「義務」とは、負債を取りたてるかのように、人から取りたててよいものである。（1998: ch5, para. 14）

不正行為という概念は本質的に責任と関連していると述べるとき、ミルは安全な地盤に立っているように思われる。ある人が、自らに要求されうることだけ行う人――ジュディス・トムソン（1971）の言葉を借りれば、よい人、よきサマリア人というよりも「最低限まともな」人――だとすれば、完全な徳には足りないと考えられるのは自然だとしても、その人が不正を行っていると想定するのは不自然であるように思われる。不正なこととは、行わないことを道徳的に期待できること、つまり行わせないでおく権威が道徳的共同体にあると思われることである。自分がとがめられるべき人の数に入ると思わなければ、つまり、行為が、十分な免責の理由がない場合にそれ相応に非難されたり、その他何らかの責任追及的な種類の反応的態度の対象になったりするのでなければ、不正行為の責任を帰すことはためらわ

れるのである。(3)

道徳的不正の概念のこの側面は、多数の今日の論者たちによっても強調されてきた。ジョン・スコラプスキは、ある行為を「道徳的不正」と呼ぶことは、結局は「行為者を非難することであり」、道徳的不正という観念は非難に値するという観念から独立に理解することはできない、と述べる（1999: 29, 142）。アラン・ギバードは「人が自らの行ったことに罪責感を感じるのが合理的であるならば、そして、その場合のみ、その人が行うことは道徳的不正である」（1990: 42）と提案しているが、これはかなり明示的にミルの導きに従うものである。このミル流の考えのさまざまな変種は他の論者にも見出される（Baier 1966; Brandt 1979; Shafer-Landau 2003）。（行為が不正であることと行為主体が非難に値することとの区別が残ることは、これらの見解と矛盾しない。免責する理由があれば、その人は不正を理由に非難されるべきではない。）

おそらく、道徳性と道徳的義務に対する現代のニーチェ主義的批判において、その〔義務と責任との〕結びつきが果たす役割はもっとも際立っており、バーナード・ウィリアムズにもっとも顕著に見られる。(4) 道徳性とは人を奴隷にするイデオロギーであり、人を束縛し健康を害するような誤った意識形態であるというニーチェ流の批判のウィリアムズ版は、道徳的義務、非難、行為する理由の間に見られる概念的関係に支配されている。(5) 道徳的義務違反が非難されるのは適切であること、行わなければ非難されることを行うもっともで十分な理由があること、こういったことを非難が含意していることは概念的真理である、とウィリアムズが想定していることは明らかである。もちろん、誰かが非難されるという事実から規範的理由が生じると考えているわけではない。そうではなくて、非難するとき、人はそのような理由があることを含意したり前提したりしているのである。ウィリアムズ（1995）によれば、この前提はやや誤った意識の産物である。その理由は、ウィリアムズによれば、次の二つである。有名な内在的理由のテーゼ、つまり行為のあらゆる規範的理由は行為主体自身の「動機のセット」に適切に根拠づけられていなければならない（「内在的理由」でなければならない）という主張、および、われわれが行為主体に責任を問おうとするとき、非難を許す理由とわれわれが見なすものと行為主体自身の動機とが結びつくことを保証するものはない、という彼の主張である[6]。

　不正の責任を帰することと非難との間の、また非難と権威ある理由を帰することとの間の、概念的結びつきをめぐってウィリアムズの言うことは、実際正しい。このことは、本書の議論にとって重要である。道徳的義務は、道徳的行為主体が遵守する責任のある最小限のまともな行動の基準と現に概念的に関係している。道徳的責任の諸形態――非難、罪責感、義憤、罰など――は、行為主体が道徳的に義務づけられ行う責任があることを行う理由（それも、決定的な理由）をもっていることを、現実に含意している[7]。さらに「動機のセット」という考えの理解のしかたによっては、（平等な二人称的権威が二人称的理由を基礎づけるという）本書の実質的な規範的主張に矛盾することなく、ウィリアムズの内在的理由のテーゼの一種を維持することも可能かもしれない。しかし、行為の理由は、行為主体の状態や結果に関わる欲求によって、あるいはそのような欲求を形成する能力によってすら、まったく制約されない、とわたしは主張する[8]。道徳的義務に従う責任を問うときに含意される理由に基づく行為も含めて、二人称的理由に基づく行為に関わるどんな欲求も、ロールズの用語（2000）を借りれば「対象依存的」というよりも「原理依存的」である。そして、わたしの主張は次のようなものである。二人称的関係と反応的態度はかなり一般的に二人称的理由を人に宛てるが、その際、宛先となる人が、二人称的理由によって動機づけられる能力をもっていることが前提とされている。そのように動機づけられるのは、相互的に認知しつつ二人称的関係に参加することによって認めることになる原則を受け入れることを通じてである。

もちろん、「不正」や「道徳的義務」という語を、ミルやこれらの現代の思想家たちがいうような意味で使っても使わなくても、何も影響はない。これらの語をより広く道徳的な理想や目標も含めて使うこともできるだろう。しかし、そうしたとすれば、これらの思想家たちが指し示す観念を指示する用語がなおも必要だろう。その観念とは、われわれが適切に互いに責任を問いあう理由に関わる道徳の一部である。そして、これらの論者がみな同意するように、このことが道徳的要求という概念に関わること、つまり、前章で議論した二人称的な種類の責任による基準も含めて、道徳的共同体が従うよう要求する権威をもっているような行為の基準という概念に関わること、それは十分明白であると思われる。それゆえ、以上のような理解をもって、今後は「不正」や「道徳的義務」をミル的な意味で責任追及的な要求を含意するものとして用いる。

「不正」をこのように用いることは、注目すべきことに、不正を被った犠牲者が特定されること（それゆえ、ミルが権利と見なすものが役割を果たすこと）を必要としないし、それどころか、相互に責任を問いあう人々の共同体の規範の違反が被害者の利益を直接脅かすことすら必要としない。われわれが責任を負うものが、たとえば非理性的な動物、環境のさまざまな状況、非理性的な人間などの扱いにも拡張しうるということは、不正を行うことが本質的に責任と結びつき、他の道徳的な人々に対する責任とすら結びついている、という考えと矛盾しない。(9)

道徳的義務の二人称性を明示的にする

道徳理論における論争が道徳的義務を二人称的責任に明示的に結びつけることはめったにないが、そのような結びつきを暗に想定していることはしばしばある。本節では、二つのよく知られた論争に見られるこの現象に注目する。一つは、規範倫理学の理論の内部で、帰結主義者とその批判者との間で、行為帰結主義が「過大な要求」であるかどうかをめぐって生じる。もう一つは、道徳の権威に関わるが、これは「なぜ道徳的であるべきか」と表現されることもある。どちらの場合も、その論争の根底にあるものを分析すると、道徳的義務と正・不正の基準が、道徳的共同体とその成員であるわれわれが（二人称的に）要求できるものに概念的に関係しているという想定が明らかになる。

まず「過大な要求」という批判を取り上げよう。行為帰結主義に対する批判者は、議論上、行為主体が全体の善の総量を最大化することによって、たとえば世界規模で飢餓、疾病、圧政と戦うために、エネルギーや資源をつねにぎりぎりまで投資することによって、道徳的観点から見てつねに最善のことを行うことになることがある、と認める。だが、そうだとしても、非常に大きな個人的犠牲を払ってごくわずかな全体的価値を増やすことをしないことが不正になるわけではない、と批判者は論じる。さらには、そうするよう求める理論は不合理というべき過大な要求であると論じる。(10) この異論の根底にあるのは何か。

次のように定式化すれば、事情がわかりやすいようにこの批判を表現することができる。

おそらく、そのように行為する人をわれわれは称賛するだろう。だが、そうしない人たちに不正を行った罪があるとか、自己の資産をすべて慈善のために寄付する道徳的義務があるとか主張するのは妥当だろうか(11)。

「不正を行った罪がある」という語句が事を明らかにする。不正を行った人は告発され、適切な説明や弁明がないかぎり罪がある〔有罪である〕とされるが、罪責感とは、疑似法的で二人称的な責任の形をとった判決(オースティン流には「判決宣告型」)のことである(12)。ある人に不正を行った罪があるということは、たんに、その人が行ったことが行いえた最善のことではなかった(これが不正の規範的基準であるときでさえ)ということではない。それは、期待され要求されうること未満のことを行ったという判断であり、罪を認める二人称的感情をもつことを自らに暗に要求できるという判断である。それゆえ、「過大な要求」という反論の根底にあるのは、行為帰結主義の正しさの基準が、われわれが互いに(二人称的に)理性的に要求できることを超えているのではないか、という危惧である。道徳的要求とは、とりわけ、一人の人として誰かに(二人称的に)要求を宛てる正当な根拠が、「法によってでなければ、他の人間の意見によって、意見によってでなければ、自分自身の良心の呵責によって」(Mill 1998: ch. 5)存在するということに他ならない。それゆえ、「過大な要求」という反論が意味を成すためには、その反論が次のような想定に依拠していると見なさなければならない。つまり、不正や道徳的義務は誰かに道徳的責任を問うことに概念的に関係しており、したがって、不正や道徳的義務は二人称的に要求すること——この要求はたとえば罪責感という反応的態度の形で機能する——に概念的に関連しているという想定である。

そのような概念的結びつきを暗に想定しているもう一つの論争は、道徳がもつとされる権威に関わるものであり、つまり、道徳的義務がつねに必然的に行為の（決定的な）理由を与えたりもたらしたりするという、フットのいう（そしてシェフラーによって敷衍された）意味で定言命法であるかどうか、という論争である。第八章〔原著第十章〕と第九章〔原著第十一章〕でこの問いを直接取り上げ、平等な責任としての道徳という理解は、実践理性の理論によって基礎づけることができ、その際道徳的行為主体は道徳的義務に違反しない決定的理由をつねに必然的にもつという主張を立証することができる、と論じる。しかし現時点では、このような権威を〔道徳が〕もつという考えの根底にあるものに関心を向ける。「だが、そんなことをすれば不正になるだろう」という言明がつねに決定的理由を提供するとされるのは、なぜか(13)。

非難を通じて誰かに不正の責任を問うことは、すれば非難されることをしない決定的な理由がその人にあるという含意を不可避的に伴う、と多数の論者が論じてきたが、そのなかでもっとも著名なのはまたしてもバーナード・ウィリアムズである（Williams 1995 : 40–44. Gibbard 1999 : 299–300, Shafer-Landau 2003 : 181–183, Skorupski 1999 : 42–43, Wallace 1994 も参照(14)）。ウィリアムズは、そのような含意は「見かけ倒し」であり、ちょっとしたイデオロギーであって、立証や確証をしようとしても望みがないと思っている。なぜなら、われわれが非難する人がそもそももちうる唯一の行為の理由は、その人の欲求やその他の動機につながる感受性に適切に根差した、内在的理由だからである。そして、道徳的要求の名でわれわれが言いうることは何一つとして、それを保証することはないだろう、とウィリアムズは考える。現時点では、後者の主張に関わる必要はない。要求をするときにどのような道徳心理学が前提とされ、それがどのように二人称的理由の妥当性に関係するかという問題は、後のさまざまな時点でもう一度考える機会があるだろう。(15)この時点では次のウィリアムズの主張に焦点を当てるだけでよい。非難はその含意をもっているという主張、つまり、誰かに何らかのしかたで行為するよう要求することが有意味だとすれば、その人にそうするもっともで十分な理由があるということを必然的に含意することになる、という主張である。

繰り返しになるが、これは文句なく真だと思われる。誰かに道徳的要求を宛てるときに用いることがある表現を定式化してみよう。あなたが要求することを行う決定的理由がその人にあるとか、あなたが非難していることをすべきでなかった決定的理由がその人にあるとかいう含意をもたない表現は、見つけられないのではないかと思う。そのような表現を明確に定式化すれば、どの定式も用をなさない。たとえば、「ほんとうはそうすべきではなかったのに」と言ってから、「それでも、そうする決定的な理由があった」と付け加えることは、ほとんど意味を成しえない。また、「そうすべきでなかった、つまり、その、道徳的に言えば、ということだけど」と言って手心を加えるとすれば、決定的理由という含意を打ち消すことになるかもしれないが、同時に非難や要求という含意も打ち消すことなくどうやってそれができるか、見てとることは難しい。あるいは論点をひっくり返して、誰かが道徳的義務違反とされることを行う適切で十分な理由が実際にあったことを確証できたとすれば、その人は自ら説明責任ないし応答責任を果たし、何の不正も行わなかったことを示したと考えられる。(16)それゆえ、その人が不正を行ったことを告発するときは、その人がそのような説明を用意できないことが含意されているのでなければならない。

あるいは、フィリッパ・フットによる道徳とエチケットとの比較(1972)を思い出そう。エチケットの規範と道徳の規範はどちらも定言的な形をとり、エチケットの規範のなかには、道徳の規範と同様に、義務の言葉遣いで表現することができるものもある。豆をナイフで食べてはならないが、それは端的にそうなのだ。だが、たとえそうだとしても、通例エチケットがもつとされる規範性を疑問に付すことなく、マナーの「ねばならない」には決定的な規範的権威があるという含意を取り消すことができる。マナーをけなしているのだといささかも思わせることなく、エチケットが求めることを行わないもっともな理由があることもある、と有意味に言うことができる。この違いはどこから来るのだろうか。

その違いは、やはり、道徳的義務が本質的に二人称的責任に結びついていることから来る、とわたしは思う。従う責任があるということは、道徳的要求という観念そのものの一部である。だが、そのような責任は、エチケットが何かを要求するという観念の一部ではないと思われる。それは、マナーがある程度まで「小さな道徳」であることや、エチケットが平等な尊敬の重要な部分や補完でありうることを否定することにはならない[17]。そして、エチケットやその一部を道徳と同様の重要性をもつものとして扱う人がいることも、明白な真実である。肝心な点は、責任は道徳的義務の一部だが、それと同じ意味でエチケットという概念の一部だというわけではない、ということである。反対に、エチケットの規範に違反したときに通常求められるのは、説明責任ではなく、気まずい思いで相互に失態を認知することを避けたり、ことによっては三人称的な軽蔑を感じることを避けたりするために、注意を反らすことである。誰かにマナーが悪いことに関して説明責任を問うことは、それ自体しばしばマナーが悪いのである。

道徳の規範性と二人称的理由

それゆえ、不正と道徳的義務の観念それ自体が、要求を誰かに二人称的に宛てるさまざまな形式と本質的に関係している。そのさまざまな形式は、第四章で見たように、道徳的責任を構成することに貢献する。したがって、ある行為が不正だとか道徳的義務に反するとかいう事実は、それ自体一つの二人称的理由になるか、一つの（場合によっては複数の）二人称的理由をもたらす、とされねばならない。従うことを行為主体に要求し、行為主体に従う責任があると見なす規範的地位がなければ、道徳的義務や道徳的不正のようなものはありえない。もちろん、不正や義務の主張を基礎づける理由の多くは、それ自体は二人称的ではない。ある行為がひどい危害を引き起こすとすればもちろんのこと、あなたの足のまめの痛みを引き起こすというようなことですら、誰かがそれをしないよう要求する地位にあろうとなかろうと、それをしない理由になるし、さらに要求の妥当性の根拠にもなる。だが、そのような地位が存在しないとすれば、その行為が道徳的義務に反することはありえない。だから、道徳的義務に伴うどんな理由も二人称的でなければならない。したがって、道徳的義務が、それに反する理由があるにもかかわらず、決定的な規範的理由を提供するのだとすれば、それは道徳的義務の二人称的性格に由来するのでなければならないのである。

第二章で述べたように、道徳にあるとされる独特の権威を分析し立証するプロジェクトは、一般に、「定言性」および道徳的であるべき理由の規範的重みという言葉によって表現される。わたしはそこで、道徳的義務の独特の拘束力を説明する試みが適切であれば、それは道徳的義務と責任との独特な結びつきをも解明するのでなければならない、と付け加えたが、いまやその理由を理解することができる。道徳的義務の概念の分析が適切であれば、それは道徳的義務と正当な要求との概念的結びつきを説明するのでなければならない。したがって、道徳的義務はいつも優位の規範的理由を提供するとされていることや、それを実際に提供していることを説明する別の方法が可能であったとしても、道徳的義務にあるとされる独特の把捉力や拘束力を解明することは不可能である。それは二人称的な観点によってしかなされえないのである。

ということは、道徳の規範性を分析するプロジェクトは、伝統的に考えられてきたように、深刻な意味で非完結的である。さらに、道徳的義務の独特の理由が二人称的であるという事実の意義は、それ以上のものですらあるとわたしは思う。本章では、道徳的義務と責任との結びつきを正しく理解することは、伝統的に考えられてきたように道徳にあるとされる規範性の、最良の説明を提供することをも論じた。そしてさらに第八章〔原著第十章〕、第九章〔原著第十一章〕では、実践理性の全体像のなかで二人称的理由が占める位置を考えれば、道徳にあるとされる規範性は立証もされうると論じる。道徳的義務の二人称的性格を正しく理解することは、道徳的義務にあるとされる規範性（いわゆる規範的重みと道徳的責任との概念的結びつき）を理解するためにも、この高額の約束手形に裏書する〔道徳的義務にあるとされる規範性を裏づける〕もっとも有望な方法のためにも、必要だということになる。

平等な責任としての道徳

道徳的義務の下にあるということは、それに従うことを要求する規範的地位にある人々に対する責任を含むと論じてきた。これまでのところ、それは責任としての道徳的義務という概念的テーゼであった。しかし、この抽象的な概念は、さまざまな形で具体的に記述され理解されることを許す[18]。本章の残りの紙幅の多くを費やして、近代初期の主意主義者たちのいう責任としての道徳、つまり神に対する責任としての道徳を論じることにする。主意主義者の理解によれば、神のみが道徳的要求を課す最終的権威をもつ。神の命令に従うことで人間が報いとして利益を得るとしても、その命令に従うよう互いや自分たち自身に期待する規範的地位は、神から派生するもの以外にはない。しかし、プーフェンドルフのような主意主義者たちは、真に二人称的な理由としての要求を人に宛てる際に前提されているものは何かを考え抜くとき、次のような考えに与していることを理解し始めたのである。つまり、道徳的主体は、道徳的要求が理性的な人である自分に適用されるのは妥当だと認知することを通じて自分自身に道徳的要求を課すことができる、と想定せざるをえないという考えである。これは、主意主義者たちの考えを別の考えへと方向づける重大な圧力となる。つまり平等な責任〔accountability 説明責任〕としての道徳とわたしが呼ぶ考えである。

他の思想家たちにも類似の思想の動きを見ることができる。アダム・スミスも道徳の理解の中心に責任を置いているが、その真意が理解されることはめったにない[19]。「道徳的存在者とは責任のある存在者であり」「他の誰かに対して自らの行為を説明しなければならない。したがって、その他の人の好みに従って自らの行為を規制しなければならない」（1982b: 111）とスミスは言う。人間は「第一に神に対して責任がある」とスミスは言うけれども、各人は「そもそも神の観念を形成しうる以前に、自分には同じ人間たちに対する責任があると必然的に見なさなければならない」（1982b: 111n）と急いで付け加える[20]。

平等な責任としての道徳が本書で擁護する〔道徳の〕理解である。この理解によれば、道徳的規範は、平等で、相互に責任があり、自由で、理性的な行為主体自身の共同体を統制する。そのような行為主体は互いに要求を宛てあう地位にあり、相互にその要求に従う責任があるが、道徳的義務とはそのような要求のことである。カント的な言葉遣いで言えば、道徳的義務の規範は「目的の国」の「法則」であり、人々〔人格たち〕の平等な尊厳を構成し、規定する。[21] ここにいう人とは、ある特定のしかたで扱われてはならず、またある特定のしかたで扱われなければならない、そしてこのことを互いに二人称的に要求する平等な地位にある存在者である。そうすると、カントが表現するとおり「道徳性とは、その下でのみ理性的存在者が目的自体でありうる条件である。なぜなら、これ〔道徳性〕を通じてのみ、目的の国において立法する成員でありうるからである」(1996b: 435)。

平等な責任としての道徳においては、道徳的観点は基本的に相互主観的であると理解される。道徳的パースペクティヴとは、中立的に整えられた二人称的観点の一種であり、そこで、人はどの人でもありえる人として(または、道徳的共同体の一人称複数〔「われわれ」〕の平等な参加者として)、やはりどの人でもありえる人としての(他の平等な成員としての)ある人に(自己や他の誰かに)〔要求を〕宛てるものと見なされる。[22] このような道徳的観点の理解を、非人称的観点と比較対照すると有益である。それはネーゲルが『利他主義の可能性』において論じたことで有名な、他の人の利害を、そして最終的には自分自身の利害を、理由を与えるものと見なすことができなければならないようなパースペクティヴであるのであると、ネーゲルは主張した(Nagel 1970)。そのような観点は、自分をただ「等しく実在的な他の人々のなかの一人」として見るものである。

しかし、人々のなかの一人に対する非人称的なパースペクティヴは、必ずしも人々のなかの一人の観点ではない。それは、人々のなかの一人として人々に関係し、また人々のなかの一人として相互的に自らの地位を認知する人の、相互主観的な構えではないのである。[23] 平等な責任としての道徳によれば、道徳的観点はまさにこの意味で相互主観的である。道徳的観点は、たんに他の人々のなかの一人である個々人――自分自身を含む――に対する三人称的パースペクティヴではなく、中立的に整えられた二人称的な構えである。[24] 平等な責任としての道徳において、行為主体は他の人々のなかの一人として互いに二人称的に関係しあうのであって、他の人々のなかの一人として互いを三人称的に眺めあうのではない。[25]

ここで本章の出発点になった考えを思い起こすべきである。つまり、道徳的義務と責任が結びついているがゆえに、責任の帰結主義的説明に対するストローソンの批判は、義務の帰結主義的説明への批判になりうるのである。責任に関する実用主義的なアプローチにまつわる問題は、それが間違った種類の理由を指摘することであったことを、思い起こしていただきたい。なぜなら、望ましさに基づく理由は、それ自体、われわれが互いに責任を問うときに必ずとっている（二人称的な）構えの内部から認められる基準とは無関係だからである。責任と義務は先に記したようなしかたで概念的に結びついているので、それが責任に対する帰結主義的アプローチの問題であれば、道徳的義務と不正に関する帰結主義的理論の問題でもあるはずである。誰かが何かをすることが何らかの外在的視点から見てどんなに望ましかろうと、それは、その人はそれをすべきだという要求を擁護する間違った種類の理由であり、したがってその人がそうしなければ不正を犯すことになるという主張を擁護する間違った種類の理由なのである。望ましさ（道徳的望ましさですら）に基づく事由とは違って、要求は二人称的理由になる。その妥当性は、どんな結果や状態の価値にも基づかず、人々の規範的関係に基づき、ある人が他の人に要求を宛てる権威をもつことに基づくのである。だとすれば、道徳的義務や不正の主張は、二人称的観点の内部から擁護できなければならず、あなたとわたしが互いを自由で平等な人であると相互的に認知するときに与している前提に基づいていなければならない、ということになる。

このような考え方は、かなり直接的に、道徳的義務の行為帰結主義的理論に反対するものである。[26] このことは、義務と非難に値することとが結びつくという点でミルに影響された帰結主義者たちが、ブラントやおそらくミル自身のように、規則帰結主義などのようなある種の間接的帰結主義をとる理由の説明になる（Brandt 1965, 1979 ; Hooker 2000 ; Johnson 1991）。だが、間接的帰結主義は、ただ困難を先送りするだけのように思われる。なぜなら、間接的帰結主義は望ましいものと義務的なものとの区別を承認するとしても、それが義務の要求の擁護として認めるのは、何らかの規則の候補によって構成される義務や責任という慣行自体が、どれだけ外在的目標を促進するのに役立つかに関する道具的考慮だけだからである。そして、これは依然として、間違った種類の理由であると思われる。[27] 対照的に、平等な責任としての道徳は、道徳的義務の基準が――どこまでも――まったく二人称的観点自体の内部で擁護される必要があることを理解する。第八章〔原著第十章〕から第十章〔原著第十二章〕で、二人称的理由の理論に基づく契約主義の枠内でどのようにそれがなされるかの概略を述べる。

近代初期の自然法における責任と二人称的理由

繰り返しになるが、平等な責任としての道徳は、責任としての道徳という概念の一つの解釈（ないし理解）にすぎない。本章の残りの紙幅を費やして、たとえばスアレス、プーフェンドルフ、ロックに見出される、神に対する責任としての道徳という近代初期の自然法の理解を論じる。[28] わたしの目的は二重である。第一に、近代の独特の道徳の概念を明確化する最初期の試みのいくつかにおいて責任が演じる役割を詳細に把握しておくことが有益である。[29] 第二に、平等な責任としての道徳という方向に進む近代初期の主意主義の内部に見られる緊張関係を示したい。これらの点で、平等な責任としての道徳の祖先にあたる概念として、神に対する責任としての道徳という〔道徳の〕理解について考えることは有益だと思う。しかし、このような議論をここで提示するのは、歴史的な関心のためというよりも、むしろ、第八章〔原著第十章〕の議論で重要な役割を果たすことになるプーフェンドルフの論点に、何らかの文脈を用意することができるだろうからである。

平等な人の間の相互的な責任という観念は、上位の権威をもつ者の意志に服するという近代初期の道徳の観念に、何を負っているというのだろうか。主意主義の自然法論者は、最初から、平等な責任としての道徳にとって核心的な重要性をもつ二つの考えを結びつけていた。第一に、道徳は本質的に説明責任に関わると彼らが見なしていたことは、まったく疑いえない。道徳的規範が告げるのは、われわれが行うよう要求されていることだけではなく、行えば弁明する責任が生じることでもある。道徳はその要求に照らして行動を説明することをわれわれに求め、弁明できない違反はわれわれの責任に帰されうる。もちろん、道徳は本質的に上位の権威に対する責任、つまり神に対する責任に関わるとプーフェンドルフは考えた。だが、同時に、そのような責任があるということは、自らに責任を問うことのできる――要求の妥当性を受け入れることによって自己規定することができ、そうすることによって要求を自らに課すことのできる――自由な理性的行為主体にのみ可能であると考えた。(30) この観念は、彼の考えが平等な責任としての道徳という方向へ向かう圧力として働いている、とわたしは主張する。もちろんそれは、プーフェンドルフが現実に受け入れた道徳の理解ではないし、よく考えればおそらく受け入れたであろう道徳の理解でもないが。

第二の考えは、道徳的規範は、他の（自由で理性的な）意志に要求を宛てたり課したりする地位にある意志の要求に由来し、この二人称的関係を通じて生じ、この二人称的関係によって前提とされる理由が可能でなければ存在しない、ということである。この場合も、近代の自然法論者は、必要な関係は非対称的であると考えている。つまり道徳は、その本性上、神の権威ある意志に従うことに関わると考えている。しかし同時に、当該の関係は本質的に理性的な意志の間に成立するものであり、服従、脅し、何らかの種類の非理性的操作とも違うし、理性的な強制に含まれる種類の理由付与とも違う。プーフェンドルフは、神の権威に根差した義務を受け入れることによって動かされることと、神の優越した力にただ服することとを明示的に区別する（プーフェンドルフの論点）。

道徳的義務に関するスアレスの見解

プーフェンドルフの見解の背景を明らかにするために、まずフランシスコ・スアレスを瞥見しておくことが有益だろう[31]。スアレスは、多くの点で古典的な（トマス主義の）自然法論者であったが、トマス・アクィナスの見解はある本質的要素を見落としていると考えた。その本質的要素とは、道徳がそれに従う人を拘束し義務づける独特の力である。この力を説明するためには、非道徳的に行為することがわれわれの理性的存在者としての目的や本性に反することを示すだけでは不十分である、とスアレスは論じた。嘘をつくことはそれ自体理性的本性に「矛盾する」かもしれないが、この矛盾は、真実を語るという道徳的義務をわれわれに負わせるには不十分である（Suarez 1944: 181–183）。それゆえ、トマス版の自然法のように道徳を目的論的構造と同一視することはできない。そのようなものによっては義務を課す道徳の力を説明できないからである。それは正しい種類の理由を提供しないのである。

道徳を義務を課すものとして理解するためには、道徳の法則を、上位の権威、つまり神によってわれわれに宛てられる命令として理解することが必要である、とスアレスは考えた。ここにはいくつかの考えが詰め込まれている。第一に、「命令は意志に関係する」ので、道徳的な規範や法則は意志を導くことを目的としなければならない（1944：66）。このようにして初めて道徳は「拘束する力」（66, 67）をもつことができる。第二に、道徳的規範は、われわれに宛てられた神の意志である。スアレスの考えによれば、神はわれわれがあるしかたで行為することをたんに欲し、意志するのではない。もしそれが神の意志であったとすれば、神は全能であるから、われわれが従わないことはありえないだろう（「それらすべての指令は実行されるだろう」）（55）。むしろ神は、〔指令を〕あるしかたで民に宛てることによって、つまり、民に命令することによって、民を「拘束する」ことを意志するのである（55）。第三に、道徳を生み出す命令は、自由で理性的な人間に宛てられる。道徳が存在できるのは「何らかの理性的な被造物を考慮に入れる場合のみである。法則を課すことができるのは自由な本性に対してのみであり、法則の対象は自由な行為のみであるから」（37）。だから第四に、道徳的規範は「動機となる力を与え強要する」けれども、それがなされるのは、神がこの独特なしかたでわれわれとわれわれの意志に宛てた（本書の用語では、二人称的理由をわれわれに与えた）のでなければ存在しなかったであろう独特の種類の理由を与えることによって、である。第五に、このように二人称的に宛てられることによって、道徳的義務はわれわれに従う責任があるものになる。それゆえ、もしわれわれが「自発的に法を遵守する」のでなければ、われわれはとがめられるべき（「神の目には法的にとがめられるべき罪人」）である（132）。

このように、スアレスの〔道徳〕理解にとって本質的なのは、道徳は一つの理性的な意志ともう一つの意志との間の明らかに二人称的な関係に由来する、ということである。道徳的規範は、意志から意志に対してなされる要求に由来し、他のしかたでは与えられなかったであろう行為の独特の理由、つまり二人称的理由を相手に与え、そのように行為する責任がある地位にその人を置くことになる要求に由来する。もちろん、スアレスの見解にとっては、その必須の二人称的関係が非対称的であること、つまり上位に立つ意志の下位に立つ意志への関係であることもまた、同様に本質的である。理性的被造物、つまり被造物であるがゆえに（スアレスの考えでは、本性的に）創造主の権威に従う理性的存在者、の存在を通じてのみ、「道徳的支配」は存在しうる（1944：37–38）[32]。とはいえ、道徳は、やはり二人称的に宛てられる可能性を通じてのみ存在する。要求を二人称的に宛てることによって、一人の理性的行為主体はもう一人の行為主体に、他のしかたではありえなかったであろう独特の種類の理由を与えることができ、それによって二人称的に宛てられた要求に基づいて行為する責任がその人にはあるのである。

道徳的義務に関するプーフェンドルフの見解

同じ主題はプーフェンドルフにも見出されるが、それはさらにはっきりと、トマス主義の枠組みを離れて表現されている[33]。それがいっそう鮮明になるのは、プーフェンドルフが自然的「存在者〔entities〕」と道徳的「存在者」とを区別しているからである。つまり、命令する意志によって要求を宛てられることなく事物が本性のままにあるあり方と、このように〔命令する意志によって〕要求を宛てられることから生じる「付加的な〔superadded〕」道徳的特性との区別を、彼は主張するのである（1934：4–7）。神が命令によって自らの意志を「賦課すること〔imposition〕」を通じて「道徳的存在者は生み出される」（5）。このように「道徳的存在者」は自然的領域に付加される——道徳法則と道徳的理由は生み出される。

プーフェンドルフは、次のことが人間に「明らかになって」いることを道徳的存在者の「行為力」と呼んだ。つまり「どのような方向で行為の自由を統御すべきかということ、および、福利と害悪を受けとめる能力、および他の人々に対する特定の結果を伴う行為を導く能力が、特別なしかたで与えられていること」である(1934:6)。福利と害悪を「受けとめ」、他の人々に対する「特定の結果を伴う」行為を「導く」「特別なしかた」とは、説明責任、つまり、正当な理由のある(ないし正統性のある)制裁を誰かに宛てたりそれを承認したりする地位を指す。

鍵となる考えは、神と神が命令する人々との関係の明らかに二人称的な性格が、命令の宛先となる人に従う責任を負わせる、ということである。ひとたびこうして神がわれわれに命令を宛てれば、われわれの行為とそのさまざまな結果とは、われわれに対して帰責可能になる。したがって、神の命令に違反すれば被るであろう害悪を神がわれわれに知らしめるとき、神はたんにわれわれを脅したり強制したりしているのではない。神は正当な理由のある制裁をわれわれに通告しているのであり、その通告のしかたはそれ自体、二人称的責任関係の、権威をもって正当化された表現なのであって、その二人称的責任関係は、はじめにわれわれに命じる際に神が前提し、神の命令を承認する際にわれわれが前提するのと同じものである。

神がその意志を自由で理性的な存在者〔であるわれわれ〕に宛てるとき、神はわれわれを「道徳的原因」にする、つまり行為とその結果とが帰責可能であり、それゆえその行為と結果とに責任を負う行為主体にする。もちろん、神はわれわれを自由で理性的なものにもしたのでなければならない。なぜなら、それは帰責可能であるために必要だからである。だが、それでは不十分である。なぜなら、プーフェンドルフが考えるように、帰責可能であることは責任を含み、責任は〔命令が〕賦課されることを必要とするからである。道徳的行為の形式的本性は「〈帰責可能性〉からなり、それにより自発的行為の結果は行為主体に帰責することができる」と彼は言う。結果が「福利であれ害悪であれ、いずれに対しても責任があるのでなければならない」とプーフェンドルフは続ける（1934：68）。これは「道徳の第一の公理」である。つまり何であれ自らの力の内にあることについては「清算を求められうる」。あるいは、同じことだが、「道徳法則に従って制御可能などのような行為も、それを達成したり忌避したりすることは人の力の内にあり、その人に帰責されてよい」（70）。したがって、プーフェンドルフによれば、神がその意志を自由で理性的な存在者であるわれわれに宛てるとき、同時に神は道徳法則を生み出し、それに従う責任をわれわれに課すことで、われわれを「道徳的原因」にするのである。

したがって、道徳的義務に従うということは、たんに定言的義務に服するという問題ではなく、それらの義務に従うように誰かに対して義務を負わされる（応答する責任がある）という問題でもある。したがって、道徳的義務は要求を二人称的に宛てる権威に依存するが、その権威は、プーフェンドルフの考えによれば、神に対する必須の責任関係を前提とし、またそれを生み出すこともできる。このことは意志にのみ由来しうるという点で、プーフェンドルフはスアレスに同意する（そしてそれをホッブズとともに指摘する）。彼はホッブズによる法の定義を肯定しつつ引用する。〔法とは〕「法を定める人の意志から従う理由が引き出されるような指令」である（1934：88）。また彼は、法は自由で理性的な意志にのみ賦課することができ、したがって、二人称的に宛てるという形でのみ賦課することができるという意見に同意している。(34) 法は「上位の者が服従する者を義務づける法令」である。そして「法令」は「自分はそれに服しなければならないと服従する者が認知するようなしかたで伝えられることによってのみ」存在するようになる（89）。それゆえ、一つの（一種の）自由で理性的な意志が他の意志に課すことができる独特の要求によってのみ、道徳は責任という独特の形をとって存在することができるのである。

しかし、ライプニッツを嚆矢とするプーフェンドルフの批判者たちが指摘したとおり、そしてプーフェンドルフ自身も認めたとおり、神の命令ですら責任の構造全体を無からは生み出せない。この論点をカドワースは次のように表現した。「誰か一人の者が、自分に従うよう他の人々に求め、義務づけ、拘束するような法を自ら作り、その法によって、他の人々に命じる自分の全権威と、他の人々がその命令に従う義務や責務を創設した、などという話はない」(1996: I.ii. 3)(35)。われわれが神の命令に従うべきだということがあらかじめ真でなければ、これらの命令は特定の行為をするようわれわれを義務づけることはできない。プーフェンドルフはこの論点を承認する。「命令を発した人に従う義務がまえもってあった」のでなければ、われわれが神の命令によって義務づけられることはありえないだろうと彼は言う(Pufendorf 1934: 89)。

これは、第一章と第三章で述べた一般的論点の一事例である(そしてストローソンの論点の帰結である――この事例はカドワースの論点と呼べるかもしれない)。二人称的要求は価値に関する命題や行動に関する非二人称的な規範には還元されないし、それらから単純に導出することもできないので、神の命令から帰結する神に対する義務は、規範的な二人称的責任関係が背景にすでに存在することを必要とする。第三章で述べたとおり「二人称的権威に始まり、二人称的権威に終わる」のである(36)。

だが、プーフェンドルフによれば、何が必要な二人称的背景を提供できるのか。プーフェンドルフは道徳的存在者と自然的存在者とを区別したが、その区別の観点のせいでプーフェンドルフがスアレスに倣って次のように考えることができなくなっているのは、明らかである。理性的被造者は本性的に、そして賦課のあるなしにかかわらず、創造主によって正当にも支配されているという意味で道徳的服従者である、と。道徳的存在者は「自然的属性に内在する本性からは生じず」賦課によって「知性的存在者の本性の意志に付加される」(Pufendorf 1934: 5–6)のである。だから、これら異なる種類の理性的存在者の本性に基礎をもつ、もっと基本的な義務や責任の関係があって、そこからわれわれに賦課された神の意志がわれわれに対する神の権威を引き出すというようなことは、ありえない。しかし、それがなければ、義務を賦課するのに必要な背景的権威を神の賦課がもちうるのかはいかにしてかは、不明なままであり（カドワースの論点）、このことはプーフェンドルフも認めている。(37)

プーフェンドルフは、われわれは自らの「存在そのもの」を神に負っているから、感謝の念から神に従うよう義務づけられると論じて、この問題を落着させようとする（101）。だが、これはこれで問題を生み出す。命令の構造に権威を与えるために、独立に存立している感謝の義務を利用することが許されているとすれば、他のあらゆる義務が道徳的な力をもつために神の命令を必要とすると想定しなければならないことがあろうか。感謝のどこが特別なのか。ひとたび主意主義者がこの〔感謝の〕義務について譲歩するなら、他の義務についても譲歩すべきではないことがあろうか。

これは、おそらく、プーフェンドルフのような主意主義者たちが直面したもっとも根本的な問題であった。彼らは、ある種の意志が別種の意志に要求を宛てることに由来する独特の種類の責任が道徳には必要だ、と考えたかったのである。だが、このことは、二つの意志がすでに必要な権威関係にあるような規範的構造がなければ、つまり二人称的相互行為からまったく独立には、不可能である、とも彼らは考えた。これによって当該の要求は、下位者が上位者に服従する者として従うよう義務づける命令になるのである。だが、そのような先行的道徳関係を想定すれば、二種類の問題が生じる。第一に、いま述べたばかりの問題がある。つまり、何らかの先行的道徳関係を想定すれば、たとえば約束する人とされる人や親と子のような他の関係もなぜ当然の前提とされないのか、という問題が生じる。第二に、いまから見るとおり、神の命令の宛先となるすべての理性的な行為主体は、命令を宛てられることによってそれに従う責任を負うと考えることによって、主意主義者は、神学的主意主義に反すると思われる形で、自らの見解を理性的責任という観念の圧力にさらすことになる。(38) プーフェンドルフは、神が自由で理性的な行為主体に自らの命令に従う責任を課すことができるのは次の場合のみだ、と考えた。つまり、行為主体が、〔神の命令に〕従う理由を神から二人称的に与えられることによって認知し、自由で理性的な熟慮の能力を行使することを通じてその理由によって自らを規定する、という場合である。だが、そう言えるためには、そもそも神の命令に権威を与える上位者と下位者の間に独立に確立された道徳的関係の承認が、自由で理性的な（二人称的）熟慮にすでに含まれているのでなければならない。それを保証するのは何であろうか。

責任、道徳的理由、二人称的観点

さて、われわれはプーフェンドルフの論点に取りかかり、プーフェンドルフが行った、道徳的違反に伴いうる福利と害悪との基本的な区別と、それらがどのようにして熟慮の対象になるかを考察しなければならない。(39) 多くのものが「意志に影響を及ぼして、あちらの側」やこちらの側「に向かせる」ことができるが、無道徳的な害悪は「自然の重みのように意志に圧力を加える」。しかし、義務は「意志に道徳的に影響し」、その結果「指示された規則に従わなければ、おのずから自分自身の行為の重みを量り、自分が何らかのとがめに値すると裁定するよう強いる」（1934 : 91）。このように義務は「強制とは特別な意味で異なる」。(40) 義務も強制もともに「恐怖の対象を指し示すけれども、強制は外的な力で意志を揺さぶるにすぎない」。なぜなら、〔強制の場合〕意志を動かすのは「差し迫った害悪の感覚」にすぎないからである。しかし「義務は、告知された規則から逸脱する人にすでに指し示されている害悪がその人に降りかかるのは正義に適っていると、自分自身から認めることを強いる」[41]。

これは、プーフェンドルフの論点の元の言明である。しかし、そのように言明されることによって、プーフェンドルフの論点がどのように彼の問題を解決することに役立ちうるのかは、まだ明らかではない。ハートが後に用いる表現を借りれば、義務づけられることと余儀なくされることとの区別は、義務が意志を強制とは違うしかたで「自分自身から」動かす能力を説明することにどのように役立つのか。その区別は、前者の〔義務の〕場合には、道徳法則に違反すれば降りかかる恐れのある害悪が、現に降りかかってくるのは「正義に適っている」ということを人は認めると述べることに、どのように役立つのか（Hart 1961: 6–8）。神であれ他の誰であれ、人に要求を行う権威をもっていると認めたとしても、人がその要求に従って行為する理由が生じることを認めなければならないわけではないように思われる。意志が「おのずから」その要求に内在的な重みを与えるよう強いられるのは、なぜか。

プーフェンドルフが突こうとしているに違いない点を理解するためには、たんに外的なとがめや非難はもちろんのこと、相手の観点から見ても正当化されると考えられる要求を相手に宛てるとがめと、内的非難、つまり罪責感という自己反応的態度とを区別しなければならない。非難は、外部に由来し〔本人に〕受け入れられないならば、純粋に外的である。他の人がある要求を非難の形で表現しているとき、それに正当な理由があるという事実を受け入れながらも、その非難やとがめ自体は受け入れないことも可能であると思われる。しかし、人が非難やとがめを受け入れ承認するとき、その人はとがめる人が自分に宛てる非難を二人称的に認める。そのように自らに責任が帰されることは正当だと思い、したがって自らを非難しもする。[42] そうして、自らが非難されるべきであると考える。それによって相手と共有する二人称的観点から自らに要求を行い、自らに責任を問う。そうだとすれば、プーフェンドルフの論点は、次のようなものである。われわれが人々に責任を問うならば、その人々は、われわれとその人々が共有するパースペクティヴからその人々が自らに宛てる要求によって自らに責任を問うことができる、という想定に与することになる。その人々が〔義務を〕遵守していないと非難するためには、彼らがわれわれと同じパースペクティヴから、つまり道徳的共同体の自由で理性的な成員の観点から、自分自身を非難できると見なさなければならない。だから、プーフェンドルフの論点がプーフェンドルフの問題を解決できるのは次のような場合だけである。道徳法則に違反すれば、その違反に外的に関係するにすぎない害悪を被る恐れがあるだけでなく、自分自身をとがめなければならなくなる恐れもある場合である。

だが、内的な非難さえ外的なものにすることができるのではないか。懸念は、他の人々の視線のなかに入らなければ、その人々の凝視や非難を避けることができるが、それと同じように自分自身の凝視を避けることはできないし、だから自分自身の非難も避けられない、ということだろうか。違反の記憶を消し去る薬を飲むことができたとすればどうだろうか。この問題を解決するためには、プーフェンドルフの論点は、薬は内的な非難という精神状態を抹消するかもしれないが、いまここで（二人称的に）自分は非難されるべきだと認めるかぎり、自らが非難されるべきであることは抹消できない、ということでなければならない。[43] この判断を自分自身に対して、つまり二人称的に、誠実に下すとき、すでにその人は、しかるべき法則に照らして自分の行動に責任を問うプロセスのなかにいる。人は、自らに対する要求がたんに他の誰かの（たとえば神の）観点から正当化されることを、理解するだけではない。それだけとってみても、何の動機にもならないかもしれない。それは、その人が正当に感じたり行ったりできることに関わるにすぎない。むしろ、自らに対して二人称的観点をとり、非難を承認することによって、人は自らにその要求を行う。そして、そう判断することによって、その要求に違反しない十分な動機、決定的な理由を暗に承認することになるのである。本章の前のほうで見たとおり、誰か（自分自身であれ他の誰かであれ）があることを行う決定的な理由がある、またはあったと考えているのに、その人がそれを行ったことは非難されるべきだと判断するとすれば、矛盾しているように思われる。したがって、熟慮する自由で理性的な行為主体が、自分はあることを行ったがゆえに非難されるべきだと認めるとき、その行為主体は、それをしない決定的な理由を承認し、ある意味で自らに責任を問うことになるのである。

このように理解すれば、責任は主として、自由で理性的な存在者が道徳法則に従って生きる理由と結びつく。この理解によれば、道徳的理由を認知することはそれ自体、道徳的行為主体が責任の枠組みに積極的に参加することの一部であり、しかるべき規範によって自らを導く責任が自らにあると見なすことの一部である。

ひとたび物事をこのように見ると、プーフェンドルフが提示した種類の主意主義はますます重大な圧力を受けることになる。きわめて明白なことは、責任はもはやたんに神に対するものではなく、ある意味で自分自身に対するものでもある、ということだ。もちろん、神が罰し裁く権利を比類ないしかたで主張するのは、依然として正当かもしれない。たぶん神のみが、比類ないしかたで最後の審判を下すためのすべての証拠や権威をもっているのだろう。だが、この罰自体が自己非難や罪責感を含むとすれば、そのような考えさえも圧力にさらされるかもしれない。なぜなら、自己非難や罪責感はたんに外的ではない内的な非難を含むからである。

道徳的行為主体には内的非難の能力があると理解されるとすれば、それと同じ程度に、道徳的行為主体には二人称的な道徳的共同体に参加する能力があると見なされなければならない。プーフェンドルフにとっては、行為主体は神のみとそのような共同体を形成するが、神は誰に対しても責任がない。だが、プーフェンドルフは次のようにも考える。行為主体がそのような共同体を神とともに形成することができ、したがって、神に対して真に責任があるのは、行為主体が神のとがめを内的に承認する能力をもつ場合のみであり、したがって、このようにして自分自身に対しても応答責任を問い、説明責任を負うことができる場合のみである。神と関係する際、われわれは人として自らに対して二人称的観点をとるが、われわれがこのような能力をもつのは、相互に責任ある人々の共同体にも加わることができる場合のみであろう。もちろん、プーフェンドルフ自身はこのような結論を導き出していないが、相互的責任の関係に入る能力のある存在者のみが道徳的行為主体でありうることになる。あるいは、次のようにも表現できるかもしれない。人間は、自分たち自身がともに一つの道徳的共同体を成す能力をもつ場合のみ、個々に神との道徳的共同体をもつこともできる、と。(44)

プーフェンドルフのような主意主義者は、責任としての道徳の一般的概念に関する一つの理解しか提示していないと見なすべきである。この一般的概念のどんな解釈も、道徳性は二人称的共同体の可能性に基礎をもつと見なすべきである。主意主義者の理解の特徴は、道徳的ヒエラルキーを自明のこととし、そこから（専断的に）残りの道徳を引き出すところにある。だが、これまで見てきたとおり、責任としての道徳という一般的観念の内部にある諸傾向は、主意主義者によるその観念の解釈に強い圧力をかける。道徳的義務と強制とを区別するために、プーフェンドルフは、道徳的行為主体が共有された二人称的観点から自らをとがめる独特の能力と、その能力の自由で理性的な熟慮における役割に関する説明を必要とした。だが、そうすると結果的に次のことを想定することになる。神に対して責任を負うためには、道徳的行為主体は自分たち自身に対しても責任を負うのでなければならない。

自由で理性的な意志が他の意志に（自由で理性的な意志として）要求を宛てるという考えには、要求を宛てる側が宛れられる側の次のような能力を認めているということが暗に含まれている。二人称的能力のある人として、その要求を受け入れそれによって自らを自由に規定する能力である。だが、一つの自由で理性的な意志は他の意志にどんな要求を行うことができ、応酬を道理にかなって期待することができるのか。第八章〔原著第十章〕と第九章〔原著第十一章〕では、この問いへの答えは、平等な責任としての道徳、つまり二人称的能力が平等な二人称的権威を基礎づけるという考えによって提供される、と論じる。(45) そうすると、われわれ人間は、相互に責任がある自由で理性的な人々として道徳的共同体、つまりカントのいう「目的の国」、をわれわれ自身で形成する権威をもつ場合にのみ、神との道徳的共同体に（個々に）参加できるということになる。

二人称的なものとしての定言命法と黄金律

二人称的責任は道徳的義務という概念の一部である、と論じてきた。さらに、道徳的要求に従う責任を互いに問うとき、要求を宛てる人は、要求を宛てる相手が二人称的能力をもつことを、つまり、権威ある道徳的要求を受け入れ、その要求を二人称的に自らに課すことによって自由にそれらに基づいて行為する能力をもつことを、前提としている。これは、カントが「意志の自律」と呼んだものを基礎づけ、道徳的義務の根底には定言命法のような意志の形式的原理が見出されなければならず、行為主体が自らの推論によって道徳的要求を規定し、その要求に従うよう自己規定するためにその原理を用いることができる、というカントのテーゼを支持する、深い意味のある考えである。このことを第七章〔原著第九章〕で論じる。本章を閉じるにあたり、定言命法とそれに関係する黄金律のような命令は、それ自体、ごく直観的にではあるが、二人称的観点から解釈されることを簡潔に示したい。

たとえばホッブズは、「もっとも能力の劣った人にも理解できる」原理があると主張し、それを次のように定式化する。「汝自身が汝自身にされたくないことを他の人にするべからず」(Hobbes 1994: XV.35)。「自身にされたくない」を欲求や好みの意味で理解すれば、とても奇妙な結果になる。たとえば、ジョーンズはわたしのためにブドウの皮をむく(わたしも彼のためにそうする)地位にあるとしよう。ジョーンズがわたしにブドウの皮をむいてくれない状態よりも、彼がわたしにそれをむいてくれる状態をわたしは選好する。この意味で、わたしは彼がわたしにブドウの皮をむくのを自制しないようにさせたい(あるいはホッブズの英語では「彼に自制されたくない」[46])。そうすると、ホッブズの黄金律は、ジョーンズにブドウをむいてやるのを自制しないよう(わたしも等しく彼にブドウの皮をむく地位にあるので)命じると解釈すべきであることになろう。これは、先の原則のひねくれた解釈であるのは明白であるように思われる。わたしがジョーンズにブドウの皮をむいてやらなくても、わたしはまったく不正をしたことにならないし、彼が好んでわたしにブドウをむいてくれなくても、彼もまったく不正をしたことにならないことは、明らかだろう[47]。

「汝自身にされたくない」を、他の人がわたしにしないようにわたしが期待したり要求したりすること、または他の人がしたとすれば異議を唱えたり憤ったりすること(場合によっては、彼らがしないよう主張したり要求できるものならそうしたいこと)という意味で解釈するほうが、直観的に妥当であることは明らかである。わたしは他の人がわたしにブドウの皮をむいてくれるのを好み、それを自制することのないことを選好するけれども、彼らがそうしなくてももちろん異議を唱えないし、彼らにそうするよう要求もしない。こういったことをわたしはジョーンズに要求するつもりはない（要求したいと思わない）ので、わたしが彼にブドウの皮をむいてやらなくても、黄金律に違反することにはならない。

黄金律を考えるもっとなじみ深いやり方は、受け入れるという観点によるものである。他の人があなたに何かをするのを受け入れるつもりがない、あるいは受け入れることができないなら、それを彼らにするべきではない、とはよく言われることである。だが、この文脈で受け入れるとは何を意味するのか。利己主義を議論する際しばしば指摘されるのは、理論的な意味では、利己主義者は、自らの不利になっても他の人々のまったく自己中心的な行動を受容することができる、ということである。利己主義者はそれが正当であることを受け入れることができるのである。この種のエゴイズムが普遍主義的な立場になれば端的に次のことが帰結する。つまり、利己主義者の利己的行動が正当化されるのと同じように、他の人々の利己的な行動も正当化されるということである。この議論の参加者すべてが通常同意するのは、利己主義者は、それを実践的な意味では受け入れなくても、理論的に受け入れることができるということである。

だが、誰かが何かを実践的な意味で受け入れるとはどういうことか。たんに別の選択肢よりもそれを欲求したり選好したりするという意味、あるいは少なくとも選好しないわけではないという意味なら、二つ前の段落と同じ地点に戻って同じ問題を抱えることになる。おそらく「受け入れる」は「抵抗しない」というようなことを意味する。だが、これも奇妙な結果になる。卓球のような競技をするときは、いつもまったく自然な意味で、わたしは点を取ろうとする相手の努力に抵抗する。とすれば、わたしは相手に対抗して点を取るために競技してはいけないのか。

少し考えればわかるように、「他の人があなたに対して行ったとすれば、あなたが受け入れないであろうこと、あるいは受け入れることができないであろうことを、他の人にするな」における「受け入れる」を理解するもっとも自然な方法は、本書の初めに確認した諸概念の二人称的円環という観点によるものだとわたしは考える。この観点からわたしが受け入れることができるものとは、異議を唱えたり、それとは反対の権利主張や要求をしたりしないもののことである。この自然な解釈に即して言えば、黄金律は二人称的である。[48] この解釈では、道理にかなったものの基本原理と見なしてもよいもの、つまりロールズ（1980）やスキャンロン（1998）が理解するところの道理にかなったものの原理が主張される。他の人に行わないよう要求したり期待したりする（または要求したり期待したりするであろう）ようなしかたで行為すべきではないし、また同様に、〔他の人が行えば〕憤ったり異議を唱えたりするようなしかたで行為すべきではない。他の人がわたしの足を踏むことにわたしが異議を唱える（したがってそうしないよう要求する）ならば、わたしも彼らの足を踏むべきではない。リンカーンの有名な言葉「わたしは奴隷になるつもりはないから、主人になるつもりもない」（1989: 484）は同じ線の考えである。つまり、わたしは他の人がわたしの主人になる権利を主張することを許さないのと同じように、他の人の主人になる権利を主張すべきではない。

あるいは、ここでもまた、定言命法の普遍法則の公式「普遍的な自然法則になることを同時に意志できるような格率に従ってのみ行為せよ」（Kant 1996b: 421）を考えてみよう。[49] カントの格率という観念をどのように理解するか、そしてその理解に照らして普遍法則の公式をどのように解釈するか、そしてそのように解釈された普遍法則の公式を、カントがこの公式と等しいと言う、人間性の公式や目的の国の公式との関係でどのように理解するかをめぐっては、微妙な問題がある。すべてをここで片づけることはとてもできない。しかし第十章〔原著第十二章〕では、そのさまざまな公式で表現された定言命法を解釈する最良の方法は（二人称的観点において前提とされる自由で理性的な行為主体の平等な尊厳によって基礎づけられた）契約主義的枠組みの内にある、と論じる。その考えを直観的に言えば、定言命法によって自分自身を規制するとき、われわれは平等で自由かつ理性的な人々の共同体という共有された観点から、すべての人に対して行うのがもっともである（道理にかなっている）と考える要求を受け入れ、それに従う、ということである。こう考えれば、二人称的権威と二人称的能力とが根本的なものになる。もっとも基本的なのは、自由で理性的な人々の尊厳であり、それは平等な人として互いに要求を行う（二人称的）権威として理解されるのである。

註

（1）ここでも、これらの帰結主義的主張自体が、すべての人は平等な主張の権利をもつべきだという二人称的観念に基づいているときは除く。この論点については、第四章註32と第十章〔原著第十二章〕の「契約主義と規則帰結主義」を見よ。この点についても、アラン・ギバードとジム・スタイアーに負っている。

（2）Mill 1998: ch. 5.　もう一つの顕著な事例は、ロールズの「二つのルール概念」（1955）における、慣行というものは、その慣行によって達成されると考えられる外的目標を引き合いに出すことを参加者に禁じるような規則によって構成されていることが多い、という主張である。この論点に関する優れた議論として、Johnson 1985を見よ。ハートによる、法制度やその他の規範体系の内部での「内的」および「外的」パースペクティヴという有名な区別も関連する（1961: 55–57）。

(3) ここでは「責任を帰する」〔impute〕の元来の意味が該当する。つまり「(過失などを) 評価する、告発する、支払うべきものや負うべきものとして帰属させたり割当てたりする」(*Oxford English Dictionary*, online edition)。下記のプーフェンドルフによる「帰責性」も参照。しかし、T・M・スキャンロンがわたしに指摘してくれたとおり、たとえば誰かが正しいことをしているが、悪意に満ちた人種差別主義のような、まったくとんでもない理由でそうしているときのように、誰かが不正に行為していると考えられなくても、その人を非難し要求する権威がわれわれにあると考えられる事例もある。

(4) 特に Williams 1985, Darwall 1987 の議論を見よ。Williams 1995 と Baier 1993 も見よ。「軽蔑的な意味での」道徳性についてのニーチェの診断は、第一に Nietzsche 1994 に見られる。有益な議論として Leiter 1995 および 1997 を見よ。

　ウィリアムズが、「道徳の体系」の二人称的責任の「内的」側面と呼びうるものを批判するにもかかわらず、人権という観念とそれを執行するのに必要な「外的」形式を採用することは、特筆に値する。だがこれは、公共的討議に参加するすべての市民を含む人権を執行する道徳的実践に参加する人々が、二人称的要求の正しい種類の理由を受け入れ、それを通じて権利を執行することができないことを意味する、とわたしは思う。その正当化は、権力を行使することの望ましさのようなものに存するのであって、それを行使する権威にあるのではないことにならざるをえない。わたしの見るところ、ヒュームの正義の概念も同じ結果に至る。両者ともストローソンの論点と衝突する。この点についてはサイモン・ブラックバーンとの議論に負っている。

(5) ウィリアムズ自身も、Williams 1985 の第十章の表題(「道徳という特異な制度」)において、道徳を「特異な制度」と呼んで、奴隷根性と結びつけて考えることを促している。

(6) 前者は私が「存在内在主義」と呼んだものの一種である (Darwall 1983: 54-55)。

(7) 繰り返しになるが、これは人々に責任を問うときに含意され、前提されている。それは、われわれがその人々に責任を問うという事実に含意されているのではない。この点はまもなくさらに考察することになる。

(8) ロールズは Rawls 2000: 45–48, 148–152 で、これらを「対象依存的」欲求と呼んだ。

(9) 第二章におけるこの論点についての議論を見よ。

(10) とりわけよい例は Scheffler 1982。

(11) 実際この定式は、「過大な要求」批判に直面して帰結主義を擁護しようとしたある人に由来する（Mulgan 2001）。

(12) ニーチェの次の主張と比較せよ。貴族主義的エートスにおいて「善」が基本概念であり「悪」は「善」でないものと定義されるのに対して、（軽蔑的な意味での）道徳においては「不正」が基本概念で「善」はその正反対である（われわれの用語法では「不正」と「正」〔不正でない〕）（Nietzsche 1994）。

(13) 決定的理由を提供するとされる、とわたしが言っていることに注意せよ。H・R・ハルデマンの証言によれば、ウォーターゲートビル侵入者に支払う口止め料を調達することができたかという質問に答えて、リチャード・ニクソンが「百万ドルを調達するのは何の問題もなく、そうすることはできる。だがそんなことをすれば不正になるだろう〔But it would be wrong〕」と述べたとき、彼は明らかにこの含意に依拠していたのである。（最後の「きわめて重要な五文字」〔But it would be wrong〕は、ジョン・ディーンの証言では裏付けられなかった。）（「七人の被告、報告書、書類かばん」*Time* 103 (March 11, 1974): 10–14）。

(14) 帰結主義に対する「過大な要求」という反論の源泉がウィリアムズであることは偶然の一致ではない（Smart and Williams 1973）。

(15) この問題は主に〔本訳書では割愛された〕原著第七章で論じられる。

(16) この表現方法はクリスティーン・コースガードに負っている。

(17) 後者については、Buss 1996a と Sherman 未刊を見よ。

(18) 一般的な概念〔concept〕／構想ないし理解〔conception〕の枠組については、Rawls 1971: 5 を見よ。

(19) スミスの見解のこの側面を Darwall 1999b で論じている。

(20) しかし、スミスはこの一節を第六版では残していないことに注意。この点に気づかせてくれたことについて、ヴィヴィアンヌ・ブラウンとチャールズ・グリスウォルドに感謝する。

(21) 「〔目的の〕国ということで、わたしは、さまざまな理性的存在者が共同の法則によって体系的に結合していることを理解している」(Kant 1996b: 433)。また、「目的の国では、すべてのものが価格ないし尊厳をもつ……道徳性、および道徳性の能力をもつかぎりでの人間性は、それのみが尊厳をもつものである」(434-435)。第六章と第八章〔原著十章〕で強調するとおり、カントも、人〔人格〕の尊厳とは「それによって〔人が〕世界の他のあらゆる理性的存在者から尊敬を要求する」ものであると言っている(1996d: 434)。

(22) 道徳的観点が「一人称複数」であるという主張については、Postema 1995 を見よ。この主張はコースガードの著作のテーマでもある。

(23) これも、クリスティーン・コースガードの著作、Korsgaard 1996d: 特に 275-276, 301 のテーマである。しかし、コースガードはそこで、すべての理由が要求を課すことに関わると考えているように思われる(他方、わたしは二人称的理由に限定する)。「あなたには理由があると言うことは、何か関係的なことを、つまり、他の人の存在あるいは少なくとも他の自己の存在を含意することを、言うことである。その他の人に対して権利主張があると伝えたり、自らに対する相手の権利主張を認めたりすることである」(Korsgaard 1996d: 301)。わたしの見解では、これは規範的理由という一般的カテゴリーと、互いに自己を正当化する際に登場する明らかに二人称的な理由を混同している。

(24) これはまた、道徳的判断、とりわけ正義の判断に関するアダム・スミスの感情主義的メタ倫理学を理解する正しい方法であると思う。この点については、Darwall 1999b を見よ。

(25) これについては、クリスティーン・コースガードの重要な著作(1996a)を見よ。

(26) これに関係のある方向の批判として Johnson 1985 を見よ。

(27) もちろん、以前――直近では先の註1で――述べたとおり、正しさに関する行為帰結主義または規則帰結主義の理論は、幸福、福祉、あるいは何かそれに類似するものに対する平等な権利主張によって十分に基礎づけることができるならば、この問題を免れるかもしれない。

(28) 以下は、Darwall 2003a に基づいて書く。

(29) ここでは Schneewind 1998 に従って、「グロティウス問題」つまり個人の善という観念とその他の統制的な観念(正義、権利、道徳的義務)とを区別し、適切に関係づけようとすることは、「近代的な」道徳の観念に独特の背景を与えると考える。この点は Darwall 1995a: ch. 1 および 1999a で論じた。シジウィックの次の鋭い所見も関連する。近代と古代の倫理思想の「もっとも根本的な違い」は、古代人は「理性の名の下に認識されるべき」一つの「統制的で支配的な能力」しかないと信じていたのに対して、「それを十分に明らかにすれば、近代的見解では二つあることがわかる――普遍的な理性と利己的な理性、ないし良心と自己愛である」(Sidgwick 1964: 197–198)。この主張の検討については Frankena 1992 を見よ。

(30) プーフェンドルフと同じように、ロックも「「人〔人格〕」とは行為とその美点を固有の属性とする法廷用語である。だから法的能力のある知的な行為主体にのみ帰属する」と考えた(Locke 1975: 346)。しかし、彼の道徳心理学は、プーフェンドルフとは重要な点で異なっていた。この文脈で重要な違いに関する議論については Darwall 2003a を見よ。

(31) フランシスコ・スアレス(1548–1617)は、トマス・アクィナスに由来する道徳思想および政治思想の伝統において重要な後期スコラの思想家の一人であった。有益な紹介と選集については Schneewind 1990 を見よ。

(32) もちろん、創造主の権威に服することが被造物の本性の一部であるという考えと、スアレスも考えるとおり、責任が本質的に二人称的関係であるという考えの間には、深い緊張がある。その理由は、いままでのところ明らかではないが、プーフェンドルフに関する検討が終わるまでには明らかになるはずである。

(33) ザムエル・フォン・プーフェンドルフ(1632–1694)は、グロティウスと並び、近代初期の自然法理論のもっとも重要な源泉の一つであった。たいへん有益な紹介と選集として、Schneewind 1999 を参照。Schneewind

1998 におけるプーフェンドルフに関する重要な議論も見よ。

(34) 法が自由で理性的な意志のみを拘束できるということは、Pufendorf 1934 : 52–65 の主な主題である。

(35) ライプニッツも「プーフェンドルフの原理に関する所見」(1989 : 70–75) において、プーフェンドルフに対して同様の反論をした。

(36) これは、神の命じる権威を神の善性によって基礎づけようとする種類の「神の命令説」の問題点であると思う。神が無限に善であるということは、われわれが完全な助言としての神意に導かれるべき理由の説明になりうるだろう。だが、われわれが神に対して説明責任や応答責任があること、したがって、この意味でわれわれに命じる権威が神にあることは説明できないだろう。そのような種類の神学的主意主義の一例については Adams 1999 : 249–276 を見よ。

(37) もちろん、スアレスの立場がもっともらしいと言うつもりはまったくない。

(38) 実際彼らは、有意味に二人称的に命令を宛てることの諸条件を認めざるをえなくなり、自然法は「道徳的必然性を、いかなる行為に関しても、理性的本性に一致するかしないかに基づいて」表現する、というグロティウスの教説 (Grotius 1925 : I.x.i) の方向に自らの見解を押し進めた。わたしはカール・グラーフ・バレストレムのコメントがきっかけとなってこのことを理解した。

(39) ここには、プーフェンドルフの、何らかの善をつねに目指さなければならない意志という理論と、「義務から行うことは何でも」「心の内在的衝動」(1934 : 8) から行うという主張との間にある緊張に関する微妙な問題があるが、ここでは立ち入ることができない。これらは Darwall 2003a で論じている。

(40) これはハートによる義務づけられることと余儀なくされることとの有名な区別に対応している。この区別はジョン・オースティンの法実証主義を批判する過程でなされる (Hart 1961 : 6–8)。

(41) Ibid. 第三章における強制と〔要求を〕二人称的に宛てることとの違いに関する議論を見よ。

(42) ローラ・ブルーメンフェルドが引用したハノホ・イェルシャルミの次の言葉と比較せよ。「承認することは……責任を受け入れることである。それはあなたが〈自分自身の罪を負う〉ときである」(2002: 292)。

(43) 『功利主義論』第三章における内的制裁と外的制裁とのミルの区別に関する〔本訳書では割愛された〕原著第七章の議論参照。

(44) ここでも重要なのは、ポステマ(1995)とコースガード(1996e)が強調したとおり、これは、道徳的観点を一人称複数の観点(そして、わたしはここで二人称の観点を付け加えるが)と見なすこと、つまり、われわれがわれわれのうちの一人一人に要求を宛てる際の観点と見なすことに関わるということである。

(45) これは、アンスコムの「近代道徳哲学」(1958)における有名な主張を逆にすることになる。人に要求を宛てることができるという観念なしには道徳を考えることができない、ということではアンスコムに同意するが、そのような要求は神によって宛てられる要求を必要とするという彼女の主張は、わたしが示したように完全にひっくり返されると主張する。この点については、ケイト・エイブラムソンに負っている。

(46) ホッブズをこのように解釈しなければ、もっと奇妙な結果さえ招く。つまり、彼がわたしにブドウの皮をむくことを自制するほうを〔自制しないより〕わたしが好むわけではなかったら(たとえば、わたしがその点でどちらでもよかったら)、わたしは彼のためにブドウの皮をむくのを自制すべきではないことになる。

(47) スキャンロンは、これはカントの『基礎づけ』における反論(1996b: 430n)でもあると述べて、同様の論点を主張している(1998: 170)。

(48) ホッブズの道徳哲学の魅力的な研究についてはLloyd(近刊)を見よ。そこではホッブズ版の黄金律は、ホッブズの「相互性原理」と呼ばれ(それを行ったことについて他の人を非難したりしなかったり、または「落ち度をあげつらう」ことをしたりしなかったりすることという観点から理解され)解釈の中心に置かれる。そして互いに自己を正当化する欲求がホッブズの道徳心理学の中心的側面として扱われる。

(49) 黄金律との決定的な違い(カント自身が記しているもの[1996b: 430n])は、意志できなければならないことはある格率に普遍的に従うことであって、たんにある特定の行為ではないということである。

第六章　尊敬と二人称

［女性名詞、羅 *respect-*, 見る（見返す）、顧慮する、考慮する、を意味する *respe-cere* の分詞幹、またはこれの反復相 *respectare* からとられたもの。Cf. 仏 *respecter*（十六世紀）、西 *respe(c)tar*、葡 *respeitar*、伊 *rispettare*。］

——『オクスフォード英語辞典（オンライン版）』

人〔人格〕つまり道徳的実践理性の主体と見なされる人間は、……尊厳をもち……それによって人間は世界の他のあらゆる理性的存在者から尊敬を要求する。

——イマヌエル・カント『徳論の形而上学的定礎』

平等な責任としての道徳は、道徳的関係を平等な尊敬という観点から理解する。[1] われわれは、自分たちを相互に責任を負いあうものと見なすことによって、道徳的共同体の平等な成員として、互いに一定の振舞いを要求する地位を認めあう。本章で論じたいのは、この権威の認知が還元不可能な二人称的種類の尊敬だということである。道徳的要求は、カントの用語では「目的の国」の「共同の法則」（Kant 1996b: 433）と理解され、人〔人格〕が平等にもつ独特の価値、つまり尊厳、「価格のつかない価値」（1996d: 462）を構成し、表現する。本章では、人の尊厳と、それにふさわしい応答である尊敬とがともに、還元不可能な二人称的性格をもつと論じる。われわれの尊厳は　互いに対する道徳的義務を互いに守らせる地位を含み、この二人称的地位に対する尊敬はそれ自体二人称的である。

尊厳は、平等な責任としての道徳の二つの異なった場所に姿を現す。第一に、そもそもわれわれが互いに責任があると見なす際に、われわれは、道徳的共同体の平等な成員として要求を宛てる権威を互いに与える。その要求の内容が人の扱いの範囲を超えて拡がるときでさえ、そうである。そして第二に、その要求が、われわれが互いをどのように扱わなければならないかに関わるとき、われわれは、特に人としての尊厳を尊重することになる。

本章の方法は分析的である。われわれの現行の道徳理解に暗に含まれているとわたしが考える帰結をただ引き出すだけである。後で、われわれの理解のこれらの側面の正当性を立証することを試み、第八章〔原著第十章〕では　どんな二人称的理由であれ、そもそもそれを人に宛てるための前提（規範的な適切性の条件）として、自由で理性的な行為主体の共通の尊厳（二人称的権威）にわれわれは与していると論じる。それから第九章〔原著第十一章〕では、二人称的理由を実践理性の理論全体のなかに位置づけることを試みる。

態度と対象

評価は評価に値するものにふさわしい応答であり、欲求は欲求されるに値するものにふさわしい応答であるのと同じように、尊敬は尊厳にふさわしい応答である。[2] 欲求や評価などの態度がそれらに特徴的な対象、つまり欲求に値するものや評価に値するもの、に関係する独特のしかたから、欲求や評価の正しい種類の理由が、それぞれ引き出されなければならないが、尊敬についてもまったく同じことが言える。われわれが問題としている種類の尊敬、つまり認知としての尊敬〔recognition respect〕の独特の対象は、尊厳ないし権威である。[3] しかし、認知としての尊敬は、その対象によって正当であることが示されるだけでなく、義務として課されうるという点で、他の態度とは異なる。あなたがもっている性質のうち評価に値するものを尊重しない人は、あなたにふさわしい応答を与えていないことになるかもしれないが、評価はあなたも他の誰も期待したり要求したりできるものではない。あなたの尊厳に対する尊敬は、それとは異なる。

人の尊厳は、われわれが「それによって尊敬を要求する」(1996d: 434–435) ものである、とカントは言う。つまり、理性的存在者として相手から尊敬を受ける権利を主張し、またこれもカントが言うように、それを「要求」するのである。[4] だが、人として尊敬を要求するとはどういうことであり、どうしてそのような要求を行うことができるのだろうか。そして、このようにして要求される尊厳に対する尊敬とは何か。これらの問いに答える鍵は、われわれの尊厳とそれにふさわしい応答である尊敬との、ともに還元不可能な二人称的性格である、とわたしは主張したい。人の尊厳とは、平等な人の二人称的な権威、つまり、相互に責任を負いあう平等な人々の共同体の一員であることも含めて、平等で自由かつ理性的な行為者として互いに権利主張や要求を行う地位のことであると主張したいのである。この尊厳に対する尊敬もまたこの権威に対する二人称的な承認である。(5) それは、たんに想像内のことでしかない場合もあるが、つねに暗に相互的である。respect の語源 respicĕre が示唆するとおり、尊敬は、自分から発するだけだとしても、「見返すこと」であり、見返りに何かを、現実にまたは想像内で、二人称的に宛てることである。

人の尊厳が二人称的であるということは、尊厳を（非二人称的な）価値や規範に、たとえばわれわれが人として共通にもっている本性に根をもつ、行動に対する一連の要求事項にすべて帰着させることはできない、いやそれどころか、人が扱われなければならない、また扱われてはならない一定のしかたにさえ、帰着させることはできないということである（Kamm 1989, 1992, Nagel 1995）。それは、そのような要求事項に従うよう主張したり要求したりする、人としての平等な権威にも関わるのである。ここで思い出す価値があるのは、ロールズが、人は「妥当な権利主張の自己創出的な源泉」（1980 : 546）である、と述べて、この考えを表現していることだ。ジョエル・ファインバーグはそれと対をなす論点を主張し、「権利を主張する活動」こそが「自己尊敬と他の人に対する尊敬を生みだす」（1980 : 155）と述べるが、この論点を本章では展開する。

実際、われわれの平等な二人称的権威こそがもっとも基本的であり、行動の実質的制約はこの権威に由来する、とわたしは考える。わたしの見るところ、われわれが平等な道徳的人格として「互いに負っている」ものは、契約主義的枠組みの内でもっともよく説明される。その枠組み自体、第十一章〔原著第十章〕で論じるように、二人称的観点においてわれわれが与する平等な二人称的権威に基礎づけられるのである。

評価としての尊敬と認知としての尊敬との対比

われわれが関心を寄せている独特の種類の尊敬、つまり認知〔recognition〕としての尊敬を、「尊敬」が指すことのあるその他の態度や、隣接するその他の応答のしかたから、まずは区別しておくのが有益だろう。たとえば、ある人が、誰かを人として、あるいはある特定の能力の点で（たとえば哲学者として）、程度の差こそあれ尊敬しているとか、誰かに尊敬の念を募らせたり失ったりしたとか言われる場合の意味を考えてみよう。これらの文脈では「尊敬」は一種の評価〔appraisal〕を表す。

もちろん評価は「尊敬」と呼ぼうとは夢にも思わない形をとることもある。たとえば、にきびや人気のなさは、若者の自己評価を台無しにすることがあるが、必ずしも自己尊敬を脅かすわけではない。評価は、われわれが称賛し、仰ぎ見、羨み、獲得したいとか見習いたいとか思うものに関わる。そのような優れた性質の多くは、少なくとも何らかの長くてあいまいな物語が伴わなければ、尊敬のもっともな対象となることはありえない。人気者の子どもたちのにきびのない顔を想像して、それが振舞いの違い（たとえば衛生）に原因があると見なされたり、その子どもたちのもっと立派な性格の表われであると思われたりするならば、一つの特殊な尊敬の感覚を促すこともありうる。(6) だが、そのような結びつきがなければそれはありえない。

われわれが「尊敬」と呼ぶ評価――以下、評価としての尊敬――は、誰かの振舞いや性格、あるいはこれらを何らかの形で含むものを評定することである。(7) 誰かを人として評価し尊敬することは、道徳的に評価することであり、つまりその人を道徳的行為主体として是認することである。人々をもっと個別的な能力の面で評価し尊敬することがあるが、これは道徳的評価とは違うものの、やはり当の能力を用いるその人の振舞いに関わっている。したがって、ある人をテニス選手として評価し尊敬することは、人として尊敬することとは違うけれども、テニスのプレー技術を評価することとも、戦績を評価することとも同じではない。たとえば、ルールをずる賢く利用してアンフェアに優位に立とうとするといって、その人のコートでの振舞い方に誰かが徹底して抗議するならば、テニス選手としてのその人への尊敬が損なわれることになるだろう。だからといってその人の勝利と戦績が小さくなることはないとしても、傷がつくことにはなるだろう。

評価としての尊敬とは、振舞いや性格によって報いとして与えられる評価または獲得される評価である。それに対して、そのような美点とは無関係に人として要求できる尊敬は、評価の一種ではまったくない。極悪非道の人でさえ尊厳をもつがゆえに尊敬をもって扱われる資格がある、と考えるとき（たとえばストローソンが述べるように［1968 : 93］、その人に責任を問うとき）、われわれは明らかに評価とは違う何かを念頭に置いている。人であることがなにかしら称賛に値する特質であるということではない。「たしかにその人は額に汗して働く人々の年金の積立金を盗んだが、少なくとも人ではある」ということである。ここで働いているのは評価ではなく認知である。

認知としての尊敬の対象は優れた性質や美点ではない。尊厳や権威である。認知としての尊敬は、あるものがいかに価値づけされ評価されるべきかではなく、それに対するわれわれの関係がいかに統制され統御されるべきかに関わる。大まかに言えば、あるものに対するわれわれの関係においてそのものに地位（権威）を与えるとき、認知という意味でそれを尊敬することになる。人が人としてもつ権威は基本的に二人称的であるので、それへの尊敬もまた二人称的でなければならない。それは承認〔acknowledgement〕を含まなければならないのである。[8]

しかし、基本的にまったく二人称的ではない種類の認知としての尊敬がある。尊敬によって認知される権威が二人称的でないときはいつでもそうである。これらの場合、当の権威は、承認されなくても認知されうる。そのうえ、これらの事例の多くにおいて、権威は美点のために報いとして与えられるか獲得されるものでありうる。だがそのような場合でも、権威に対する尊敬は、美点に対するいかなる評価とも異なる。

たとえば、第三章で、ある人が証言を通じてあることを信じる理由を他の人に与えようとするとき、その人がそうする（二人称的）地位が、いかにその人の認識上の権威、つまりその人がどれほど信頼すべき証人でありまたそう見なされうるかに依拠し、またそれによって覆されうるかを見た。たしかに、われわれが協働して理論的推論を行う際互いに与える地位は、それ自体二人称的である（Pettit and Smith 1996）。だが、それを覆すことのできる認識上の権威は、そうではない。わたしの目下の論点は、どんな種類の二人称的承認もせずに、認識上の権威を十分に認知することができるということである。独りで考えに耽っている他の人の知識や知恵を漏れ聞いてそれを尊重し、自分の私的な推論をそれによって統制することができる。この場合、相手の二人称的要求を暗に承認することすらなく、相手の認識上の権威を尊敬することになるのである。

そうだとしても、ある人の認識上の権威を尊重することは、その人の認識上の卓越性を尊重することとは違う。後者は、認識主体としてのその人や協働的探求への貢献を積極的に称賛する際に見られ、部分的にはそのような称賛そのものである。しかし、前者は、たとえばわれわれ自身が何を信じるべきかを決定する際にその人の見解に重みや権威を与えるというような、その人との関係におけるわれわれの認識に関係する振舞いによって実現される。(9)

あるいは、われわれが信頼する助言者に与える権威を考えてみよう。それも、報いとして与えられるものあるいは獲得されるものでありうる。われわれが何をすべきか、少なくとも何をすべきだと信じるべきかをめぐる熟慮において助言者にしかるべき地位を与えるとき、われわれは助言者に対して認知としての尊敬を抱く。この状況は、理論の場合とぴったり重なる。助言を与えたり受けたりするときには、とりわけ助言者が一連の行為を理由をあげずにただ勧めるときには、一種の二人称的権威が関わっているが、それにもかかわらずこの権威は、まったく二人称的ではない権威――助言者の実践的知恵――に依拠し、それよって覆えされうると見なされる。信頼していた人が、もはやわたしの実践的状況に関係する〔行為の〕理由の特に優れた判断者ではないとか、優れた判断者だがもはやほんとうの考えをわたしに話してくれるとは信じられないとか、わたしが思うようになれば、その人の助言を認知としての尊敬をもって扱う理由ももはやないだろう。だが、ここでもまた、その人の助言能力に対する低い評価は、わたしが結果的に抱く認知としての軽蔑と同じものではない。前者は、その人を助言者として否定的に評価する際に現れ、部分的にはその評価そのものである。後者は、その人やその人の助言との関係においてわたし自身がどのように熟慮を行うかに現れる。つまり、何をすべきかを決めたり、こうしようあしようと決定することにどんな理由があるかについて信念を形成したりする際に、その人の見解にほとんど重みを与えないところに現れるのである。

さらにもう一つの例は、セイラ・バス（1999b）が指摘したとおり、恥という経験に典型的に含まれる種類の暗黙的な尊敬である。第四章で述べたとおり、他の人々がわれわれを見る（または見るかもしれない）ように自分自身を見るようになり、その見え方がわれわれにある意味で——たとえば、それが侮蔑やそれに似たものを含んでいるから、あるいはプライベートにしておきたい一面を露わにしたりするから——問題があるとき、われわれは恥を経験する。[10] 恥は侮蔑への怖れではない。侮蔑のまなざしや見られたくないものを露わにするようなしかたで見られていることを意識することでもない。むしろ、恥とは、自分が恥ずかしいものに見えるその見え方が信じるに値するものであるかのようだ、という感情である。それは、他の人のパースペクティヴから得られる自分の見え方を（必ずしも承認するわけではないが）認知することによって、ある不快なしかたで見られるのが正当だと思う経験である。それが、恥は尊敬を含むとバスが言う理由である。恥は、自分を見ている相手がほんとうの自分を見ることができるかのような——相手がその能力と権威をもつかのような——感じである。しかし、ここまでのところ、その権威は（十分に広い意味で）まったく認識上のものであるように思われる。それは他の人の認識上の態度を真剣に受け取る際に認知される権威に似ているのである。

これらのさまざまな種類の権威に対する尊敬が、権利主張や要求をする権威に対する尊敬と構造的に似てはいるが重要なところで違うのは、それらが非二人称的な理由に関わるところである。認識上の権威に対する尊敬は、（暗黙的なものを含めた）権利主張の（暗黙的なものも含めた）承認をまったく含む必要がない。なるほど、理論的知識、実践的知恵、その他の種類の権威に対する認知としての尊敬を通常示す状況が二人称的であることは、よくある。証言、助言、問答、人に宛てられた批判はすべて、宛先となる人の注意、判断、推論に対して一種の要求を行う。だがこれらの場合には、当の二人称的地位はそれ自体、本質的に二人称的ではなくもっと基本的な認識上の権威ないし認識上の権威に類する権威、つまり尊敬に対する（想像内のものも含めた）権利主張や要求の（想像内のものも含めた）承認にまったく関わらない状況で尊敬されうる権威から直接生じるのである。

しかし、二人称的理由を人に宛てる地位はどれも、基本的に二人称的である。軍曹が自分の部隊に整列を命じるとき、兵卒たちは、軍曹が命令によって兵卒たちに与える理由がまったくの規範的関係、つまり軍曹の兵卒に命令する権威に由来すると考える。それは、繰り返しになるが、ホッブズの「指令」と「勧告」(1983: XIV.1) という有名な区別の要点である。軍曹が兵卒たちに宛てる理由は、そのように理由を宛てる権威がなければ存在しなかったであろう。そのような二人称的権威を十分に尊敬できる唯一の方法は、二人称的なものである。

同様に、誰かを人として認知し尊敬することも二人称的である、とわたしは考える。それは、人の尊厳に根ざす二人称的理由を誰かに宛て誰かから宛てられる地位の承認であり、この場合その地位もまたどこまでも二人称的である。ロックが述べたとおり、「人〔人格〕」は「法廷用語」である。それは説明責任に概念的に関係している(1975: 346)。平等な説明責任としての道徳によれば、人であるとはまさに、相互に責任を負いあう平等な人々の共同体において、人として他の人々に要求を宛て、また彼らから要求を宛てられる能力と地位をもつことである。この二人称的能力のゆえに、すべての人々には美点のあるなしを問わず平等な尊厳がある。それゆえ、われわれは、人との関係においてこの地位をその人に認めるとき、その人を人として尊敬することになるのである。

尊敬とケアの対比

このように、認知による尊敬は優れた性質や美点の評価や称賛をまったく含まず、人としての美点すら含まない。むしろそれは、人を本質的に、それ自身においてそれ自身のために価値を認める方法である。ある人の尊厳を尊重する際、われわれはその人を尊敬し、その人の価値を認める。だが尊敬は、ある人の価値をそれ自体でそれ自体のために認める唯一の方法ではない。ケアすることないし善意ある関心もまた一つの方法である。[11] それゆえ、尊敬とケアの違いについて明確に理解することが重要である。というのも、これらは重要な点で異なる道徳哲学の考え方の基礎になるからである。

尊敬と同様、ケアは個人を対象とする。だが、誰かを尊敬することは尊厳をもつ存在者としてのその人に関係することにつながるのに対して、誰かをケアすることはその人を福利をもつ存在者と見なすことを含む。誰かをケアする際、ある状態——その人の利益になるならどのような状態でも——を求める。[12] しかし尊敬は、状態に関わるというよりも、態度ないし行動に関わる。誰かを尊敬するとき、われわれはその人との関係において自らの行動を統制する——その人の尊厳によって求められることをする——気になる。

尊敬に根差した行為の理由は、二人称的、行為主体関係的、行為主体相関的である。人に対する尊敬とは、ある人が二人称的能力のある行為主体であるがゆえに要求できるものに対する応答である。ここでわれわれが注意を向けるのは、（少なくとも主としては）その人の福利やよいものではなく、なによりもまず、平等で独立した行為主体として、その人自身が自らの観点から価値を認め、よいと見なすものである。そのようにすることによって、われわれは自由で平等な人としてのその人（とその人の権威）を承認するのである。たとえば、不健康な習慣がその人の害になり、したがってその人の福利に反すると考えるのはもっともだが、尊敬の念から、その人が変わるように不当な圧力をかけるのはやめようと考えてもおかしくはない。その人の尊厳に対する尊敬の念によって抑えられても、その人とその人の福利とに対する関心に導かれて、その人に変わってほしいと思い、変わるのを助けたいと思うこともある。ある人の価値観や選好は、他の人々がその人にそれらを促進することを許す尊敬に基づく理由になる（そして、他でも論じたように、それらをその人自身が追求する理由になる）が、それは、結果として生じる状態が行為主体中立的な視点から見て何か他の点で有益だったりよかったりするかどうかには関わらないし、そもそもその人にそれらを促進する何か他の理由があるかどうかにすら関わらない（Darwall 2001）。そして、尊敬に基づく理由は二人称的であるから、基本的に行為主体相関的でもある。[13] 尊敬に基づく理由は、他の人々がわれわれや尊敬を要求するわれわれの権威にどのように関係しなければならないかに関わる。

他方、ケアの理由は、三人称的で、福利関係的、行為主体中立的である。同情的な関心のパースペクティヴから見れば、ケアされる人自身の価値観は、その人の福利を表現するかぎりにおいてのみ統制的である。たとえば、ある人がケアしている人が一定程度のうつ状態ならば、その人は自らの福利やそれを大いに促進するであろうものにまったく価値を見出さないことがある。その人に同情的な関心を感じるとき、人は（尊敬の場合のように）その人が価値があると見なし選好するものによって統制されるのではなく、ほんとうにその人の利益になるだろう（と信じる）ものによって統制される。もちろん、人の福利はその人の選好と価値観に結びついているが、それらはほんとうにその人の利益になるかぎりでケアの理由を生むのである。そしてケアする人にとって、福利に関わる事由は、行為主体相関的というよりも行為主体中立的な理由として現れる。ケアされる人の利益になること、それゆえ、誰であれそれができる人にその状態を引き起こす理由があるのであって、ケアされる人と特定の関係をもつ人々や、その人をたまたまケアする人々のみにとって理由があるわけではないということ、それは行為主体中立的によいことであると思われる。[14] 最後に、自らの尊厳を尊重することは、誰もが要求できることであるが、このことは、自ら自身と自らの福利に対する同情的な関心には当てはまらない。善意ある関心と尊敬とのこのような違いは、親子関係を反省することによって明らかにすることができる。一定の年齢以下の幼い子が健康によい食べ物を口にするのを嫌がるとき、親がそれに比較的小さな本質的重みしか認めないのは正当かもしれない。もちろん、たとえばそれを食べることが不快な経験になる可能性や、それを食べるよう強いることによる子どもの精神的健康への長期的影響など、それが子どもの福利に関係することを親は考慮しなければならないとしても。この発達段階では、親が子どもの福利のみに導かれるのは適切かもしれない。しかし、極端な事例ではあるが、娘が中年になって実家に戻ってくるとすれば、状況は大きく変わってくる。親が中年になった娘の意志を本質的重みのあるもの、従うことを要求するものとして扱わないとすれば、明らかに尊敬の念に欠け、悪い意味でのパターナリズムになるだろう。[15] いまやその娘は、人生の始めの頃にはもっていなかった二人称的地位をもっているのである。もし親がこの時点で「おまえのブロッコリー」を娘に食べさせようとするなら、親は非難されるのが当然であろう。その親が尊敬の念に欠けていることは、親から娘への尊敬を二人称的に求める二人称的反応を引き起こすであろう。[16]

あるいは、誰かがあなたの足を踏んでいるので痛みを感じる場合をもう一度考えてみよう。あなたをケアする人にとって、あなたの痛みが取り除かれることはよい世界の状態であるように思われ、それゆえそれができる人なら誰でもそれを実現しようとする理由があるように思われるだろう。もちろん、おそらく因果関係のネットワークのなかでは、その足を踏んでいる人がそれをするのにもっともふさわしい立場にあるので、あなたの痛みが取り除かれることは、その人が足をどける特によい理由であると思われるだろう。だが、それは行為主体中立的な理由であろう。あなたの足を踏む人とあなたとの関係は因果関係の構造の一部にすぎず、その構造によって、あなたの痛みがないほうが望ましいという行為主体中立的な規範的事実が、その人の熟慮する状況にとって特に重要なものになるのである。しかし、あなたが、足をどけることが相互的な尊敬によって命じられると見なすならば、その人が足をどけるべき理由は、足をどけることを要求する（それどころか、まず足を踏まないよう要求する）あなたの権威に基づいていると見なすだろう。この理由は二人称的であり、行為主体相関的であろう。(17) その人とあなたとの関係（その人が理不尽にもあなたの痛みを引き起こしていること）は、その人があなたに対してどのように振る舞うべきかに本質的に関連している、とあなたは見なすだろう。さらに、第八章〔原著第十章〕、第九章〔原著十一章〕で論じるように、（論理的意味で）この行為主体相関的な関係の重要性は、二人称的意味で互いに関係しあうことの本質を源泉とすると見ることができる。二人称的関係こそがもっとも基本的である。「他の人々に理不尽な痛みを引き起こすべきではない」といった行為主体相関的な規範は、そもそも二人称的に互いに関係しあえばわれわれが与することになるものによって基礎づけられる契約主義の枠組みの内で、解明することができるのである。

尊敬は、他の人々と関係する際どのように振舞うべきかに関わり、ケアはその人々と関係することに関わるか否かを問わず、その人々にとって事態がどのようであるかに感応する。ケアは、それ自体としては、その対象に向けられたり関係したりする独特の振舞いによっては定義されないし、それに必然的に関わるわけでもない。ある人をケアするかぎり、その人に向けられるわれわれ自身の振舞いに対する関心は、道具的である。善意ある関心によって、その人の福利にもっとも資するのであればどんなしかたでも行動したいと思うようになる。しかし、ある人に対する認知としての尊敬は、人としてのその人に対して振舞ったり関係したりする独特のしかた、つまりその人の尊厳によって義務として要求されるしかたに関わる。

以上のことをすべて踏まえれば、次のことはまったく容易に予想される。道徳は普遍的な善意に根差しているという〔道徳に関する〕哲学的な理解は、行為主体中立的な帰結主義的形式をとり、道徳は平等な責任であるという理解は、行為主体相関的な制約を伴う義務論的道徳理論を生む、ということである。(18)道徳がケアや関心を基礎とするならば、その最終目的は行為主体中立的であり、つまりすべての人間や快苦の感覚をもつ存在者の福利であって、それゆえ行為と社会的慣行の道徳的評価は究極的には道具的である。もちろん、そのような理解を保持しながら、ミルが主張したように（1998: ch. 5）、振舞いが不正であるという評価自体は道具的ではなく、それ自体は道具的に正当化されるところの責任を構成する規範に依拠する、と主張することは可能である。だが、そのような評価は、もう一歩進めば依然として道具的である。それは私的な態度としての責任と公的な慣行としての責任とを、公共善のための道具として扱うのである。それはさらに基本的な行為主体中立的目的から導き出されるので、その規範性は究極的には行為主体中立的でしかありえない。

この最後の点は、実質的に、道徳的責任に対する帰結主義的アプローチをめぐるストローソンの論点が、道徳的義務へと拡張されたものである。外的目的に資することは、道徳的要求を誰かに宛てるときにとられる二人称的観点の内でわれわれが与することになる基準とは違う。対照的に、道徳は平等な尊敬に根差しているという〔道徳の〕理解は、われわれはどのように互いに関係しあうべきか――どのような要求を宛てる地位にあり、それを宛てるどのような地位にあるか――にもっとも基本的に関わるものとして道徳を理解する。このことによって、道徳は基本的に二人称的な事柄となり、その帰結として、道徳的規範は相互的尊敬という行為主体相関的ないし自‐他の観点の内から基礎づけられなければならない。もちろん、互いに要求できることには、われわれの福利に対する平等な配慮が含まれることがあり、それゆえ、互いに対する尊敬によって、たとえば功利性という行為主体中立的な原則に従うことが要求されることがあるということは（さらなる論拠をあげるまでもなく）この枠組みと矛盾しない。これは、ミルの立場の逆のようなもの――道徳に関する基本的に行為主体相関的な理解から行為主体中立的な道徳的規範を引き出すもの――だろう。[19] そして、次のような平行的な論点が当てはまるように思われる。つまり、そのような理解によると、そのような行為主体中立的な規範の規範性自体は（もう一歩突っ込んで考えれば、の話だが）基本的に行為主体相関的である、という論点である。

尊敬に関するカントの見解

これから、尊敬の二人称的性格をさらに詳細に考察することにする。この性格は見落とされがちである。わたしもそれを見落とし、たとえば一九七七年の論文では、人に対する認知としての尊敬を「何を行うべきかを熟慮する際に、相手が人〔人格〕であるという事実を真剣に受け止め、それに適切な重みを認めること」と同一視した（38）。[20] これでは、尊敬が二人称的関係の外で実現できるものになってしまう。ある人が人であるという事実ないし特性を十分に心に留めさえすればよいことになるのだ。[21] これに似た調子でアイリス・マードックはカントの見解に不満を述べ、カントは個々の人ではなく「個々人の胸中の普遍的理性」を尊敬の対象としたと言う（Murdoch 1999 : 215）。[22] 本節では、尊敬に関するカントの見解を考察する。その見解はそれ自体でたいへん興味深いし、本書の残りの部分を通じて引き続き引照することになる数々の重要な論点を含んでいる。人に対する認知としての尊敬は、実のところ個人に対する態度であって、たんに個人をめぐる事実や個人のもつ性質に対する態度ではないが、その理由を理解する鍵は、個人間の二人称的関係（つまり、二人称的に関係しあうこと）を媒介する尊敬の役割を正しく理解することにあること、それを本章の残りの部分では論じる。そして、このような見解の種が、尊敬についてカント自身が述べていることの内にあることを示唆する。

尊敬（Achtung）は、カントの倫理学の著作の三つの異なった箇所で現れる。[23] 第一に『基礎づけ』の第一節で、カントは「法則に対する尊敬」は道徳的に価値のある振舞いの特徴であり、「義務とは法則に対する尊敬から行われる行為の必然性である」と論じる（1996b: 400）。第二に『実践理性批判』で、カントは道徳的行為の経験的心理学を提示し、その範囲内で尊敬の心理学の一つの説明を提示する（1996a: 71–89）。第三に『道徳形而上学』で、カントは自分自身と他の人々の双方に対する尊敬の義務を論じる（1996d: 434–437, 462–468）。

カントは評価としての尊敬と認知としての尊敬とを明示的には区別しない。ほとんどの場合カントは、人とその独特の尊厳に対する認知としての尊敬に関心をもっているが、一種の評価としての尊敬、つまり比較に基づく道徳的評価を念頭に置いていることがかなり明らかな箇所がある。すなわち「自己の内にあると自覚していないほど高い性格の高潔さが認められる人を前にすると、その人が卑しく身分の低い人であっても、わたしの精神は身を屈める」。[24] この直後に「尊敬とは〔道徳的な〕美点に対して表せざるをえない貢物である」とカントは付け加える（1996a: 77）。われわれの用語では、美点や「性格の高潔さ」に呼応する尊敬とは、評価としての尊敬である。

なぜカントが、他の人に自分より大きな美点があるように見えるときの評価としての尊敬の事例を際立たせたいのかは、不明である。これから見るように、尊敬という経験はきまって卑下の感情に関わるとカントは信じており、相手のほうが大きな美点をもつと見なさなければこの要素が失われると考えているのかもしれない[25]。しかし、これもこれから見るように、人の尊厳に対する認知としての尊敬はつねに謙虚に道徳法則を承認することを含むとカントは信じており、それはカントの分析によると不可避的に「自惚れを打ちのめす」(1996a: 73)。カントはここでその分析をくり返し、身分の低い人の例は「わたしの自惚れを打ちのめす法則をわたしに突きつける」と述べる(77)。だが、相手のほうがこの法則を固く守っていると思おうと思うまいと、これは真であろう。

カントが尊敬の内で唯一明示的に区別しているのは、尊敬の感情という意味でいつも用いられる *reverentia* と、「他の人の内にある人間性の尊厳によって自らの自尊心を制限する格率」と同一視される *observantia* ないし「実践的意味での尊敬」との区別である(1996d: 402, 449)。明らかに、*reverentia* は、先ほど論じた比較に基づく評価としての尊敬に関わるものである。だが、道徳法則と人の尊厳に対する認知としての尊敬(*observantia*)も *reverentia* を生むことは、カントの経験的道徳心理学にとって重要である。こうして、カントは、自己尊重の義務を論じる際、人には「比類ない」価値、「譲渡できない尊厳(*dignitas interna*)があり、それが自己に対する尊敬(*reverentia*)を徐々に教え込む」(436)と記す。*reverentia* を直接的に感じる義務はない(1996d: 402)。ある感情を経験する義務をもつことはありえないとカントは考える。むしろ、自分自身と他の人々の内にある人間性の尊厳を尊重する *observantia* の義務があり、そうすることとの現象的経験ないし感情が *reverentia* である。同様に、愛と尊敬の感情がそれぞれ、愛と尊敬の義務を「果たすことに伴う」と言うとき、カントは同時に、感受的および実践的な種類の愛と尊敬とを区別している(448)。感受的な愛とは(実践的)善意の義務を果たすとき感じるものであり、*reverentia* は *observantia* の義務を果たすときに感じるもの、ないし「実践的意味での尊敬」である（448–468）。

こうして、どのようにして *observantia* が *reverentia* を生むか、つまり、どのようにして道徳法則と人の尊厳に対する実践的尊敬が独特の尊敬の感情に関わるか、に関するカントの説明に到達する。尊敬に関するカントの思弁的心理学の枠組みは、彼の超越論的観念論と「二観点」説——自分自身と自らの行為を感覚経験の「現象」世界の因果構造の一部として経験するときにわれわれがとる観点と、行うべきことを熟慮するときに採用する叡知的パースペクティヴとの、カントの区別——である（1996b : 451–462 を見よ）。熟慮の観点から（そして、重要なことだが、相互に責任を負いあうと見なす際にとられる二人称的観点から）見れば、われわれの第一の関心は、何が生じるかまたは生じたかを理解することにはない。むしろ、何を行うべきか、自分や他の誰かが何を行うべきであったか、どのようにして実際に行ったことに相応の責任を人々に帰するべきかに関わる。こうしたパースペクティヴにおいては、内なる尊敬という現象的感情、つまり *reverentia* は、レーダー画面上に現れない。

たとえば、何を行うべきかを熟慮する際には、心理の問題として、われわれが最終的に受け入れるようになる理由に基づいて、実際にどのように行為するだろうか、あるいは行為することができるだろうか、と考えることは通常ない[26]。また熟慮の過程では、熟慮したり行為したりする際にどう感じるか、をじっくり考えることも普通ない。そもそも有意味に熟慮するためには、これから見出すことになるよい理由および決定的な理由に基づいて行為できるということを、端的に前提としなければならない[27]。同様に、誰かに責任を問う際には、その人は、義務づけられた通りに行為しなかったという事実を覆すことなく、義務づけられた通りに行為できたはずだ、という想定に基づいて事を進めければならない。しかし、このような実践的必要に加えて、われわれ自身を、互いどうしを、そしてわれわれの行為を、われわれが経験している世界の因果構造の一部として理解する理論的必要もある。ここが、*reverentia*、つまり人が「実践的意味」で道徳法則に基づいて行為し、人の尊厳を尊重する際にもつ感情が〔尊敬の〕理解のなかに入ってくるところである。

カントによれば、*reverentia* とはわれわれの現象的心理の内で原因として作用する感情である。われわれが尊敬の感情の下にあること、それどころか、どの有限な理性的存在者もそうでなければならないこと、をわれわれはア・プリオリに知ることができる、とカントは考える。カントが信じているとおり、道徳法則の認識は純粋実践理性の可能性の条件であると想定すれば、それは実践的尊敬の可能性の前提でもある。これは「理性の事実」である（1996a: 30–31）。われわれは、自らを道徳法則によって拘束されていると見なす際に、それに従うことができると必然的に想定している。だが、道徳的意味で義務的な行為は、その現象的対応物が現象的理由をもつ場合にのみ、現象領域において実現されることができ、カントはそれが感情でなければならないと見なしている。だから、道徳的命法に従うどんな有限な理性的存在者も、実践的尊敬の現象的対応物として、道徳的行為の現象的対応物を惹き起こすことを役割とする何かをもつような心理をも、特徴としてもっていなければならない。*reverentia* はこの役割を果たす感情である。

しかし、われわれの関心を引くのは、尊敬の機能的役割よりもカントが尊敬の独特の現象学について述べていることのほうである。道徳法則に対する尊敬は、自己愛を「挫き」「制限する」が、より重要なことは、「自惚れを謙虚にさせ」「打ちのめす」とカントが言っていることである（1996a: 73）。カントのいう「自己愛」とは、意志のたんに「主観的な規定根拠」を、客観的規範的意義をもつものと取り違える「自然な」「傾向」を指す。水中の曲がっているように見える棒をほんとうに曲がっていると取り違える素朴な経験主体のように、素朴な行為主体は、欲求が与えるパースペクティヴの特異性を忘れて、欲求の対象を理由の源泉と取り違えることがある。その人にとって重要なものは、重要だから重要であるように思われる。しかし、この意味での自己愛は、道徳にとって深刻な脅威とはならない。原則として、それをパースペクティヴの無邪気な間違い以上に危険なものと見なす必要はない。パースペクティヴの間違いは、経験の内で主観的・客観的の区別ができ、いくつかのものをたんなる見かけと見なすことができるやいなや、訂正できるのである。自己愛は道徳法則によって抑制される必要があるにすぎない、とカントは考える。

しかし、自惚れは、道徳法則を直接的に侵害し、だから「謙虚にさせ」なければならない。それは一種の傲慢（*arrogantia*）である。つまり、道徳法則から独立して、一種の価値ないし尊厳が自分にあり、それによって自己愛が「立法し、無条件の実践的原理」になるという思い込みである（1996a: 73, 74）。これは、自らのパースペクティヴから見た規範的重要性を客観的な規範的重みと取り違えるという、たんなる素朴な傾向というように留まらない。むしろ、主観的に意志されるものであるがゆえに客観的な規範的意義があるという、ラディカルな考えである——第一に、道徳法則から独立に、また道徳法則に制限されずに行為する理由を創出する独自の地位をもつという考えであり、だがそれだけでなく、第二に、これらの理由を他の人々に宛て、従うことを期待することもできるという考えであり、換言すれば、二人称的理由を人に宛てる独自の権威をもつという考えである。つまり「他の人々から尊敬されることを要求するという点で慎みに欠けることが自惚れ（*arrogantia*）である」（1996d: 462）[28]。

「自己愛」をもつ人は、自らが欲求しているものを客観的に望ましいものと混同する。喉の渇きが癒されることを欲求するときには、原則として誰もがこの状態を欲求し、この状態をもたらす理由をもつと見なす。だが、それを自分が欲したり意志したりするからといって、他の人々もそれを欲求すべきだとは考えない。むしろ、それを欲するときには、そのような理由があると思われるだけである。対照的に、自惚れは、自分自身の意志が規範的理由の源泉だ（しかも自らの意志のみがそうだ）という考えである。自惚れている喉の渇いた人は、自分の渇きを癒すことは自分が意志したり欲したりすることであるから、その自分の渇きを癒す理由が他の人々にあるとみなす（立場が逆転してもその人にはそのような理由はないであろうにもかかわらず）。

このように、自惚れは二人称的地位をめぐる幻想である。[29] それは、自分がかくかくしかじかの人物でありかくかくしかじかの身分をもつがゆえに、他の人に理由を押しつける規範的地位にあるが、他の人々にはそのような地位はない、という思い込みである。[30] それは、とりわけ優れた助言者がもつような一種の権威が自分にあり、いずれにせよ存在する理由が他の人よりも自分のほうがよく分かる、ということではない。（そのような考えが特別な二人称的地位を正当化すると見なせば、その考えを含むかもしれないが。）むしろそれは、他の人々がまったくもたない「立法する」基本的地位を自分は――王や神であるかのように――もつという幻想である。[31] そのような幻想は、社会における比較が自己愛〔amour propre 自尊心〕を脅かすときに、残念ながらいつも生じると予想されると考えた点で、カントはルソーに倣っているが、自惚れは無邪気な錯覚などではないのである。[32]

したがって、道徳法則はたんに自惚れを抑えたり、出すぎたまねをさせないようにしたりするだけではすまない。道徳法則は自惚れを「打ちのめさ」なければならない。「道徳法則に従うことに先立つ自己に対する評価の要求」も「無でありまったく正当化されていない」と宣言しなければならない

(1996a: 73)。ここでカントが「評価」を用いていることに戸惑うべきではない。自惚れの僭越な二人称的権威、つまり自惚れが人に宛てようとする権利主張や要求を認知するよう要求すると想定される地位に、道徳法則が取って代わらなければならない。カントは、*observantia* ないし「実践的意味での尊敬」を「他の人の内にある人間性の尊厳によって自らの自尊心を制限する格率」（1996d: 449）であると定義するときと類似のしかたで、「評価」を用いている。この文脈において、「評価」は評価としての尊敬というよりも認知としての尊敬を表すのでなければならないことは、明白である。自惚れとは、他の人々に対して認知としての尊敬を要求するが、それと同じように他の人々が自分に対して認知としての尊敬を要求することはないとする幻想である。

道徳法則は、自惚れの専制政治という幻想を、人の平等な尊厳——目的の国の相互的責任——に置き換える[33]。尊敬の念を起こさせる「卑しく身分の低い」人と出会えば、すべての人が分かちもつ共通の尊厳に対する応答が惹き起こされる。これは、人によって値が違うことがある評価（評価としての尊敬）ではなく[34]、どの個人もただ人であるがゆえに要求できる種類の尊敬である（1996d: 434–35）。そして、われわれは自由で理性的な行為主体として要求を行う互いの平等な権威を認知するが、それは（たとえば反応的態度を通じて）相互的な説明責任を承認し、互いに要求に従う応答責任があると見なしあうことによってである。このように、他の人々に対する尊敬が関わるのは、われわれの私的な熟慮において、人としての自分と相手とに関する何らかの事実、規範、価値を考慮に入れるだけのことではなく、平等な人として他の人々に対する責任を負うことである。

カントは「たんなる人間としての他の人々に対する義務」を愛の義務と尊敬の義務とに区分した。愛の義務の遂行は「功績的」であり、それゆえ「他の人々に〔報いる〕義務を負わせる」。しかし、尊敬の義務を履行しても〔相手に〕応酬としての責務は生じない。というのも、この場合、もともと他の人々に「負っている〔行わなければならない〕」ことを彼らに対して行うだけだからである（1996d：448）。「愛の義務がないがしろにされても誰も不当に扱われることにはならない。だが、尊敬の義務が果たされなければ正当な権利主張が侵害されることになる」（464）。実際、「すべての人間が仲間の人間から尊敬されることを要求する正当な権利があり、そのかわり他のすべての人を尊敬する義務がある」（462）。したがって、「他の人間の内にある尊厳（*dignitas*）つまり価格のない価値を認知すること［Anerkennung］は、他の人々が「わたしに要求する」ことができるものである（462）[35]。

したがって、ある人が〔他の人に〕特定の義務に従うことを要求する権威をもっている場合、その種の義務はどれも尊敬の義務に含まれることになる。他の人を平等な人〔人格〕として尊敬することが、その義務を履行することを要求するのである。だが、他の人を尊敬することは、われわれにその義務を履行するよう要求するその人の「正当な権利」を認知することも要求する。こうして責任と二人称的構えがもたらされるのである。人の尊厳によってわれわれは他の人からの尊敬を「要求する〔demand, exact, or require〕」ことができ、各人が尊敬を「要求する正当な権利」をもつと主張することによって、カントは、次のような考えに与していることになる。人の尊厳は、第一階の尊敬の義務に従う要求を誰かに宛てる二人称的権威を含む、という考えである。その権威を尊重するには、ただ第一階の義務に従うだけでは不十分であり、義務がそれを要求するという理由でそうするとしても不十分である[36]。要求を誰かに宛てる地位は二人称的にのみ認知される、つまり、関連する第一階の要求に従う責任を、自由で理性的な行為主体として互いに負いあうことによってのみ、認知される。ファインバーグ（1980）が言うように、「権利を主張する活動」こそが自尊心と人々の平等な尊厳を生み出すのである。目的の国とは相互に責任を負いあう人々の共同体である(Korsgaard 1996a)。

自惚れと道徳――スターリンの事例

第八章〔原著第十章〕では次のことを論じる。要求を誰かに二人称的に宛てれば、一般に、われわれは二人称的能力をもっているだけで誰もがもつことになる権威を認めることになるので、自惚れという幻想は究極的には自己反駁的である。要するに、二人称的理由を誰かに宛てるときはつねに、理由を宛てた人が宛てられた人にそれに従う責任を負わせる権威と能力をもっていることだけでなく、宛てられた人も理由を宛てた人に責任を負わせる権威と能力をもつことをも前提としている。それゆえ、二人称的理由を誰かに宛てれば、理由を宛てる人と宛てられる人とが共通にもつパースペクティヴの権威、つまり相互に責任を負いあう人々の二人称的観点の権威を認めることになる。相手に対する一方的な権威に由来すると考えられる理由を宛てるときでさえ、相手が従わない場合に非難できるのは、ただ、相手が自分自身を非難できるのとまったく同じ観点、つまり自由で理性的な人として共有している観点からのみである。それゆえ、ストローソンが述べたように、反応的態度はその対象に対する一種の尊敬を含んでいるが、それは、相手を自分とまったく同じように、自分自身や他の人々に対して責任を負う権威をもつ人として尊敬することである(Strawson 1968: 93)。

この議論に対する自然な反応は、次のことに同意することかもしれない。相手がそのような共通の観点から自分自身に対する権威ある要求を自由に承認し、自分自身に課すことができるという前提が、要求を二人称的に宛てるという考え方そのものの一部であるとすれば、たしかに、自由で理性的な人々の平等な尊厳を認めることになるが、しかし、要求を二人称的に宛てるということが、そのように理解されるかぎり、大きな関心をもつ必要のある事柄であることを否定することになる、ということである。たしかに、相手に対する権威が自分にあると考えるとき、相手が自由にそれを受け入れ、それに基づいて従うことを期待できるかどうかなどまったく考えずに、権威があるものと見なすことができる。あるいは、権威の根拠などについてまったく語ることなく、ただ他の人々に対する権力をもつことに満足を感じる人もいるだろうと思われる。

カントのいう自惚れでさえ、つまり他の誰ももたない権威を自らがもつという考えでさえ、抽象的な命題として矛盾しているわけではないことにわたしは同意するし、わたしが主張することはそれに反する想定を含んでいるわけではない。わたしが主張しているのは、他の人々に対して二人称的観点をとり、その人々に二人称的理由を宛てるならば、相互的責任を認めることになり、(その他の点ではその命題がいかに有意味なものであっても)それゆえ自惚れを否定せざるをえなくなるということである。二人称的理由を与える権威に一切関係なく、他の人々に対する権力をもったり欲したりすることは不可能である、ということを、わたしは――そうであればいいとは思うが――主張も想定もしていない。にもかかわらず、自惚れは、少なくとも自惚れの根底にある道徳的合理化を抜いた純粋な形では、われわれが知っている人間の間では普通ではないし、あからさまな権力欲も、権威づけの合理的根拠を抜きにしては、普通ではないということ、このことは指摘する価値がある。

たとえばスターリンを考えてみよう。スターリンはこの上なく権力に貪欲であり自惚れやすかったと思われるだろうが、少なくともエドヴァルト・ラジンスキーのとても面白い伝記(1997)では、豊かに洗練された反応的態度によって動機づけられていたようにも思われる。もっとも、スターリンは、その反応的態度を自らの目的のために利用したのではあるが。ラジンスキーが描くところでは、スターリンの自惚れは純粋ではなかった。彼の感情的生はエピソードに満ち、それらはしばしば演出されたものだったが、他の人々に対する正当な権威が自分にあることは明らかだと彼には思われ、その権威は他の人々にも当然理解できるしかたで正当化されるとも彼には思われた。彼の残忍このうえない謀殺ですら、自己正当化の感情と語りを伴っていた、いや、それを原動力としてすらいた。事実、スターリンの独特の種類の悪は、本質的にシニカルで歪んだ道徳的自己正当化の形をとったのであり、それを彼は自分自身の目的のために巧みに操ったのだと言っても言い過ぎではないと思われる。こうして、ラジンスキーの語るところでは、スターリンの標準的策略は、「消し」たい人を罠にはめて嘘をつかせ、その後でスターリンは「嘘つきの裏切者に対して道徳的嫌悪を感じる資格があると感じた」(237)。ラジンスキーは、スターリンの少年時代の鮮烈な一場面を描いている。ゴリ教会学校の同級生が、年配の教師が幅広く流れの激しい川を渡ることができるように「背中を貸した」とき、「そんなことしておまえは何者だ、驢馬か。ぼくなら主なる神ご自身にだって背中を貸したりするものか」とスターリンが言うのが漏れ聞こえた。「あまりにも頻繁に辱しめられてきた人々によくあるように、彼は病的に自尊心が強かった」とラジンスキーは付け加えている(29)。

わたし個人としては、スターリンの激情に駆られてはいるが冷静に計算された、内部抗争、粛清、謀殺、罪なき自国民を進んで犠牲にしたことに関するラジンスキーの説明を読むと、そこに、自分は乱暴にではなく正当に権力を掌握し行使しているのだという一種のルサンチマンを見出さないでいることは不可能だと思う。わたしの見るところ、この種の歪んだ身勝手な道徳化は、実際かなり普通のことであって、ありがたいことにスターリンほどスケールが大きくないだけである。人々は自分だけは特別に免責されるとか逸脱が許されるとかいうことを合理化して語る際、しばしば道徳的枠組みの諸側面を巧みに利用するのである。人間が二人称的観点を徹底的に拒否することは、実際はきわめて稀だとわたしは考える。その理由として、一つにはわれわれの感情的生が二人称的観点を本質的に含む反応的な感情と態度に満ちていることがある。おそらく「偽善者」は〔スターリンを指して〕用いたいあだ名の筆頭ではないだろうが、スターリンでさえ「偽善とは悪徳が美徳に払う敬意」であるというロシュフーコーの格言の一例になっているように思われる（Rochefoucauld 1973: 79）。

二人称的なものとしての尊敬

われわれは、いまや、人に対する尊敬は二つの別個の、だが関連した意味で、二人称的であることを理解できる地点にいる。つまり、尊敬は二人称的権威の認知を含み、その認知自体が二人称的観点に由来する。まず前者の側面を考えよう。人の尊厳を構成する第一階の規範を受け入れ、その規範によって自らを誠実に統制するが、そうするよう要求する権威を、誰の権威であれ、受け入れない人もいるかもしれない。その人は、それらの規範に従うことを要求する権利の主張をまったく受け入れることなく、それらの規範を義務として受け入れさえするかもしれない。もはや明らかだと思うが、そのような人は、人が〔他の人に〕従うよう要求できる義務を尊重していることになるだろうが、それを要求する人の権威を尊重することができていないのであり、したがって、ある重要な点で人を尊敬することもできていないのである。その人は、自由で理性的な人の平等な権威を承認することができず、だから平等な尊敬という観点から人々に関わることができないであろう。

ジュディス・トムソンは『権利の領域』において「人に対する尊敬が彼らの権利に対する尊敬にすぎない」（1990：210–211）とすれば、人に対する尊敬は道徳において基本的な役割をもつことができないと述べる。[37] だが、ある人に対する尊敬とはその人の権利に対する尊敬にすぎないのだろうか。トムソンは、干渉、抑圧、不当な危害や苦痛を与えるのを慎むこと、約束を守ることなどに対する権利をわれわれはもっていると考えているが、ある人の権利を尊敬することが、それら特定のものをその人に与えることだとすれば、それだけでは、その人を人として尊敬することにならない。というのも、この意味で人の権利を尊重することは、それらを人の権利として、つまり人が権利主張し要求する権威をもつものとして、尊重しなくてもできるからである。

以上が、尊敬が二人称的であることの第一の意味、つまり基本的な二人称的権威としての意味である。だが、この種の権威それ自体もまた、この権威を承認するようなしかたで他の人々と関係することによって、適切に二人称的に認知される。そして、これが、尊敬が二人称的であることの第二の意味である。尊敬によって認知される権威が二人称的であるだけでなく、それを認知する独特のしかたもまた二人称的である。われわれは、要求し、抗議し、抵抗し、請求し、非難し、憤り、義憤を感じ、釈明し、赦しなどする地位をもつが、その地位を承認するしかたで互いに関係しあうことによって、われわれは相互的な責任を構成する二人称的関係のなかで権威を認める。責任はその本性上、これら二つの意味で二人称的であるから、人に対する尊敬もまたそうである。

ある人を人として真に尊敬することを含むしかたでその人に関係することなく、その人が二人称的権威をもつという事実――たとえばある振舞いを権利として〔相手に〕要求できること――を尊重することは可能だと思われる。[38] このことを理解するために、まず、理論的推論における類似の事例を考えてみよう。自らの信念を形成するにあたって、ある人の判断を信頼する気にはなれないが、よく考えたうえで、その不信を捨て、その人の証言を証拠とすべきだと考えるとしよう。その人が「p」と言っても、その人の信頼性に関する先のよく考えて得た見方を思い出して不信を修正しないかぎり、pを信じたりその証言に証拠としての重みを与えたりする気は強まらない。この場合、次のように言うのは自然であるように思われる。その人が信頼できる証人であるという事実を尊重し、したがってその人がわたしの信念に対して要求する権利をもつという事実を尊重してはいるが、まだ、その人とその人の判断を完全に信頼し尊敬し尊重してはいない、と。

さて、十分に二人称的な事例を考えよう。大学生の娘をもつ親が、その娘を十分な二人称的権威をもつ十分に独立した人であると見なす気にはまだなれない——少なくとも本心から見なす気にはまだなれない——としよう。親がよく考えたうえで、自分に尊敬されることを要求する権利があるのと同じように娘にも尊敬される権利がある、と信じることは、十分想像できる。だが、親らしい習慣はなかなか消えない。娘のためになると親が信じることを娘が自らの裁量に基づいてしたくないと言うとき、親は、先のよく考えて得た確信を思い出すまでは、娘に対して行うべきことや感じるべきことをめぐって考える際、娘に譲歩する気になれない。娘が親のパターナリズムを非難するとき、親は、娘の権威のあるパースペクティヴからすれば、自らに応答責任を認め問うべきだが、娘の言うことが正しい、娘には親と同じく尊敬される資格がほんとうにあるのだ、ということを思い出さないかぎり、本性からも第二の本性からも、そうする気になれず、自己弁護することになる。この場合もまた、親は娘が自らと同じ尊厳をもつという事実を尊重するけれども、まだ平等な尊敬という観点から娘と関わっていないと思われる。親はまだ娘との関わりにおいて娘に十分な二人称的権威を認めていないのである。(39) この種の尊敬は、還元不可能な二人称性をもつ、特定の〔*de re*〕誰かとの関わり方である。個々の人との関係こそが基本である。実際、ある人が二人称的権威をもつという事実は、とりもなおさず、その人がこのようなしかたで関わってもらうことを要求する地位にある、ということである。

誰かを人として尊敬することは、たんにその人に対して責任があるという事実によって自分の行為を規制することではないし、たんにこの事実が真であることをその人に対して承認することでもない。それは、自分自身をその人に対して責任を負うものにすること、あるいは責任を負うものになることでもあり、これは二人称的関係の外では不可能である。これはrespect〔尊敬〕の語源respicĕre（見返す）の意味のもっとも深いところにあるものだと思う。ある人が自らに宛てられた言葉に返答し、その人を見返すことは、二人称的関係を樹立し、相手の二人称的権威を承認することである。ある人の目を見ることは、自らと自らの目つまり自らの魂の「窓」を、その人に対して感応しうる〔vulnerable 傷つきうる〕ものとすること、しかも双方向的に感応しうるものにすることである。相手に対して応答するやいなや相手に窓を与えることになるが、共感によって相手の態度や応答に対して感応しうるようにもなるのである。[40] わたしに宛てられた言葉がわたしに責任を負わせようとするものであるとき、相手がわたしに宛てた言葉に返答すること、相手の権利主張に対してわたし自身を開くことは、それ自体、そのような窓を与えることによるものも含めて、相手に対して責任を負うことの一部である。[41]

礼儀作法、名誉、公共空間

ある人の尊厳を承認するとき、その人を人〔人格〕として尊敬することになる。もちろん、この承認はつねに明示的である必要はない。われわれが互いに権利として要求しあうことの一部は、そうしてほしければ多少ともそっとしておいてもらえる、個人的なプライバシーや裁量の余地である。この要求は、人に対する尊敬がつねに明示的な承認を必要とするとすれば、実現されることはけっしてありえないだろう。さらに、個人の尊厳に基づく要求が十分にしっかりと確立され、広く相互的に認知されている社会状況のほうが、明示的な承認が必要とされることが少ない。だが、人の尊厳、特に特定の集団の尊厳が攻撃に曝される状況を考えてみよう。それは、特定の集団に属する人々がさまざまな種類の権利侵害に曝されているという意味だけではなく、尊厳に対する権利主張、つまり人としての二人称的地位が、脅かされ一般に認知されていないという意味でもであるとしよう。そのような状況では、当の集団の成員の尊厳を進んで公共的に承認しなければ、その尊厳を尊重していると主張することは難しいだろう。

人々が共有する公共空間において尊敬が中心的な役割を演じるもう一つの場面は、エチケットである。セイラ・バスは、尊敬を表すことが「礼儀作法の本質的な機能」であると論じる（1999a : 795）[42]。バスの論点は、たんに尊敬が礼儀正しさを要求することがしばしばあるということではない。これは、われわれが幼いころに親から習うことである。バスの論点は、むしろ、宗教儀式が聖なるものの観念を体現するのと同じような意味で、エチケットの慣習は、少なくとも部分的には、尊敬に関わる公共的儀式であるということである。互いに真心こめて慇懃《いんぎん》に遇しあうことで、それ自体二人称的である人の尊厳に対する「内的で精神的な」*reverentia* の「外的で目に見えるしるし」を示すのである。

もちろん、エチケットは、平等な尊敬とは相容れない分断やヒエラルキーを強化することもあるし、たぶんそういうことはしばしばある。「ごく普通の礼節」や「品位」の要求でさえ、他の人々を平等な人として真に尊敬するために必要な、既存の不公正な秩序に対する抗議を鈍らせ、覆すことがある。[43] にもかかわらず礼儀は、正しく理解されれば、平等な尊敬の道徳の重要な補完物である。

人として互いに与えあう尊敬が、相互に責任があることを認めあう公共空間においてどのようにして伝えられるかということと、それと表面的には類似するが根本的には異なる種類の認知としての尊敬および不敬〔尊敬を欠くこと〕が名誉の文化においてどのように現れるかということとを、比較することは有益である。侮辱は、後者の種類の不敬の典型的表現である。だが、侮辱は、誰かの名誉を攻撃するとき、いつもその人に宛てられるが[44]、侮辱が脅かす地位は、人の尊厳とは違って社会的に構成されるので、二人称的権威とは異なる[45]。伝統的な名誉社会では、たとえばシェイクスピアの『リチャード二世』でボリングブルックがモーブレーに宛てて言った「青ざめて震えている臆病者」という侮辱の言葉は、他の人々から美点のある人として好意的に見られ、受け入れられるという名誉を受ける能力を、疑問に付した。名誉は美点に対する当然の報いとしておのずから現れることもあるが、アヴィシャイ・マルガリットが表現したように「社会が人々に授ける」ものである（1996 : 24）。ボリングブルックの侮辱と告発がいわれのないものであろうとなかろうと、モーブレーが人々を納得させて信用と信望を回復し、評判を守ることに成功するのでなければ、名誉を汚されていることに変わりはないと思うのは、もっともなことである。

不敬が十分に広範なものになれば、不名誉が積もって名誉を破壊する。だが、不敬が万人に及んでも、自由で理性的な人の尊厳を破壊することは、少なくとも直接的には、できない。平等な尊厳は、誰かが授けることのできるものではないし、だから人や集団が不敬によって奪うことのできるものでもない。品位を貶め、人格を貶《おとし》め、人間を貶めようとする辱しめの行為は、別様に作用するのでなければならない。それは、ある人の地位を他の人々の視線のなかで貶めるだけでなく、その人自身の視線のなかで卑しめ、その結果その人が自尊心を失うことを求めるのでなければならない。このようなことをしたとしても、人に対する尊敬や自尊心と呼応関係にある尊厳は直接には破壊されない。それでもなお、暴力や暴力の脅しによる支配と、比較的非暴力的な、ゴフマンの用語を借りれば十分に「全体的な」、尊敬を損なう関係または制度による支配が、自信と自尊心を打ちのめし、衰弱させ、崩壊させ、その結果責任ある生を送るために必要な二人称的能力そのものが萎縮する可能性があることを、われわれは知っている（Goffman 1961）。

尊敬や不敬という態度が名誉の体制を支え強化するしかたと、相互的尊敬の二人称的秩序において反応的態度が機能する様式との間には、重要な違いがある。名誉を傷つける不敬（軽蔑）とは侮蔑――その対象〔となる人〕というよりも、むしろ、その人に名誉や不名誉を与える地位にある人に宛てられる態度――である。侮蔑は対象からの応答を要求しないし、それを誘発しさえしない。それは包摂的というよりも排除的である。そして、人が名誉を傷つけられるとき失うものは、相互に責任を負いあう共同体における地位ではなく、「顔」つまり（他の人たちに自らを正当化する必要なく顔を見せることのできる）社会的場所である。(46)

われわれは反応的態度によって互いに責任を問うが、しかし、その反応的態度は二人称的性格から生じる包摂性をもつ。非難、憤慨、憤り、抗議などはいわば応酬として対象に宛てられる。承認を求めることによって、それらは相互性ないし応酬性を暗にもつのである。ストローソンが述べるように、「これらの態度には善意の部分的撤回が伴うとしても、それは、むしろ〔その対象を〕道徳的共同体の一員と見なし続けることとの帰結である」（1968：93）。反応的態度はその目標とする対象を二人称的に巻き込んで、彼らが責任を問われることを構成する相互関係に引き入れようとする。(47) 反応的態度は暗に「返答求む」を伴って人に宛てられるのである。

尊厳はどこから来るか

したがって、平等な責任としての道徳は、どの自由で理性的な行為主体も尊厳をもち、それゆえ尊敬を要求できることを前提とする。だが、この考えを擁護することができるものは何か。第三章と第四章で、道徳的義務は本質的に二人称的責任と結びついていると論じた。これは責任としての道徳というテーゼであった。道徳的義務という観念それ自体が、近代初期自然法の神に対する責任としての道徳という理解であれ、カント的・契約主義的な平等な責任としての道徳という理解であれ、二人称的権威ないし尊厳という観念を前提とするのである。

だが、これらの観念を擁護したり立証したりすることができるものはいったい何か。カントが『基礎づけ』の第二章終わりで自らの議論について述べているのと同じように、この論点に取り組むわれわれの方法は、それらの観念〔道徳や道徳的義務という観念〕が「一般に受け入れられている」ものとして、道徳的義務の根底にある想定や前提を分析することであった(1996b: 445)。しかし、カントが指摘するとおり、道徳や道徳的義務という観念が「心の妄想」(2002: 445)に他ならないとしても、これらの分析的結果とまったく矛盾しない[48]。そして、そうだとすれば、それらの観念に概念的ないし分析的に含まれるとわたしが論じた、二人称的権威という観念もまた錯覚である。

道徳的義務と人の尊厳を擁護し、それがたんなる妄想ではないことを示すために、カントは実践理性の「批判」が必要であると言う(1996b 445)。第七章〔原著第九章〕でわたしは、カントが『基礎づけ』

第三章と『実践理性批判』においてその批判をどのように遂行しているか考察する。カントは、『基礎づけ』第三章で、まず実践理性の批判において自由ないし自律という観念を保証することを試み、さらにそこから他の中心的な道徳的観念がどのようにして引き出されるかを示すことを試みるという方策を打ち出したが、それを最終的に放棄する。『実践理性批判』でカントは、道徳法則を受け入れることをわれわれの実践的生の否定できない中心的側面として扱い、そのパースペクティヴから擁護することに甘んじている。(49) カントが『基礎づけ』のアプローチを却下したのはまったく正しかったが、しかし第八章〔原著第十章〕でさらに論じるとおり、カントが後に甘んじてとった弁護的方策によって可能となる道徳の擁護よりもさらに実質的な擁護を提供する試みを諦めたのは、間違いだった。

道徳的責任に関する十分な理論は二人称的観点に内在的な基準に訴えなければならない、それがストローソンの論点から学ぶべき点であることは、すでに見た。そして、道徳的義務と責任との概念上の結びつきが、道徳的義務の適切な理論もまた二人称的観点の内で得られなければならないというさらなる帰結をもたらす、とわたしは論じた。だが、この論法は、「一般に受け入れられている」道徳的責任と義務の概念を分析することによって、それらの還元不可能な二人称的性格を明らかにしようとして進められてきたのだから、その論法で分析されるまさにその観念を独立に立証することが重要である。しかし、第八章〔原著第十章〕では反対方向へ進み、二人称的観点の諸前提は、十分解明されるならば、人の尊厳および道徳法則を含んでいる〔ことがわかる〕と論じる。いかなる種類の二人称的理由であれ、それがどんな種類の二人称的関係に基づいていようと、要求や理由を宛てる人と宛てられる人とはともに、その関係に基づく条件によって、ただ（二人称的能力のある）理性的な人であるがゆえに共通の規範的地位をもつことを前提とせざるをえなくなるのである。これは二人称的理由がそもそも存在すると想定したうえで、道徳的義務と人の尊厳を擁護するものである。

だが、そもそも二人称的理由が妥当すると想定するのはなぜか。第八章〔原著第十章〕と第九章〔原著第十一章〕で、われわれは、二人称的相互行為によって、われわれ自身の行為主体性およびある種の自由――自律――の独特な性格に気づく、というフィヒテの論点も展開する。この自由は、実践理性を理論理性から根本的に区別するものである。われわれは、二人称的関与によってある種の自由をもつことを理解する。この自由は、行うべきことをめぐる推論が、信じるべきことをめぐる推論のようであったとすれば、ありえないものである。そして以上のことは、二人称的理由を実践理性の理論全体の内に位置づける助けになるのである。

註

（1） 本章は大部分 Darwall 2004b に基づく。

（2） ちょうど、何かを欲求するときそれは欲求するに値すると考えたり、何かを評価するときそれは評価するに値すると考えたりするように、何かを尊敬するときそれは尊厳ないし権威をもっているとわれわれは考える。態度の「正しい種類の理由」とわたしが呼んできたものは、ものごとが評価的または規範的にその態度のパースペクティヴから見えるようにあるという意味で、その態度が対象に「ふさわしい」かどうかに関わることに注意せよ。「ふさわしさ」という理由によって、その態度がこの意味で対象に実際にふさわしいことになるである。D'Arms and Jacobson 2000a と 2000b を参照。

（3） 認知としての尊敬と評価としての尊敬との区別については、次節を参照。

（4） 「要求する」に強勢を加え、「尊敬」からは取り除く。わたしが提示しているのは、カントの尊厳と尊敬に関する著作の一つの解釈にすぎないことを銘記しておきたい。カントはときに、尊厳とは、あたかも、理性的存在者が道徳的行為の能力を備えているがゆえにもつ価値や地位ではなく、道徳法則に従うときにのみ彼らが実現しうる価値であるかのように書いている。たとえば、「同時に自己が与える法則以外の法則に従わない理性的存在者の尊厳という観念」(1996b: 434) についてカントは書いている。この点については、オリバー・センセンとの議論に助けられた。

(5) 人に対する(認知としての)尊敬の二人称的性格は、尊厳に関する議論において過去三十五年にわたり、筆者自身の著作も含めて、見過ごされてきた。たとえば次の文献を参照。Buss 1999b; Cranor 1975; Darwall 1977; Dillon 1995, 1997; Downie and Telfer 1970; Hill 1997, 1998; Hudson 1980.

(6) もう一つの可能性は、そのようなものが、わたしの行動や性格に対する自己評価を損なうことなく、ある人の人としての価値や尊厳の感覚ないし感情を損なうのを――それとは反対の信念をもっているにもかかわらず――助長しうるということである。この論点については、Dillon 1997 を参照。

(7) 「評価としての尊敬」と「認知としての尊敬」という用語は Darwall 1977 から採る。

(8) acknowledgement は recognition とは違って、つねに人に対するものであり、たとえ非明示的であり、自分自身のみに対するものであってもそうである、とわたしは理解している。

(9) しかし、認知としての尊敬と評価としての尊敬の区別の境界上に見られる問題のある事例がある。ちょうど人が自らの行為ならびに信念を規定する際に、何かや誰かに認知としての尊敬を示すことができるように、自らの評価を規制する際も、そうできるように思われる。そうだとすれば、ある人の性格を適切に評価することによって、何を感じるべきかについて自らの考えを適切に規定することは、なぜ認知による尊敬の一事例ではないことがあろうか。もしそうだとすれば、そのことと、その人の性格に対して生じる評価(評価としての尊敬)との違いは何か。ここでも二つを区別したいかもしれないが、この場合仮に違いがあったとしてもほとんどないように思われる。この示唆については、マーク・ルバールに負っている。

(10) 後者の重要性についてもまた Velleman 2001 を見よ。

(11) ここでいう「ケア」とは、Darwall 2002b の特に第三章で論じている「同情的関心」のことである。ケアには他の意味もあり、たとえば、法律で「注意義務〔due care〕」を命ぜられる場合には、一種の尊敬が関わっている。この点についてはハーバード大学出版局の匿名の読者に負っている。また、少なくとも友人関係や相互的な愛の関係のように二人称的能力のある人々の間の相互的関心の関係も、そのような独特のケア的な意味で相手と関わることの本質的部分への尊敬という要素を含む。この点についてはジョセフ・ラズとスーザン・ウルフに負っている。

(12) これは Darwall 2002b の中心テーマである。

(13) 第一、二、四章におけるこの論点に関する議論を見よ。そこで述べるとおり、理由は、たとえ基本的に二人称的で行為主体相関的なものに基礎づけられるとしても、それ自体は行為主体中立的であることがある。したがって功利原理は、行為主体中立的な形式をとるが、互いに要求を課す平等な権威を反映するように互いに対して(そして自分自身に対して)行為すべきであるという、さらに基本的な観念に基づいていると考えることもできるだろう。

(14) これらの主張のさらなる擁護については、Darwall 2002b: 49, 69–72 を見よ。

(15) これにつながるとりわけ啓発的な、鋭い洞察に満ちたパターナリズムの説明については、Shiffrin 2000 を見よ。

(16) しかし、注目すべきは、友人どうしや愛しあう人どうしの関係のように、ある種のケアとしばしば呼ばれる関係が、善意のある関心だけでなく尊敬も含むことがよくあり、消し難い二人称的側面をもつことである。たとえば友人どうしは、互いの福利に関わる事情からはいくらか独立に、互いの選好の追求も含めて、互いに助けあうものと自己理解する。この点については、ジョセフ・ラズとスーザン・ウルフに負っている。

(17) 繰り返しになるが、この規範が行為主体相関的になるのは、行為主体に言及することを抜きにしてそれを述べることができないからである。たとえば、他の事情が同じならば人は約束を守るべきであるといった、多くの道徳的規範、ときに「義務論的強制力」と呼ばれるものは、この意味で行為主体相関的である。この点についてはMcNaughton and Rawling 1993を参照。

(18) ハチスンからシジウィックに至る功利主義理論は前者の例示であり、スキャンロンの契約主義は後者を見事に例示している。義務論と行為主体相関性との関わりに関する優れた議論としてMcNaughton and Rawling 1993および1995を見よ。

(19) この点についてはアラン・ギバードとの議論に助けられた。

(20) Hill 1998においてトマス・E・ヒル・Jrが類似の見方をとり、人格に対する認知としての尊敬とは「熟考する際に（美点のあるなしにかかわらず）誰かが人〔人格〕であるという事実に適切な重みを与えようとすること」である、と書いている。

(21) 類似の論点についてはBuss 1999a : 797を参照。

(22) この引用はカーラ・バグノリに負っている。Bagnoli 2003を見よ。

(23) 本節は、Vranas 2001 : 25–39における、ピーター・ヴラナスによるカントの尊敬に関する議論の分析に大きく負っている。わたしはすべてではないが多くの点でヴラナスの分析に従う（たとえば、*reverentia*を評価としての尊敬と同一視する傾向には従わない）。Dillon 2004とバーナード・レジンスターの「自惚れに関する道徳的区別」（カント倫理学会における発表、サン・ディエゴ大学、二〇〇三年一月一六—一八日）にも助けられた。

(24) カントが、ときに認知としての尊敬の対象である尊厳と評価としての尊敬（道徳的尊重）の対象である尊厳とを混同していることに関するいくつかの証拠については、註4を参照。

(25) カントは、相手のほうが大きな美点があると信じたり判断すべきであると言っているのではなく、むしろ、他の人に対してこの種の尊敬を感じる際、相手が自分よりも優れていると見なしたり、感じたり、経験したりすると言っているのである。自らの不完全さは直接知っているが、相手は「わたしにとってもっと純粋な光の内で現れる」（1996a : 77）。

(26) Korsgaard 1996c がここで特に有益である。

(27) もちろん、ある一定の実践的欠陥を知り、それに照らして有意味に熟考することもある。だが、そうした欠陥は比較的局所的でなければならず、より十分な理由であると思うものに基づいて行為できるという全体的な前提によって統制されなければならない。

(28) カレン・ホーニーによる神経症的自己中心性に関する議論を参照。「願望やニードが、それ自体はよく理解できるものの、権利主張に変わる。それが満たされないことは不公正な抑圧であり、義憤を感じる権利がある侵害であると感じられる」(1970: 42; Swarton 2003: 190 に引用されている)。

(29) ここで、ディロンが自惚れと「相互人格的尊敬」との関係について述べていることと比較してみよ (2004)。ディロンは別の種類の傲慢、相互人格的な軽蔑にではなく基本的に自己にはない権利の横領に関わる「基本的傲慢」を区別する。しかし、わたしが考えているように、権利という観念自体が権利主張したり要求を課したりする還元不可能な二人称的権威に関わるとすれば、基本的に傲慢自体も究極的には相互人格的ないし二人称的な観念でもある、と言いうる。

(30) ボブ・ディランの「自惚れ病」(2004: 534–535) を参照。「たくさんの人々が今夜は物事を二重に見ている/自惚れ病のせいで/誇大妄想を抱き/邪悪な目で物事を見ている/死ぬのはもったいない/そう思うようになる/それから頭のてっぺんから足のさきまで葬られる/自惚れ病のせいで。」

(31) 「傲慢 (superbia、この語が表すとおり、いつも上へと抜きんでようとする傾向性) とは、一種の名誉欲 (ambitio) であり、それによってわれわれは他の人々が自己と比べて彼ら自身を低く評価するよう不当に要求するのである」(Kant 1996d: 465)。カント哲学一般における「神であろうとする願望」の役割についての魅力的な議論については Neiman 2002: 57–84 を見よ。

(32) 自惚れの役割を強調する、カントの倫理学に関する洞察に満ちた説明として Wood 1999 を見よ。

(33) これは、人種やジェンダーなど、その他の身勝手なイデオロギーについて考えるのに役立つ枠組みをも提供するとわたしは思う。
(34) もっともこれは、ミルが次のように正しく理解したとおり、重要な考えではあるのだが。「近代の道徳および政治の運動の原理は、行動が、そして行動だけが、尊敬を受ける権利があるということである。つまり、人が何であるかではなく何をするかが、異なった扱いに対する権利主張を構成するのである。とりわけ、生まれではなく功績が、権力と権威に対する唯一の正当な権利主張であることである」(1988: 88)。
(35) ここでカントが "Anerkennung" を用いていることに注意せよ。第八章〔原著第十章〕で見るとおり、これはフィヒテの議論においてとても大きな脚光を浴びる用語である。
(36) 後者が二人称的に読解されないかぎり。
(37) これらの論点の議論について、ジュディス・トムソンに感謝する。
(38) 以下の叙述は、アマンダ・ロスに負っている。
(39) セイラ・バスの「原初的で無反省的な様相の尊敬」(Buss 1999b: 539) を参照。
(40) もっとも原初的な段階では模倣と感化によってであるが、第三章で見たとおり、二人称的に関わる際にはすでに想像的投影をしているのでなければならないので、想像的投影によっても。
(41) 本章のもとになった論考を、二〇〇四年四月のアメリカ哲学会中部地区部会長講演で発表したとき、『ブルーズ・ブラザーズ』のビデオクリップを前置きとした。そこでは、アレサ・フランクリンの演じる人物が「考えて(わたしに何をしているか考えるがいいわ)」を歌うことによって、マット・「ギター」・マーフィーに説明責任を問おうとする。その大部分をアレサはマットと視線の絡み合う素晴らしいダンスをしながら歌う。この比喩を用いて言いたかったのは、拙論 (1977) で表現した尊敬の見方は、アレサ・フランクリンの有名な〔曲である〕「尊敬」に見られる見方に似ていたのに対し、その講演(と本書)で示した見解は『ブルーズ・ブラザーズ』の「考えて」に似ていた(いる)ということだ。以前の見方は一人称的な見方であり、その人に「固有のもの」を与えるものであった。第二の見方は、人への尊敬を本質的に二人称的だと見なすものであった。

ベルナルド・ストロッツィの絵画「納税の銀貨」は同じ論点を絵画で説明している。（欽定訳聖書で）マタイがその逸話を語るとおり、パリサイ人たちはイエスを罠にかけようとして、カエサルへの納税が律法にかなうかどうかとイエスに尋ねる。「だがイエスは彼らの悪意を知って言った。なぜわたしを試すのか、偽善者たちよ」（マタイ福音書 22：18）。これこそストロッツィの絵画が描く瞬間であるとわたしは思う。イエスはパリサイ人に言葉を宛て、彼らに説明責任を問おうとしている。だが、右手のパリサイ人をよく見よう――彼はイエスを見返さず、イエスを越えて反対側のもう一人のパリサイ人を見ている。これはストロッツィがプーフェンドルフの論点を正しく理解していることを示すと考えたい。つまり神ですら、われわれに責任を問うためにはわれわれの認知を得なければならない。ウィル・ダーウォルがこれに気づいたこと、この論点にかんするジュリアン・ダーウォルとウィル・ダーウォルとの有益な会話、これらについて感謝する。

（42） セイラ・バス（1999b）は、ヒュームが礼儀作法の機能は自惚れを抑えることだ、と述べている注目すべき一節を引用している。「社会における相互衝突や、利害関心や自己愛の対立によって、人類は、正義の法の制定を余儀なくされた。相互的な扶助および保護の便宜を保持するために。同様に、交際における、人の自負や自惚れの絶えることのない対立は「礼儀作法」あるいは「礼儀正しさ」の諸規則を導いた。知的交流や円滑な取引や会話を促進するために」（Hume 1985a：261）。Sherman 未刊も見よ。

（43） ウィリアム・チェイフ（1980）は、最高裁判所がブラウン対教育委員会判決で人種隔離を違憲であるとしてから何年も経ってから、ノース・カロライナの白人が学校統合に抵抗を試みたとき、いかに「礼儀正しさ〔civility〕」に訴えたかについて、多数の説得的な例証を挙げている。

（44） 直接、間接を問わず侮辱的なしかたで何かを宛てられたわけでもないのに、侮辱され攻撃されたと感じることはある。また、直接、間接を問わず人に何も宛てることなく、その人にとって真に侮辱的なことを表現することも可能である。しかし、ある人を侮辱することは、少なくとも間接的に何かを宛てないかぎり、可能ではない。

（45） さらに、それはそもそも基本的には責任に関わるわけでもない、と論じたい。

(46) これに関連するのは、先に述べた(第三章、註31)誠実および真理究明と、公共的説明責任との深いつながりである。人々を「額面」で評価することによって、名誉の文化は実際は公共的探求と公共的説明責任との障害となり、言い逃れと体面の保持とを助長する。正当化の要求はそれ自体、そのような社会的枠組みにおいては、侮辱である。

(47) これはカント的アプローチに対するアネット・バイアー(1993)の批判に応答する基礎を提供するとわたしは思う。

(48) これはアレン・ウッドによる *Hirngespinst*〔妄想〕の翻訳である。

(49) これは Rawls (2000) が「弁護としての哲学」と呼ぶ方法である。

第三部

第七章　カントにおける道徳と自律

第三章以来、道徳のさまざまな理解に二人称的観点が関わっていることに関心を寄せてきた。本章とそれに続く二つの章では、さらに基本的な正当化の問いに目を向ける。道徳的思考のこれらの側面はどのようにして立証することができるのか。平等な尊厳を告知する法則がもつとされる規範性は、どのようにして説明することができるのか。

道徳とは人〔人格〕のもつ平等な尊厳に対する尊敬だという説明のうち、もっとも説得力のある体系的な説明はカントのものである。この章では、道徳法則の最高権威を擁護するカント自身の議論を、『基礎づけ』における構成的な議論と『実践理性批判』における「理性の事実」との両方にわたって考察する。いずれの著作でも、カントが「自律」——「意志が（意欲の対象のいかなる性質にも依存しないで）自分自身に対して法則であるという意志の性質」（1996b: 440）と呼ぶ独特の自由——およびアリソンが「相互性のテーゼ〔Reciprocity Thesis〕」（1986: 395）と呼ぶ、道徳とその種の自由との間にあると主張される等価性、これら二つに中心的な役割が与えられている。アリソンがこのカントの教説を定式化して言うには、「意志の自由は道徳法則の必要条件であるだけでなく、十分条件でもある」(1986 : 395)。道徳法則は、したがってまた人の尊厳は、自律を含意し、逆もまた真である。『基礎づけ』において、カントはこの等価性の主張を構成的に用いて、自律は熟慮の観点に必要な前提であると論じ、また、この〔自律という〕独立した前提から道徳法則の優位性を推論することができると論じる。『実践理性批判』において、カントはこの方策を放棄し、自律の意識それ自体が、われわれは道徳法則によって拘束されているという認知(理性の事実)を通じてのみ成立する、と論じる。

わたしの見るところ、いずれの解決方法も完全には満足がいかない。理性の事実から得られるものは、道徳的義務がもつとされる権威の説明でもなければ、その正当化でもなく、せいぜいのところ、われわれは道徳の権威をすでに確信しているからそのような説明は必要ない、ということの再確認にすぎない。それはそうかもしれないが、〔道徳の権威に対する〕懐疑的な危惧が鎮まりさえすれば、そのような説明の役目が終わるわけではないだろう。コースガード(1996e)が道徳法則の規範性の「源泉」と呼ぶものをもっとよく理解したいと願うこともまた、もっともなことだろう。『基礎づけ』の構成的議論はそのような理解を目標としているが、『基礎づけ』第三章でカントが与える公式の説明も、哲学者たちが最近『基礎づけ』第一章および第二章を素材として構成した議論も、すべて究極的には破綻する(Korsgaard 1996b, 1996e, 1996f, Wood 1999)。それらがうまくいかないことには、共通の理由があるとわたしは思う。つまり、それらは、(一人称的な)熟慮の観点の諸前提のみから道徳法則を導出することを目標としているからである。

わたしの見るところでは、そのような議論はどれもうまくいかない運命にある。なぜなら、理由に基づいて行為するというたんなる企図には、熟慮する行為主体をカントが定義するところの自律に関与させるものは、一人称的に見るかぎり、何もないからである。この所見の概略をすぐ後で暫定的に記す。しかし、まず次のことを指摘しておかなければならない。たとえカントの議論が、それらの点で成功していたとしても、それは道徳的義務の独特の規範性を十分に捉えきっておらず、したがってその正当性を十分に立証することはできないだろう。その理由は、これまでの章で強調したように、道徳的義務がもつとされる規範性は、還元不可能な二人称的要素を含んでいることにある。道徳的義務は、最高の権威をもつ理由を与えるとされているだけではない。それはまた、われわれが行う責任のあることでもあり、道徳的共同体の成員がわれわれに行うよう要求する権威をもっていることでもある。そして、他の何らかの種類の論拠によって、道徳的義務がいつも他に優越する理由を提供することを示すことができたとしても、責任というものは、二人称的な枠組みのなかでしか確立されえないだろう。それが、ストローソンの論点から学ぶべき点である。あるいは、わたしが一貫して表現してきたように「二人称的権威に始まり、二人称的権威に終わる」のである。そうすると、道徳的義務の規範性は、二人称的観点の外では、どうしても証明できないことになると思う。

さらに、二人称観点の外では、もっとなじみ深い意味での道徳的義務の拘束力を確証することもできない、と思う(1)。つまり最高の権威をもつ理由を提供するという意味での道徳的義務の拘束力である。カントの『基礎づけ』第三章における方策は、自律が熟慮の不可避の前提であることを論じ、そして、その前提から道徳法則の妥当性を導き出す、というものである。意志の自律は実践理性の根底にある特性であるという点で、わたしはカントに同意する。だが、『基礎づけ』第三章における、いかなる(一人称的な)熟慮も(カントが理解するところの)自律を前提としているというカントの主張には、同意できない。わたしの見るところ、二人称的能力および二人称的権威の形をとる自律および人の尊厳は、われわれわれが二人称的観点から与することになる前提なのである。

『基礎づけ』第三章におけるカントの議論の基本的問題は、カントが意志の自律を規定する際、理論理性には構造上自律に相当するものがない、という事実に由来する。だとすれば、自律は実践的観点の不可避的な前提だと主張したいなら、何を行うべきかをめぐる熟慮が、他のタイプの推論が前提としないような種類の自由を不可避的に前提とすることを、示さなければならないことになる。[2] だが、『基礎づけ』第三章でカントが実践的推論の不可避的な前提としてもっともらしく同定するのは、理論的推論にも共通の種類の自由だけである。その箇所でカントが言うには、理性は、どの領域で使用されようと、「判断」を下す際に外から「指導を受ける」ことはありえない（1996b : 448）。

仮に理論理性の領域に意志の自律に相当するものがあったとすれば、人の尊厳に関わる道徳的理由のように、実質的な信念の理由を基礎づける（定言命法のような）形式的規範がなければならないことになるだろう。たしかに理論的推論の規範のなかには、見たところ信念の「形式」から導き出されるものもある。たとえば、信念は必然的に真なるものを目標とするから、信念は整合性や一貫性という形式的規範に服する。だが、これらの規範は、信念の組み合わせに整合性や一貫性がない場合に、それを否認するだけであって、何らかの特定の信念を、ある程度ですら、承認するわけではない。[3] しかし、カントが理解するところの意志の自律には、たとえば道具的推論の原則や合理的選択の形式的理論のような実践的な整合性や一貫性を大きく超える、規範的な含意がある。意志の自律に含まれるものが実践的な整合性や一貫性だけだったとしたら、自律から道徳法則が帰結することはありえないだろう。

同じように、おそらく論理的信念も信念の形式によって基礎づけられる。だが、論理的信念も、道徳法則に比べて著しく内実に欠ける。たしかに、純粋理性の批判によって、普遍的因果性などのような、ア・プリオリな総合的真理を与えることができるということは、カントの批判的理論哲学の中心を成す。だが、因果性の原則や最善の説明への推論（inference to the best explanation）のような理論的原則に相当するものを実践の領域に探すとしても、それらですら、定言命法には及ばないだろう——おそらく次のようなわかりきった形にするのでもないかぎり。「普遍的法則のみに基づいて（あるいは普遍的法則になりうる格率のみに基づいて）行為せよ」。これは、「あなたが普遍的法則になることを意志することのできる格率に基づいてのみ行為せよ」に比べても著しく弱いし、人間性の公式に比べればなおさらである。さらに、自律を擁護する説得力のある理論は、カントの超越論的観念論に関する論争の的になっている問題に左右されるべきではない。

実践的観点が自律を不可避的に前提とすると主張したいなら、実践的観点が、理論的推論において不可避的に前提とされるものとはまったく異なる種類の自由を前提とすることを、カントは示さなければならない。カントはそれに失敗しており、さらに、そのような試みはどれも失敗せざるをえない、とわたしは主張する。なぜなら、有意味な（一人称的）熟慮に関するかぎり、行為の理由はすべて、意志の形式からではなく意志の対象の性質から導き出されるからである。この可能性を鮮明にするために、素朴な（一人称的）実践的観点から見て実践的推論がどのようなものになるかを考察したい。

ある人がある状態 p を欲求するとしよう[4]。p を（それ自体の価値に基づいて）欲求することによって、そのひとは p を（それ自体の価値に基づいて）望ましいと見なすことになる。p の諸特性を p の欲求を正当化するものと見なし、ある程度まで p をもたらす行為を正当化するものと見なすのである（Bond 1983; Dancy 2000; Darwall 1983; Hampton 1998; Pettit and Smith 1990; Quinn 1991; Scanlon 1998: 41–55）。信念が理論的な観点から「裏づけられる」ように、欲求は実践的な観点から「裏づけられる」（Pettit and Smith 1990)。pはあなたが痛みから解放されることだとしよう。それを欲求する人には、あなたが痛みを感じているという局面とあなたが痛みから解放されるという局面とが別個のものとしてあり、それらがあなたが痛みから解放されることを欲求する理由であるかのように思われるだろう。そして、行為Aがそれを生じるとすれば、それらの理由はAを行う理由だとも思われるだろう。この種の事例において、Aを行う理由は意志の形式からではなく「意欲の対象の性質」に由来するように思われる。なぜなら、それらの理由は見たところ欲求の対象に由来するように思われるからである（しかし、繰り返しになるが、欲求されるがままにではない。信念と同様、欲求は背景にある）。

素朴な実践的推論者は、何を行うべきかをめぐって、（批判的に見直された）信念と欲求のパースペクティヴから熟慮する。そのような行為主体にとって、欲求（および快や喜びなどのそれに関連する心的状態）は、結果や生じうる事態の価値や望ましさに対応しているように思われる。その行為主体は、自らの信念や欲求の内容から引き出された前提に基づいて推論するのであって、自らの信念や欲求の形式に関わるものに基づいてではない。さらに、そのような行為主体にとって、実践的推論は理論的推論に類比的な構造をもつ。われわれが自らの信念に基づいて推論するとき前提と見なすのは、われわれの信念のパースペクティヴから見た世界に関する推定的事実である。われわれが（世界の可能的状態の評価を含むと理解された）自らの欲求に基づいて推論するとき前提とするのは、われわれの欲求のパースペクティヴから見た望ましい世界に関する推定的事実である。(5)

もちろん、わたしは意志に関するこのような素朴な理解を受け入れない。しかし、問いは残る――それを除外する理由は何か。有意味な一人称的熟慮の条件のなかにはその理由はない、とわたしは主張する。わたしの見解によれば、その素朴さを拭い去るには、誰かに何かを二人称的に宛てることを考慮に入れる必要がある。それは、フィヒテの論点の一側面である。素朴な実践的推論の他律を除外するのは、行為主体性の本性をめぐってわれわれが二人称的観点から前提し発見するものである。フィヒテの論点の含意を十分に汲むとすれば、それは、第一に、二人称的パースペクティヴは、自律と人の尊厳がそれぞれ二人称的な能力と二人称的な権威として理解されていることをいつも前提としている、ということであり（第八章〔原著第十章〕）、第二に、この二人称的観点は、理論理性と実践理性がそれぞれ関わっている種類の自由の基本的な違いを明らかにする、ということである（第九章〔原著第十一章〕）。

第八章〔原著第十章〕、第九章〔原著第十一章〕の議論がうまくいけば、道徳法則がもっているとされる規範性の正当性が立証されることになる。しかし、この章の課題は、カントの議論のように一人称的観点の内にのみ留まる議論が失敗せざるをえないのはなぜか、を明らかにすることである。(6) ただ二人称的に豊かにされることによってのみ、もっと「洗練された」一人称的熟慮が生じるのであり、そのなかで自律や尊厳というカントの鍵概念は、カントによって与えられた熟慮における役割を演じることができるのである。(7)

道徳・自律の正当性を立証する必要性

『基礎づけ』第二章の終わりは注目すべき重要な箇所の一つだが、そこで、カントは、道徳が「心の妄想」（2002: 445）にすぎないかもしれないと言ったとしてもこれまでの議論と矛盾しない、と述べている。カントは、第一章と第二章で、道徳は「意志の自律に基づく」（1996b: 445）ことを明らかにしたと考えている。(8) カントが論じるには、道徳の基本的原理は定言命法であり、このことが妥当するのは、意志が法則に、ただその法則の形式のみによって、対象のいかなる性質（その内容または「質料」）からも独立に、服する場合のみである。逆に、自律は定言命法を含意するともカントは論じた。だとすれば、第二章の終わりまでに、相互性のテーゼは確立されていたことになる。

だが、それまでのところカントの議論はまったく分析的であった。カントは「一般に受け入れられている」道徳の概念を分析し、それが意志の自律を含むことを見出した（1996b：445）。そして、逆に、自らの形式によってのみ拘束される意志という観念そのものが定言命法を含意する、と論じた（402, 420–421）。しかし、以上のことから明らかになるのは、せいぜい、道徳というようなものが存在するとすれば、意志は自律をもたなければならず、自律というようなものが存在するとすれば、道徳法則（定言命法）がその意志の法則でなければならない、ということにすぎない。こうして、道徳法則、人の尊厳、定言命法、意志の自律がすべて「キメラ的な観念」（445）だと言ったとしても、『基礎づけ』の第一章と第二章の議論に矛盾はしないことになる。自律も道徳も、相互性のテーゼからは導き出されない。導き出されるのは、その二つはともに成立しともに崩壊するということだけである。

意志の自律と定言命法とは、両者とも「実践理性の可能的な総合的使用」を必要とし、いずれも分析的には確立されえない。両者とも、カントが『基礎づけ』第三章で開始した種類の実践理性の「批判」を必要とする（1996b：445）。しかし、それを吟味する前に、カントの行為論の主要要素のいくつかを見ておかなければならない。

カントによれば「欲求とは、自らの表象によって、その表象の対象の原因になる能力である」(1996a : 9n ; 1996e : 211)。欲求も信念も世界の可能的状態の表象に関わる。信念は、世界を介して、自らの表象が世界に一致する原因になる「能力」である、と言ってよいだろう。そして、欲求は、自らの表象を介して、世界がその表象に一致する原因になる能力である。[9]

信念や欲求から結果として生じる行動がすべて、理性的な行為主体性や意志に関わるわけではない。それどころか、カントの見方からすれば、「合理化するような」しかたで、つまり目的論的なしかたで、信念や欲求から生じる行動ですら、そのすべてが理性的意志に関わるわけではない。[10] カントは、意志を「法則」または「原理」の「表象に従って行為する能力」と定義する。それゆえ、意志された行為はいつも何らかの理性的な原理や規範（と推定されるもの）に基づいて遂行されるのであり、規範を受け入れることを含む（1996b : 412）。[11] しかし、同じように、行為が欲求の結果として生じるからといって、それが真の行為主体性の実例である可能性が排除されるわけでもなければ、それが純粋実践理性に（そして、カントが考えているように、自律に）関わる可能性が排除されるわけでもない。ある行為主体が行為する際に則る原理そのものよりも、「欲求が原理になる条件」を備えた欲求が先行していれば、その原理は「経験的で」ある。[12] それは「実践的法則を与える」ことができず、意志は他律的である（1996a : 21, 33）。意志の自律、つまり純粋理性が「それ自体で実践的で」あることは「理性が欲求能力そのものを規定することができる」（1996e : 213）場合にのみ、実現される。

このように、カントは、あらゆる行為が欲求から生じることを認めている。カントが否定するのは、あらゆる欲求が「対象依存的で」あるということである。「原理依存的な」（Rawls 2000 : 150–151）ものもあるというわけだ。欲求のなかには、表象された世界の可能的状態に対する目に見える反応やその結果として生じるのではなく、行為主体が、いかなる欲求される状態や望ましい状態の性質からも独立に、何らかの行為規範や行為原理を受け入れるがゆえに生じるものがある。[13] 自律が実現するのは、行為を引き起こす欲求が対象依存的ではなく、まったく原理依存的である場合のみ、つまり、欲求が原理に依存し、その原理自体が「経験的で」（先行する欲求に基づいているので）はない、または独立した結果や状態の価値（たとえば望ましさ）から導き出されない場合のみである。[14] このように、自律は、行為主体が、自らの行為の対象や状態に対する顧慮から独立に、行為の実質的理由の基礎となる規範的原理を受け入れそれぞれに基づいて行為する可能性に依拠している。まったく明白なことだが、その行為主体がその原理を受け入れることは、何らかの状態や結果に対するいかなる欲求からも独立していなければならない。同情を伴う関心のような精神的に豊かな欲求からも独立していなければならないのである。それほど明白ではないが重要なこととして、行為主体が、いかなる結果や状態の予想される評価からも独立に、その原理を受け入れることが自律には要求される（可能的状態は本質的によいあるいは「それ自体のために存在すべきである」というムーア的な直観と同じように［Moore 1993: 34］）。

この論点は、次のように表現することもできる。ある原理を受け入れることが自律の現れでなければならないとすれば、行為主体が結果を評価することは、そして、その結果が価値をもつこと——たとえばそれが望ましいということ——ですら、その受け入れを基礎づけるための間違った種類の理由である。あるいは、同じことだが、道具的理由は間違った種類の理由である。「善と悪は、つねに意志への関係を表している」（1996a: 60）とカントは言う。自律は、理由を基礎づける行為の規範を「始めから終わりまで」必要とする、つまり、行為主体を、もっとも根本的なレベルで、（とりわけ）端的に理性的な行為主体として、世界のいかなる可能的状態の価値からも独立に、拘束する原理を必要とする。そのようにしてのみ、意志は「意欲の対象のいかなる性質にも依存しないで」（1996b: 440）自分自身に対して法則であることができる[15]。

カント的な自律にはもう一つの本質的な側面があり、それは後でさらに論じられることになるが、その側面は、カントの考えを、リチャード・プライス（1974）やW・D・ロス（1930）が主張した義務論的な種類の合理的直観主義と対比することによって理解することができる[16]。義務論的直観主義者は、結果の価値からは導き出されない基本的な行為規範があると主張する点で、ムーアのような帰結主義的直観主義者とは異なる。たとえば、約束を守るべきだというア・プリオリに自明な、ある程度まで道徳的な義務がある、と主張するロス主義者を考えてみよう。義務論的直観主義者の流儀に従ってこの原理を受け入れることは、カント的自律の現れだと言いうるだろうか。答は「否」だと思う。たしかに、そのような受け入れは、行為主体の欲求の対象の特性や世界の可能的状態がもつ独立した望ましさには基づいてはいない。だから、行為主体がこの原理を自明でア・プリオリなものとして受け入れるがゆえに行為する際の欲求は、原理依存的であって対象依存的ではない。しかし、それにもかかわらず、その行為主体がその原理を受け入れることは、「意欲の対象の性質」（Kant 1996b: 440）に基づいており、意志の形式に関わるものから独立である。その行為主体は、約束を守ることは内在的に（ある程度まで）正しい（ことが自明である）（と信じる）がゆえに、その原理を受け入れるのである。定言命法のような何らかの意志の形式的原理から導き出されるがゆえに、約束を守るという原理を受け入れるわけではない。その受け入れは、約束を守ることに内在する性質と、その性質に基づいていると考えられる正しさという性質とから導き出されるのである。

このように義務論的直観主義的な種類の他律に言及したものの、ここでは措いておきたい。後で「理性の事実」に関するカントの説明を考察する際に、それに戻ることにする。カントが実践理性の批判の範囲内で自律は幻想ではないことを証明したいなら、実践的観点が、帰結主義的な直観主義と義務論的な直観主義との両方にわたる広い意味での直観主義の見解を排除することを、カントは論じなければならない。それゆえ、カント自身の証明の試みが失敗していることを示すためには、それが帰結主義的な直観主義を排除しないことを示せば十分であり、わたしが焦点を当てるのはそこである。

最後に、事柄を明確にするために、二、三述べておく。第一に、わたしは帰結主義的な理解を擁護しているわけではないことを再度強調しなければならない。わたしが主張しているのは、カントが『基礎づけ』第三章で提示する材料は帰結主義的な理解を否定せず、それをするには二人称的観点が必要だ、ということである。だから第二に、自律が実践理性の根底にある性質であることには同意するが、それが『基礎づけ』第三章で試みられるような方法で確立されることを否定する。そして、第三に、カントとともに、自律は道徳的義務の前提であり人の尊厳の前提であることに同意する。しかし、繰り返すが、わたしがそれに同意するのは、道徳的義務や人の尊厳といった観念が、自律を前提とする還元不可能な二人称的要素を含んでいると考えるからである。

『基礎づけ』第三章における道徳・自律の立証

カントは、第三章を、相互に関係しあう意志と自由の定義から始める。「意志は、理性的であるかぎりでの生物がもつ原因性の一種であり」、自由は「この原因性が、それを規定する外からの原因に依存しないで作動できるときにもつ特性」(1996b : 446) である。カントは、それによって自由はただ消極的に定義されるだけであり、したがってそれは不十分だと言わざるをえないことを指摘する。ランダムな「選択」を生み出す機械装置は、外的な原因性から独立に作動するかもしれないが、自由意志ではないだろう。意志は実践理性である、あるいは実践理性を含んでいる。したがって、それは「実践的法則」(「自由の法則」)による導き、つまり実践理性の妥当な規範による導きを含む(448)[17]。それゆえ、自由は「自然法則に従う意志の特性」ではないが、それは「それだからといって決して無法則ではなく、むしろ不変な、特殊な法則に従う原因性である」(446)。それゆえ、意志の十全な定義は、自由の消極的概念と積極的概念とを含む。意志は、自分自身を、外からの原因から独立に(消極的自由)、そして理性的規範に従って(積極的自由)、規定する。

こういった反省からは、消極的な意味であれ積極的な意味であれ、われわれが現実に自由であるという結論が出てこないことを、カントはよく知っている。これまでのところわれわれが知っているのは、実際にはもう一つの相互性テーゼ、つまり今度は意志と消極的および積極的自由との間の相互性テーゼにすぎない。意志が存在するとすれば、消極的および積極的自由も存在するし、逆もまた真である。しかし、それは、消極的自由および積極的自由がいずれも「キメラ的な観念」であることと矛盾しない。『基礎づけ』第三章によれば、われわれがこの概念の循環の内に入り込むことは、熟慮の観点の不可欠の前提である。

そこでわたしは言う、自由の理念の下でしか行為することのできない行為主体は、いずれもまさにその理由から実践的見地において現実に自由である、言いかえれば、そういう存在者に対しては、自由と不可分に結びついたすべての法則が妥当する、そしてそれはあたかもその意志がそれ自体においても、そ

して理論哲学においても妥当する形で、自由であると解明されるかのごとくである、と。(1996b: 448)

カントの方策は次のようなものである。相互性テーゼはすでに確立しており、それゆえ自律は道徳法則が拘束力をもつことを含意する、と想定する。それから、どの熟慮する行為主体も自律を前提とせざるをえないことを示そうとする。すると、熟慮する行為主体は、相互性テーゼに基づいて、自らが道徳法則に拘束されていることをも前提とせざるをえなくなる。そして、そうだとすれば、実践的な目的からすれば、その行為主体は実際に道徳法則に拘束されている。その行為主体が道徳法則に拘束されない可能性、ないし道徳法則と衝突する何か他の実践的法則(たとえば、道徳法則と矛盾してもさらに価値のある事態を生み出せと勧告するもの)に拘束される可能性は、その行為主体自身の熟慮が有意味なものであるための条件としては、却下されなければならない。

うまくやり通すことができたとすれば、これは非常に優れた方策になることだろう。実際、熟慮する行為主体が自分自身の熟慮が有意味であるための条件として受け入れざるをえない規範が、その行為主体に妥当しないというようなことがどうして起こりうるかは、理解し難い。そして、それは、もともと有望な方策であるようにも思われるかもしれない。熟慮が有意味であるためには消極的自由および積極的自由という前提が必要であることは、少なくともカントが挙げるいくつかの意味においては、たしかにまったくもっともらしく思われるのである。

たとえば、消極的理由を考えてみよう。消極的に自由であるためには、わたしは、何を行うべきかをめぐって熟慮し、その熟慮の結果に基づいて、自らを「規定する外からの原因から独立に」行為することができるのでなければならない。もちろん、この意味で消極的に自由であるかどうか、わたしは言うことはできない。しかし、「外からの原因」をわたしの推論に干渉する原因と解釈するなら、たしかにわたしは消極的に自由であるという想定の下で熟慮せざるをえないように思われる。真剣な実践的熟慮は、何が行う理由のあることかを、その理由に基づいて行為することを目的として、考えて答えを出すことである。そもそも熟慮していることになるためには、自らが理性的に考えていることが、あるいは実践的理由に基づいて行為していることが、その意味での「外からの原因」によって妨げられないという前提の下で進まなければならないのである。[18]

この事情は、理性的規範に従って熟慮し、理性的規範に基づいて行為する内的能力として理解されるところの積極的自由についても同一である。ここでもまた、何を行うべきかを有意味に熟慮するためには、わたしは自らが理性的規範に従って熟慮することができ、その結果に基づいて行為することができることを前提としなければならない。そもそも自分自身を熟慮するものとして理解するためには、わたしは何をなすべきかについて理性的に考えることができるという想定に基づいて進まなければならないのである。

さて、これまでのところ、消極的自由および積極的自由に妥当する前提は、実践的推論に固有のものでもなければ特徴的なものでもない、ということを理解することが重要である。何を信じるべきか、何を感じるべきか、何を行うべきかのいずれについて熟慮するとしても、外的な原因から自由に、理性的な規範に従って考えることができると想定しなければならない。そして、カントは次のようなことまで言っている。「実際、自己の意識をもちながら自己の判断に関して他からの指導を受けるような理性というものを考えることは不可能であって、それと言うのも、もしそれが考えられるとすれば、主体は判断力の規定を自らの理性にではなく、何らかの衝動に委ねることになるからである」(1996b：448)。このことは、あらゆる理性使用に当てはまる。信じる理由があること、感じる理由があること、行う理由があること、いずれに関する判断をするとしても、われわれの判断が外的な原因から自由で、理性的な規範に従うという意味での消極的自由および積極的自由を前提としなければならない。

これまでのところは問題ないであろう。しかし、カントは、自分が確認した積極的自由は、意志の自由と同じものだと主張しもする。「それならば、意志の自由とは自律、すなわち自分自身に対して法則であるという意志の性質以外の何でありえようか」(1996b : 447)。しかし、なぜそう想定しなければならないのだろうか。カントはただ一つの意味でしか積極的自由の前提を立証していないが、その意味は実践理性と理論理性の両方に共通なものである。そして、われわれが見たように、意志の自律に類比的なものは理論的推論にはない。それゆえ、理論的推論と実践的推論が共通に前提とする種類の自由からは自律は帰結しえない。

しかし、ひょっとすると、特に実践的観点には、熟慮する行為主体に自律を前提とすることを要求するところがあるのかもしれない。そこで、熟慮が素朴な(一人称的な)実践的パースペクティヴから始まることがあるとすれば、それはどのようにしてかを考えてみよう。原初的な熟慮の現象においては、世界にまつわる何らかの事実が、何かを行うための理由と見なされることがある。わたしは、仕事のない夕方をどのように過ごそうか考えながら、たとえば映画を見に行くことなどのような魅力的な選択肢を見つけるために、新聞をめくる。行きたいと思うための、そして実際に行くための理由とわたしが見なすものは、その映画を見るという可能的な状態がもつさまざまな側面のうち、わたしがそれを見たいと思うもとになる何かであり、わたしがそれらの側面を明確に述べることができない場合には、その映画を見ることがよいとか望ましいとかわたしには思われる、という事実であり、実現する理由のある可能的な状態や結果である。[19] そうだとすれば、わたしがこれやあれやの理由で映画に行くことに決めるとすると、その理由がわたしの欲求（したがってわたしの意志作用）の対象の性質から導き出されることは、十分に明らかである。それは、わたしの行為の結果である世界の可能的状態がもつ、わたしのパースペクティヴから見てよいものを生み出す特性だと思われるものに依拠している。同様に明らかなことは、それらの理由が意志の形式に由来すると考える必要がなかった、ということである。

だが、まだ真の行為主体性と意志は成立していないのではないだろうか。カントにとって、理性的な行為は信念や欲求に関わるだけでなく、行為主体がそれに基づいて行為し、そうすることによって受け入れ、暗に自分自身のものにしている規範や原理にも関わる（1996b: 412; 1999: 23–24）。わたしが望む結果を有意味に追求することがわたしの意志に関係するためには、わたしは何らかの理性的な規範、つまり考えうるどの理性的行為主体にも正当に適用されるとわたしが見なす規範、に基づいて熟慮しなければならない。そして、そのような規範は、自分自身の熟慮が有意味であるための条件として、わたしを拘束する。しかし、そのためにわたしは自律を前提とすることを必要とするだろうか。この想定が最終的に自律に至るためには、わたしは、熟慮の状況の論理によって次のことを前提とすることが必要になるだろう。つまり（少なくともいくつかの）理由を生じる規範が、その規範によって実現するよう勧告されている対象のいかなる性質からも独立に、妥当することである。熟慮の状況の内にある何によって、わたしはこのことを想定せざるをえなくなるのだろうか。

映画を見るという状態がよいと予想するがゆえに（その状態を考えることによって思い浮かべられるよいものを生み出す理由がどのようなものであれ）それを見に行こうと決める際に、わたしが受け入れているることになる可能性のある規範を考えてみよう。わたしが映画を見るという状態は本質的によいこと、[20]

ムーアの言葉で言えば、それ自体のために存在すべき状態、であるようにわたしには思われるだろう。[21]

だから、どの規範をわたしが受け入れるかに対する自然な答えは、ムーアの答である。わたしは、よいまたは望ましい状態や結果を促進することをつねに行うという行為帰結主義的な規範を受け入れ、それを受け入れることによって、どの理性的存在者も同じようにすべきだと考えている可能性がある。

さて、はっきりさせておきたいが、わたしが言いたいのは、熟慮の状況の内にある何かのためにこの規範を受け入れざるをえなくなる、ということではない。その規範をあらかじめ排除するものはないと思われること、そしてそれを受け入れることは、素朴な実践的観点から見てかなり自然なことに見えるだろう、ということである。信念は、現にある世界を表象することを目指すが、ちょうどそれと同じように、欲求をもつ行為主体の素朴な実践的観点からは、行為は、自らの欲求のパースペクティヴから見て本質的によい状態や結果を生み出すことを目的とするように思われても、おかしくないのである。[22]

これは『プリンキピア』におけるムーアの見解だった。実際、そこでムーアは、基本的な倫理的概念、つまり本質的な価値という概念ないし何かが「それ自体のために存在すべきである」という概念は、一つしかない、と考えていた。そして、ムーアは、ある行為を行うのが正しい（あるいは行うべきである）という概念は、本質的価値の概念と経験的な因果概念とに概念上還元可能である、と結論した。「ある方向の行動がある時点で絶対的に正しいまたは義務であると断言することは、明らかに、それが採用される場合のほうが他の何かが行われる場合より、より多くの善ないしより少ない悪が世界に存在するだろうと断言することである」（Moore 1993 : section 17, 77）。

さて、ムーアの（概念的な）定義の主張はもちろん間違いであり、それは、ムーアの有名な未決の問いの議論を用いて示されうる。ある方向の行為（たとえば危険な狂信者に借金を返さないこと）が最善の状態を生み出すと知っているにもかかわらず、他のことを行うよりよい理由があるのではないか、と問う人が未決の問いを問うていることは明らかである。[23] そして、より望ましくない状態を生み出すという犠牲を払っても借金を返す優先的な理由がある、と断言する人が自己矛盾を犯していないことは明らかである。だから、あることを行う理由があるという概念は、その行為がもっとも望ましい実現可能な状態をもたらすという概念とは区別されるのである。とはいえ、これらは区別される概念ではあるが、結果の望ましさに関する事由が行為の唯一の理由になる、とまったく矛盾なく、また素朴な熟慮の観点からすればまったく自然に、考える人もいるかもしれない。そう考える人は、ムーア流の教説を正しさや行うべきことの定義としてではなく、基本的な規範的原理として受け入れているのである。[24]

帰結主義的な原理に則った実践的推論は、重要な点で、何を信じるべきかをめぐる理論的推論と形式上類似している。それは、ムーアの定義に従って二つの要素に分解されうる。一つの要素は、純粋で単純な理論的推論で、できることのすべてと長い目で見た帰結とを算定すること、つまりあらゆる可能な行為に対して、仮にそれが行われたとすれば世界はどのようになるかを判定することである。[25] もう一つの要素は倫理的で、あらゆる可能な事態を評価し、そのうちのどれがどの程度まで「存在すべき」かを判定することである。しかし、ある可能な状態がよいまたは存在すべきであるという考えは、もちろん、ある状態が事実として現実に存在するという考えとは異なるが、同じ構造をもっている。両者とも世界の状態を考慮するものなのである。前者の種類の考えは欲求によって与えられ、後者の種類の考えは信念によって与えられると見なすことができる。欲求と信念の影響のもとにある素朴な熟慮は、ムーア的な原理によって統制され、選択可能な行為のうちどれが、行為主体の（決定的な情報を与えられたうえでの）信念と欲求の影響のもとで規定されて、もっとも価値ある状態を生み出すか、を規定することになる。

だが、依然として行為主体は成立していないのではないだろうか。何をなすべきかをただ現在の欲求や信念のパースペクティヴのみから熟慮し、一歩身を引いてそれを批判的に修正することのできない存在者が、いかなる意味でもここでわれわれが関心をもっている行為主体ではないことは、明らかである。熟慮する行為主体は、コースガードが言うように、自らの欲求の「上に立ち」「どの欲求に従って行為するかを選択する」ものでなければならないし、自らをそのように見なすことができるものでなければならない（1996e: 100）。しかし、素朴な行為主体がそうする際に、カント的な意志の自律を想定しないことは十分ありうることである。もっとも、その行為主体は、批判的に修正された欲求に基づいて行為し、そうすることによって行為を「自分自身のもの」（たとえばDworkin 1988）にすることができるという、よく知られた意味での自律を想定しなければならないことは言うまでもない。われわれが考えてきたように、素朴な行為主体の欲求は、その欲求の対象である世界の可能的な状態の価値に関する現在の評価と同一視されている。その行為主体は、たしかに、その評価から一歩身を引いて再評価することによって、その状態の価値のもとになっていると見られる特性に関する、したがってその価値に関する、よりよい理解を得ることができる。

理論的推論をする人は、たとえば、目の前の水のなかの見たところ曲がっている棒が、ほんとうに曲がっている、と信じるほうへと傾く習性を退け克服することによって、現在進行中の経験に関わる信念へと傾く習性に経験と反省が影響を与えるようにすることができるが、それと同じように、素朴な実践的推論をする人も批判的に自らの欲求を修正できる。たとえば、素朴に熟慮するジョギング愛好者は、突進してくる犬に遭遇すると、過去の経験と反省を頼りにして、立ち向かったり逃げたりするほうに傾く強固な習性を退け、両手をおろして力を抜き無関心を装ったまま、元のゆっくりしたペースで走り続けるという欲求を形成するのである。

明らかに、熟慮のこの理解はまだまだ素朴すぎる。一つには、暗に実在論的な認識論は、理論的推論にとってかなりもっともらしく思われることがあるが、状態の本質的な望ましさをどのようにして形而上学的に理解することができるか、欲求とそのように理解された状態の本質的な価値との間に正しい種類の認識的関係をどのようにして保証することができるか、見えにくい。もう一つには、この理解は、理性的な熟慮はその本性上道具的であると想定しているが、そう考える十分な理由はない。だが、わたしがこのように帰結主義的思考を素描してみせる目的は、それを擁護することにあるのではなく、それが素朴な熟慮の観点から見るときの物事の見え方に類似していることを示唆し、有意味な実践的推論の前提の内の何がこのような理解を排除するのか、を問うためである。わたしの見るかぎり、何もこの理解を排除しない。このような理解の線に沿った熟慮は、間違っているとしても、有意味ではある。

このように、有意味な熟慮はある種の積極的自由を前提とせざるをえないが、意志の自律を前提とする必要はない。熟慮が十分に素朴であれば、先に例示した意味で、理論的推論において前提とせざるをえないものに形式上類似したある種の積極的自由を前提とすることによって、整合的に進むことができる。素朴な実践的推論をする人が次のように想定するとしても、まったく有意味であろう。自らの推論は、理論的推論をする人が対象（現実にある世界）に対する関係に基づく規範によって導かれていると想定しているのとまったく同じように、究極的には対象の本性や価値（あるべき世界）から導き出される規範に導かれている、と。以上より、『基礎づけ』第三章において自律を擁護するカントの議論は失敗していることになる。

『基礎づけ』のその他の議論

しかし、ひょっとすると『基礎づけ』の他の議論が、自律と道徳法則を立証することができるかもしれない。最近盛んに議論されてきたのは、定言命法の第二公式、つまり人間性の公式のカントの「導出」である。「あなたの人格や他のあらゆる人の人格の内にある人間性を、つねに同時に目的として扱い、けっしてたんに手段としてのみ扱わないように行為せよ」(1996b: 430; 特に Korsgaard 1996f と Wood 1999: 124-132 を見よ)。カント自身は、第二章の人間性の公式を擁護する議論は、後に第三章で(いま検討したばかりの議論で)証明しようと試みる前提に基づいている、と明示的に述べているものの、それは独立した議論として取り上げられることがある。

クリスティーン・コースガードとアレン・ウッドは、カントの人間性の公式の議論を「条件の遡及」として提示する。[26] その議論は、二つのいくぶん異なる形をとる。一つは、あらゆる実践的推論が必然的に関わる種類の目的一般の価値判断をめぐる前提から出発する(「目的の価値」の議論)。そして、もう一つは、あらゆる熟慮する行為主体が特に自分自身の理性的行為主体性に認めざるをえない種類の価値から出発する(「行為主体の価値」の議論)。

「目的の価値」の議論は、行為主体がある理由のために行為するときは、客観的に価値があると自らが見なす何らかの目的のために行為するのでなければならない、という前提から始まる(Korsgaard 1996e: 122; Wood 1999: 129)。それから、ある目的が客観的価値をもちうるのは、その価値の源泉となる何かがある場合(あるいは、それが客観的価値をもつための「条件」が実現される場合、と言われることもある）だけだ、と主張する[27]。ある意味では、この主張には論争の余地がない。ある目的に価値があるための条件があるとすれば、そして、あることを行う理由があるかどうかがその目的の価値に依拠しているとすれば、その理由のために行為するとき、その行為主体は当の条件が有効であることを前提せざるをえない。

そうすると、議論は、行為主体は何を自らの目的の価値の条件ないし源泉として前提しなければならないか、そしてそこから何が結果として出てくるか、に移る。コースガードはカントの議論を次のように言い換える。

> カントは、それらの対象をよいものにするのは何かと問い、一種の実在論を退けて、よさは対象それ自体の内にあるのではないと断定した。……カントは、われわれが事物を重要だと見なすのは、それらがわれわれにとって重要だからだと見た――そして、それゆえわれわれは自分自身を重要だと見なさねばならないと結論したのである（1996e: 122）。

ウッドは、次のように述べて同じような定式化をする。「われわれはこのよさ［すなわち、われわれの目的がもっていると見なされねばならない客観的なよさ］の源泉が、われわれがそれを理性に従って設定したという事実にのみあると見なすことができる……目的を理性的に選択するという行為によって客観的なよさが世界に入ってくる」。ウッドは、カントを代弁して次のように結論する。「そのようなすべての価値の源泉は、理性的な意志作用そのものの価値に他ならず、その意志作用が他の事物に客観的価値を付与することができるとすれば、それはその意志作用が客観的価値をもっていることが前提とされる場合のみである」(1999 : 129–130)。

さて、行為主体が自ら設定する目的が客観的価値をもつのは、その目的を選ぶことが理性に従っている場合のみだということには、ある意味では論争の余地がない。ムーアのような帰結主義的な実在論者も同意することができるだろう。なぜなら、帰結主義的実在論者は、選択の理由を与えるのは世界の可能的状態の価値に関する事実だと考えるが、その事実に価値判断が従っていなければ、理性にも従っていないと見なすだろうからである。[28] 帰結主義的実在論者が却下せざるをえないことは、実践理性の法則は形式的であり(その源泉を意志の形式にもち)、それゆえ結果が望ましいかどうか、行為が選ぶに値するかどうかは、そのような形式的法則に一致して欲求されたり意志されたりすることによる、ということである。彼らが主張するのは他律である。つまり、実践理性の法則は行為の結果つまり世界の可能的状態がもつ独立した価値によって与えられ、欲求や状態の評価は、見たところ、その独立した価値に応答するのである。

しかし、コースガードの議論の前提は、カントが却下しようとした種類の実在論(通常ムーアに代表されると考えられる「実質的実在論」)に対置されていることから明らかであるように、あらかじめ他律を除外しており、それゆえたんに意志の自律を想定しているにすぎない。[29] だが、カントが考えるように、その想定を保証するものが、カントが『基礎づけ』第三章で企てるような実践理性の批判だけだとすれば、『基礎づけ』の道具立てに関するかぎり、人間性の公式を擁護する議論は、最終的に『基礎づけ』第三章の議論に依拠することになるが、それはわれわれが不十分だと考えたものである。

繰り返し強調しておきたいが、わたしは、人間性の公式を擁護するコースガード・ウッドの論拠の前提には同意することができる。わたしの論点は、『基礎づけ』第三章やそれを補強しようと試みる現代の議論によって提供される道具立てのなかには、人間性の公式を擁護する論拠は見出されない、ということである。人の尊厳、定言命法、自律、これら三つのいずれを確立するためにも、二人称的観点によって提供される道具立てが必要だと思う(30)。

以上より、自律を擁護する論拠があらかじめ手許になければ、「目的の価値」の議論によって人間性の公式を確立することはできない、ということになる。それでは、「行為主体の価値」の議論はどうだろうか。この議論のほうがカント自身のテキストによって擁護しやすい。

> 人間は自分自身の［理性的行為主体としての］現実存在を必然的にそのようなものとして［目的自体として］表象するが、そのかぎりにおいてこの原理は人間の行為の主観的原理である。だが、他のすべての理性的存在者も、自らの現実存在を、わたしにとっても妥当する同一の理性根的拠に従って、そのようなものとして表象する。それゆえこの原理は同時に客観的原理であって、この原理を最上の実践的根拠として、そこから意志のすべての法則を導出することができるのでなければならない（Kant 1996b: 429）。

この一節は人間性の公式の表明の直前にあるから、それを擁護することを意図していると解釈するのが穏当だろう。

さて、熟慮する行為主体は自分自身の理性的行為主体性を目的自体と見なさねばならない、と言うとき、その意味には論争の余地のないものがいくつかある。熟慮の目的のことを考えれば、行為主体には、少なくとも暗黙裡には、理性的に考え行為することに価値を認める以外に理性的な選択肢がない。それに価値がないとすれば、熟慮ではなく何か他のことをしているだろう。そして、その行為主体は、よく推論することの価値も前提しなければならない。熟慮は、そもそもそれを行うのなら、正しく行おうとすることによってしか行うことのできないものなのである。これらの意味で、理性的な実践的思考の価値という前提は、端的に熟慮に組み込まれている。さらに、真剣な熟慮は、まさにその本性からして、「何をすべきかをめぐってわたし自身に与えることのできる最善の助言は何か」という、いわば助言者の問いに答えようとするだけではない。それは意志を理性的に導こうとするのである。これらすべての意味で、理性的行為主体性の価値という前提は、端的に真剣な熟慮の一部なのである。

だが、それは一人称的推論に必要な諸前提に関するかぎりでのことであるように思われる。[31] わたしの理性的思考にはいまは大きな価値があるが、これから先のある時点では価値がなくなるかもしれないという想定の下でも、十分有意味に熟慮することができる（その時ではなくむしろいま熟慮する理由[32]）。もちろん、そもそもどのようにしてそのような前提を正当化できるかは明白ではない。しかし、それには不整合なところはなく、その想定は有意味な熟慮と完全に両立可能である。そして、わたしが未来の時点で理性的に思考し行為することの価値は、たとえばわたしの子どもたちの生命を犠牲にしなければ、理性的行為主体として十分機能し続けることができない、というようなホブソンの選択を与えられたとしたら、他の価値によって凌駕されると考えることも、もちろんできるだろう。

さらに、以上のいずれの意味でも、わたし自身の理性的行為主体性の価値を（いま）認めることによって、わたしは他の人々の理性的行為主体性の価値を認めざるをえなくなるわけではない、ということを理解することが重要である。たとえば、熟慮するとき、わたしは、自分が（とにかくいまは）理由を判断しそれに基づいて行為する能力があることを前提としているという意味で、自分自身の理性的思考と行為主体性に権威を認めている。[33] だが、そのように権威を認めることには、わたしが他の人々にもその権威があると考えざるをえなくなることは含まれていないし、それどころか、その権威が時間を通じてわたしのなかで持続すると考えざるをえなくなることすら含まれていない。もちろん、他の人々も、熟慮するかぎり、自分自身の理性的権威を認めざるをえないことをわたしは承認せざるをえないが、だからといってわたしが他の人々に権威を認めなければならないということにはならないし、他の人々が未来において自分自身の権威を認めざるをえないということにもならない。わたしが、わたしまたは他の人々が、あるいはわたしも他の人々も、未来において実践的推論主体として信頼することはできないと考えることもありうる。いま有意味に熟慮するために、わたしが他の人々の理性的行為主体性を、いや自分自身の未来の理性的行為主体性をすら、促進し尊重する理由があると考えなければならないことはない。繰り返しになるが、これらのことを考えることは正当である、と言っているのではまったくない。ただ、当の理性的熟慮という活動を構成するいかなる規範によっても、それらのことは排除されないように思われる、と言っているだけである。それらのことを受け入れたとしても、その人は依然熟慮していると見なされるだろうが、その人が行為の規範的理由を求めず、自分自身の現在の熟慮の目的を実現するために理性的に思考できると想定しないとすれば、熟慮しているとは見なされないだろう。

以上の可能的な事態はすべて、ムーア的な理解を考慮に入れることによって鮮明になるが、そのムーア的な理解は素朴な一人称的熟慮の観点から物事を見るときには自然な見方であることを、わたしは示唆してきた。このパースペクティヴから見れば、理性的権威は基本的に認識上のものであり、自分自身の権威であれ他の誰かの権威であれ、あらゆる人の権威は最終的に次のことに依拠している。つまり、その人の思考が世界にまつわる独立した事実の秩序と可能的な結果の本質的な価値とを、どれほど確実に反映しているか、である。このように見れば、理性的権威は、理論的推論における認識上の権威とまったく同じように、覆されたり獲得されたりすることになる。自分自身の探求力が現時点で信用するに足ると見なしたからといって、自らの過去や未来の判断をいま信用せざるをえなくなったり、これから探求する誰か他の人の判断をいま信用せざるをえなくなったりするわけではないことは、まったく明らかである。第三章で見たように、何を信じるべきかをめぐる真剣な会話に参加すれば、相手の認識上の権威を暗に認めることになる。だが、一人称的な理論的推論はそのような権威を認める必要はないし、一人称的な実践的推論もまた、素朴で帰結主義的なムーア的な形をとるなら、そのような権威を認める必要はないのである。

それゆえ、カントが、すべての「理性的存在者はまた、自らの現実存在を、わたしにも妥当する同一の理性的根拠に従って、表象する」と言うとき、脚注で「この命題をここでは要請として掲げておく」のであり「その根拠は最終章において見出されるであろう」(1996b: 429) と述べていることは意義深い。これは、カントの次のような認識を示している。つまり、理性的行為主体が自分自身の理性的本性の価値を主張することから人間性の公式が帰結するためには、その主張自体が意志の自律によって根拠づけられていなければならない、という認識である。だが、そうだとすれば、あらかじめ自律を前提としないような主張は、道徳法則を帰結として伴うだけの力はなく、しかも、すでに見たように、カントは第一章と第二章で述べたことによって自律が証明されたとは考えていない。カントは、第三章以前で自らが提供する議論は、道徳法則と自律が両方ともキメラ的な観念であることと矛盾しない、と考えているのである。(34) したがって、尊厳と道徳法則を立証するという『基礎づけ』の申し立ては最終的に『基礎づけ』第三章の議論に依拠しており、その議論は、すでに見たように、うまくいっていないのである。

と主張する。

理性の事実

カントは、『実践理性批判』を書いたときには、明らかに『基礎づけ』第三章の方策を断念していた。第二『批判』でカントは、道徳法則の概念を通じてでなければ、自由の概念に到達することはできないと主張する。

> 自由はたしかに道徳法則の存在根拠〔*ratio essendi*〕であるが、道徳法則は自由の認識根拠〔*ratio cognoscendi*〕である……。というのも、道徳法則がわれわれの理性においてあらかじめ明瞭に思考されていないとしたら、われわれは自由というものが(たとえ自由が自己矛盾的ではないにしても)存在すると想定する権限があるとはけっして思わないだろう。だが、自由が存在しないとしたら、道徳法則はまったくわれわれの内に見出されはしないであろう(Kant 1996a: 4n)。

仮に熟慮の観点が道徳法則を「見出す」ことに関わらないとすれば、熟慮の観点は自律という前提を必要としないだろう。しかし、われわれが道徳的な義務を課せられていると意識するとき、「いかなる感性的条件によっても圧倒される」ことはありえず、「そうした条件からまったく独立した」「規定根拠」を認める。そして、それが「ただちに自由の概念へと導く」(29-30)のである。

カントは、一組の生き生きした例で自らの主張が正しいことを示す。一つ目の例は、自分は制止しがたい情欲の虜であると言う人に関わるものである。そこで、カントは、両立論者の口ぶりで語っている。

そのような人は「その好機に出会う建物の前に設けられた」（1996a : 30）絞首台で処刑すると脅されたとしたら、間違いなく自らの情欲を抑制することができるだろう。しかし、この意味でその人が情欲を抑制できるということは、そのときもっとも強い傾向性あるいは対象依存的な欲求によって完全に行為が規定されていることと矛盾しない。それが示しているのは、状況が変わったとすれば、何か他の欲求のほうが強くなるだろう、というだけのことである。そして、たぶんその人は、そのような欲求をもっている。それは、自己保存の欲求であり、情欲だけではなく、他のいかなる欲求をも圧倒するような欲求である。圧倒される欲求の中には、真に道徳的な行為を動機づけるのに必要な原理依存的な欲求も含まれる。

カントの二つ目の例は、まさにこの〔原理依存的な欲求の〕可能性に向けられている。ここでは、われわれは、自らが仕える君主から「同じように即刻処刑するという威嚇の下で、その君主がもっともらしい口実を設けて亡きものにしたいと思っているある誠実な人物に不利な偽証を」要求される人を想像するよう求められる。そのようなことを拒否するかどうか「その人はたぶんあえて断言することはできないだろう」とカントは言う。だが、その人が実際にはそれを拒否しようとしまいと、「偽証しないことが可能であることは、彼もためらわずに認めるにちがいない」。

> それゆえ彼は、あることを行うべきであると彼が意識するがゆえに、そのことを行うことができる、と判断するのであり、もし道徳法則がなければ知られないままだったであろう自由を、自らの内に認識するのである（1996a : 30）。

たとえ処刑で威嚇されても君主の要求に従うことを拒否するべきだ、といったん認めたなら、抵抗しがたい自己保存の欲求のせいで拒否することができない、と考えれば矛盾を犯すことになる。肝心な点は、熟慮的な（規範的な）実践的判断から帰結するように思われる。仮にその人が自己保存の欲求を文字通り抵抗しがたいものと想定したとすれば、その観点から実践的に推論することによって、何か他のことをするべきだと結論せざるをえなくなるだろう――結局、その人は自らの生命を断念することはできないのである。だが、カントは明らかに、この場合その誠実な人を裏切ることを拒否する以外にすべきことがあるとは誰もほんとうには考えない、と考えている。われわれが自らに対して誠実であれば、ひょっとすると自分自身の死という犠牲を払うことになるとしても、正直な人を亡きものにしようとする堕落した暴君に譲歩するべきではない、とわれわれは認める。そして、それを認めるなら、譲歩することを拒否することができると想定せざるをえない[35]。

ここで、カントはただ、道徳法則の拘束力を受け入れることにすでに含まれていると彼が見なしているものの論理的帰結を引き出そうとしているだけである。道徳法則の意識は「理性の事実」だとカントは言う。

> それはこの根本法則が、理性に前もって与えられている所与から、たとえば自由の意識から（この意識はわれわれに前もって与えられてはいないので）理屈によって案出できないという理由によるのではなく、この根本法則がまったくそれだけでわれわれにア・プリオリな総合命題として迫ってくるという理由によるのである（1996a : 31）。

カントが、読者が自分自身に誠実でありさえすれば、以上のような道徳の現象学に同意してくれるだろう、と信じていることは明らかであり、われわれはこの例をその精神で提供されているものとして読むことができる。われわれは、この例に登場する人の立場に立って考え、そのパースペクティヴから実践的思考をシミュレーションし、その状況で行うべきことは堕落した暴君の申し出を拒否し、その誠実な人の死に手を貸さないことだということに同意することができる。われわれはそれを行いたいと思うだろうか。もちろんそうであればいいと思うが、残念なことに、われわれはミルグラムの実験の結果も知っている。だが、われわれはそれを行うことができることは認めなければならない。

しかし、以上の反省には、道徳法則が拘束力をもつことを確証する力がないことは、明白である（自分が心の底で信じていることから逃避しようとする冷笑家の目を開かせることはあるだろうが）。というのも、それは、道徳法則が拘束力をもつことをすでに前提としているからである。だが、カントは道徳が幻想ではないことの積極的な論拠を与えようとは、もはやしていない。カントは、ロールズが「弁護としての哲学」と呼んだ方策を採用して、道徳法則をすでにもっているからには、それを受け入れていることを断念する必要はないことを示す。これは、ある意味で、「自由と憤り」におけるストローソンの方策に似ている。意志が自由で（または自律的で）はない可能性は道徳に対する脅威になるのか。自律を前提条件として確証しないかぎり、道徳法則に拘束されていると正当に考えることができないのだとすれば、脅威になるかもしれない。だが、それを危惧する必要はない。ある一定の道徳的な要求や観念が道徳法則の拘束力を含んでいることをあらかじめ認めるところから始めるべきだ、とカントは考えるのである。そして、それを知っているからには、熟慮の矛盾に陥りたくなければ自律を受け入れなければならない。もちろん、誰かが、道徳的に義務づけられていることの前提となっている当の条件がわれわれわれには欠けていることを確証することができたとすれば、困ったことになるだろう。

しかし、道徳法則が最高の権威をもっていることを納得するために哲学的論拠は必要ないとしても、われわれはなお、なぜ道徳法則が最高の権威をもっているのかを理解したいという哲学的な関心をもっている。(36) わたしの考えるところでは、その答えは二人称的観点に見出される。そのことを次章で明らかにし始めるのだが、この章を閉じるにあたって、第二『批判』における「理性の事実」の用法を裏づけるためには二人称的観点が実は必要であるが、どういう意味でそう言えるのかを述べておきたい。

以上検討してきた一節の直後で、カントは実践理性の根本原理と呼ぶものを提示する。「あなたの意志の格率がつねに同時に普遍的立法の原理として妥当しうるように行為せよ」(1996a: 30)。これは、本質的な点で、『基礎づけ』の定言命法のもっと形式的な諸公式と同じである。「普遍法則の公式」「あなたの格率が普遍的法則となることを、その格率を通じてあなたが同時に意欲することができるような、そのような格率に従ってのみ行為せよ」、「自然法則の公式」「あなたの行為の格率が、あなたの意志を通じて、普遍的自然法則となるかのように行為せよ」(1996b: 421)。だが、問いたいのは、カントが、理性の事実は実践理性の根本原理のような形式的原理を擁護する、と考えるのはなぜか、である。実践理性の根本原理に続く「注」における推論は、本質的に意志の自律に訴えるものである。「意志は経験的諸条件から独立に、つまり純粋意志として、法則のたんなる形式を通じて規定されるものと考えられ、そしてこの規定根拠は、すべての格率の最高の条件と見なされる」。それからカントは繰り返して言う。「こうした根本法則の意識は、理性の事実と呼ぶことができるが、それは……この根本法則がまったくそれだけでわれわれにア・プリオリな総合的命題として迫ってくるという理由によるのである」(1996a: 31)。

だが、人は道徳法則が要求することを行ってその君主の要求を却下すべきであるから、そうすることができる、という主張と、カントが理解するところの意志の自律または実践理性の根本原理とは、厳密にはどう繋がるのだろうか。自律と実践理性の根本原理との繋がりは十分に明らかだと思われる。しかし、「理性の事実」の例は自律や実践理性の根本原理と何の関係があるのか。ロス流の義務論的直観主義者であれば、カントがその例について言うことを容易に認め、そこから一般化して、何であれ人が道徳的に行わなければならないことは、その人が行うことができることであるはずだ、と言うことができるだろう。だが、いったいどうしてそこから実践理性の根本原理が結論として導き出されるのだろうか。義務論的直観主義者は、実践理性の根本原理のような原理が自らの受け入れている一連の義務の根底にあること、その君主に屈することが不正であることを説明するためにそのような形式的原理が必要であること、これらのことを否定することもできるのではないか。実践理性の根本原理を否定することすらできるのではないか。

義務論的直観主義者は、先の例および「べし」が「できる」を含意するということについてカントに同意するとしても、そこから意志の自律へと導かれることがあるだろうか。義務論的直観主義者は、先に見たように、自律を否定する。なぜなら、彼らは、行為（意志の客観）はそれ自体で正しかったり正しくなかったりするのであり、そこから法則が導出されると考えているからである。カントが先の例について述べることのどこにも、彼らにその立場を放棄させるところはない。そして、カントが、われわれは定言命法をア・プリオリな総合的命題として直接的に意識している、と付け加えるとすれば、カントは義務論的直観主義者と彼ら自身の土俵で争っているのであって、道徳的義務が単一の原理にまとめられるかどうかをめぐって意見が異なっているにすぎないように思われる。いずれにせよ、「理性の事実」から意志の自由や純粋実践理性の根本原理にいたる明白な道はないように思われる。(37)

理性の事実――二人称的な解釈

さて、わたしは、カントが提示するような直観的な例に基づいて純粋実践理性の根本法則や定言命法を擁護する論拠が、実はあると思う。しかし、そのような論拠は、道徳的義務の二人称的な側面、つまり道徳的義務が責任と概念的に結びついていること、に依拠することになるだろう。まず思い出したいのは、カント自身の議論で役割を演じる「できる」の意味は、熟慮によって決定すべき選択の余地があるという意味、つまり、それに関わる能力や機会などによって、それを行うかどうかの有意味な考慮があらかじめ排除されてはいないという意味、にすぎない、ということである。だから、その意味で「べし」が「できる」を含意することが真であるのは、まったく明白なのである。「べし」は熟慮の結論としての規範的判断という意味をもつ。それが、わたしが行うことのできる物事のなかで、わたしが行うべきことなのである。さて、しかし、誰かがこの意味で何かを行うことができることは、次のこととまったく矛盾しないことに注意しよう。その人がそれを行うべきだと知らないこと、それが自分の行うべきことだと知ることができないこと、それが自分の行うべきことだと決定し、それに従って行為しようと決定する（実践理性の根本原理のようなものを含む）実践的推論の形式的プロセスをまったく欠いていること、である。たとえば、ロス派の直観主義者は、ある人（「市民氏〔Citizen〕」と呼ぼう）が自分はそうすべきであることを知らず、知ることができず、それを発見しそれを行おうと決定するための、実践理性の根本法則や定言命法のような推論のプロセスをもっていなかったとしても、市民氏はその君主の要求を拒否するべきだ、と主張することができる。そうだとしても、ロス派の人々は、市民氏は君主の要求を拒否すべきであるがゆえにそうすることができるという点で、カントに同意することができる。だが、繰り返すが、それは定言命法や自律に関わるものを何も含んでいない。

市民氏がその君主の要求を拒否する道徳的義務があること、そうしないことは不正であること、それゆえそれが市民氏のすべきことであり、したがってできることであること、は共通の根拠である。しかし、第五章で論じたように、それが、市民氏が行うべき道徳的義務であるとすれば、それを行うことに対して説明責任ないし応答責任を負うべきことでもある。それは、道徳的共同体（そしてその成員としての市民氏自身）が市民氏に対して行うよう要求する権威をもっている何かである。さて、われわれが、道徳的共同体の成員として、これらの要求を擁護する二人称的な規範を受け入れ、それに基づいてその命題を市民氏に宛てるとすれば[38]、たんに「道徳的共同体の内部で」は事情がどうなっているかを、あたかも人類学者が自らは受け入れていない習俗を誰かに伝えるように、伝えているのではない。その要求を暗に市民氏に宛てているのであり、それを権威あるものとして提示しているのである。そして、市民氏自身がその道徳的義務を認めるとすれば、実は市民氏自身もそうしているのである。

われわれは市民氏に何かを「道徳的に宛てること」によって市民氏と関係を結ぶ（Watson 1987：263, 264）。さらに、そうすることによって、われわれはワトソン的な「何かを道徳的に宛てることの諸制約」に、つまり、誰かに要求すること、責任を負わせること、誰かを非難することなどがそれ自体で有意味であるために満たされなければならない条件に、服している。（これまでの他の表現で言えば、われわれが誰かに宛てようとする二人称的な理由が存在するための、したがってわれわれが誰かに何かを宛てることが成功するための、適切性の条件がある。）こうして、誰かが何かを行うもっともで十分な理由が存在するだけで、その人がそれを知っている、いやそれを知ることができる（そうだといいのだが！）と見なす概念的な圧力はないとしても、（市民氏が拒否しなかった場合）拒否すべきだということを知ることのできる立場にあったはずだ、そして適切な理由をあげて拒否することができただろう、と前提することは、市民氏がその君主の要求を拒否しなかったことを非難し責任を負わせるための概念的な要件であるように思われる。

人々に責任を問うとき、われわれは、その人々が行うべき通りに行う能力があると暗に認めているが、それは、ただその人々には他の選択肢が開かれているとか物理的に妨げられていないとかいう意味であるだけではなく、その人々が遂行することができたはずの推論プロセスがあり、その推論プロセスによって、行うべきだったことを行う責任が自分たちにあると見なし、それを行おうと決定することができたはずだという意味でもある。その人々は、行うべきことを、バーナード・ウィリアムズの言葉を借りれば「健全な熟慮の道」によって行うことができたはずだ、とわれわれは暗に認めているのである（1981a）。（ウィリアムズ自身［1995］が、非難はそれを前提としている（ウィリアムによればそれは不当なのだが）と論じていることを思い起こそう。）だが、道徳的義務に服している人々がもっているはずの推論プロセスのうち、どれがその人々には使用可能なのだろうか。カントの考えによれば、それは、そもそもわれわれが道徳的義務に服するとはどういうことか、つまりわれわれが理性的意志をもつとはどういうことか、そういったことにそれ自体で結びついた手続きでなければならず、それゆえそれは意志の「形式」に何らかの形で結びついた手続きでなければならない。定言命法や実践理性の根本原理は、カントが必須の推論プロセスとして提案するものであるが、それは、事実上、われわれに到達する責任があると有意味に思われる結論へと道徳法則が導くとすれば、道徳的推論がとらなければならない形式である。そして、意志の自律はその系として導き出される。だが、わたしの主張の要点は次のようなものだ。市民氏が道徳的な義務を負っている（拒否する責任がある）と見なすこと、そして、市民氏が自らの義務を規定し拒否しようと決定するための推論プロセス（定言命法や実践理性の根本原理）が存在しなければならないと考えること、これらの繋がりを理解するためには、道徳的義務の二人称的側面に焦点を当てる必要がある。このカント的な主張の二人称的解釈は、定言命法の推論（のようなもの）は二人称的能力の一部だ、というものである。

互いに責任を問いあう際に二人称的能力が果たす役割を考え抜けば、実質的に同じ結論に至る。同じ道徳的共同体の成員として道徳的義務に従う責任を互いに問いあうとき、われわれは、各人も自分自身に責任を問うことができる、と暗に認めている。だが、そのためには道徳的義務を次のようなものによって統制する必要がある。相互に責任を負いあう平等な人々の共同体の平等な成員であるすべての人の有意味な要求として、したがってまた自分自身の要求として、誰もが受け入れることができるものによって、である。定言命法は、特に目的の国の公式は、この直観的な考えの一つの解釈である。つまり定言命法は、われわれが互いに道徳的要求に従う責任を問いあう際に、われわれが前提としている二人称的能力を構成する推論プロセスの公式である。このことを第十章〔原著第十二章〕で論じる。

このような考え方の基本を成すのは、わたしが人の尊厳の本質的な面だと主張してきた二人称的権威である。つまり、そもそも人がもっている、人として互いに主張しあい要求しあう（平等な）権威である。意志の自律と形式的な熟慮のプロセスの必要性は、その基本的な考えから導き出される――二人称的権威の可能性の必要条件として、そして二人称的関係を媒介するのに必要なものとして――のであって、その逆ではない。二人称的権威が存在しうるのは、二人称的能力がある場合のみである。そして、人々に二人称的能力があると想定できるのは、自律および定言命法のような道徳的推論の一定の形式があると想定できる場合のみである。人々が規範に従う責任があると見なされるのは、自分自身で規範を受け入れそれによって自分自身を規定できる場合のみである(プーフェンドルフの論点)。だが、それが保証されるのは、要求を正当化する規範の妥当性が、少なくとも原理的には、人々が自分自身で推論することによって辿ることができ、そうすることによって自分自身に妥当な要求を行うことができるプロセスから生じる場合のみである。

しかし、平等な二人称的権威として理解される人の尊厳が基本的な道徳的概念であるとして、われわれがその観念に与せざるをえないのはなぜだろうか。それ自体がキメラのような観念ではないということを受け入れなければならないのはなぜだろうか。この問いに答えるために必要な材料はいまやほぼ揃っている。

註

(1) もしくは、道徳的義務が他に優先する理由を与えるというテーゼが概念的なものだと見なされるとすれば、われわれには現実に道徳的義務があるということを確証することも同様に不可能だと思う。

(2) そしてさらに、これはたんに「目的を設定する」能力であるわけではない。この能力も何を信じるべきかの推論に明白に相当するものをもたないとはいえ、それはカントが意志の自律ということで言おうとしていることではない。

(3) この点の検討については、〔本訳書では割愛した〕原著第七章を見よ。

(4) pがAがなされた状態であることとは、Aが適切な意味で道具的であることと矛盾しない。

(5) 実践的観点の前提がこのような理解を排除するわけではないことを示すには、少々配慮が必要である。もっとも大きな課題は、理由を根拠づける行動規範は、実際的な行動に現れずにはいないが、その現れかたには、そのような理解を排除するところは何もないことを示すことである。行為主体は、自分たちが理解する通りの規範的理由のために行為するということ、そして、このことは、あらゆる理性的行為主体に必然的に適用される普遍的規範を受け入れることを含むこと、これらはカントの洞察のなかでも重要なものである。〔本訳書では割愛した〕原著第七章で、わたしは、規範を受け入れることは、世界の状態に関わるというよりも主体の状態に関わることだと論じた。さらに「間違った種類の理由」問題の重要なもう一つの帰結は、行動規範は欲求の規範とは概念的に異なるということである。だが、それが真であるにもかかわらず、有意味な熟慮の条件のなかには、あらゆる行為の理由がなおも欲求の理由から引き出され、その結果あらゆる行為の理由が道具的である可能性を排除するものは何もない。第二の問題は、繰り返しになるが、理性的規範の必要性とその欲求への関係とに関わる。ムーア的な（帰結主義的直観主義の）理論はこの懸念を表明する可能性があるとわたしは主張する。

（6）もちろんわたしが言いたいのは「非二人称的な一人称的観点」のことである。以前述べたように、二人称的観点はつねに一人称的観点の一種である。

（7）道徳法則の二人称的な性格は、基礎づけの役割を明白には果たしていないとしても、カントの著作の多くの箇所には、それが暗に働いていることに注目すべきである。すでに第六章で、カントが尊厳、尊敬、自己欺瞞の二人称的な側面に言及する箇所に注目した（Kant 1996d : 434–435, 462）。さらに、カントには、検察官などが登場する法的な場面を模した良心論がある（e.g., 1996a : 98–100 ; 1996d : 400–401, 437–440）。さらに基本的なことだが、カントは次のように主張している。「わたしが自分は他の人に対する義務の下にあると認めるのは、同時にわたし自身を義務の下に置く場合だけである」（1996d : 417–418）。（この一節を思い出させてくれたロバート・ジョンソンに感謝する。）そして、『実践理性批判』からは次の箇所を挙げることができる。「また、あらゆる人は道徳法則を命令とみなすが、それらの法則の適切な帰結とア・プリオリに結びつけられ、それによって約束と脅威を伴っているのでなかったとすれば、そもそも命令ではなかっただろう」（1998 : A 811–812, B 839–840）

（この一節を指摘してくれたジェイコブ・ロスに感謝する）。たとえば、デイヴィド・ヴェルマンが指摘したように、カントは『基礎づけ』の序章で「「嘘をつくべきではない」という命令」はあらゆる理性的存在者に妥当すると言う（Kant 1996b : 389 ; Velleman 2005 : 116–121）。

（8）これはアレン・ウッドによるこの一節の翻訳であるが、メアリー・グレガーのものより優れていると思われる。

（9）「一致する方向」については、次のものを見よ。Anscombe 1957 ; Platts 1979 ; Smith 1994.

（10）ドナルド・デイヴィドソンの古典的な論文（1980）を見よ。

（11）この教説は、意志の弱さの可能性を許容するように解釈されるべきである。そうする一つの方法は、行為主体が何らかの理由のために行為を行うのでないかぎり、どの行為も純然たる行為とは見なされず、それゆえその行為主体は自らの行為が、ある程度まで何らかの理性的規範によって推奨されていると理解している、とカントが主張していると見なすことである。このことは、それと同時に行為主体が、自らの行為が、あらゆることを考慮に入れてもっとも行うべき理由があるものに反していること、それゆえ妥当な理性的規範が推奨するものに反していることを信じている（受け入れている）ことと、矛盾しない。

（12）ここで、カントは、規範的理由が欲求を条件としていなくても欲求の対象の性質に依存している可能性があることを無視しているように思われる。規範的理由は、世界のある可能的な状態が本質的によいものであり欲求に値するものであるというムーア的な直観によって、与えられるかもしれないからである。

（13）自律には、意志が、いかなる状態に対する欲求からも独立に意志に適用される（つまり、直前の段落で示された意味で「経験的な」のではない）ような、自分自身の原理（法則）によって統制されていることだけではなく、いかなる結果や状態の（見たところ明らかな）価値（たとえば望ましさ）からも独立に意志に適用される規範によって統制されることも要求される。この点については、以下を見よ。

（14）この条件は自律にとって必要であるが、十分ではない。次の次の段落で記述されるもう一つの条件が必要である。

(15) カントが定義する自律は、規範的な構成要素と形而上学的な構成要素とをもたなければならない。規範的な構成要素は、意欲の対象の性質から独立に、理性的ないしそのものに適用される妥当な（理由を基礎づける）規範が存在するという主張である。規範的ではないほうの形而上学的な構成要素は、意志がこの法則に従って働くことができるということである。

(16) ここでは Rawls 1980 と Korsgaard 1996e とが参考になる。

(17) もちろん、カントが実践理性の規範が自律に（したがって、その意味で「自由の法則」に）関わることを単純に想定すれば、論点先取になる。

(18) ここで強調されるのは「外からの」原因でなければならない。合理的思考それ自体は、とにかくこの時点では、因果的な過程ではないという前提が必要であるという議論を、わたしは理解することができない。熟慮する行為主体が、非両立論的な自由はわれわれの関心事に該当しないと想定しなければならない、と思っていたかどうかという問いは、ここでは措く。

(19) もちろん、これらのことはわたし自身にまつわる事実も含むかもしれない。たとえば、予想されるわたしの気分、その映画をどのように楽しむと期待されるか、などである。それをわたしは行くための、そして行きたいと思うための理由と見なすのである。

(20) カントのレフレクシオーン六六六〇番の記述と比較せよ。「「それはよい」という表現は欲求に対する関係を表現するが、それは「それは真だ」という表現が信念に対する関係を表現するのと同じである」(Kant 1900)。この点については、ティモシー・ローゼンケッターの、二〇〇三年にオハイオ州クリーヴランドで開かれた北アメリカ哲学協会・東部支部の集会における発表「カントの実践哲学への意味論的アプローチ」に負っている。この一節の訳文はローゼンケッターによる。

(21) 反省してみれば、ある状態が端的に存在すべきだという観念は完全に整合的ではありえないことがわかる。この点をさらに紙幅を割いて Darwall 2003b において展開した。わたしが主張するのは、ムーアの構想は却下されなければならないということである。その主な理由は、われわれが二人称的理由から理解することのできる意志の自律と矛盾するからである。実践的観点からの熟慮はムーアの用語によってもっともよく理解できるという、ムーアに同情的な議論についてはRegan 2003aを見よ。

(22) カントの次の一節とも比較せよ。「理論的知識は何があるかに関する知識として定義され、実践的知識は何があるべきかに関する表象として定義される」(Kant 1998 : A633)。これはムーアの『倫理学原理』におけるアプローチであるが、もっともムーアは、どの状態が本質的価値(それ自体のために存在すべきもの)をもつかに関する判断を、その状態に対する欲求と同一してはいない。しかし、ムーアは、このような見方に基づく行為は本質的に道具的であり、行為の規範的理由はまったく状態の本質的な価値から導き出されるという帰結を引き出す。

(23) つまり、われわれが状態を行為の妥当な規範に対する関係から独立に規定するかぎりにおいては。

(24) 実際ムーアが後にそうしたように(1966)。

(25) 言うまでもなく明らかなことだが、わたしは認識論的な問題を捨象している。このモデルは確率論的な情報や不確定性などを説明するように変更することが可能だと思う。

(26) コースガードはKorsgaard 1996e : 122で、人間性の公式を擁護するカントの議論に関する解釈の簡略版を提供している。

(27) コースガードは1996f(もともと一九八三年に出版された)では後者の定式を好み、もっと後になってから採用された定式、たとえば1996eでは、前者を好む。

(28) Parfit 1997をも見よ。

(29) 「実質的実在論」はKorsgaard 1996eにおけるコースガードの用語である。

(30) 実際、仮に第一の前提を自律を含む意味で想定したとしても、つまり、価値の条件の源泉が(形式的法則に従って)理性的に意志されていることにあると想定したとしても、なぜ人間性の公式のようなものが結論として出てくるのか明らかではない。基本的な問題は、さまざまな論評者が指摘したように、価値の条件ないし源泉それ自体が価値をもち、そこから他の何の価値が導き出されなければならないのはなぜかが明らかではない、ということである。サムエル・カースタイン（2001）は次のように指摘している。理性的行為主体は価値のないものの源泉であると言うことにも同様に理由があるが、それゆえ理性的行為主体は価値をもたないと結論しようとは誰も思わないだろう。

（31）この主張に関する非常に優れた検討であり、わたしも負っているものとして、Regan 2003b を見よ。デイヴィド・サスマン（2003）は、リーガンの主張は、ウッドやコースガードの遡及的議論という解釈に対する批判としては有効かもしれないが、カントに対する批判として有効ではないと論じている。サスマンはもっともらしく次のように論じている。リーガン、ウッド、コースガードはみな客観的価値を実践的必然性と混同しており、カントの議論は、理性的行為主体がある目的を追求する際に必要な手段をとらなければならないという実践的必然性の下にある、そのあり方に依拠している。サスマンが指摘するように、これはコースガードが Korsgaard 1997 でとる方向に沿うものである。わたしはこの方向を Darwall 2001 で批判している。問題の一つは、道具的理性に関するかぎり、その行為主体は、必要な手段をとるか目的を断念するかというだけの理性的必然性の下にある、ということである。だから、道具的理性は、単独では、行為する理由の源泉になるには不十分である。

（32）当該の価値は少なくとも部分的には道具的でありうるだろう。

（33）ウッドはこれに関連する主張を行っている。Wood 1999: 130 を見よ。ここで検討されている種類の権威は、ここ数段落で話題になっている種類の価値判断とは異なる。

（34）Korsgaard 1996e で、コースガードは人間性の公式を擁護するための異なった議論を提示しているが、それは熟慮の観点の自己反省的な性格に根差している。コースガードは次のように述べる。行為主体はある程度の自己反省を必要とする、つまり行為主体は自分自身を「あらゆる［自己の］欲求を超えその上に立つもの」であり「どの欲求に従って行為するかを選択するもの」と見なさなければならない（100）。このことによって、行為主体は、熟慮において頼りにする「実践的アイデンティティ」を、つまり自分自身の規範的な理解を認めざるをえなくなる。熟慮する理性的行為主体として、わたしが疑問に付すことのできない実践的アイデンティティが一つある、すなわち熟慮する理性的行為主体としてのアイデンティティである、とコースガードは論じる。わたしは、熟慮する観点の内側から「たんに人間としての、つまり、行為し生きるために理由を必要とする反省的な動物としてのアイデンティティを認めざるをえない」（121）のである。それは、コースガードが論じるところによれば、わたしは自分自身の人間性ないし理性的行為主体性を規範的理由の源泉として扱わなければならないということである。しかし、道徳法則の拘束力を立証するためには、わたしは他の人々の内にある理性的行為主体性もまた自分にとって規範的なものとして扱わざるをえない、と結論することができなければならない。コースガードのここから先の議論は複雑だが、主に私的言語の不可能性をめぐるヴィトゲンシュタイン的な論点に頼っている（131-136）。基本的な考えは、理性的本性は行為主体相関的な理由の源泉だと主張すれば――つまり、行為主体の理性的本性は独特のしかたでその行為主体に理由を与えると主張すれば――それらの理由を、ルートヴィヒ・ヴィトゲンシュタインが首尾一貫しないことを明らかにした本質的に私的な現象の一種として扱うことになる、ということである。私的言語の議論の実践哲学に対する教訓は、理由は「公共的で共有可能で」（136）なければならないということだ、とコースガードは論じる。したがって、理性的なものとしての行為主体の規範的アイデンティティがその行為主体に与える理由もまた公共的で共有可能でなければならない。それゆえ、他の人々の理性的本性は、その行為主体にとって自分自身の理性的本性と同様に規範的である。

この戦略に伴う問題は、ヴィトゲンシュタインの私的言語の議論から導き出されうる教訓はどれもかなり一般的であり、実践的推論と同じく理論的推論にも当てはまるということである。さらに、理論的探求は、実践的熟慮と同様に自己反省的である。理性的信念の主体は、理性的な行為主体と同じように、自分自身を、自己の傾向性を「超え、その上に立つもの」と見なすことができなければならない（この場合は、経験によって与えられる信念に対して）。そして、すでに見たように、行為主体は自己の推論を外からの原因による規定から自由であり理性的な規範によって導かれるものと見なしもしなければならない。最後に、実践的熟慮において実践的アイデンティティによって導かれるのと同じく、探求においては自己は理論的推論をする主体であるという理性的な理解によって導かれる。われわれは、熟慮する際と同じく、何を信じるべきかをめぐる自分自身の推論に一種の権威を与えなければならない。したがって、これらの事由は、それ自体では、自律やそれに相当することを確立するには不十分である。なぜなら、それらの事由は、理論的推論の特徴である一種の他律と矛盾しないからである。たとえば、素朴な熟慮の観点に関するムーア的な実在論と矛盾しないのである。もちろん、コースガードは、わたしと同じく、この種の実在論を退けるだろう。だが、重要な点は、実践的アイデンティティや私的言語の不可能性に基づく議論には、ムーア的な実在論を除外するものは何もない、ということである。だから、その議論は自律や道徳法則を確立できないのである。

(35) この時点で、フットの論点(1972)を想起しよう。適切な資格をもつ「べし」の要求は、礼儀作法の要求のように、実践的な意味で規範的とはかぎらない。それらは最高の権威をもつ行為の理由を含むわけではないし、それどころか真に規範的な行為の理由を含むわけですらない、という論点である。礼儀作法が要求ないし推奨することを行う能力がまったくないと考えたとしても、何の矛盾もない。精神的な障害は別としても、適切に食卓を整えることを不可能にするような物理的な障害があることもある。単純に十分な数のフォークがないこともある。同じように、道徳的義務や責務が典型的にもつとされる規範的な力を無効にして、礼儀作法の義務や責務がすでにもっているように思われる資格を与えようと試みる道もある。引用符や適切な屈折した表現によって、君主の要求を拒むことが行うべきことではあるが、「それは、まあ、道徳的に言えば、であって」、それを遵守することはできない、という考えを表現することもできるかもしれない。だが、カントの論点は、熟慮に基づいて君主の要求を拒むべきだと考えているとすれば、文字通り拒むことができないという意味でその要求には反抗できないと考えることは、熟慮に基づけば、つまり一連の実践的推論の結果としては、端的に矛盾だということである。結局、それが不可能だとすれば、それを行うことを矛盾なく考えることはできないのであり、それゆえ行うべきことは他のことだと結論せざるをえないのである。これと同じような調子で「べし」は「できる」を含意することを検討する有益な議論として、ヴラナスの未公刊の文献を見よ。ヴラナスは、「できる」が「能力と機会をもっている」という意味をもっている場合、「べしはできるを含意する」は概念的に必然である、と論じている。

(36) あるいは、ある人が道徳法則が最高の権威をもつということが概念的な真理だと考えるとすれば、われわれは、道徳法則と見なされるものが事実道徳法則になるのはなぜかを理解することに関心をもつ。概念的な真理は、そもそも何かが道徳法則だとすれば、それは最高の権威をもつということにすぎない。

(37) もちろん、「理性の事実」それ自体が定言命法の意識を含むのだとすれば、踏み出すべき道はない。

(38) いや、それどころか、市民氏がそれを自分自身に宛てるとすれば。

第八章　尊厳と二人称――フィヒテの主題による変奏

人〔人格〕つまり道徳的実践理性の主体と見なされる人間は……尊厳をもち……それによって人間は世界の他のあらゆる理性的存在者から自分に対する尊敬を要求する。人の内にある人間性は他のあらゆる人間から要求することのできる尊敬の主体なのである。

――イマヌエル・カント『徳論の形而上学的定礎』

カントが右の一節で言うように、尊厳によってわれわれは「他のあらゆる人間から」尊敬を「要求」すると言うことによって、何を言ったことになるのか、それを理解することが人〔人格〕としての尊厳を証明する鍵であることを、この章では論じたい。ある要求の妥当性を認める尊敬は、第六章で見たように、その要求やそれを行う権威と同じように、二人称的である。そして、わたしはそこで、人の尊厳は平等な人の二人称的地位である、と論じた。自由で理性的な人々の間の関係を媒介する義務の規範に従う責任を互いに問いあうことは、道徳的共同体（「目的の国」）の平等な成員としての地位に属する。

したがって、ある人が他の人の人としての尊厳を尊重するなら、その人は、相手が、自らとの関係において、平等な人として二人称的地位をもつことを認めているのである。

第一章で述べたように、尊厳は、部分的には、許容可能な人の扱い方には制約があるということ、つまり人に対してとるべき振舞い方ととるべきでない振舞い方があるということを含む（Kamm 1989, 1992; Nagel 1995）。だが、それは事柄の一部にすぎない。われわれに対する要求のなかには、誰もわれわれに要求する地位にないようなものが存在しうるからである。[1] それは、尊敬を「要求する」地位にあることがもたらすもの——相互的な責任によって尊厳が要求することに従うことを要求する権威——である。

このように考えると、尊厳は、相互に責任を負いあう自由で理性的な行為主体が協働して構成するものとしての道徳的共同体における平等な地位を含むことになる。[2] そうすると、人の尊厳は、次の三つすべてに合致する複合体だということになる。人に対する行動に関する実質的な義務の規範、相互に責任を負いあう平等な人々の一人としてこれらの規範に従うことを要求する地位、この権威に基礎をもつ妥当な要求、である。[3]（繰り返すが、第十章〔原著第十二章〕で、個々の道徳的要求の内容がそれ自体二人称的観点に基礎をもつ契約主義の枠内で解明されると論じる。この章では、二人称的パースペクティヴが、共有された基本的な二人称的権威として理解される尊厳に関与することを示そうとする。第十章〔原著第十二章〕は、手続き的に解釈された定言命法が、目的の国の公式の契約主義的解釈を含めて、この権威に基礎をもちうることを論じる。）

だが、われわれをこの地位に関与させるものは何だろうか。端的に平等な人として互いに何かを要求しあう権威がわれわれにはあると想定すべきであるのは、なぜだろうか。前章の推論が正しければ、道徳法則、人の尊厳、意志の自律がすべて相互に関係しあっているとしても、一人称的な実践的推論だけでは、それらを受け入れる必要は生じない。ある行為主体が、それらすべてがキメラ的な観念であるという前提を認めたうえで、（素朴な一人称的観点から）有意味な熟慮を行ったとしてもおかしくはないのである。この章では、尊厳と自律（二人称的な権威と能力）が不可避的に二人称的地位において前提とされていると考える理由を展開し、二人称的な実践的思考の説明が実践理性の十分に適切な説明にとって核心的だということを論証し始めるが、その主要部分はこれに続く章で提示される。

しかし、道徳法則が人の尊厳と本質的に結びついているとすれば、そして、尊厳が還元不可能な二人称的地位を含んでいるとすれば、二人称的パースペクティヴが道徳法則の拘束力を理解するために本質的に重要だということは、驚くに値しない。どんな種類の二人称的理由であれ、それを誰かに宛てる権威は、一人称的ないし三人称的に十分に理解される価値の命題や権利の規範的原理に還元することはできない。なぜなら、この種のことはそれ自体、権利主張や要求の還元不可能な二人称的要素を含んでいないからである。(4) したがって、人が互いに自由で合理的な者として要求しあう地位にあるとすれば、それは二人称的パースペクティヴの内からわれわれが関与している何かでなければならない。しかも、わたしの見るところ、この還元不可能な二人称的な意味での人の平等な尊厳に関与することこそ、意志の自律と定言命法への関与をもたらすのであって、その逆ではない。

序奏——材料を集める

そうすると、この章の目標は、次の主張を擁護する議論を構築することである。人の尊厳は、共有された二人称的権威として理解されるかぎり、二人称的理由を誰かに宛てるための規範的な適切性の条件として、二人称的観点から不可避的に前提とされ、それゆえ、意志の自律も同じように前提とされる、という主張である。どのような二人称的理由であれ、それを誰かに宛てるならば、人は必然的にそれら二つの前提に与することになる、と結論できればいいと思う。この時点ですでに、そのような議論に必要な材料の多くが、ストローソンの論点やプーフェンドルフの論点も含めて、手許にある。この節では、これらの材料を手短に概観し、次の節でそれらを、要求を二人称的に宛てること一般をめぐるフィヒテの考えと結びつけ、説得力のある議論を生み出すことができるようにする。要求を二人称的に宛てることとは、それが二人称的に宛てることであるかぎり、行為主体が自らの意志を自らの自由な選択を通じて導くことをつねに前提とする、とフィヒテは主張する。要求を二人称的に宛てることは、自由で理性的な行為主体としての人を宛先とすることによって、その人に対して要求を行おうとするのである。これを、要求を二人称的に宛てることに関するフィヒテの分析と呼ぶことができる。

そうすると、フィヒテの論点は、要求を二人称的に宛てることが成功するためには、それが二人称的に宛てることとして分析されるかぎり、二つの条件を満たさなければならない、というものになる。したがって、誰かに要求を二人称的に宛てようと試みることには、いつも想定せざるをえないことが二つあることになる。[5] 一つ目は、要求を宛てる人と宛てられる人とは、互いに自由で理性的な人として要求を与えあう平等な権威をもつ、ということ。二つ目は、要求を宛てる人と宛てられる人とは、その権威に根差す要求に従って行為する自由を共有する、ということ。わたしがここで解釈するところによれば、フィヒテの論点は、要求を二人称的に宛てることはすべて、この二人称的権威と二人称的能力とを同時に前提としていなければならない、というものである。[6] 実際、「自由で理性的な」という語句の「自由な」ということで理解されるべきことは、二人称的能力があるということである。[7] そうすると、結果として、この章の目標はフィヒテの論点を支持する議論を構築することになる。このことは、フィヒテの分析を、ストローソンの論点とプーフェンドルフの論点とに結びつけることによって可能になると思う。

ストローソンの論点。 ある人に責任を問うことはつねに一つの要求をその人に宛てることであり、そのような要求の正当化は二人称的理由によって行われるしかない。つまり、その要求を誰かに宛てるときにわれわれがとらなければならない観点の内部で行われるしかない。さもなければ、「間違った種類の理由」を引き合いに出していることになるだろう。こうして、すでに確認した、四つの相互に定義しあい還元不可能な二人称的概念の枠組みが与えられる。（1）誰かに宛てられる要求、（2）その要求を誰かに宛てる権威、（3）その要求が誰かに宛てられるときに暗に含まれる二人称的理由、（4）他の人々に対する責任。これら四つの概念のいずれもが、暗に他の三つを含み、それらのいずれもがもつ独特の規範性を、二人称的観点がなくても十分に理解することのできる規範や価値に還元することはできない。

ストローソンは、これらの論点を特に道徳的責任をめぐって主張するが、その適用を道徳的事例に制限する理由はない。ある人が妥当だと思われる権利主張や要求を出すときはいつも、不可避的に四つの概念をすべて含む二人称的関係を開始することになるのである。この枠組みの要素のうち二つが本章の議論に特に関連する。一つは、要求を誰かに宛てることと責任との関係である。要求を誰かに宛てるときはいつも、要求を宛てられる人がその要求に従う責任があると見なされるような関係を開始しようとしていることになる。（逆に、誰かに責任を問うときはいつも、要求をその人に宛てることになる。）すでに見たように、要求を宛てる人と宛てられる人との間にもっと一般的な説明責任の関係がすでにあるのでなければ、そのような試みが成功することは不可能であり、その関係は、両者が要求を相手に宛てたりその要求を承認したりする際にそれぞれ前提とするものである。これは、われわれがカドワースの論点と呼んだストローソンの論点の一種であり、われわれがカドワースの神学的主意主義の批判の中に見たものであり。われわれが神に対して一般的な説明責任をあらかじめ負っているのでなければ、神は個々の命令によってわれわれに義務を負わせることはできず、あなたとわたしが、合意したり拒否したり、約束を申し出たり受け入れたりする二人称的権威をあらかじめもっているのでなければ、一緒に散歩に行こうと合意することも、どちらかが相手に約束をすることも不可能だろう。そのようなことは、あなたとわたしのいずれかが相手を勧誘したり約束したりし、相手がそれを受け入れたり断ったりするとき、前提としていることなのである。

二つ目の要素は、権威のある要求がいつも相手に宛てる独特の種類の行為の理由であり、それは、われわれがそのような要求をするときに前提としているその種の理由に従って行為する能力（二人称的能力）とともに考えられる。二人称的理由は、結果あるいは世界の状態に関わるというよりも、権威に関わる。誰かがあなたの足を踏んでいるので苦痛だという、もとの例を思い起こそう。誰かが足をどけてくれれば和らぐであろう苦痛に苛まれているという事実は、それ自体では、相手が足をどけるための、行為主体中立的な、結果に関わる非二人称的な理由である。そのような人は、端的に、世界のよりよい状態をもたらすのに特に適した立場にいるが、その人がそうすべき理由は、原理的に、そのような状態をもたらすことのできる人なら誰でももっているものである。しかし、（そもそもその人にはあなたの足を踏む権利はないのだから）その人に向かって足をどけてくれと要求するならば、あなたがその人に与えようとしている理由は、世界の状態に関わるというより権威に関わるものであり、行為主体相対的で二人称的である。その要求を行うとき、あなたの苦痛が和らぐほうが世界の状態がよくなるから、その人にはそうする理由がある、と前提する必要はない。あなたが前提とするのは、むしろ、自分には足をどけてくれと要求する権威があるということ、つまりその人には(そうしたいと思おうと思うまいと、そうすることが特にいいことだと思おうと思うまいと)そうする理由がある、ということであり、結局、その人にはそうする責任があるということである。

さて、前章の終わりで見たように、互いに道徳的な責任を問いあうとき、われわれは各自が道徳的要求に従うことができることを前提としている。それも、そうする能力と機会があるという弱い意味ではなく、道徳的要求が含む明らかに二人称的な理由を認識し、それに従って(自由に)行為する能力をもつという強い意味で。そして、そのためには、自由で理性的な行為主体がそのような主体であるがゆえにもっている二人称的権威にのみに根差す理由に従って、それゆえ「意志作用の対象のいかなる特性からも」独立な理由に従って、行為する能力がわれわれにあることを、前提とする必要があることも見た。(8) このように、道徳的責任は意志の自律を前提とする。われわれが道徳的な責任があると見なされうるのは、自由で理性的な行為主体たちの一人としてのパースペクティヴから自分たち自身に道徳的要求を課すことによって、自らに責任を問うことができる場合のみである。(9)

フィヒテの分析の一つの帰結は、これらの前提が道徳的な事例に限られないということを、強調しておきたい。それらは、要求を二人称的に宛てることにいつも含意されているのである。二人称的理由はどのようなものであれ、結果に関わるというよりも権威に関わり、二人称的理由が誰かに宛てられるときには、当事者双方がいずれも理性的で自由な(二人称的能力のある)者として互いに責任を負いあうような責任関係が開始されることになる。そうすると、結果的に、要求を二人称的に宛てることはつねに人の自律と尊厳とを前提とせざるをえない、ということがフィヒテの分析の帰結だということになる。いかなる二人称的理由も自由で理性的な行為主体に宛てられるのだとすれば、それに従う責任は、それが宛てられる人がもつ、理由によって自由に自己を規定する能力に関わることになるが、それは、二人称的理由を宛てる人と宛てられる人とが共通にもっていると想定せざるをえない二人称的能力と二人称的権威とに基礎をもっている。[10] 要求を二人称的に宛てることは、二人称的権威と二人称的能力が共有されていることをつねに前提とせざるをえないのである。

プーフェンドルフの論点。 われわれの議論に必要な第二の要素はプーフェンドルフの論点であるが、それはプーフェンドルフが道徳的動機をめぐる主張として提示するものである。神の命令が義務を生み出すには、神の制裁に対する恐怖やそれを避けたいという欲求によって動かされて従うことと、その制裁が「わが身に降りかかるのは正当だ」(1934: 91)[11] と納得して動かされることとを、区別しなければならない。われわれが神の命令によって真に義務づけられるのは、神の権威を受け入れ、そうすることによって自由に自らを規定する能力をもっている場合だけである。われわれは二人称的能力をもっていなければならないのである。

この論点を表現する一つの方法として、われわれは次のように言ってきた。一つの義務に服していると言えるためには、それゆえその義務に従う責任があると言えるためには、その義務を課された行為主体が自らに責任を問う能力をもっていなければならない。そうするためには、その行為主体は、相手の権利主張ないし要求を、たんに外的に、相手のパースペクティヴから見て正当に課せられたものと見なすだけではなく、自分と相手が共有できる観点から見て、自分自身に正当に要求するものと見なすことができなければならない。その行為主体は、自分が従わなかったとしたら、たんに他の誰かが自分を咎めたとしてももっともだというだけでなく、自分は非難されるに値する、自分自身を非難する正当な理由がある、とも考えることができるのでなければならない。

これは、いわば、要求を宛てられる人のパースペクティヴから見たプーフェンドルフの論点である。だが、それは、要求を宛てる人のパースペクティヴから見れば、二つの帰結をもつ。第一に、特別な権威関係の場合、要求を宛てられる人が要求を宛てる特別な権威をもつ人に対して独特の種類の責任を負うことがあるとしても、要求を宛てる人と宛てられる人とがともに責任を問う権威をもち、その権威が〔特別な権威の〕前提となり基礎となっていなければならない。どのような特別な権威も、次のことを前提としているのでなければならない。要求を宛てられる人が、従わなければ非難やその他の反応的態度の正当な対象になり、反応的態度は、ストローソンが指摘したように、二人称的能力のある人々のパースペクティヴそのもの（道徳的共同体）に関わる、ということである。要求を宛てる人が、相手が自らの要求に従わなければ非難するに値すると考えることができるためには、自分（要求を宛てる人）が文句を言う地位にあるというだけではなく、相手が非難されるに値する、つまり相手は誰からも非難されるにふさわしい、と考えなければならない[12]。その人は、自分が相手を非難するのと同じ基本的権威を相手ももっていて、自分自身を非難することができる、と考えなければならないのである。

第二に、プーフェンドルフは、要求を宛てられる人のパースペクティヴから、制裁を避けたいという欲求に基づいて行為することと二人称的理由に基づいて行為することとを区別したが、その区別は、要求を宛てる人のパースペクティヴから見れば補完的な区別を生み出す。誰かに二人称的理由を宛てる人の誰もが、次のような区別があることを認めざるをえなくなるのである。つまり、ある人に妥当な要求をし、責任を問うことによって、その人に対して「要求する」（指図する）関係を結ぶか、たとえば害悪で脅すことによってただ従うように強いるだけか、という区別である。まさに責任という観念にその一部として含まれているのは、ある人が行う責任のあることを行わなければ、その人に責任を問う権威をもつ人がその人に受け入れるよう要求することができるような何か（「制裁」であれ「結果」であれ）が存在しなければならない、ということである。正確に言って何が適切な結果であるかは、概念的というよりは規範的な問題だろう。理論的に言えば、その本質は、反応的態度の対象にならなければならない、訴えに耳を傾けなければならない、責任や罪責を認めなければならない、といったことにすぎないし、あるいはもっと些細なことにすぎないかもしれない。しかし、その概念が未決定のままにしておかないのは、何らかの種類の結果に対する責任であり、結果のなかには、人に正当に「降りかかる」ものがあり、それを受け入れることが自分のしたことに対する責任を引き受けることの構成要素になる、ということである。

それゆえ、責任という観念には次のような区別が必要である。ある人に責任を問うことの一部としてその人に制裁を通告する権威と、その同じ〔制裁という〕害悪をその権威によらず不当に用いて脅すこと、つまり強制、との区別である。ということは、誰かに要求を宛てたり、妥当だと思われる制裁を通告したりする人は、次のことを前提としていることになる。つまり、その人は自らの権威によって他の人に対してそのような指図的なしかたないし「要求する」しかたで行為するとしても、適切な権威を欠いていたとすれば、正当にそうすることはできないだろう、ということである。その権威がなかったとすれば、制裁の適切な通告だったはずのものが強制になり、そうなると要求の宛先となる人の権威は傷つけられることになるだろう。それどころか、そもそも要求することによって行為主体の意志を導こうとすることですら、適切な権威がなければ、強制になる。(13) それゆえ、その人は、他の自由で理性的な行為主体の意志を導くための正しい種類の正当化（二人称的理由）を得るには二人称的権威が必要である、という考えに与していることになるのである。

このことを非難という現象自体に見ることができる。反応的態度は自らの対象に対して一種の指図的な圧力を発揮する。それゆえ、われわれが正当ではないと思う憤りの対象にされることに憤るのは、当然である。しかし、非難は純粋かつ単純な影響力ではない。それは二人称的に正当化される種類の影響力であると考えられ、つまり、非難の対象〔となる人〕が受け入れることのできる権威によって正当化されると考えられる。なぜなら、非難は、究極的には、その〔非難の対象になる〕人自身がもっているのと同じ権威から生じるのであり、その人は、そもそも責任のある行為主体であるためには、自分がそういう権威をもっていることを受け入れなければならないからである。誰かを非難するとき、われわれは「その人を道徳的共同体の一員と見なし続ける、ただし、道徳的共同体の要求に違反した人として」(Strawson 1968: 93)。それゆえ、その人を非難することによって、われわれはその人の権威を認め、次のことを暗に認めることになる。つまり、非難するための二人称的に適切な根拠がなかったとしたら、われわれの指図的な影響力は正当性をもたず、その人の権威を侵すことになるだろう、ということである。

われわれは、カントの「理性の事実」の例がもっている二人称的特性を分析したが、それをプーフェンドルフの論点は映し出している。第七章〔原著第九章〕の例によれば、「市民氏」は、正直な人を裏切らない（そして暴君の謀略に与しない）ということと、無傷で逃れることとのいずれかを選択しなければならない。カントの論点の一部は、われわれは道徳的に行うべきことを、それに反する恐怖と自己保存への欲求とがあるにもかかわらず、行うことができると認識している、ということである。そして、わたしが論じたのは、道徳的責任の前提に注目するならば、道徳的義務に従うことはつねに熟慮に基づいてわれわれに開かれているだけではなく、われわれが義務を課されているまさにその理由によって義務を課されている通りに行為することにも同意することができる、ということである。そして、この点で、われわれは、何か悪い結果を恐れることによって動かされることと道徳的義務を受け入れることによって動かされることとの、プーフェンドルフの区別を認めざるをえなくなる(われわれの言葉遣いで言えば、従うよう要求する道徳的共同体の権威を受け入れることによって、そしてこのパースペクティヴに同化することによって、二人称的にその要求を自分自身に課すことによって)。

プーフェンドルフの論点とこの「理性の事実」の二人称的分析とはいずれも、ストローソンの論点のように、特に道徳的な義務と責任を顧慮して提示されている。しかし、フィヒテの分析が教えてくれることの一つは、われわれが要求を誰かに宛て、その権威によって互いに責任を問うときはいつも、要求を宛てる人と宛てられる人とのいずれの観点からもプーフェンドルフの区別を認めることになる、ということである。われわれは、利益を求め害悪を避ける欲求によって動かされることと、適切な二人称的理由を受け入れる(そしてそうすることによって自分自身に適切な要求を行う)ことによって動かされることとの区別を前提としている。そして、二人称的理由によって正当に誰かの意志を導くことと、自らの意志を不当にその人に押しつけ、その人の自由で理性的な人としての権威を傷つけることとの補完的な区別を認めるのである。

フィヒテの分析——要求を二人称的に宛てることと自由な実践理性

まずフィヒテの分析を理解することを試みることから、フィヒテの論点を擁護する議論に向かう作業を始めることができる。フィヒテは、誰かに要求を二人称的に宛てることを「促し（Aufforderung）」と呼ぶ。そして、フィヒテは、促しを発したり認めたりすることによって、それを宛てる人も宛てられる人も同様にフィヒテのいう「法・権利の原理」に与することになる、と論じる。「わたしは、あらゆる場合に、わたしの外にいる自由な存在者を自由な存在者として承認しなければならない、すなわち、わたしはわたしの自由を、その人の自由の可能性という概念によって制限しなければならない」（2000：49）[14]。こうして法・権利に関わる事由は、あなたとわたしが自由で理性的な人としてもっている共通の権威に根差す二人称的理由になる。そして、フィヒテは、あらゆる促しはそれを宛てる人と宛てられる人との双方が、その理由に基づいて行為する自由をもっていることを前提としている、とも論じる。促しのあるところ、促しを宛てる人と宛てられる人の双方が、法・権利の原理および法・権利が指定する二人称的理由に基づいて行為する当事者双方の自由を、認めざるをえなくなる、それが、わたしの解釈によれば、フィヒテの主張である。

わたしは、フィヒテの主張と論拠とを、フィヒテ自身が展開しているよりも、あるいは展開したであろうよりも、さらに拡張する、ということを強調しておかなければならない[15]。ここでは十分に検討できない理由により、フィヒテは道徳的義務と法とを区別し、実効的な法の強制を「技術的」ないし「実践的」なものとして、つまり共生することを目標とするかぎりにおいてのみ行為主体が与することになる仮言的な要求として、理解している。[16] しかし、フィヒテの考えは、次のようなもっと強い命題を擁護する、いや必要とする、と思う。誰かに要求を二人称的に宛てることはいつも意志の自律（二人称的能力）とともに人の尊厳（二人称的権威）に根差す定言的な要求を前提としている、という命題である。

フィヒテは、理論理性に関わる自由と実践理性に関わる自由とは種類が異なるとして、基本的に区別するが、要求を二人称的に宛てることの分析をその区別に結びつけている。あなたとわたしが何を信じるべきかをめぐって推論するとき目標としているのは、共通の世界の表象を構築すること、「われわれの寄与から離れて」あるがままに「対象を……表象する」（2000：19）ことである。理論的に推論するとき、われわれのパースペクティヴは、われわれ一人一人に対する世界のあり方である。[17] したがって、わたしの物事の見方が誤っていたり歪んでいたりするとあなたが思う理由があるとすれば、あなたは自らの信念を形成するにあたって、わたしの信念をたんなる仮象として割り引いて考えることもできる。

しかし、二人称的観点から見れば（素朴な一人称的熟慮はその反対であるとしても）実践的推論にはそれに類比的なところはまったくない。あなたとわたしが互いの意志に対して要求を行うとき、さまざまな結果や世界の可能的状態の価値の独立した秩序に対するわれわれの関係ではなく、互いに対する権威のみに基づく理由に従って行為する自由が自分たちにはある、と見なしている。このように、われわれ一人一人の実践的パースペクティヴは、たんに何か独立したものに対する観点ではなく、その独立したものをうまく表象しなければ軽視されるようなものではない。フィヒテの論点は、実践的パースペクティヴは、われわれが自由で独立した理性的行為主体として生を送り、その地位を尊重するという条件の下で互いに関係しあう際に採る観点だ、というものである。互いに二人称的に要求しあうとき、われわれは理由の一つの源泉と一種の自由とを――二人称的権威と二人称的能力とを――認めるのであり、それによって実践理性は理論理性とは基本的に異なるものになるのである。

それゆえ、フィヒテはカントと同じように、理論的な推論(あるいは素朴な一人称的実践的推論)が前提としているあらゆる種類の自由——積極的自由であれ消極的自由であれ——を越えるような種類の自由を、実践理性が体現することを認めざるをえなくなる。行為主体性それ自体が自らを行為主体として「定立する」ことを含み、行為主体は「自己に自由な活動性を帰属させるのでなければ自己を定立する」(2000: 4, 18)ことができない、と主張している。さらに、フィヒテは、われわれが実践的推論において想定する「自由な活動性」は「世界」を合理的に表象する、ないし「直観する」際に前提とされている活動性とは異なる。そのような表象はどれも「その内容に関して制約され拘束されている」[18]。信念は、まさにその本性から、現にある世界を表象しようとする。行為者の自己定立に含まれている活動は、それとは対照的に、「そのような表象する活動とは反対であり」「その内容に関して自由である」(19)。前章で展開した観点から言えば、それは素朴な行為者が前提とせざるをえない自由を越える種類の自由を含む。

だが、これもまたカントと同じように、フィヒテにとって実践的自由はたんに目的を設定する能力であるわけでもない[19]。(カントにとってそれは自律をも含むことを思い出そう。)たしかにフィヒテは「自由の概念に何よりもまず含まれているのは、絶対的な自発性によって、われわれの可能な活動性の概念を」つまり「目的の概念を」「構成する能力に他ならない」(2000: 9, 20)と述べている。しかし、フィヒテは付言する。「しかし、理性的な個人または人格が、自己が自由であることを見出したいなら、さらに何かが必要である」(9)。自由な行為主体性が目的を設定する能力(形式的自由)を越えて含むものは、自分自身の自由な行為主体性を「定立すること」である。そして次節で見るように、フィヒテは、われわれは二人称的観点から自分自身を自由な行為主体として定立する、と主張するのである。

フィヒテにとって、理論的推論や素朴な一人称的観点から行われる推論に関わる自由とは基本的に異なる種類の自由をわれわれがもっていることに気づかせてくれるのは、二人称的な関わりあいである。フィヒテは、二人称的な関わりあいによって、誰かに要求を宛てる人も宛てられる人も同じように「法・権利の原理」によって自らの「外的自由」を制限せざるをえなくなる、と考える。[20] そうすることによって、各人が「自分自身の外的自由が内的自由によって制限されることを許す」(2000:10)。このように「内的自由」は二人称的能力を含んでいなければならない。要求を宛てる人と宛てられる人とが、互いの権威を受け入れ、理性的で自由な(二人称的能力のある)ものとして二人が共有する観点から互いに行いあうような要求(法・権利の原理)を自らに課すとき、自由に自らの外的自由を制限していることになる。それゆえ、わたしの解釈によれば、フィヒテの「内的自由」(二人称的能力)はカントの意志の自律に形式上類比的なものである。

フィヒテの分析——行為主体性を定立することと二人称的理由

だが、われわれは二人称的観点から自分自身を自由な行為主体として「定立する」とフィヒテが考えるのは、なぜだろうか。一人称的なパースペクティヴの内では、行為主体性は「背景に退いて」おり、行為主体の「熟慮の領野」の一部ではない。[21]〔その場合〕熟慮する行為主体の焦点は、その主体が目の前にしている選択肢とそれらを支持する理由とに当てられている。だから、その理由が、二人称的理由のように、行為主体性に関わる特別な種類のものでないかぎり、その焦点は自分自身の行為主体性には当てられない（Pettit and Smith 1990 ; Regan 2003a, 2003b）。もう一度、素朴な一人称的観点をとって自らの選好、欲求、可能的な結果に関するムーア的な評価などを熟慮する行為主体を考えてみよう。その行為主体は、可能的な状態または結果が多かれ少なかれ望ましい（実現する価値がある）と見なし、可能的な行為が多かれ少なかれそれに影響する、と見なしている。その熟慮は道具的であり、自分自身の行為主体性に関して透明である――それは、達成することのできる結果をその行為主体の意志を透かして見ている[22]。

しかし、一人の理性的行為主体がもう一人の理性的行為主体に「自らの活動性を行使するよう決心することを求める」[23]「促し」の観点から二人称的に熟慮するとき、われわれは、要求を宛てる人の自由な行為主体性も、その宛先になる人の自由な行為主体性も、同じように推論の一部として定立する必要がある（Fichte 2000 : 31）。いかなる熟慮においても行為主体性が背景として想定されていることは疑いないとしても、要求を宛てる人の（そして宛てられる人の）自由な行為主体性が定立されなければならないのは、つまりその推論に前提として導入されなければならないのは、二人称観点からのみである。そしてまた、それが定立されるとき、要求を宛てる人も宛れられる人も同じように、次のことを想定しなければならない。二人とも二人称的理由に基づいて行為する能力をもっていること、二人とも二人称的能力をもっていること、である。

促しは自由な行為主体としての誰か（二人称的能力がある者としての誰かを含む）に向けられるのだから、促された人は、促しを意識すると同時に、自分自身が自由な行為主体と見なされていることを意識する。しかし、それだけでは、観察者の意識と違いがないとも言えるだろう。誰かが人を自由な行為主体と見なすことは、世界の事物のあり方のもう一つの側面にすぎず、よくすることも悪くすることもできる事物の因果的秩序の一部にすぎないのである。決定的な違いは、促しが人に二人称的に宛てられるというところにある。それは「応答求む」というメッセージを伴っている。それに応じるとき、いやそれに応じるべきかどうか公共的に熟慮するときですら、人はいやおうなく、自由な行為主体として人と関係するもう一人の人に関係するのである。二人称的観点をとるとき、人は互いに相手を「あなた」と認め、同時にその人は相手にとって「あなた」になっているが、その二人称的観点の内で人は熟慮する。有意味に二人称的に熟慮する思考は、自身も相手も二人称的能力をもつ行為主体であるという想定つまり前提に基づいて熟慮することを必要とする。促しに二人称的に応答することによって、「主体は、自由な存在者としての主体の概念と主体の外にいる（自己と同じように自由な）理性的存在者の概念とが相互に規定しあい制約しあうようなしかたで、行為する」（Fichte 2000 : 40）。こうしてわれわれには、因果的秩序の一部としてのわれわれ自身に関する意識には還元できない、われわれ自身の行為主体性に対する実践的パースペクティヴが与えられる。人は、自分自身の熟慮の内で自分と相手を自由で理性的な行為主体として同時に「定立」する(9)。

フィヒテの考えのもっとも明快な解釈は、二人称的理由を用いたものである。促しとは、二人称的理由を自由で理性的な（二人称的能力のある）行為主体に宛てようとすることである。一人の行為主体が、他の行為主体の意志を、本人の自由な選択意志を通じて導くことができるのは、二人称的理由を宛てることによってのみである。「理性的存在者の活動は促しによって……、結果が原因によって必然的に決定されるように規定されたり必然的に決定されたりするのではない。むしろ、理性的存在者は、促しの結果として自己を規定しなければならないのである」（2000 : 35）。促しは、他の行為主体に、自由に自己を規定するための（二人称的）理由を与えようとするが、それは理性的で自由な行為主体としての相手を宛先とすることによってである[24]。これが要求や理由を二人称的に宛てることに関するフィヒテの分析である。

ある人が他の人に行為するための二人称的でない理由を与えようとしているならば、ここで論じている意味での要求を二人称的に宛てることには関わりがない。相手の意志に対して要求は行われず、ただ認識上の権威が前提とされる。行為するための非二人称的な理由を指示する際、助言する人は助言を受ける人の意志そのものを導こうとするのではない。「わたしはあなたに何かをしなさいと言っている（要求している、依頼している、等々）のではありません。助言をしているだけです[25]」。助言は、助言を受ける人の意志や行為に対して要求を行うのではなく、行う理由があることは何かをめぐるその人の信念に対して要求を行っている。助言する人は助言を受ける人に、これやあれやの行為をするよう助言するのではなく、ただある事由が行為する理由であることを信じるよう助言するのである。だから、助言する人は、直接的には、行為主体としてではなく実践的理由の認知主体としての助言を求める人に、助言を与えるのである。

しかし、誰かが依頼、命令、要求を発するとすれば、たとえば、あなたがあなたの足を踏んでいる人に足をどけるように頼むとすれば、あなたは相手を、あなたが宛てる理由に基づいて自由に自己を規定する能力のある行為主体と見なし、その行為主体としての相手を直接的に宛先としていることになる。そして、その人があなたの宛てる要求に応じる（その人が耳を傾け聴いたということが二人の間で共有されているとすれば）とすれば、その人は（あなたと同じように、二人称的理由を誰かに宛てたり二人称的理由に基づいて行動したりする地位と能力とをもつ人として）あなたに応答を宛て返すことになり、相互に何かを宛てたり宛てられたりする関係が成立する。ただの依頼ですら、その背後にある非二人称的理由に加えて二人称的理由を宛てる。なぜなら、それは依頼をするための規範的な地位を前提とするからである。

フィヒテの論点——法・権利の原理と平等な尊厳

さて、フィヒテが特に念頭に置いている種類の事例は、端的に自由で理性的な行為主体のなかの一人としての、つまり平等な行為主体としての誰かに宛てられた、促しである。したがって、自分の足を踏んでいる足をどけてくれという、他の人に対する依頼ないし要求は、自由で理性的な人々自身の間に成立していると思われる規範的関係に基礎をもつものとして、提示され解釈されるのがもっとも自然だろう。あなたの依頼をそのような(二人称的)理由を誰かに宛てることとして解釈するとき、その宛先となる人は、あなたが、端的に二人称的能力をもつ理性的な人として、二人称的権威を主張していることを前提としなければならず、あなたも、相手がその地位をもっていると想定しなければならない。

この後すぐ、二人称的に承認しあうことによって、当事者双方は法・権利の原理に与することになる、というフィヒテの主張を考察する。しかし、平等な人として相互に承認することがこのような結論に至ることは驚くほどのことではない、と思われるかもしれない。なぜなら、このことは初めから、すでにそのような相互的尊敬の枠組みとなる前提に、組み込まれているように思われるからである。だが、要求を宛てる人が宛てられる人に対して、不平等で非相互的な権威をもつことを前提とする場合はどうだろうか。フィヒテの分析によれば、身分の上下関係のなかで要求が二人称的に宛てられるときですら、それは基本的に自由で理性的な行為主体としての他の人に向けられる。なぜなら、そのようにして要求が宛てられることによって、宛先となる人は自由に「[自己を]規定する」(2000:35)ことができるための(二人称的)理由を与えられるが、それが可能なのは宛先となる人が宛てる人の前提としている権威を(ただ自由で理性的な人として)受け入れることができる場合だけだからである。だから、非相互的な、身分関係的な権威に基づいていると思われる要求を誰かに宛てる人でさえ、その要求が基づいている権威を相手が自由にそして理性的に受け入れることができる、と想定しなければならない。そうでなければ、フィヒテ的な意味で要求を二人称的に宛てる事例ではなく、「[相手から]自由に行為する能力を奪う」ようなしかたで従うよう影響を及ぼしたり仕向けたりする試みになってしまう(41)。

さらに、誰かに要求を宛てる人は、相手にはその要求に従う責任があると想定することによって、二人称的能力から発する二人称的権威を含意する数々の他の想定に、与することになる。第一に、要求を宛てる人が相手に責任があると有意味に見なすことができるのは、その相手が自分自身に責任を問うことができる場合のみである。だが、要求を宛てられる人がそれをすることができるのは、それに従わないことを自ら非難することができる場合のみ、つまり、要求する人の権威を受け入れるのと同じパースペクティヴから、つまり自由で理性的な行為主体の観点から、自分自身に要求を行うことができる場合のみである。第二に、同じようにして、要求を宛てる人が相手に責任を問うためには、相手が要求に従わなければ非難に値すると想定しなければならない。だから、要求を宛てる人は、相手が従わないことを非難する自分自身の権威が、究極的にはそれとまったく同じ視点に由来することをも想定しなければならない。要求を宛てる人は「相手が理由もなく従わないとすれば非難に値する、以上」と考えるのでなければならないが、それは要求を宛てる人と宛てられる人とが、自由で理性的な人として、共有できるパースペクティヴから行われることである。第三に、相手には要求に従う責任があると想定する際、要求を宛てる人は、相手に「要求がましい」しかたで関係する権威をもつが、その権威がないのにそうするとすれば不当である、ということを前提としなければならない。

これらの想定の各々によって、要求を宛てる人は、二人称的能力から導き出される二人称的権威を認めざるをえなくなる。最初の二つの想定は、非難などの反応的態度はつねに相互的な責任という側面を含む、というストローソン的な論点を示している。なぜなら、それらはつねに二人称的能力をもつ人としての誰か（道徳的共同体の一員）のパースペクティヴから、（もう一人の）二人称的能力をもつ人としての誰か（それゆえ平等な一員）に宛てられるからである（Strawson 1968 : 93）。その際、その人々は、暗黙的な要求を相手に宛てる自らの権威を、最終的にはこのパースペクティヴから導き出す。第三の想定は、最初の二つにすでに暗に含まれていた点を、つまり、責任を問う権威が次のような区別を含意するという点を、明示的にする。二人称的理由（要求の宛先となる人自身が自由に受け入れることができ、自らに責任を問うことによって受け入れざるをえないと想定される理由）によって正当化されるがゆえに、いかに指図的であっても強制にはならない「要求がましい」しかたで正当に相手と関わること、および、それとまったく同じようなしかたで、しかし適切な権威がないまま相手に関わること、これら二つの間にある区別である。後者の場合は強制になり、それゆえ相手の自由で理性的な人としての権威を不当に侵害することになるだろう。

たとえば、軍隊の指揮権の枠内で上官から部下に宛てられる命令を考えてみよう。軍曹が兵卒に腕立て伏せを十回することを命じるならば、その軍曹は命令を与える自らの権威およびそれに従う兵卒の義務を前提とした〔行為の〕理由を、その兵卒に与えることになる。このかぎりでは、適切な規範的前提としては不平等な権威があるだけである。軍曹は兵卒に対して命令を与える地位にあるのに対して、兵卒は軍曹に命令を与える地位にはない。だが、命令というものは、たんに規範的空間で通用している理由を指し示すだけではなく、その理由を相手に二人称的に宛て、そうすることによって相手に従う責任を問おうとする。命令は、理由を二人称的に宛てることであり、命令の宛先になる人が、その命令によって宛てられる理由とその基礎となる権威とを受け入れることによって、自由に自らを規定することができ、自らにそれに従う責任を問うことができることを前提とする。理由や要求を二人称的に宛てることは、それが前提とする権威（この事例では軍曹の権威）を相互に承認することを要求するのである。それは、相手の意志を、相手自身がその権威を自由に受け入れることを通じて、導こうとするのである。

こうして、前提とされる権威とそこから帰結する二人称的理由の値段は上がる。なぜなら、その権威を、要求の宛先となる人が、自由で理性的な人として受け入れることができることが必要になるからである。これは、フィヒテの分析とプーフェンドルフの論点とを、宛先となる人のパースペクティヴから結びつけることによって生じる結果である。要求の宛先となる人（兵卒）が何らかの害悪を逃れたいという欲求のために要求に従うことと、要求する人の（二人称的）権威を自由に受け入れ、それゆえそれに含まれる二人称的理由を自由に受け入れるがゆえに従うこととの間には、区別がなければならない。だから、たしかに軍曹が命令を宛てる相手は、理性的な人一般ではなく兵卒だとしても、その命令の宛先となる人は、重要な意味で、たまたま兵卒であるところの一人の人〔人格〕と見なされなければならない。二人称的に宛てられる要求は、つねに自由で理性的な行為主体に宛てられる。だから、命令は、その宛先となる人が、自分自身と上官である人を、自由で理性的な行為主体として定立することによって成立する〔フィヒテのいう〕促しになりうるのである。それゆえ、軍曹は、兵卒が軍曹の権威を受け入れることができることを前提するとき、兵卒としてそれを受け入れるだろうと単純に想定することはできない。現実に兵卒という役目についていることが、その役目を規定する規範や権威関係を受け入れるかどうかに関わるところはまったくない。むしろ、軍曹が前提としなければならないのは、兵卒は、軍曹が主張する権威を、一人の人として、つまり双方とも共有している（二人称的）観点から、受け入れることができる、ということであり、兵卒は、一人の人として、兵卒の役目についているという仮言的な事情のゆえに、軍曹によって課される特殊な規範的要求を受け入れることができる、ということである。

兵卒には命令に従う責任があると想定することによって、兵卒が十分な理由なく従わなかったとすれば兵卒は非難されて当然だ、と軍曹は考えざるをえなくなる。だが、非難のような反応的態度は、相手が共有することができると思われるパースペクティヴから要求を相手に宛てる。だから、軍曹は、自分は兵卒に責任を問う独特の権威をもち、その権威はそもそも命令を発する特別の権威とつながっている、と想定するが、そのような特別の権威のある地位は、最終的には、兵卒が自分と共有していると想定せざるをえない（自分自身に責任を問う）権威に基礎をもっているのでなければならない。さもなければ、制裁によって脅すことによって、たとえそれが、兵卒が文句を言うことのできない制裁であったとしても、兵卒に命令に従うための間違った種類の理由を与えることになる。その理由は、制裁を免れることができようとできまいと腕立て伏せを行うべき理由、それを受け入れることが自分に責任を問うことの一部であるような二人称的理由、ではないのである。

だから、最終的に、このようにして自由で理性的な人としての兵卒に要求を行うことによって、軍曹は次の区別をも認めざるをえなくなる。自由で理性的な人としての権威を尊重するようなしかたで、兵卒の意志に対して正当な要求をすることと、「［相手から］自由に行為する能力を奪う」（Fichte

とによって兵卒の意志を導こうとすること、これら二つの間の区別である。それゆえ、どんなにヒエラルキー的であっても、二人称的理由は自由で理性的な人としての共通の二人称的権威を暗に前提としている。これは、要求を宛てる人のパースペクティヴをフィヒテの分析を通じて二人称的枠組み全般に投影し、そこから見たプーフェンドルフの論点である。

たとえば、兵卒が服従しなければ営倉処分にする権限が自分にはある、と軍曹が考えているとしよう。不服従の最初の兆候と思われるものに気づいて、軍曹は自分に処分の権限があるという事実を、兵卒に思い起こさせる。兵卒に責任があると見なせば制裁を適用する権限が自分にあることを、軍曹は兵卒に通告する。そうすることによって、軍曹は必然的に次の区別を前提としていることになる。この制裁による正当な脅し——軍曹はこれを、自分の命令によって与えられる二人称的理由によって相手が自由に自己規定することと矛盾しないと想定しなければならない——と、その制裁の中身である望ましくない選択肢そのもので脅すことによって、不当に、つまり適切な権威がないのに、兵卒にその同じ行動をとらせようとすることとの間の区別である。ハートの有益な用語を借りれば、軍曹が前提としなければならない区別は、兵卒を命令によって義務づけることと、強制によって不当に義務づけることとの区別(1961: 6–8)である。兵卒が軍曹の命令に服するとしても、軍曹に必須の権威が欠けていたとすれば(そして他の事情が等しいと見なされるとすれば)、まったく同じ害悪で脅すことによって兵卒の意志を導こうとすることは、兵卒の道徳的地位を毀損することになるだろう。こうして、軍曹は兵卒の自由で理性的な人としての権威を前提とせざるをえなくなるのである。

同じように、命令の宛先となる人のパースペクティヴから見れば、兵卒には命令に従う責任があり、兵卒を営倉に入れることが、軍曹が兵卒に責任を問う二人称的に見て正当な方法だとすれば、兵卒は、（正当であろうとなかろうと）制裁を免れるために命令に従う理由と、軍曹が命令を発する際に兵卒に与えようとする命令に従う二人称的理由との間にある区別を、受け入れざるをえない。自分自身に責任を問うには、後者の理由を受け入れ、それに従って行為することが必要である。さらに、兵卒が従わないとすれば、制裁を受け入れることは、たんに自らが当然受けるべきことに同意しているというだけのことではない。それは、自分自身に責任を問うことの一形態であり、繰り返しになるが、兵卒と軍曹とが、自由で理性的な人として共有している観点からしかできないことである。だから、軍曹も兵卒も、共通の二人称的能力と二人称的権威を認めざるをえないのである。

われわれはいまや、理性的行為主体の間の相互承認によって、当事者双方が法・権利の原理に与することになるというフィヒテの主張にたどりついた。「わたしは、あらゆる場合に、わたしの外にいる自由な存在者を自由な存在者として承認しなければならない、すなわち、わたしはわたしの自由をその人の自由の可能性という概念によって制限しなければならない」（2000: 49）。このような抽象的な形で、われわれがたどってきた思考には法・権利の原理が暗に含まれている。この節の議論がこれまでのところ正しいとすれば、二人称的関与によって、当事者双方はつねに次のことを前提とせざるをえなくなる。自分たちの関係が理性的な人としての共通の地位によって適正に統制されていること、詳しく言えば、相手の自由で理性的な人としての自己規定と矛盾せずそれを崩壊させせないように、各々が相手を「規定」しようとすることである。フィヒテはさらに次のような帰結も引き出す。このことは「自由の領域」を承認することを要求するのであり、この自由の領域の内で、諸個人は自らの意志する通りに行為する実効的な権利をもつのであり、この自由の領域に関して他の人々は干渉を控えるよう要求される

(10, 40-41, 44)。他の人々自身も理性的な人として受け入れることのできる二人称的理由によって必然的に正当化することができる正当な干渉があるとすれば、それは、個人が干渉されない実効的な権利を主張する領域の境界を示すことになるだろう[26]。

反論——奴隷制

前節で、フィヒテの論点を擁護する議論を形式にこだわらずに行ったが、それを、次節と最終節で形式的に整える。しかし、まず、これまで素描してきた方向の思考に対する明白な反論になると思われることを、考察したい。

見たところ二人称的な形をとる服従と支配のよく知られた事例について考えるならば、誰かに何かを二人称的に宛てることが、たとえほんのわずかでも尊厳の共有のようなことを前提としなければならないということはにわかには信じがたい、と思われることがありうる。そのような議論は、もちろん、行き過ぎであることがわかる。たとえば、奴隷制が不道徳的だと述べることと、奴隷制が概念的な混乱やある種の実践的な矛盾を含んでいると述べることとは、まったく別のことである。そのようなことを結論するように要求する議論には、きっとどこか間違っているところがあるに違いない。

しかし、わたしが述べてきたことからは、フィヒテの言葉を借りて述べたことからも、わたし自身の言葉で述べたことからも、奴隷制やそれに類した慣行が、必然的に概念的な混乱や実践的な矛盾を含んでいる、という結論は少しも出てこない。わたしが述べてきたことは、奴隷保有者が奴隷に要求や命令を宛てることは、二人称的に宛てるつもりであるかぎり、奴隷保有者と奴隷が共に、自由で理性的な人するのが有益だろう(27)。

この点に関する誤解を避けるためにはいくつかの考察が必要であるから、奴隷制の例を少し詳しく考察と違って、誰かに何かを二人称的に宛てることはつねに、その本性上相互的な承認を求める。しかし、服従や屈服としての共通の規範的地位をもっていることを前提としていることを、たしかに含意する。服従や屈服と違って、誰かに何かを二人称的に宛てることはつねに、その本性上相互的な承認を求める。しかし、この点に関する誤解を避けるためにはいくつかの考察が必要であるから、奴隷制の例を少し詳しく考察するのが有益だろう(27)。

第一に、わたしは、奴隷保有者は、何らかの点で奴隷が対等な地位をもつことを、実は受け入れているに違いない、と言っているわけではない。一つには、奴隷保有者が奴隷に何かを二人称的に宛てようとしても、それは真正のものでなく、誠実なものではない。それは、オースティンが「誤用」（1964：18）と呼ぶ種類の、適切性の条件の毀損に似ている。奴隷保有者が純粋な二人称的理由を奴隷に宛てるつもりでも、その奴隷保有者が、奴隷が自由で理性的な人としての規範的地位をもっていることを受け入れないとすれば、その人は奴隷に理由を「誤用的に」宛てていることになる。それ以上のことをわたしは主張するつもりはない。奴隷保有者の信念は、奴隷保有者が要求を宛てるための条件に基づいて奴隷が期待する権利のあることと衝突し、そもそも何らかの二人称的理由がうまく宛てられるために、したがってまた具体的な二人称的理由が奴隷に宛てられるために、真でなければならないことに反する。（繰り返しになるが、この場合わたしの主張は、その他の場合と同じように、理由が実際に存在しうまく与えられるための「規範的な適切性の条件」に関わり、その人の言語行為が命令になるための慣習的な、つまりオースティン的な条件に関わるのではない。前者は権利上の権威を、後者はたんに事実上の権威を前提とする。）

もう一つには、奴隷保有者による奴隷の扱いは、われわれのいう意味で二人称的と見なされすらしないかもしれない。その人は、二人称的理由を相手に宛てていると見なされすらしないあれやこれやのやり方で、奴隷の服従や従順を強要しようとしているだけかもしれない。たしかに、もっとも興味深く悩ましい服従の事例は、二人称の痕跡ないし似姿を含んでいる。たとえば、奴隷を屈服させる奴隷保有者の力を、相互に承認しあうという屈辱的な事例である。[28] だが、この場合ですら、われわれが関心を向け続けてきた種類の真に二人称的に要求を宛てていると見なされるところがないとすれば、その議論はまったく妥当しない。しかし、第六章で指摘したように、スターリンのような独裁者ですら、二人称的観点を端から否定することは稀である。逆に、独裁者たちは自分自身の目的のために二人称的観点を都合よく操るのである。

そして、さらにもう一つには、要求を二人称的に宛てるための条件によって、奴隷に要求を宛てる主人は奴隷の二人称的権威を前提とせざるをえなくなるからといって、主人がそれを事実として前提することにはならない。

第二に、わたしは、奴隷保有者が自分には奴隷に対する権威があると世間一般に向かって主張すれば、その人は奴隷の尊厳を承認せざるをえなくなる、と言っているのでもない。この場合、主人は自らの要求を奴隷たちに宛てるのではなく、他の人々に宛てているのであり、そうすると、わたしの議論によれば、その人は他の人々の尊厳を前提とせざるをえないと結論しなければならないことにはなるとしても、奴隷の尊厳を前提とせざるをえないということにはならない。奴隷保有者は、ただ次のように主張しているにすぎないかもしれない。奴隷たちは家畜と同じようにわたしの所有物であり、それゆえわたしには、一定の限界内で奴隷たちを思うままに扱う権利があるのであって、わたしがこの主張を宛てる人々はそれを受け入れなければならない、と。そのような要求によって、奴隷保有者が奴隷たちの人としての尊厳を認めざるをえなくなるわけではないことは、その人の家畜に関してそのような尊厳を認めざるをえなくなるわけではないのと、明らかに同じである。わたしの主張は、むしろ、奴隷保有者が、奴隷に対する自らの要求に基づく二人称的理由を奴隷に宛てたいならば、そのように二人称的に宛てることによってその人は次の前提に与することになるだろう、ということである。つまり、自分と奴隷たちがただ自由で理性的な人として平等な（二人称的）地位を共通にもっている、という前提である。[29]

第三に、たとえ以上のことが真だとしても、奴隷としての奴隷、つまり（われわれの信念によれば）自由で理性的な人であることと両立不可能な規範的地位をもつ人としての奴隷に、二人称的に要求を宛てることが、概念的な混乱ないし実践的な自己矛盾を含んでいる、ということが結論として出てくるわけではまだない。結局、われわれが理性的な人の平等な尊厳とまったく矛盾しないと信じている不平等な権威には、いろいろな種類があるのだ。平等な人々から成るまったく公正な社会が、防衛のみを目的として保持している市民軍の軍曹を想像してみよう。兵卒に命令を下すことによって、軍曹は、優越的な権威の関係に基づく二人称的理由を兵卒に宛てることになるが、兵卒がその権威を自由で平等な人々の一人のパースペクティヴから受け入れ、それに従うことを軍曹が期待するとしても、まったくもってもっともなことである。

さて、もちろん、非自発的な隷属という状態を理性的に承認することは、いかなる事情があろうとできない、と考えることもできるが、そう考えない人がいることももちろんありうる。たとえば、敗北し征服された国家の軍隊の兵卒が捕虜になった場合には、そのような慣行は正当化可能である、とたいした矛盾も感じずに考える人がいてもおかしくはない。実際、南北戦争前の南部の奴隷保有者が、奴隷たちは、奴隷たちに対する主人の権威の要求を理性的に承認することができる、と信じていた可能性は、それがどんなに間違っており正当化不可能であるとしても、あると思われる。結局、そのような人は次のように考えたかもしれないのだ。自分は、奴隷たちを合法的に取得したのであり、その手続きは、誰もが自由と平等の観点から、理性的に認めることのできるものだった！　その人は、メジャーリーグの野球で「保留条項」が廃止される以前に球団がやっていたようなしかたで、奴隷たちの「契約」を買ったのである。（奴隷たちがそもそも奴隷にされることに同意したわけではなかったことはさておき。）これらのことはすべて、われわれにはばかげたことだと思われる。これらの規範的関係とされるものは、自由で理性的な人々の一員のパースペクティヴからは、理性的に認められないからである。だが、仮にそうではないと考える人がいたとすれば、その人は次のように考えている可能性があるだろう。奴隷保有者が二人称的に要求を宛てるとき暗に前提としている平等な尊厳が、奴隷保有者が明示的に要求する優越的な権威と矛盾しないことは可能であり、それは公正な社会において軍曹が、兵卒にも自分と同じ自由で理性的な人としての尊厳があることを前提としつつ、兵卒に司令を下すことができるのと同じことだ、と。

　したがって、奴隷制のような慣行はありえないとか、必然的に概念的な混乱を含むとか、実践的な自己矛盾を含むとかいうことは、この章の議論に対する反論にはならない。この章の議論には、これらの帰結や前提はない[30]。実際、わたしはここでも奴隷制は非道徳的であると主張しているのではない。わたしが奴隷制は非道徳的だという実質的・規範的テーゼを認めるのは確かだが、わたしのこの章の議論はそれに依拠してはいない。繰り返しになるが、わたしの主張は、二人称的理由を誰かに宛てる場合はいつも、主人の奴隷への関係も含めて、理由を宛てる人と宛てられる人が自由で理性的な人として平等な規範的地位を共有しているということを前提とせざるをえない、ということにすぎない。

主張を定式化する

いまやわれわれは、主張をさらに形式を整えて提示することのできる立場にある。その際、各テーゼはすべて要求を二人称的に宛てること自体に関わるということが、念頭に置かれている。

一、二人称的理由を誰かに宛てることは、つねに、宛先となる人がその理由によって自由にそして理性的に自己を規定することができることを前提とする。これはフィヒテの分析から直接的に導き出される。どのような種類のものであれ二人称的理由を誰かに宛てるならば、行為主体の意志をその主体自身の自由な、自己規定する選択意志によって導こうとすることになる。だから、何であれ二人称的な促しを発したり受けたりすることは、促しを宛てる人も宛てられる人も、双方が自由で理性的だという想定に立って熟慮することを要求する。双方とも、互いが当の二人称的理由によって自分自身を規定する能力をもつと想定しなければならないのである。

二、二人称的主張や二人称的要求を誰かに宛てることは、つねに、宛先となる人には従う責任があることを前提とする。権利主張や要求という観念そのものには何らかの種類の責任が組み込まれており、逆もまた真である（ストローソンの論点）。妥当性をもった権利主張や要求、二人称的理由、責任という概念はすべて主張したり要求したりする権威という同じ還元不可能な観念を共有している。Aがある行動をするようBに要求する地位にあるとすれば、それによってBにはAが要求することを行う理由があるだけではない。Bにはまた責任――Aに対する責任も含めて――もあるのであって、Bがそれに自由に従わなければ、Aは何らかの意味でBに責任を問うてもよい。厳密に言ってどのような意味で責任があるのかは場合によって異なる。Bには、従うことができなかったことについて説明をする責任が、つまりAに対して自己を正当化する責任があるだけなのかもしれない。あるいは、あれこれの反応的態度が相応なのかもしれない、あるいは法的強制のための制裁にすら値するのかもしれない。だが、いずれにせよ、AがBに対して「要求がましい」しかたで関係する権威をもつことは、AがBに対して妥当性のある要求をするという観念自体の一部である。そのように「要求がましい」しかたで関係することを、(1) Bは望みも選びもしないかもしれず、(2) それでもAはBが望んだり選んだりするかどうかにかかわらず、正当化することができ、(3) Aは、然るべき権威をもっていなかったとすれば、正当化することができないだろう。

三、二人称的理由を誰かに宛てることは、つねに、宛先となる人がそれらの理由（およびそれらの理由の基礎になっている権威関係）を理性的に受け入れることができることを前提としている。それゆえ、二人称的理由は、しばしば特殊な規範的関係に立つ人に宛てられることがあるけれども、宛先となる人は、たまたまそのような規範的関係に立つ人と見なされるほうが適切である。こうして二人称的正当化は、つねに、究極的には自由で理性的な他の人に対する正当化である。ここで肝心な点が二つある。第一点は、理由を誰かに二人称的に宛てることは、宛先となる人が宛てられた理由とその理由の基礎になっている権威関係を理性的に受け入れることができることを前提としているが、これはテーゼ一から導き出される。ある行為主体がある理由によって自らを自由に、そして理性的に規定することができるのは、理性的にそれを受け入れ、それに従うことによってのみである。そして、ある行為主体が二人称的理由を受け入れることができるのは、その理由の基礎になっている権威関係を受け入れることによってのみである。

第二点は、理由を誰かに宛てる人は、また、相手がこれらのことを自由で理性的な人として受け入れることができると期待されることを前提としなければならず、それゆえ、二人称的理由はしばしばさらに特別な規範的関係に訴えるけれども、その理由は、たまたまその規範的関係とされる関係に立っている人に宛てられると見なされるべきだということを、前提としなければならない、ということである。軍曹が、自らの命令の宛先となる兵卒が、実際に自らの権威を受け入れていることを前提とするだけでは、十分ではない。兵卒は、軍曹が与えようとする理由を理性的に受け入れるのでないかぎり、その理由によって自らを自由にそして理性的に規定することはできない。そして、彼自身が兵卒であること、あるいは軍曹の彼自身に対する権威を実際に受け入れていることは、兵卒がその役割を理性的に受け入れることができるかどうかには関係ない。むしろそれは、理性的な人として、その人はそもそもそのような規範的関係を受け入れるべきかどうか、したがってまた、たまたまその人が兵卒の地位にあったとすれば――実際彼はその地位にあるのだが――軍曹の権威を受け入れるべきかどうか、にかかっている。

テーゼ三は特に二人称的理由に関連するということ、それが重要である。実践的理由が一般に理性的に受け入れられるかどうか、あるいは動機となるかどうか、の吟味を受けるか否かにかかわらず(31)、二人称的理由は、要求を二人称的に宛てることと二人称的責任との関係によって存在しているのでなければならない、そう考えることには特別な理由がある。われわれは以前、誰かに道徳的な意味で責任を問うことには「道徳的に要求を宛てること」の諸制約などの前提がつきまとう、というゲリー・ワトソンの論点に注目した(1987: 264-265)。だが、フィヒテの分析は、この点では、道徳的に要求を宛てることと二人称的に要求を宛てること一般との間には、重要な相違はないことを示している。〔道徳的であるか否かにかかわらず〕二人称的に要求を宛てるときはいつも、宛先となる人が宛てる人に対して責任があるような関係を始めることが意図されている。そして、フィヒテの分析から学ぶべきことは、二人称的理由は、つねに、究極的には自由で理性的な人としての行為主体に宛てられる、ということである。だから、ある人が相手に理由を二人称的に宛てるとき、その宛先となる人にはその理由が導くように行為する責任がある、と有意味に見なすことができるとすれば、それは相手が理性的にその理由を受け入れ、自分自身で熟慮したうえで、その理由によって自己規定することができること、それを前提とする場合に限られる。それゆえ、二人称的理由が特別な規範的関係に訴えることがしばしばあるとしても、それらはつねに、究極的には、たまたまその特別な規範的関係とされている関係に立つ人に宛てられるのである。そして、実際、その特別な関係が宛て先となる人にとって規範的であるかどうか、つまりその特別な関係に従う責任が宛て先となる人にあるかどうか、それはその人が理性的な人として、つまりその人と要求を宛てる相手とが自由で理性的な人として共通にもっているパースペクティヴから、その関係を受け入れることができるかどうかにかかっている。

二人称的理由を誰かに宛て、それに従う責任が宛て先となる人々にあると見なすとき、われわれは、その人々が反応的態度の固有の対象であり、それゆえその人々が理由なく従わないとすれば非難に値する、という前提に与することになる。だが、反応的態度が、特定の人々のパースペクティヴ（憤りの場合であれば、権利を侵害された人々のパースペクティヴ、罪悪感の場合であれば、過ちを犯した人のパースペクティヴ）に関わるときですら、反応的態度は二人称的能力のある人なら誰でももっている一般的ないし公平なパースペクティヴにも関わっている。特に、非難は、ある特定の観点から感じられるのではない。むしろそれは、暗にあらゆる自由で理性的な人がもつパースペクティヴから宛てられるのと同じように、宛てられるのである。だから、何らかの要求を誰かに宛て、宛て先となる人に責任を問うときはいつも、要求を宛てる人は、端的に二人称的能力をもつ人として自分と相手が共通にもっている、非難し責任を問うことによって要求を宛てる権威を、認めているのである。

われわれは時折、この最後の点の帰結を次のように言って表現してきた。誰かに要求に従う責任を問えば、その要求を宛てられる人は自分自身にその要求に従う責任を問うことができる、という前提に与することになる。それをするためには、要求を宛てられる人は、要求を宛てる人と共通にもつことのできるパースペクティヴから、つまり、二人称的能力のある人々の一般的観点から、自分自身に要求を行うことができるのでなければならない。それゆえ、その人がそれをすることができることを前提とすることによって、要求を宛てる人はこのパースペクティヴの権威を認めていることになるのである。

四、要求を誰かに宛てることは、つねに、次の区別を前提とする。つまり、相手を自由で理性的な人として尊重するようなしかたで導くように（「要求がましく」）相手と関係する、正当な（二人称的に正当化される）関係のあり方と、相手を不当に強制することとの区別である。すでにテーゼ三の解説の最後の二段落で、二人称的に要求を宛てるときにはいつも、われわれは要求を宛てる人と宛てられる人とに共通する権威に、二人称的能力のある人として、関与していると確言した。その権威は、このパースペクティヴから権威を認められうる要求が何であれ、それに従う責任を互いに問いあう権威である。これだけですでに重要な結果である。だが、それが現実に効力をもつためには、要求を二人称的に宛てることが、一般に、後者のような要求が存在すること（したがって、テーゼ三の議論により、二人称的能力をもつ行為主体が、その要求に従う責任を互いに問いあう権威をもつこと）に関与しているのでなければならない。

これがテーゼ四によって与えられるものである。どのような種類の要求であれ、ある要求に従う責任を誰かに問うとき、われわれはいつも次の区別を認めざるをえなくなる。つまり、導くように（「要求がましく」）、しかし相手を自由で理性的な人として尊重するように、その人に関係することと、その人をただ強制するように扱うこと、つまりその人を不当に強制すること、したがってその人を自由で理性的な人として尊重しないこと、との区別である。繰り返しになるが、これは、要求の宛先となる人のパースペクティヴから見たプーフェンドルフの論点を、二人称的空間全般に投影したものである（フィヒテの分析の一つの帰結）。ストローソンが強調するように、反応的態度によって誰かに責任を問うことは、同時に、二人称的能力をもつ人としての相手に要求を行うことでもあり、その人にその能力があるがゆえに権威があることを認知することでもある（1968 : 93）。そして、このことを認めるならば、誰かに要求がましいしかたで関係することは（たとえその人を反応的態度の対象にするだけだとしても）然るべき二人称的理由による正当化を必要とする、つまり、誰かにただ行動を要求したり強制したりすることは不当であり、二人称的能力のある人としての権威の毀損である、という命題に与することになる。[32] したがって、誰もが権威をもって行うことができる一つの要求は、二人称的理由によって正当化されない要求がましい行動（強制的な行動）には服さない、という要求である。[33]

相手が正当な要求に従わないことを理由に、相手の欲求や選択に関わりなく、その人に対してある種のしかたで関係する地位に立つことがあるが、その種の関係を「制裁」と呼ぶことにしよう。[34] すると、定義上、どんな二人称的理由であれ、それが誰かに宛てられるときには、宛てられる人がそれに従わなければ制裁を行使する地位が、前提とされていることになる。フィヒテの分析に基づいて、そのようにして理由を宛てることとは、究極的には自由で理性的な人に宛てることになることがわかっている。その結果、理由を宛てる人は次の区別を認めていることになる。つまり、相手を自由で理性的な人として

（正当にも）認知するようなしかたで、誰かの行動に（理由もなく従わないことに対する制裁の通告が伴う場合も含めて）正当な要求を行うことと、制裁の本性である望ましくない選択肢によってただ脅すことによって（つまり強制によってであるが、本人が適切な権威を欠いているとすれば制裁の通告も強制になるだろう）不当に相手の意志を規定しようとしたり、他の正統的でない方法で自らの意志を押しつけたりしようとすること、これらの間の区別である[35]。

さて、たとえば、先ほどの例の軍曹が、権威がなければ自らの要求や制裁は正当性を失うだろうと考えざるをえないとしても、だからといって軍曹の要求や制裁が兵卒の権威を侵害するという意味で不当になるわけではない、と考えられるかもしれない[36]。仮に兵卒に制裁を加える（ホーフェルドのいう請求権のような）権利には、兵卒のそれに反抗しない義務が伴っているだろうが、仮にそのような権利がないとしても、軍曹には、実際に行われているように、正当な制裁の内容となる害悪とまったく同じ害悪によって威嚇することも含めて、兵卒に自らの意志を押しつける（ホーフェルド的な）自由があることだろう[37]。だが、これは、前段落で挙げた理由のうち一つを除くすべての理由からして、二人称的パースペクティヴから推論することのできる選択肢ではない。そもそも兵卒に責任を問う際、軍曹は二人称的能力のある人としての兵卒の権威を尊重せざるをえないのである。それゆえ、軍曹は次のことを認めざるをえなくなる。二人称的権威はそれ自体、自由で理性的な行為主体に責任を問う地位の一部であり、どのような二人称的権威も、二人称的能力があるというだけで誰もがもっている二人称的権威によって補完されなければならない、ということである。

二人称的に正当化できない要求に服さないという要求を行う権威が誰にもある、という結論は、次のようにすればさらに直接的にテーゼ三から獲得されるだろう。どのような二人称的権威も、自由で理性的な行為主体自身が理性的に受け入れることができる場合にのみ、存在することができる。だが、このことが真であるためには、そのような受け入れの根拠がなければならず、自由で理性的な行為主体がもつあらゆる関心はそれ自体、そのような根拠の一部でなければならないだろう。さらに、次のことが概念上必要である。自由で理性的な行為主体は、他の人の恣意的な意志に服さないことに関心をもつ、なぜなら、他の人の恣意的な意志に服することは、定義からして、自由で理性的な行為主体性の行使を妨げるから、ということである。この関心は、自由で理性的な行為主体が権威に基づく要求をそもそも受け入れるための根拠の一つであるから、それは必然的に、自由で理性的な人として正当化できない要求に服することに抗する要求を擁護する。繰り返しになるが、二人称的能力のある行為主体は、意志のたんなる押しつけ、つまり二人称的に正当化できない要求がましい行動（強制的な行動）には服さないことを要求する権威をもつ。

五、それゆえ、二人称的要求を誰かに宛てることは、つねに、次のことを前提としている。要求の宛先となる人は自由で理性的な人として二人称的権威をもっていること、したがって、要求を宛てる人と宛てられる人とが互いに要求しあう共通の権威を共にもっていること。相手に自らの意志を強制したりたんに押しつけたりするのは不当であるということを前提とすると同時に、要求を誰かに宛てる人は、そのようなことをすれば、相手の自由で理性的な人としての権威を毀損することになる、ということを前提としている。だから、どのような二人称的理由であれそれを誰かに宛てるときには、理由を宛てる人と宛てられる人とが、互いに自由で理性的な人として要求しあう（二人称的な）権威を共にもっていることが前提とされている。

理性的な人に対する適切な振舞いと不適切な振舞いとの区別をしさえすれば、それがどんな区別であろうと、共通の二人称的権威を認めることになるわけではない。このことを理解することは重要である。誰かが理性的に行為することができないとき、それを矯正する手段として「制裁」を適用して、一種の理性的な療法ないし訓練を企てる人もいるかもしれない。この場合、理性の訓練士は、理性的な人としての相手に対する適切な「矯正」と不適切な「矯正」との区別を認めざるをえないかもしれないが、それはわたしがここで指摘している区別ではなく、それゆえその訓練士は相手が二人称的権威をもっていることを承認せざるをえないわけではない[38]。同じように、『国家』においてプラトンがトラシュマコスに反対する議論、つまり被統治者に対する適切な配慮と不適切な配慮という意味で、正しい支配と正しくない支配との区別がなければならない、という議論からもそのような権威は帰結しない。それは、庭仕事をする人が、自分の育てている植物たちの世話をいい加減にすると植物たちが文句を言うだろう、と想定しなければならないわけではないのと同じである。そのような前提が生じるのは、二人称的理由を誰かに宛てる地位として理解された正当な権威を想定することによる。

六、それゆえ、二人称的理由を誰かに宛てることは、つねに、人に共通な基本的尊厳を前提とする。わたしが提案するように、人の尊厳の本質ないし根拠が理性的で自由で（二人称的）能力のある行為主体の権威にあると理解するなら、このことはテーゼ五から定義上帰結する（もちろん、責任（二人称的能力）に関わるものとしての人〔人格〕の概念の「法廷的な」性格を想定してのことである）(Locke 1975: 346)。

七、二人称的理由を誰かに宛てることは、つねに、意志の自律（二人称的能力）を前提としている。テーゼ三とテーゼ五（または六）を一緒にすれば、二人称的に理由を宛てることは、いつも、最終的には理由を宛てる人と宛てられる人が自由で理性的な人として共通にもっている権威に基礎をもつ理由を受け入れ、それに従って行為する能力を前提としている、ということになる。ここでわれわれは、カントの「理性の事実」を二人称的観点から分析した際に横切ったのと同じ地域に戻ることになる。人々に責任を問うとき、われわれが暗に言おうとしているのは次のようなことである。その人々は行うべきことを行うことができ、そしてそれは、義務である行為を熟慮の上選択する余地があったとか、物理的に妨害されなかったとかいう意味だけではなく、当該の二人称的理由の妥当性を判断し、それらの理由に従って行為する動機をもつための反省のプロセスを、原理的にとることができたという意味でもある。二人称的理由は結果を考慮するものではないので、責任を問おうとする相手の人々に特定の〔対象依存的な〕欲求を帰属させる必要はない。だが、その人々が、二人称的に理由を宛てるにふさわしい意志をもつ理性的な人々である、ということに理由の源泉を認めうることを、つまり「意欲の対象のいかなる性質からも独立な」源泉を認めうることを、想定しなければならない。すると、意志の自律を想定しなければならない、つまり意志は対象依存的な欲求や対象の結果価値から独立に「自分自身に対して法則」でありうると想定しなければならない。第七章〔原著第九章〕の終わりで論じたように、これは、定言命法(「質料的」ではなく「形式的」な原理[Kant 1996b: 19–31])の妥当性は道徳的義務の可能性の必要条件だ、というカントの主張を擁護するためのもっとも見込みのある方針である。

さらに、われわれが、二人称的に理由を宛てるにふさわしい理性的行為主体であるというだけで、互いに対して責任があるとすれば、意志の自律は二人称的能力でなければならない。それに必要な推論プロセスは、それ自体、われわれが二人称的理由を誰かに宛て、互いに責任を問いあうときにいつも前提としている共通の二人称的権威を表現するものでなければならないし、われわれが二人称的権威を具体的に示すことができるようにするものでなければならない。十章〔原著十二章〕では、その役割を満たすことができるのは、カントの「目的の国」という観念を通じて解釈された契約主義的な推論——われわれの言葉で言えば、あらゆる二人称的能力のある行為主体が共にもっている共通の（二人称的）権威に基礎をもつ推論——であると論じられる。大雑把に言えば、われわれが他の人々に対して責任を負うのは、自由で（二人称的能力のある）理性的な人としてあらゆる人が共通にもつことのできるパースペクティヴから見て、誰に課しても有意味だと思われるような要求を自らに課す場合である。そして、このようにしてわれわれが責任を問う人は誰でも、この中立的な二人称的パースペクティヴをとり、同じ要求を誰に課しても有意味であることを理解することによって、原理的には、その同じ要求を受け入れ自分自身に課すことができる人であること、それをわれわれは前提とするのである。(39)

註

（1）たとえば、論理的要求である。この点に関する第一章の検討を見よ。

（2）さらに、人の扱いを超えて広がる道徳的義務もありうる。たとえば、人ではない他の動物の扱いや環境の扱いである。人の尊厳はこれらの場合にも姿を見せる。なぜなら、人の尊厳は道徳的共同体の成員の資格に関わり、この共同体に対してあらゆる人々はそれらの要求に従う責任を負うからである。

（3）このように、道徳的義務は、現実の個人が明示的に要求を行った場合でなくても、「有効な」非明示的要求を含むものとして理解されなければならない。このことは第一章で述べた。ストローソンが指摘するように、「要求をすることは［反応的］態度に服することである」（1968：92-93）。繰り返しになるが、これは、ベンサムによる法の説明（1990：93-94）は「疑似命令」に関わるとするハートの解釈に似ている。第一章の註17におけるこの点の検討を見よ。

(4) 言うまでもなく、わたしがここで意図しているのは、AはBに足をどけるよう要求する権威をもっているというような、三人称的な命題を除外することである(このような命題は、本質的に、二人称的に宛てることのできる権利主張や要求という観念を内包しているけれども)。

(5) 本書を通してつねに言えることだが、わたしが言いたいのは、それが規範的にうまくいくには、ということである。つまり、以前の表現で言えば、誰かに何かを二人称的に宛てることには「規範的適切性の条件」が二つある。繰り返しになるが、それは、二人称的に宛てられた(規範的)理由が現実に存在し与えられるためには、二つの条件が満たされなければならないということである。それとは対照的に、誰かに理由を二人称的に宛てることが慣習的な(オースティン的な)意味で成功することがある。たとえば、然るべき権威が権利上存在するかどうかはともかく事実上存在すれば、言語行為が命令を構成することがある。

(6) ここでもまた、わたしが言いたいのは、このことはそのように要求を宛てることが概念的に関与する前提だということであって、他の人に二人称的に宛てる人が現実にそれを前提としているということではない。

(7) 「自由で理性的な人として互いに要求をしあう平等な権威」という語句の場合と同じである。

(8) ここには二つの要素がある。第一に、われわれは、適切な行為主体相関的な規範(たとえば、互いの足を踏まないこと)に従って行為することができることを前提としなければならない。第二に、だが同じように重要なこととして、われわれは、それに従う責任が互いにそして自分自身にあると見なしあうことを想定しなければならない。だから、道徳的要求に服するときには、これらの相互に結合した動機の能力をもっていると想定せざるをえないのであり、それは最終的に意志の自律に至るのである。この点に関する議論について、ライアン・プレストンに感謝する。

(9) カントの表現によれば「わたしが他の人に対する義務の下にあると認識できるのは、同時に自分自身を義務の下に置くかぎりにおいてである」(1996d: 417–418)。

(10) しかし、道徳的義務に由来する理由以外の二人称的理由に関しては、その前提は、行為主体はある程度まで、つまり、それに反する理由にもかかわらず、これらの理由に基づいて行為すべく自由に自己決定することができるということにほかならない。

(11) 神はそれを適用するにあたって不正を行わない、というホッブズ的な意味だけでなく、神はそれを適用する権威をもっているという意味でも。

(12) このことを理解する一つの方法は、不平が他の何に存しうるか問うことである。「あなたはそんなことをすべきではなかった」と言う地位にあることは、その不平そのものが、相手が受け入れると予想されるものでないとすれば、まったく空虚だろう。

(13) この点については、ジェイコブ・ロスに負っている。

(14) ときおりそれがこれを「前提とする」とか「想定する」とか言うとすれば、説明が楽になるだろう。すでによくおわかりのことと思うが、こう言うのは次のような意味である。つまり、その前提は、二人称的理由を宛てる人が事実それを前提としているかどうかにかかわらず、それがうまく誰かに宛てられるための規範的適切性の条件である。

(15) だから、フィヒテ自身はわたしが「フィヒテの論点」と呼ぶものを拒むかもしれない。しかし、その論点はフィヒテの議論に暗に含まれていると主張する。フィヒテが、わたしが彼に帰そうとしている業績を納得して受け入れるかどうかは、もちろんわたしにはわからない。(二世紀も隔たる二人称的関係はことのほか複雑である。)

(16) さらに検討を拡大するものとして、ここでも参照している Darwall 2005 を見よ。また、フレデリック・ニューハウザーのフィヒテの入門書 (2000) および Neuhouser 1994 を見よ。

(17) これは、フィヒテのような観念論的な枠組みの内でも説明される必要のある、信念の本性をめぐる概念的論点である。

(18) 繰り返しになるが、フィヒテはここで、観念論的な枠組みですら尊重しなければならない概念的な主張をしているとわたしは見る。

(19) その反対の見解については、ニューハウザーのフィヒテ入門書（2000）iv頁を見よ。

(20) カントと同じように、フィヒテは「外的な自由」を自由な動作や行為の法的に保護可能な領域を指示するために用いる（1996c: 214）。

(21) この説明の役に立つ用語は Pettit and Smith 1990 および Herman 1996 からとられている。

(22) しかし、おそらく、このことは熟慮を帰結主義者の観点から理解するかぎりにおいてのみ妥当である。その行為主体が、たとえば各人は約束を守るべきだというような、行為主体相関的な行動の原則を受け入れるとすればどうか。それはその行為主体に、自分自身の行為主体性を熟慮において把握する手がかりを与えないだろうか。われわれは「理性の事実」から次のことを知っている。その行為主体が行為主体相関的な原則によって拘束されると想定するならば、その行為主体はそれに従って行為することができると前提せざるをえない。だが、このことは、この行為は熟慮において未決であると想定することをその行為主体に要求するにすぎないことも、すでに見た。それは自律を前提することにはまったく関わらない。さらに、カントは、そのような原則は自律という条件の下でのみ人に適用されると考えている。だから、問いは残る。熟慮の観点の範囲内で、行為主体がその想定を認めざるをえなくなるのはなぜか。行為の道具的理解については、Schapiro 2001 を見よ。

　いくぶん同じような趣旨で、シェフラーは次のように論じている。自己をある基準に従わせるという観念そのものが、理由の源泉や行為の規範など、それ自体道具的でも結果に基づいてもいないもののことを考えることを要求する。しかし、シェフラーが認めるように、このことは規範自体が帰結主義的であることと矛盾しない（前章で言及した、最善の結果を生み出すというムーア的な規範のように）。しかし、この帰結主義的な可能性は、反応的態度を通じて互いに責任を問いあうという通常の人間のパターンと緊張関係にある、とシェフラーは論じている。しかし、後者の応答を信じるということは、暗に二人称的観点を信じるということである。（Scheffler 2004 を見よ。）

(23) これは（二人称的に）行為主体から行為主体自身へでもありうるだろう。

(24) たとえその促しが明示的に宛てる唯一の理由が、そのように自己を規定せよという要請に由来するとしても。

(25) もちろん、このことは助言それ自体に関してしか言えない。助言を受ける人が助言に耳を傾けそれを考慮する時間と注意を払うことを期待している点で、助言者の意志に対する要求が含意されているように思われる。だが、そうだとすれば、これらはそれ自体二人称的理由を前提としていることになる。

(26) すでに述べたように、フィヒテは法の原理は道徳法則から区別され独立であると強く主張している。そして、法の原理によって課せられた義務は自発的に引き受けられなければならない、つまり「選択意志によって」他者を定立し、外的自由を侵害しないという法則を同時に立てることによって、個々人によって引き受けられなければならない、と主張することがある（2000：81）。このような理由により、フィヒテは法の概念を道徳的な概念というよりも「たんに技術的‐実践的な」概念と呼ぶ（10）。「法の法則は、ある特定の人が自己の自由を制限すべきだという趣旨のことは言わない」（14）とフィヒテは確言する。それは、たんに、他の個人に対して自己を定立し同時に他者を承認することの一部である自発的な自己制限から、何が結果として生じるかを言うだけである。

この「主意主義的な」解釈によれば、個人がある特定の個人に対して（そしてある特定の個人に関して）義務づけられているという「相互的な宣言」に参加することを必要とする（2000：15）。しかし、自己意識という条件が法の原理の妥当性を認めるのに十分であると主張しようとすれば、フィヒテは主意主義的な解釈に固執することはできないと思う。フィヒテはこのことに気づいているように思われることもある。たとえば、人は他の誰かが承認を拒否することによって自己に危害を与えたと不平を言うことはできないが、それでも人はその相手が「自分自身を人間の全共同体から除外しなければならない」と主張することができる（12）。（「人間が互いに共に生きたいならば、各人は、自己の自由と共に他の人々の自由も存在できるように、自己の自由を制限しなければならない」（14）を参照）。これが示唆しているのは、個人が法の原理によって課せられた義務を避けることができる唯一の方法は他の人々をすべて避けることだ、ということである。しかし、主意主義的な解釈に基づいてなぜそうなるのかは不明である。たんに、さまざまな自発的な法の共同体つまり結社ができ、その内部では個人は法の原理によって義務づけられるけれども、外部の人々に対しては法の義務はない、というのではないのはなぜか。主意主義的な解釈がこの帰結を避けることができるのはなぜか、理解し難い。

フィヒテが言う他の物事も、同じように主意主義的な解釈にはなじまない。第一に、フィヒテは、行為主体は、互いに承認しあうさい、自己と自己の自由に対する持続的な承認を「将来全体にわたって」要求する、と確言する（2000：48）。だが、ここでもまた、主意主義的な解釈に基づけば、いったいどうしてそんなことになりえるだろうか。個人は、自発的に時間的に限定された期間自分自身に義務を課すことも、無限定に義務を課すことも、同等に自由にできるように思われる。しかし、わたしが示唆してきたように、相互に承認しあう個人が、理性的な人の二人称的地位を、自発的な合意の問題としてではなく、二人称的に何かを宛てあうことの前提として認めざるをえないのだとすれば、そのような要求が期待されるだろう。ある特定の個人から持続的な承認を「全将来にわたって」要求することは、一般にあらゆる人からあらゆる時に尊敬を要求することとの、つまり二人称的に要求することとの前提として人が認めざるをえない要求の、一部であるにすぎない。その状況はカントが描くものとまったく同じである。理性的な人は「尊厳をもち……それによって人間は世界のあらゆる理性的存在者から自分に対する尊敬を要求する」（1996d：435，「要求する」に強調が加えられている）。

第二に、フィヒテは、相互に承認しあう行為主体は互いを理性的存在者として承認し、そうすることによって互いを理性的存在者として扱うことに関与している、と頻繁に言う（e.g., 2000：42, 43）。だが、これらの主張は、理性的存在者を理性的存在者として扱うさいに、（正しい）扱い方と不当な扱い方があり、したがって理性的存在者を承認しないことは、人が自由にやめることができる自発的関与を自粛するというだけのことではない、ということを前提としている。それらは、理性的存在はそれ自体が規範的地位であり、ただその理性的本性のゆえに、人々を扱う際に尊敬という扱い方と不当な扱い方があり、それゆえ人々を承認し尊敬することを怠ることは、人が自由にできることではない。理性的な人の理性的な人としての尊厳と、目の前にいる個人の理性的な人としての尊厳とは、その人を二人称的に承認することが有意味であるための前提として、認めざるをえないものである。

最後に、主意主義的な解釈のもっとも重要な問題は、行為主体が自発的に行う関与を維持するよう行為主体を（互いに）義務づける規範的関係が背景に想定されないかぎり、自発的な合意がどのようにして自由の圏域を尊重する義務を生じさせるのかを説明する力がない、ということである。いったん相互的承認が成立した以上、個人が相手の自由の圏域を侵害するときには、互いに対して権利要求をしてよいと認めたことになる、と想定していることは、明らかである。相手とわたしとが相互的にお互いを承認することによって関与することになった法則に同意し、その相手が後でその法則に違反するとすれば、わたしは相手がわたしの権利を侵害したとして非難する地位にある。「わたしは……われわれ二人に妥当する法則に訴え、その法則を現在の事例に適用する。こうしてわたしは自己を判事として、つまり相手の優位に立つ人として定立するのである……。だが、わたしが相手に抗してその共通の法則に訴えるかぎり、わたしは相手がわたしとともに判事になるよう促すのである。そして、わたしは相手に、思考の法則に納得して、この場合わたしの相手に抗する行為が整合的であることを認め、それを是認するよう要求する」（2000：47）。だが、われわれが関与する「法則」に規範的な力を与えるのは何か。あたかもその法則を共に採用したかのように、その法則に関与しているという事実だろうか。そうでありうるのは、もう一つの背景的な規範的関係があり、その規範的関係がわれわれに自発的に自らをそのように拘束する権威を与え、その権威それ自体が自発的な関与に依拠していない（これもカドワースの論点）場合だけである。わたしの相手とわたしとが「相互的な宣言」によって義務づけられるのは、われわれがそれに関与する権威をあらかじめもっている場合だけであり、だからわれわれがその権威をもっているかどうかは自発的な関与には左右されない。われわれは二人称的理由を相手に宛てる規範的地位をあらかじめもっていたのでなければならないが、その地位は二人称的理由を互いに宛てる際に前提としていたものなのである。

その代わりに次のように想定してみよう。わたしは、相手とわたしとがその法則に関与しているという事実に訴えるのではなく、その法則自体に訴え、それからそれに関与するのだ、とフィヒテは言っていると解釈する、と。だが、こう言ったからといって、相手がそれを否定し、わたしを承認するのを拒否したとすれば、助けにならないように思われる。もちろん、フィヒテは、相手はわたしを承認することを端的に拒否することはできないと主張するかもしれない。相手にわたしを承認させるためにわたしがしなければならないことは、ただ相手を、二人称的に、非難、諫言、その他の要求を宛てる行為によって促すことだけである。(「わたしもまたそう「理性的存在者」であることをわたしはその人に認めさせることができる」(2000: 42)) しかし、これは、まさにカントが言うように、わたしは「世界のあらゆる他の理性的存在者から」、以前彼らがわたしを自発的に承認したかどうかにかかわらず、ただ二人称的に促すことによって、尊敬を要求ないし「強要」することができる、ということである。そして、反省してみれば、このことこそフィヒテが考えていることであるように思われる。二人称的な促しが理性的存在者に自由で理性的な行為主体の意識を与えるに十分であるのは、人であるということが尊敬を強要する地位にあるということである場合のみである。

フィヒテはこの点に同意するかもしれないが、にもかかわらず、理性的な人がつねに他の人に尊敬を強要できる地位にあるということが真だとしても、義務づけるのは承認という事実だと主張するかもしれない。しかし、この時点では、承認は自発的に与えられるという考えは、実質的にあまりもっともらしくないように思われる。さらに、そしてこれは最後の重要な点であるが、誰かを人として承認するということは、それ自体、それが応答するのであって授与するのではない規範的地位つまり尊厳の承認を含んでいるように思われる。それゆえ、究極的には、主意主義的な解釈は、二人称的に要求を宛てることに含まれている相互的な承認は、人がもっている二人称的理由を与える規範的地位を何らかのしかたで生みだすということを前提としている、という考えに対して首尾一貫した代替案を与えることはない。

(27) わたしの議論はヘーゲルの『精神現象学』(1977) の有名な「主と奴」の節と共鳴するところがあるが、わたしの論点のほとんどは実質的には異なる。この点については、マシュー・スミスとの議論によって助けられた。

(28) 以下の例はニル・エヤルに負っている。(以下は、主に、エヤルの記述と分析である。)

セルジオ・レオーネの『ワンス・アポン・ア・タイム・イン・アメリカ』で、ヘンリー・フォンダが演じる悪党が、クラウディア・カルディナーレが演じるヒロインを、最大の苦痛と屈辱を与えようとしてレイプする。悪党が彼女にのしかかると、ヒロインは目をそらし、顔をそむける。悪党は、彼女の顎をつかんで、レイプしながら彼女の眼を覗き込むために顔をもとにもどそうとする。悪党がそうするのは、「彼がわたしをレイプしている」状況は「おまえがわたしをレイプしている」状況より犠牲者にとってずっと屈辱的だからだ。自分がレイプしている犠牲者の目を同時に覗き込むことは、その状況を明白な意味で二人称的に、つまり「おまえがレイプする」状況にする。「おまえがレイプする」状況のほうが「彼がレイプする」状況よりも屈辱的である理由は、前者の状況は、犠牲者の屈辱も含めて、その状況の顕著な特徴を相互に認めることを含んでいることであると思われる。

エヤルの分析は明らかに正しいが、この状況は、われわれが関心をもつ意味での何かを二人称的に宛てることを含んでいない。それは、規範的地位を前提とする二人称的理由を相手に宛てることを含んでいない。レイプする男が相互に認めることを強要しているのは、「わたしはこれをおまえにすることができるが、おまえはそれをとめることができない」というようなことであって、たとえば「わたしにはおまえをレイプする権限がある」というようなことではないと思われる。これは、相手に何かを宛てる権威に基づいて何かを二人称的に宛てることというより屈辱的な屈服だと思われる。しかし、意図的に屈服させることでですら、何らの権威の幻想や自己物語もなしにたんに力を行使するというようなことではほとんどありえない、このことは銘記するに値する。この点に関しては、第四章と第六章の検討を見よ。

(29) もちろん、われわれが「命令」と呼ぶ多くのもの、たとえばスパニエル犬に向かって言われた「ヒール(ついてこい)」は、われわれが関心をもってきた意味での二人称的理由を相手に宛てることを含んでいるとは、必ずしも言えない。

(30) 多くの奴隷保有者は、おそらく、奴隷の隷属を奴隷が理性的に受け入れることができる——しかし、よく考えれば自分自身はとても受け入れることができない——優越した権威の幻想によって正当化することによって、どちらにも行けるようにしていた。奴隷の法的地位を考え抜くことによって南北戦争前の奴隷制の前提がはらむ矛盾を暴きだすさまざまな方法に関する瞠目すべき検討として、Oakes 1009 を見よ。オークスは、ノース・カロライナ州最高裁の州対ウィルの事例を検討している。この事例は「主人の権威には限界があるだけでなくその限界を越えた主人に抵抗する権利をもつこと」を見出した(161)。この参考文献を教えてくれたことについて、エリザベス・アンダーソンに感謝する。

(31) つまり、「存在内在主義」が真かどうかにかかわらず(Darwall 1983: 54–55)。

(32) この段落については、ジェイコブ・ロスによって助けられた。

(33) このこととフィヒテの法の原理との類似に注意せよ。「わたしは、あらゆる場合に、わたしの外にいる自由な存在者を自由な存在者として承認しなければならない、すなわち、わたしはわたしの自由をその人の自由の可能性という概念によって制限しなければならない」(2000: 49)。

(34) ここでは議論を制裁という観点から進めるが、もとの要求という観点からも進めることもできるだろう。それは、要求を宛てる人が、他の人に「要求がましく」関係する正統な権威のあるしかただと想定しなければならないものであり、然るべき権威がなかったとすれば正統的でなくなるしかたである。

(35) あるいは、もとの要求は、宛先になる人の権威を尊敬するようなしかたで(二人称的に正当化されているがゆえに)要求を宛てることと、ただそうせよと要求することによってそれを行わせること——これは正統的ではなく尊敬に欠けることになる——との区別を前提とする。

(36) この気がかりな点をあげることについては、ジェロルド・ガウスとエリック・マックに負っている。この時点までの本文の議論は、ハートの次の議論を想起させる。「一般的権利を主張するということは、ある特定の行為に関して、他の人の自由を制限する特別な権利を構成する要件が不在の場合には、自由であるというあらゆる人々の平等な権利を主張することである。特別な権利を主張するということは、ある特定の行為に関して、他の人の自由を制限するそのような特別な要件によって構成される権利を主張するということである。この段落でわたしが考察する反論は、マック（1976）がハートに対して立てるものである。

（37）あるいは、おそらくそれは誰か他の人の権威を端的に毀損するだろう。この点について、アイラ・リンゼイに感謝する。以下もこの可能性に応答するものである。

（38）この点について、シェリー・ケーガンに感謝する。

（39）前に述べたように、当該の中立的パースペクティヴをわれわれが共通にもつものと見なし、その観点から行われる要求はわれわれが第一人称単数の道徳的共同体として行うものだと見てもよいかもしれない。しかし、わたしが強調しもしたように、そのパースペクティヴはだからといって二人称的でなくなるわけではない。本質的に誰かに何かを宛てることを含むからである。

第九章　自由と実践理性

前章では、人の尊厳と意志の自律とは、相互性テーゼが確言するように相互に前提しあっているだけでなく、二人称的観点によって前提されてもいる、と論じた。どちらも二人称的理由（ないし「規範的な適切性の条件」とわたしが呼んだもの）の可能性そのものの超越論的条件なのである。だから、どんな種類のものであれ二人称的理由を誰かに宛てるときには、人の尊厳と意志の自律とを前提としなければならない。

しかし、この議論がそれ自体としてはうまくいくとしても、それには限定的な証明力しかないように思われるかもしれない。二人称的理由とそれに伴う妥当な要求、責任、権利主張し要求する権威などの概念が、すべてそれ自体空虚でないことを保証することができるものは何か。二人称的構えをとることによってわれわれが平等な尊厳と自律とに関与することになるとしても、二人称的観点とそれに結びついた責任とが各人の合理的な選択に任されるものにすぎなかったり、悪くすれば錯覚にすぎなかったりすると考えたとしても不整合はない。

この章では、この難問に答えるために、二人称的理由を、実践理性と理性的行為主体であるわれわれの自由とのさらに包括的な理解のなかに位置づける。フィヒテの洞察を展開しつつ、二人称的観点はわれわれに自分自身の行為主体性に対するパースペクティヴを与え、それによってわれわれは理論理性と実践理性との間にある基本的な区別を理解することができるようになり、それゆえ行為の理由に関するわれわれの理解はよりよいものとなる、とわたしは論じる。したがって、仮に何らかの理由で二人称的観点を採ることを避ける人がいたとすれば、その人は、二人称的観点をすでに採っているわれわれが、その観点を含むさらに包括的な視点から確認することができるものを、理解することができないだろう。

しかし、この方向で考えを展開し始める前に、物事を二人称的に見ることを端的に拒否する明白な方法はない、ということに注意すべきである。「自由と憤り」におけるストローソンの独創的な議論は、部分的には次の事実から導き出される。反応的態度は、その二人称的前提とともに、いかなる現実的な心理学的意味においても各人の選択に任されるようなものではない、という事実である。人間の生は、それが人間の生と認められるかぎり、二人称的な思考や経験なくして成立するとは想像しがたい。それは、究極の事例であるスターリンの例によって確認されるとおりである(1)。しかし、このことは、そのままでは限られた哲学的意義しかもたない。ここで問うべき哲学的問いは、われわれはこのようなしかたで物事を見るべきかどうか、である。ヒュームが他の文脈で記したように、われわれは書斎を離れるならばそのパースペクティヴをとることになる、と言ったところで、書斎のなかでわれわれが立てる反省的・哲学的な問いに決着をつけることにはならない（1978 : 455）。そしてなんといっても、哲学的反省の能力は、反応的態度への傾向性と同じように人間独特のものなのである。

あるいは、繰り返しになるが、フィヒテのいう他の自由で理性的な行為主体からの促しは、たいてい、われわれを二人称的に思考させるのに十分であろう。[2] それが、どのように応答すべきかを考慮するだけのことであったとしても。だが、そのことを認め、そのことに伴う諸前提を認めることが避けられないとしても、われわれはそこから一歩身を引いて、反省を経た後でもなおそれを受け入れることができるかどうか、問うことができる。そして、実践理性に関する基本的な哲学的反省それ自体が、二人称的でなければならないことを示唆するものは、何もないのである。

とはいえ、前章の議論が、結局は相互性のテーゼに行きつくとしても、道徳性および意志の自律に関する議論よりもかなり範囲の広いものであることは、注目に値する。だから、前章の議論は、この章の議論がなくても相当の拘束力をもつかもしれない。「道徳の体系」や原理または義務に基礎を置く道徳の構想には、これまでも重大な批判があった。その一つは、言うまでもなく、道徳的義務が普遍的で定言的な理由を提供するという主張の否定である。だが、われわれが確認した二人称的概念の全領域を否定したり疑問に付したりする試みは、ほとんどなかったのである。[3]

規範性と未決の問い――信念と真理

この章では、前二章で展開し始めた理論理性と実践理性との対照を、さらに深く広く考察する。実践理性の問いは、何が行う理由のあることかであり、理論理性の問いは、何が信じる理由のあることかである。このことに論争の余地はないものとする。ヴェルマンの用語を使えば、行為の「形式的目標」は、何であれ（規範的な）理由のあることを行うことだ、と言うことができ、また信念の形式的目標は、何であれ信じる理由のあることを信じることだ、と言うことができる。[4] 形式的目標は（実際そのような形式的目標はどれもそうでなければならないように）明示的に規範的である。同じように、信念や行為の形式的目標は、それぞれ、そうすべきであるように、正当であるように、適切または正しいように、規範的理由によってもっとも強く支持されるように（それゆえ、その意味では、最善であるように）などのしかたで行い信じることである、と言ってもよいだろう。

信念は形式的目標に加えて「実質的目標」ももっている、とヴェルマンは言う。つまり、真であること（のみ）を信じることである。真理が、または真理のみを信じることが、信念の実質的目標になるのは、その実質的目標を満たすことを、信念の（明らかに規範的な）形式的目標を満たすこと、つまり信じるべきこと、正当なこと、（信じるのが）適切なまたは正しいこと、から概念的に区別することができるからである。「わたしは何を信じるべきか」は「何が真であるか」という問いとは異なるのである。

当たり前のことながら、われわれは、何であれ信じるべきことを、つまり何であれ信念の形式的目標を満たすことを、信じるべきであるが、それは、当たり前のことながら、われわれは、何であれ行うべきことを、したがって何であれ行為の形式的目標を満たすことを、行うべきであるのと、まったく同じことである。だが、信念については、信念の本性のおかげでもっと実質的なことを言うことができる。信念は、物事のあり方を、それを正しく把握することを目標として、表象する心の状態、つまり物事を現にあるがままに表象すること、または真理のみを信じること、を目標とするものである。したがって、真であること（または証拠に基づいてもっとも真である可能性が高いこと）のみをわれわれが信じることは、信念の本性から帰結する。正しいことは真であることから概念的に区別されるものの、真なる信念は正しいのである。ある反事実的な想定から何が帰結するかを知るためだけに、その反事実的な想定をする人がいるとすれば、その人の想定が誤っているとか正しくないとかいうのは悪い冗談である。しかし、偽なる信念は偽なる答えと同じく、誤っている、つまり正しくない、のである。

信念や行為のための規範的理由の概念、あるいは信念や行為が正しく、正当であり、適切であり、相応であり、ふさわしい、などの概念は、すべて規範的な概念である。ムーアの「未決の問い」という議論は、ある概念が規範的であるかどうかを調べるのに役立つテストであると見なされることが多い（1993: 67）。[5] さまざまな属性が同一であることや区別されることを推察することはできないということ、そしてまた、われわれの概念の把握はさまざまな意味で不完全でありうるということ、これらを念頭に置くかぎり、ある問いが概念的に未決であるという事実を、区別されるべき概念が働いていることを示すものと見なすことができる（Railton 1989: 158）。たとえば、ある哲学者が「よい」を「快」の同義語として使うとしよう。その哲学者に対して、概念的な混乱をきたすことなく「その経験が快であることは認めるが、それは、その経験を実現したり、欲求したり、あるいはその他の態度をその経験に対してとる理由になるのか」と問うことが可能である。この事実は、その哲学者が使う「よい」が規範的概念を表現していないことを示している、と見なすことができる。しかし、同じように、見たところ正しい種類の問いが論理的に既決であるという事実から、それに関わる概念が規範的であると即断しないように注意しなければならない。それゆえ、概念的な混乱をきたすことなく「pが真であることを認めるが、pを信じる理由はあるか」と問うことが論理的にできないという事実から、真理は規範的概念であると結論することは誤りであり、「pは真である」は「pは信じるべきことである」と同じ意味であると結論することももちろん誤りである。問いが決着するのはそれらが同じ意味だからではなく、信念という概念について先に述べたことによる。pを真なるものと表象したり見なしたりすることをpであるという信念に数えることは、それがpである場合にのみpを真と見なすという目標をもって表象したり見なしたりすることの一種でないかぎり、ない。まさにこの理由で、たとえば p であると想定することは p であると信じることとは異なる。

規範性と未決の問い——行為、欲求、結果の価値

何が真であるか、あるいは所与の証拠に基づいて何が真である可能性がもっとも高いか、を直接考慮に入れることによって、何が信じる理由のあることかという形式的な問いに迫る有力な手段が得られる。[6] そこで、前二章で簡潔に考察した、素朴な実践的観点の説明に類比的な理論的観点の説明を考えてみよう。経験は独立した事実の秩序に関するものとされ、その秩序を表象すると思われる信念への傾向性を含むとされている。さらに経験を積むにつれて、われわれはその表象を、物事をもっと正確に表象するという目標、つまり真であるもののみを信じるという目標、をもって修正する。さまざまな経験が互いに整合したり矛盾したりすることを可能にするのは、それらの客観的な意味である。わたしは、まっすぐな棒だと思われるものが池の辺に転がっているのを見、それを池の中に入れると曲がっているように見えることに気づく。たぶん、はじめはそれが曲がっていると思うだろう。だが、棒と池に関する経験を積むにつれて、棒は池に入れられてもまっすぐなままであり、ただ曲がっているように見えるだけだ、と結論する。

この説明によれば、経験的世界のような独立した事実の秩序に関する信念の合理的な形成は、その秩序、つまり現にある世界に対応しているかどうか、によって導かれる。もちろん、経験が純粋に対応しているなどということはない——それは「所与の神話」(Sellars 1997) である。何を信じるべきかに関

わる経験は、どれもつねに概念化されており、何らかの理論的な枠組みに捉われている。しかし、同じように、独立した事実に関する信念の形成が受容性（経験的信念の場合は現にある世界に対応していること）の要素を含んでいないとすれば、少なくとも世界に関する信念の場合には、信念の形成が合理的に進むのはいかにしてかは理解し難い。

これは、第七章〔原著第九章〕で遭遇した論点のもう一つの形である。つまり、自由には、積極的自由と消極的自由という異なった種類があり、理論的推論をする人ですらそれを前提とせざるをえないが、それらにはカントのいう意志の自律に類似しているところはない。独立した事実に関する信念を形成することになると、信念の理由は信念の対象の性質から独立には見出されない。逆に、この種の合理的信念は、その対象を提供する当の世界によって導かれなければならない。それらは対象によって導かれ、したがって対象依存的である。(7)

さて、実践理性の場合は、問題は何を信じるかではなく、何を行うかである。にもかかわらず、わたしが素朴な（一人称的）実践的観点と呼んできた、実践的観点に関する考え方があり、それによれば、実践的観点は、先ほど説明した理論理性の観点に形式上類比的である。繰り返しになるが、それが『倫理学原理』におけるムーアの実践的推論の理解である。『原理』のムーアによれば、ただ一つの基本的倫理的概念、つまり善または本質的な価値の概念があり、またムーアのもう一つの言いかたでは「それ自体のために存在すべき」（1993: 34）ものの概念がある。この概念に関するかぎり、何であれ——経験、対象、関係、事態、そして行為も——その具体例になりうる。

ムーアの本質的な価値の理解が素朴な実践的観点に一致するのは、それが世界の可能的な状態の価値の理解を提供し、したがって結果の価値の理解を提供するからである。だが、そうすると、ムーアの本質的な価値の理解は、行為は信念と同じように実質的目標をもつ、という見かたを提供することになる。信念の実質的目標は現にある世界を表象することであるが、このムーアの説明によれば、本質的な価値のある結果を――世界をそれがあるべきように――できるかぎり実現するということになるだろう。

実際、『原理』においてムーアは、行うべきことであるという概念は、本質的な価値の概念と可能的な行為の結果に関する経験的な因果的概念とを用いて定義可能だ、と主張しているので、ムーアの立場は本質的な価値のある結果を実現することが行為の形式的目標だ、というものである。ある所与の行為が行うべきことであると確言することは「明らかに、その行為が行われるとすれば、代わりに他のことが行われる場合よりも、世界に多くの善または少ない悪が存在するだろうと確言することである」(77)とムーアは言う。これは、「何を行うべきか」(または「どのような行為が規範的理由によってもっとも強く支持されるか」「何が正しい、もっとも正当な、最善の行為か」)と「行為主体に実行可能な行為のうちどれがもっとも多くの本質的価値を生み出すか」とが同一の意味をもつことを主張している。そして、それは、明らかに、行為の形式的目標の特徴を道具的であるところに見ている。ムーアの信じるところでは、ある行為がただその種の行為であるがゆえに本質的な価値をもっているとしても、その行為が行うべきことであるという概念は、あらゆることを考慮に入れれば、やはり、行為主体に実行可能な行為のうちもっとも道具的な価値をもつ、という概念と同一である(もっとも、その道具的価値がその行為が遂行されるという本質的な価値のある状態を「実現すること」を含んでいることもあるだろう)。[8]

ムーアにとって、本質的な価値とは存在するものとしての価値である。「ある物が善いと確言するとき、われわれが言おうとしているのはその物の存在ないし実在が善いということである」(1993 : 171)。それゆえ、ある行為に本質的な価値があるという観念は、その存在ないし実在が善いということである。[9]

このことは次のことを含意するとムーアは見なしている。その行為を遂行する理由があるという概念は、その行為が遂行されれば世界は本質的な価値のあるものの存在を含むことになるだろうという観念と同じである。そして、あるべき世界の状態が、その状態がそうである（ないしそうなるであろう）がゆえに実現される。それゆえ、このような行為の理由の理解によれば、行為の理由は行為の道具的な価値――おそらくその行為が遂行されるという結果それ自体も含めて、本質的な価値のある結果を生み出す能力――と同一になると言っても過言ではない。こうして、行為の行為としての価値という概念は、本質的な価値のあるものを存在するものとして（おそらく、その行為それ自体も含めて）生み出す行為の能力という概念と同一になる。つまり、あるべき結果を、その結果がそうであるがゆえに生み出す能力、という概念と同一視されるのである。

このように、『原理』において、ムーアは行為の形式的目標は本質的な価値のある結果を生み出すことだ、と主張した。しかし、この点でムーアは明らかに誤っていた。その誤りを理解する道具となる概念をムーア自身が与えてくれている。未決の問いの議論である。ある所与の行為がもっとも価値のある結果を生み出すことが事実であると想定しても、なお、その行為を遂行すべきかどうか（あるいは、その行為は規範的理由によってもっとも強く支持されるか、最善の行為か、など）を有意味に、つまり整合的に問うことができる。[10] こうして、行為の形式的目標を本質的な価値のある結果を生み出す能力と同一視することは、未決の問いのテストを通過できない。[11] 同じように、もっとも本質的な価値のある結果を伴う行為が行うべき行為であるということを、自己矛盾や概念上の混乱を犯さず否定することができる。だから、ムーアの『原理』に反して、行為の形式的目標を本質的な価値のある結果を実現することと同一視することはできないのである。

だが、このことは、本質的な価値のある結果を実現することが行為の実質的目標である可能性を開く。おそらく、世界を現にあるがままに実際に表象することが信念の実質的目標であるのとちょうど同じく、類比的に、行為は、実現可能性の諸制約の下で、あるべき世界をあるべきままに実現するという実質的目標をもっているのかもしれない。さらに、前二章にわたって示唆したように、欲求をもち何を行うべきかをめぐって熟慮する行為主体の素朴な（一人称的）実践的観点から行為を考えれば、そのように考えるのは実にもっともらしいことだと思われる。

欲求は、信念と同じように、表象に関わっている。信念がつねに、何らかの p について p であるという信念であるのとちょうど同じように、欲求は、少なくともおなじみの哲学的説明によれば、何らかの p について p であってほしいという欲求である。(12) たとえば、わたしがチョコレート・アイスクリーム・コーンを欲するとすれば、わたしが欲するのはそのようなコーンを食べることである。だが、信念と欲求は適合の方向という点で異なる。信念は心から世界へという適合の方向をもつ——信念は世界に適合するときに正しい。しかし、欲求は世界から心へという適合の方向をもつ——少なくとも欲求のパースペクティヴから見れば、欲求に適合するとき世界は「正しく」、それがあるべきようにある（Anscombe 1957 : Platts 1979 : 256–257 : Smith 1994 : 111–119）。

しかし、このおなじみの考えを解釈するには注意が必要である。それを、p であって欲しいという欲求が、何らかのしかたで、p が価値をもつということ、または p を獲得すべきだということ、を真ならしめるという意味で、欲求が世界に指図するという意味にとるべきではない。そんなことをすれば、倫理的な「べし」を心理的な「ある」から導き出すことによって、規範的理由を安売りすることになるだろうし、また、欲求を行為主体の視点から説明することの意味を理解し損ねることになるだろう

(Darwall 1983; Pettit and Smith 1990)。むしろ肝心な点は、pであることを欲求する際、行為主体はpを価値あるもの、あるべき世界の状態と見なしているということである。[13] その行為主体はpを実現する規範的な理由があると見なしているのである。

それゆえ、行為主体は、素朴な実践的観点から見て、自分には欲求の対象を実現する規範的理由があると見なすだろう。それは、その行為主体の欲求が理由を生み出したり理由の源泉になったりするからではなく、行為主体は、対象を欲求する際、それらを実現する理由のある状態と見なすからである。このパースペクティヴから見れば、行為主体は、いわば欲求と行為主体性とを通じて、どうすれば世界はよりよくなるか、それを実現するために何ができるか、に注意を向けるのである。その行為主体の欲求は、現にある世界について何を信じるべきかをめぐる推論において働く世界の経験に類似した、一種の「実践的経験」を提供するように思われる。欲求は、その対象である状態の本質的な価値に接近するための、したがってそれらの状態を実現する規範的理由に接近するための、一種の認識の方法として現れる。それらは唯一の接近形式だとは思われないだろうし、修正不可能だとも思われないだろう。pであることを快く思うことは、pをよいものないしあるべき状態と見なすことを含んでいる。[15] そして快が欲求と異なる点は、まさに、快の対象は事実獲得されていると見なされるのに対して、欲求の対象は現実的ではなく可能的だと見なされるという事実にあるのだから、快は、その対象に価値があり、その対象が実現されるべきであることの、いっそう信じるに足る証拠を提供するように思われるかもしれない。

こうして、理論的な推論者が自らの経験を世界が現にあるありかたの証拠と見なし、自らの経験をさまざまなしかたで比較し拡張することによって、実質的目標を達成する可能性がもっとも高い信念に至ろうとするのとちょうど同じように、素朴な実践的推論者も自らの実践的経験を、つまり自らの欲求とそれと同類の他の反応とを、どのような可能的世界の状態が本質的に善いかの、したがって世界はどのようにあるべきかの証拠と見なす。そして、そうすることによって、行為主体は事実上、行為を実質的目標をもつもの――あるべき世界を実現するもの――として扱うが、その実質的目標は、現にある世界を表象するという信念の実質的目的に類比的である。

さて、本質的な価値という観念がそれ自体規範的な概念だとすると、それが形式的目標ではなく実質的目標に数えられうるということは、とまどいを感じさせるようにも思われる。しかし、価値のある結果を実現することが行為の形式的目標ではありえない理由はすでに見た。人が行うべき行為という概念は、もっとも価値のある結果を実現する行為、つまりあるべき世界の可能的状態を実現する行為、という概念から区別される概念であり、それどころか、その行為があるべき世界の状態の唯一の構成要素であるという概念からも区別されるべき概念である。本質的な価値が明らかに規範的な概念であるかどうか、またそうであるとすれば、それは正確に言ってどのような種類の規範性をもつか、などについて思い煩う必要はない[16]。われわれの目的にとっては、本質的な価値がどのような規範性をもとうと、ある行為がもっとも価値のある結果を実現するだろうという命題は（あらゆることを考慮に入れれば）その行為主体がその行為を遂行すべきである、ということと同一でもなければ、それを帰結として伴いもしない[17]。

ムーアは『原理』において、何かが本質的な価値をもっているとすれば、それは「それ自体のために存在すべきである」と言う。どのようにすればそのような「存在すべきである」や「あるべきである」という主張を文字通り受け取ることができるのか、理解し難い。なぜなら、規範的に導かれうるものだけが「べし」に従属するように思われるが、たんなる「存在」も「あること」もその可能性をもたないからである。そのような主張のもっとも自然な解釈のしかたは、ある種の価値づけの態度が、つまり可能的な事態に対してわれわれがとる価値づけの態度が、正当であるということ、たとえば、何かが望ましいまたは実現するに値すること、を主張するものとして理解することである。そのように解釈すれば（そして、概念的な問題として、望ましいということや実現するに値するということが行為に対して規範的な要求をすると想定すれば）結果に価値があるということから、行為主体にはそれを実現する何らかの理由がある、ということが帰結する。保証されないのは、もう一方の方向の――行為主体にあることを行う理由があるということと、その行為が実現する本質的な価値をもつ結果があるということとの間の――帰結関係である。したがって、あらゆることを考慮に入れれば、ある行為がもっとも価値のある結果を実現するという事実から、それが行為主体の行うべきことだということは帰結しない。行為する理由の概念、または行為主体が行うべきことの概念に関するかぎり、結果の価値によって与えられる理由の他に行為する理由があってもおかしくないのである。

だが、繰り返しになるが、結果を実現するという目標は、行為に対して実質的だと見なされうる。それは、行為の形式的目標でありえないが、行為の実質的目標ではありうる。そして、繰り返しになるが、それが素朴な実践的観点からの物事の見え方である。行為が何のためにあるかといえば、価値のある状態を実現するためだと思われるのである。

しかし、フィヒテの議論によって明示されるのは、われわれが二人称的観点から自分自身の行為主体性に対してとるパースペクティヴは、以上のことが正しくないことを示している、ということである。二人称的パースペクティヴへと促されるとき、われわれは自分が行為主体であり、行為主体であるかぎり結果に基づくのではない理由によって行為することができる、という前提の下で熟慮する。二人称的な促しを受け取るとき、わたしはわたしに行為主体として関係する相手と関係するのであり、必然的にこの共通の行為主体性を、熟慮する際に前提としている。まさにフィヒテが言うように、熟慮の構えをとるとき、わたしは、理論的推論には相当するものがない種類の自由をわたしも相手ももっていることを、したがってまた、価値のある結果を実現することは行為の実質的目標ではありえないことを、想定せざるをえないのである。真であることのみを信じることが信念の実質的目標であるから、それとは関係のない根拠に基づくことを、たとえばそれを信じるほうが望ましいからという理由で、信じることは心理的に不可能である。pを信じるべきかどうか考えていて、pを信じることは望ましいと推論するとすれば、pを信じることをもってその推論の結論とすることはできない（pが真である可能性のほうが高いと考えたとすればそれを結論とすることができるだろうが）。真理に適切に関係づけられる事由以外は、信念の間違った種類の理由ということになるだろう。同じように、行為の実質的目標が価値のある状態を実現することだったとすれば、他の理由によって何かを決定し、意図し、行うことは心理的に不可能だろう。他の種類の事由は、行為の間違った種類の理由ということになるだろう。だが、二人称的観点からは、そうではないことがわかる。足を踏まないように要求するあなたの権威を認めるがゆえに、あなたの足を踏まないと決定することができるのである。

さらに、二人称的に熟慮する際、わたしは熟慮する相手もわたしも自由な行為主体だということのみならず、自由な行為主体であるがゆえに二人称的理由を根拠づける共通の二人称的権威をもっている、ということも前提としている。そして、ここでふたたび理論的推論との根本的な違いに直面する。二人称的な実践的権威に相当するものは、何を信じるべきかをめぐる理論的推論にはない。基本的に二人称的な信念の理由はありえず、したがって基本的に二人称的な理論的地位というものはない。もちろん、わたしは、あなたがそう言うから、といって何かを信じることがあるが、わたしがそうするとしても、わたしがあなたに与える二人称的地位は、あなたの認識上の権威によって、つまり、あるがままの世界の事実に対するあなたの関係によって、無効になりうる。(18) しかし、二人称的熟慮の構えをとるとき、われわれは、状態や結果の価値から導出されるのでもなく、それに還元されるのでもない、ある種の行為の理由を認識するのである。そして、そうすることによって、われわれは基本的に二人称的な実践的地位を認識するのであり、その実践的地位は、その相手が独立した価値の秩序に対してもつ関係に、つまり、世界がどのようであるべきかに関する事実に、依拠もしないしそれによって無用になることもないのである。

このことをもっと鮮明に見るために、まず、景気の行く先に関して何を信じるべきか、たとえば来期は回復するかどうか考えているとしよう。あなたは、さまざまな種類の証拠を吟味し、景気は回復しないという信念を形成する。それから、景気は立ち直ると信じているわたしに話しかける。あなたとわたしは、ペティットとスミス（1996）のいう真面目な「知的な種類の会話」に入ることになる。わたしの理由に耳を傾けているうちに、あなたは、わたしが証拠としているものがさまざまな面で誤ったものであり、仮に誤っていなかったとしても、景気は少なくともあと二期は回復しないと考える理由のほうが勝っている、と確信するようになる。だが、わたしは引かない。「信じてくれ、事態はまもなくよくなるから」とわたしは言う。わたしが景気は回復すると言ったというだけで、あなたがそれを信じることはありうるだろうか。[19] つまり、わたしが景気はよくなると言った（あるいは、そう言おうとした）という理由だけで、あなたはそれを信じることができるだろうか。わたしの述べる理由の弱さにもかかわらず、わたしの信念がわたしが言及しなかった他の証拠に対応しているのではないか、とあなたが思ったとすれば、あなたがわたしのいうことを信じることも、もちろんありうるだろう。何か他の理由で（たとえば、神がそれを惹き起こすという理由で）、この件に関するわたしの信念があなたの信念よりも真である可能性が高いと思って、あなたがわたしの言うことを信じることすら、ありうるだろう。だが、何かこのようなつながりを、わたしの信念とあるがままの世界の事実との間に想定するのでなければ、わたしがそう言ったという理由だけで景気がまもなく回復するとあなたが信じることは、不可能だろう（もちろん、あなたにそう信じさせることはありうるが）。何を信じるべきかをめぐる推論に関してわたしに権威を与えるためには、あなたは、わたしが、わたしの信念に関わる事実に関する問いに対して何らかの（認識上の）権威をもっている、と見なさなければならない。あなたに信じてもらおうとするわたしの要求とあなたの信じる自由とはともに、信念の実質的目標に制約されている。つまり、あるがままの世界を正確に表象するという制約である。

さて、先に注目したように、理論的事例と構造上同一の種類の実践的事例がある。助言である。実際、それを理論的推論の特殊な事例と見なしてもよいだろう。つまり、何を行うべきかに関する実践的な問いに信念が関わる事例である。来期どこに退職金を投資すべきか、あなたがわたしに尋ねるとすれば、そしてあなたがわたしを信用しているとすれば、あなたがわたしに認める権威は、現在の経済状況において有意味な投資はどのようなものか、という事実に関する独立した問いに関して、わたしがどのような権威をもっているとあなたが見なすかに基づいている。[20] その問いに関してわたしが認識上の権威をもっていないと見なすとすれば、あなたがわたしの助言を通常の意味で理由を与えるものとして扱うことはまったく不可能だろう。つまり、わたしがあなたにあることを行うべきだと言っても、それがあなたにそうすべき理由を与えることは不可能だろう。あなたの推論に関する助言者の主張およびそれを助言として扱うあなたの自由はいずれも、信念の実質的目標によって制約されている。つまり、この場合は、(非二人称的な) 行為の理由の正確な表象によって制約されている。このような理由の理由としての地位は、ある人が他の人に理由を与える権威とは関係がない。

しかし、人が誰かに二人称的な理由を宛てるときは、根本的に異なった種類の権威と自由とが働いている。[21] おなじみの例を変更して、わたしの足を踏んでいるのはあなただとしよう。足をどけてもらいたいというわたしの要求とそれを要求するわたしの権威とを認めるとすれば、あなたは自らの実践的推論の中でわたしに二人称的な地位を与えることになる。わたしの地位にあれば他の誰もが足をどけるよう要求する権威をもつのと同じように、わたしもそれを要求する権威をもっているから、あなたは自らの足をどけるべきだと認めるのである。わたしの要求によってあなたが自らの振舞いを規制する際にわたしに認めるこのような権威は、助言者の権威とは基本的に異なる。それは、ホッブズの有名な区別に従えば「勧告」というよりも「法律」や「指令」の側にある (1983: XIV. 1)。それは、助言とは違って、それを宛てる人が二人称的権威から独立な事実に対してもつ認識上の関係には依存しないし、それによって無効にされることもない。あなたに足をどけるよう頼む（またはそれとなく要求する）際に主張する種類の権威は、基本的に二人称的である。わたしは、あなたもわたしも自由で理性的な人としてもっている（と前提される）平等な地位をあてにしており、そして、あなたがわたしの要求を承認するならば、あなたもわたしも次のことを前提としているのである。[22] つまり、わたしがあなたに宛てる二人称的な理由をあなたが承認しそれに従うだけで、あなたは自らの足をどけることができる、ということ（あるいは、わたしが口を開くまでもなく、道徳的共同体があなたに理由を宛てていることを二人とも理解している、ということ）である。

ここで決定的なのは次の点である。二人称的理由は、結果の独立した価値に還元されることも由来することもないので、その理由のために行為することができると想定すれば、あなたもわたしも、あなたが結果の（対象によって導かれた）評価から独立に承認される理由に従って行為することができる、ということを前提としている。それには、理由が、一見したところ対象に依存する欲求の形で与えられている場合も含まれる。そして、われわれは、自分自身にこれらの理由に従って行為する責任を問うのであるから、そのように行為する動機は、そもそもわれわれをそれらの理由の下に置くものに由来する、と想定しなければならない。それゆえ、すでに論じたように、われわれは各々の意志の自律を（二人称的な能力をもつものとして）前提としているのである。

したがって、われわれ自身の行為主体性を熟慮に基づいて理解するのと同じパースペクティヴから、意志の自由を想定しなければならない。われわれ自身の行為主体性を行為主体の立場から把握することによって、素朴な実践的観点から真だと思われたこと、つまり行為は価値のある結果を実現するという実質的目標をもっているということが、錯覚であることがわかる。行為が価値のある結果を実現することを実質的目標としていたとすれば、この目標に反して自由にそして自覚的に行為することは、まったく不可能だろう。(23) それは、あることとは反対であることを示す決定的な証拠があるにもかかわらずそれを信じることが不可能であるのと同じことである。しかし、われわれが互いに行為主体として二人称的に促しあうとき、われわれは共に意志の自律を前提とし、それとは反対の対象依存的な欲求があるとしても、自分自身を二人称的理由によって統制することができると想定するのである。

この方向の思考が支持する自由の想定は、無差別均衡の自由の想定ではない、ということに注意すべきである。行為とその意志とは、依然として形式的目的をもっている。行為主体が行為の何らかの理由をもっていないかぎり、つまり、行為主体自身がその行為を遂行する規範的理由と見なし、そして、それに基づいて行為し、そうすることによって自らの理由とするものをもっていないかぎり、何ものも哲学者が関心をもつ独特の意味での行為とは見なされない、つまり真の行為主体性の行使とは見なされない。二人称的熟慮によってわれわれが理解することができるのは、行為は価値のある結果を実現するという実質的目標をもつことはありえない、ということに他ならない。

実践理性のメタ倫理学——認識的理論と構成主義的理論の対比

もちろん、二人称的観点から一歩身を引いて、われわれが二人称的観点を採るときに与することになる諸前提を受け入れるべきかどうか、問うこともできる。だが、そうするとき、われわれはもはや素朴な実践的観点から見られる現象を当然のことと見なすことはできない。われわれは、以前の素朴さを一掃するような、自らの行為主体性の本性をめぐる洗練された見方を獲得したのである。しかし、同じように、二人称的に熟慮するときには自律と平等な尊厳とを想定せざるをえないとしても、一歩身を引いて実践理性に関するもっとも基本的な問いを問うとき、自律や平等な尊厳を受け入れ続けざるをえなくするものは何もない。

とはいえ、そもそも熟慮するためには、行為する規範的理由があると想定しなければならない[24]。だから、二人称的観点の諸前提を立証するためには、他の種類の行為の理由、たとえば思慮や善意などに関係する理由を受け入れる理由があるのと同じように、二人称的理由を受け入れる理由がある、ということを示しさえすればよい。実際、われわれは、どんな種類のものであれ、理由とされているものから一歩身を引いて、われわれが理由と見なすものが実際に理由であるかどうかを、矛盾を犯すことなく問うこともできるし、疑うこともできる。人はよく、たとえば自己利益や行為主体自身の福祉に関わる事由が行為の理由になることを、当然のことと見なす。だが、それは規範に関する実質的なテーゼであって概念的な真理ではない。行為する理由という概念を完全に使いこなせる人が、それにもかかわらず、意気消沈のあまり、あるものが自らのためになるという事実がほんとうにそれを求める理由になるのかどうか（矛盾や概念の混乱に陥ることなく）疑うことはありえる[25]。そして、これと類似のことは、行為するためのどんな実質的理由についても言える。それゆえ、行為する理由とされている他の種類の理由を受け入れる理由があるのと同じように、二人称的理由を受け入れる理由があるとすれば、それで十分なのである。

もっと目標を高くして、そもそも行為するための規範的理由があることに関する最善の哲学的説明に基づいて、二人称的観点を基礎とする自律と二人称的理由とが擁護されることを示そうとすることもできる。言うまでもなく、ここでは実践理性の包括的な理論の試みには、取りかかることすらできない[26]。

しかし、次のことを簡潔に示すことはできる。この問題領域を二分する二つの広く一般に認められた方策のいずれかに基づいて、二人称的観点の諸前提を立証するための十分な哲学的理由がありうるということである。

主要な選択肢を区分する直観的な方法は、行為するための規範的理由と熟慮ないし行為主体性の合理性との関係を考察することである。[27] コースガードは「内在主義の必須条件」を「実践理性の要求は、それがほんとうに行為するための理由を与えるとすれば、理性的な人を動機づけることができるのでなければならない」（1986: 11; Darwall 1983: 80–81; Smith 1994: 61 も参照）と述べて定式化している。だが、何が独立変数なのか。理由か、人が理性的であることか（熟慮の過程か、その他のものか）。独立に特定するとすれば、人や熟慮の過程が理性的になるのは、真に規範的な理由によって動機づけられるという事実によるのか、それともその過程によって真に規範的な理由が確認されるという事実によるのか。あるいは、独立に特定するとすれば、ある事由が規範的理由になるのは、それが規範的理由と見なされ、理性的な人の動機になるという事実によるのか、それとも理性的な熟慮の結果としてなのか。

カリティとゴートは、この相違を認識的理論と構成主義的理論との区別という有益な区別によって表現している（1997: 4）。（わたしはこの区別をコースガードの実体的実在論と手続き的実在論との区別とほぼ同じと見なす［1996e: 36–37］。）認識的理論によれば、独立した規範的理由の事実が存在し、ある人や熟慮の手続きが合理的であるかどうかは、その人やその手続きがそれらの事実を適切に記述ないし認識しているかどうかによる。対照的に、構成主義は、この問題に関して、何かが行為するための規範的理由になるのは、自由で理性的な行為主体によって、あるいは理性的な熟慮の結果として、理由と見なされ、その行為主体を動機づけることによる、と主張する。[28]

これらのメタ倫理学的な方法論は、われわれがいま定義したように、この問題領域を二分すると思われるが、ここはこれらの方法論の各々の長所を考察する場ではない。この章に残された紙幅で行いたいことは、いずれの方法論によっても次の命題を受け入れる十分な理由があるのはなぜかを述べることである。つまり、第八章〔原著第十章〕ですでに論じたように、われわれは自由で理性的な人として尊厳をもち、それが真の二人称的理由を基礎づけると想定しなければならない、という命題である。

構成主義と二人称的観点

わたしは実践理性と理論理性とのフィヒテ的な対比を強調してきたが、実践理性をめぐる構成主義（手続き的実在論）は、明らかに、そのフィヒテ的な対比の精神にもっとも沿ったメタ倫理学上の立場である。われわれがこれまでその区別の線を引くのに用いた手段は、構成主義的な説明を必要とはしない。わたしは、フィヒテ的な対比は意志の自律という教説を必要とすると論じたが、もっと認識的な意味で実在論的な形而上学の枠内でも、尊厳や自律をもっとも深い規範的水準で主張することは可能だと思われる。とはいえ、これらの教説が構成主義的な方法論のほうに、特にカント的な種類の方法論のほうに、親和性をもつことには論争の余地がない（Korsgaard 1996e ; Rawls 1980）。

人がここで話題になっている意味で構成主義者になるのは、規範的理由の存在は、理性的な行為主体、つまり何を行うべきかを理性的に熟慮する人が、理由と見なし動機とするものに依拠している、と考えるからにほかならない。その中心的な主張は、規範的理由を規定するのは行為主体の理性ないし熟慮の手続きであり、その逆ではない、というものである。そうすると、構成主義の枠内で問題になるのは、理性的な行為主体性や理性的な熟慮という必須の理念を、どのようにして明確にするかである。そして、カント的な種類の明確化の他にさまざまな明確化が提案されてきたことは、言うまでもない。

だが、あらゆる種類の構成主義は、素朴な実践的観点の認識的実在論を却下するという点で意見が一致している。非カント的な種類の構成主義ですら、実践的領域におけるカントの「コペルニクス的転回」のこの側面に与している。実践的で規範的な事実はただ「そこに」あって、認識されたりされなかったりするのではない。むしろ、その「あり方」は、実践的推論の前提および帰結として、実践的観点の内にある。だとすれば、構成主義は、定義からして「洗練された」立場である。（実際、構成主義の批判者たちにとっては、それが構成主義の問題である。その批判者たちの考えでは、それは洗練されすぎていて現実に触れられないのである。）

さらに、構成主義がカント・フィヒテ的な観念や直前の二章に見られる主張の精神にもっとも沿ったメタ倫理学的な立場であるのとまったく同じように、カント的な構成主義は、構成主義の精神にもっとも忠実な種類の構成主義だと主張することができる。もっとも一般的な種類の構成主義が、一定の自己反省を理性的行為主体や理性的熟慮の理念に組み込むのは、驚くに値しない。(29) このような考え方のモデルによれば、理性的熟慮は、行為主体の現実の動機や直観的な規範的理由に関する判断に埋没することから身を引くことを伴っている。だが、ある行為主体の規範的理由をその主体の現実の動機と同一視するのではなく、たとえばその主体が完全な情報をもっていたとすればもったであろう動機や、完全な情報をもっていたとすれば自らのために望んだであろう動機や、その類いのものと同一視するとしても、依然としてその主体の動機となる基礎的性向を一種の実践的「所与」として、つまり既定の規範的地位をもつものとして扱っている。だが、なぜそうすべきなのか。結局、われわれはどんな動機からも自らを動かす性向からも一歩身を引いて、その規範的な資格を問うことができる。現実の動機の規範的な地位を当然のことと見なすことができないとすれば、われわれを動かす基礎的性向を当然のことと見なさなければならないことがあろうか。

カント主義者はこの線に沿って考え、意志作用の質料と形式との、そして行為の質料的原理と形式的原理との区別に至る。われわれは自らが現にもっている、動機となるいかなる傾向性からも一歩身を引き、その傾向性の対象が、関心をもち実現しようとする理由があることかどうか、そうすべきことかどうか、などと問うことができる。そして、われわれの対象依存的な欲求は、独立した規範的事実に関係することによって規範的妥当性をもつという認識的な説明を退けるとすれば、カントのいう「質料的な実践的原理」つまり「意志の規定根拠として欲求能力の対象（質料）を前提とする原理」が要求する既定の妥当性を、それらの欲求に認める理由は失われるように思われる（1996a: 21–22）。だが、そうだとすれば、カントが言うように、「そこで残るのは行為一般の普遍的合法則性だけで、この合法則性のみが意志に対して原理として役立つ」（1996b: 402）。それゆえ、カント的な構成主義が主張するのは、われわれが認識的な理論を却下するに至る理由は、意志の自律を受け入れざるをえなくなる理由でもある、ということである[30]。

もちろん、カント主義者たちは単純に自律を想定することができるわけではない。だが、いくつかの要因が一緒になってその教説を推奨するように思われる。第一に、二人称的理由（だとされているもの）を誰かに宛てたり承認したりするとき、それを不可避的に前提としている。第二に、直前の二つの段落で述べた理由により、構成主義の枠内では、意志が自らの形式によって自分自身に対して法則であることは、構成主義に導く哲学的動機が一般に志向するものであるように思われる。そして第三に、これら二つの考えを結合してさらに次のように言うことができる。構成主義をもっとも深いところで基礎づける自律的な行為主体性の自己反省的な熟慮の意識を獲得する際に、われわれが取る観点は、カント的な意味での意志の自律を前提とする際に、われわれがとる観点である、と。[31] したがって、二人称的観点から一歩身を引くときわれわれが受け入れるメタ倫理学的理論が、構成主義的なものだとすれば、二人称的観点の内で不可避的に想定される尊厳や自律は、たとえそれ以上の支持根拠が見出されないとしても、少なくともメタ倫理学的なレベルに耐える想定だと考える十分な理由があるように思われる。

カント的な構成主義の説明に即して言えば、自律の教説は次のような考えとして表現される。理由の基礎となる実質的規範は、それ自体意志の働きに内在すると見られる手続きを通じて構成することができなければならない、という考えである。このことは、自律的な意志および構成主義的な手続きという、互いに適合しあうべき一対の構想を必要とする。自律的な意志であるとはどういうことかに関するわれわれの構想は、それ自体、妥当な構成の手続きに従事する能力を含んでいなければならず、妥当な手続きの構想は原則として、自律的な意志によって実現できるものでなければならない。[32] もちろん、少なくともそれらが構成主義の枠内で解釈されるかぎり、このことは意志の自律および定言命法というカントの一対の観念に見出される。定言命法の手続き〔CI-procedure〕と呼ばれることもあるこの手続きは、自由で理性的な人の一人としてのパースペクティヴから何が理性的に意志できるかを考えることを含む構成の過程であり、そのような人であることにはそのパースペクティヴをとる能力が含まれている。[33]

さて、まさにこれが、われわれが二人称的に要求を宛てあうとき現にとっているパースペクティヴであること、したがって、われわれがそのパースペクティヴをとるならば、定言命法の二人称的理解に与することになること、こうしたことをわたしは論じてきた。（後者の主題は第十章〔原著第十二章〕でさらに展開する。〕二人称的観点自体が、第八章〔原著第十章〕で見たように、意志の自律および行為するためのある種の規範的理由という一対の概念を前提とする。その規範的理由は二人称的な理由であり、その理由を相手が自由で平等な人として受け入れることができる、とわれわれは想定しなければならない。そして、二人称的観点は、道徳的義務の具体的・実質的規範の役割の構想を与える。つまり、相互に責任を負いあう自由で平等な人々の間の尊敬を媒介する、という役割である。[34] 第七章〔原著第九章〕の終わりで論じたように、この構想は、尊厳を平等な二人称的権威として理解し、その尊厳に定言命法の手続きの基礎を置く解釈によって与えられる。

それに加えて、カント的な構成主義は、これらの比較的具体的な規範や規範的理由に関する契約主義的な規範理論へと導く。構成主義的な手続きは、道徳法則（人の尊厳）一般の規範的要求を立証するメタ倫理学的なレベルのみならず、相互に責任を負いあう自由で理性的な人として、どのような具体的な義務の規範に従わなければならないか、に関する説明を与える規範的道徳理論の基礎においても、動員される。[35] 次章では、道徳的義務に関する契約主義的な説明に理論的根拠を与えることに、二人称的観点がどのように役立つかに目を向ける。契約主義では、義務の規範は自由で平等な人のパースペクティヴからなされる仮定的な選択ないし契約の結果と見なされる。その手続きを、ロールズのように、無知のヴェールの背後で行われる選択という観点から構想するにしても、スキャンロンのように、誰も理性的に却下できないものという観点から構想するにしても、あるいはトマス・ヒルが提案したように、平等な尊敬の理念を具体化するものとして構想するにしても、契約主義は、道徳的推論の枠内で義務の規範の正当化を考える方法を与えるが、二人称的観点は、その正当化の方法にさらに基本的な理論的根拠を与えることができる、と主張したい（Hill 1989; Rawls 1971, 111; Scanlon 1998）。[36]

認識的理論と二人称的観点

そうすると、これまでのところ、次のように考えるべき理由をいくつか見てきたことになる。二人称的観点をとるとき、われわれは自由で理性的な行為主体の平等な権威を認めざるをえなくなるが、われわれがそのパースペクティヴから一歩身を引いて、構成主義者の精神でメタ倫理学的な反省を求めるとき、その権威はその反省に耐えることができるということ、それどころか、さらに支持を得ることができるということである。だが、この現象が構成主義に限定されると考える理由はない。

認識的理論によれば、事由はいかなる理性的熟慮の理念からも独立に理由としての地位をもつのであって、熟慮とはその事由が理由であることを確認することである。ふつう熟慮が経験されるときには、何らかの結果に対する欲求が、その結果を実現する理由があるかのような、そして、なぜか自分がその規範的事実に一致しているかのような見かけを伴っている。さて、認識的理論が、素朴な実践的観点からわれわれがもつ傾向のある倫理的な直観や判断しか信用しないとすれば、二人称的観点は存在せず、人の尊厳も意志の自律もキメラ的な観念だと考えざるをえないだろう。だが、認識的理論がこのようなしかたで自己限定する必要はまったくない。われわれの倫理的経験や直観的判断の範囲が、対象に依存する欲求やムーアのいう直観に尽きるわけではないことは、確かである。われわれの目的にとってたいへん重要なことだが、反応的態度は行為するための規範的理由に対する応答としても現れ、この場合理由は二人称的である(37)。われわれの対象依存的な欲求と本質的な価値ないし望ましさに関する直観的判断とが信頼すべき真なるものだと考える理由であって、二人称的理由や二人称的権威の直観的判断を信頼すべき真なるものだと見なす理由ではないような、どのような理由が考えられるだろうか。認識的なパースペクティヴから見れば、反応的態度が二人称的権威に基づく二人称的理由の証拠であると考える理由がないとすれば、われわれの欲求が結果を求めるべき規範的な理由の存在を知らせると考える理由もないように思われる。

さらに、わたしが主張したように、二人称的理由を誰かに宛てることが不可避的に自律や尊厳を前提とするかどうかにかかわらず、尊厳に基づく理由に対する応答として現れる感情、つまりカントのいう尊敬（*reverentia*）をわれわれが経験することは、まったく疑いようがないと思われる。[38] オマール・ハティブがデイヴィド・ブルーメンフェルドを撃ったことに悔恨を感じ、初めて「デイヴィド」と呼ぶことによってそれを表明するとき、オマールは自らのしたことをすべきではなかった理由があるという強い感情をもっており、その理由は、デイヴィドの尊厳に由来すると解釈しなければならないのではないだろうか。[39] 同じように、ある人が他の人の意志に恣意的に服従させられるとき、その人が相手のうぬぼれに対して示す反応的態度を通じて、その人にその人自身の尊厳の感覚が与えられることがある。これと同じようなことを、ソジャーナ・トゥルースが一八五一年にオハイオ州アクトンで開かれた女性会議で行った有名な演説「それで、わたしは女ではないのだろうか」に、たしかに聞くことができる。

自分自身に対してであれ、他の人々に対してであれ、人に対するそのような認知としての尊敬の感情をもつとき、われわれは、行為するための妥当な理由を、結果を熱心に求める場合と同じく明確に与えられているように思われる。前者ではなく後者の経験を信用する理由があるとすれば、さらに説明が必要である。だから、ここでふたたび、今度は認識的実在論者の精神で一歩身を引いてメタ倫理学的に反省すれば、二人称観点をとるときわれわれが認めざるをえなくなる人の平等な尊厳は、少なくともその反省に耐えるし、ひょっとするとさらに支持を得るのである。

そもそも熟慮するためには、あなたとわたしは、行為するための規範的理由があることを前提としなければならない。だが、どのような行為の理由があるのだろうか。この章では、次の二つのことを論じた。平等な尊厳に基づく二人称的な理由を受け入れる理由は、他の種類の行為を行う理由と同じように存在するということ、これらの二人称的理由は、行為するための理由に関する主要なメタ倫理学の理論によってもっともらしく説明されるということ、の二つである。そもそも熟慮するために、規範的理由の存在を想定せざるをえないとすれば、そして、規範的理由に関する最善の理論が平等な二人称的権威を妥当なものと認めるなら、少なくとも実践的な目的のためには、われわれの共通の尊厳に基づく二人称的理由が現実に存在すると結論すべきである。

註

（1）第六章のスターリンに関する議論を見よ。反応的態度を帰結主義の陣営に編入することをめぐるシェフラーの論評を比較せよ。「落ち度のない女性とその友人が、因果的な機会を最大限利用するためにその女性に危害を与えた男性に憤るのは誤りであるが、その女性に危害を与えなかったことに憤ったり義憤を感じたりするのは適切だ、などという考えは、心理学的にそして人間的にばかげている」（2004 : 230）。

（2）コースガードを参照せよ。「自分が知っている言語の単語を単なる騒音として聞くことは不可能である。あなたの言葉を言葉として聞くかぎり、わたしはあなたが誰かであることを知っている」（1996e : 143）。

（3）それゆえ、われわれは「道徳の体系」のもっとも影響力のある批判者の一人、バーナード・ウィリアムズが

——彼は「道徳の体系」という語句自体を『倫理学と哲学の限界』で造語したのだが——それにもかかわらず「基本的人権」の概念を擁護していることに注目すべきである（1985: 192）。法に基づく道徳的概念に関するそれ以前の重要な批判として、Anscombe 1958 を見よ。また Slote 1992 および Baier 1993 を見よ。道徳的義務は定言的だという主張に関する古典的な批判は Foot 1972 である。

（4）Velleman 2000. 以下で述べる信念の目的に関してはヴェルマンの論考に多くを負っている。

（5）この点については、Darwall, Gibbard, and Railton 1997, 3–4 を見よ。

（6）証拠とは命題間の関係である。p である（真である）ことの証拠は、p である（真である）ことを信じる理由になる。

（7）だからといって、この種の合理的信念がある程度まで原則依存的でもあることはない、とは言えないが、信念の実質的目標を前提とすれば、それは意志の自律が必要とするのと同じ意味で原則依存的ではほぼありえない。

（8）ムーアはこれを「絶対的に正しいまたは義務的な」ものという語句で定式化しているが、これが彼の念頭に置いているものであることは申し分なく明らかである。

（9）この点については、Moore 1993: 197 を見よ。わたしはそこでムーアが言っていることを Darwall 2003b で検討している。

（10）これがこの時点では読者に控えめな言い方だという印象を与えてくれればいいのだが。さもなければ、二人称的理由が存在するという主張は、偽であるだけでなく矛盾していることになる。

（11）W・D・ロスが注意したように（1930: 8–9）。

（12）このようなおなじみの欲求像をここでは用いるが、そのような欲求像を疑うもっともな理由があると思う。そのいくつかを Darwall 2002b: 47–49, 92–94 で検討している。第一に、善意の欲求は命題的な「直接的対象」だけでなく「間接的対象」をももつ。つまり、その存在者のためにその（有益な）状態が欲求されているところの存在者である。第二に、対象に対する欲求（たとえば、ある活動に従事したいという欲求）を、人がその活動に従事する状態に対する欲求として特徴づけるのが適切でない場合が多く存在する。

(13) もっと注意深く言えば、pであることを欲求するとき、あたかもpには価値があるかのように、またはpはあるべき状態であるかのように、行為主体には見える、いや、行為主体にとってはあたかもそのようである。もちろん、人はpであることを欲求し、かつpを実現する理由はまったくないと判断することもありうる。それは、人が池のなかの曲がった棒を経験し、かつ棒が現実に曲がっていると考える理由はないと判断するのとちょうど同じである。これらの点をDarwall 2001で紙幅を割いて検討している。

(14) この欲求理解の擁護については、Stampe 1987を見よ。

(15) 快に関するシジウィックの見解（1967）によって明らかになるように。シジウィックの倫理学のこの段落の方向に沿った検討については、Darwall 1974を見よ。

(16) またそのような価値が（ムーア自身がたしかに考えたように）行為主体中立的かどうかや行為主体相対的かどうかに関心をもつ必要もない。目下の目的にとって重要なことは、結果の価値と行為する理由との関係である。

(17) 善に関するいかなる興味深い主張も概念的な真理ではないということは、もちろん、『原理』におけるムーアの中心的な論点の一つだった。だから、同じことが行うのが正しいこと（または理性的なこと）にも当てはまることをムーアが見落とした可能性があるということが、皮肉に響く（またはムーアの間違いの深さを表す）のである。

(18) 二人称的な理論的権威は認識上の権威によって無効にされうることを強調しておく。わたしが言っていることは、相互人格的な推論において通常前提とされることがある、さまざまな種類の標準的な二人称的な理論的権威と矛盾しないものと考える（Burge 1993; Coady 1992; Foley 1994; Hinchman 2000; Moran 2005; Pettit and Smith 1996）。

(19) たとえば、わたしがそう言うことによって、わたしの言うことやわたしがそれを言うことを、経済が回復することを信じる理由と見なすことなく、何らかの非理性的なしかたでたんにそれを信じるようにさせられるのとは反対に。

(20) ここで「事実」をメタ倫理学的な負荷のない意味で用いる。その意味では、非認知主義者ですら人がすべきことをめぐる事実があることを受け入れることができるだろう。

(21) この点については、再度 Wolff 1970 : 7 を見よ。

(22) 繰り返しになるが、第一章で述べたように、現実の個人たちが明示的に要求をしなかったとしても、道徳的義務は「効力のある」非明示的な要求を含む。ストローソンが指摘するように「要求というものを行うということは、[道徳的共同体の] [反応的] 態度に対する傾向性である (1968 : 92–93)。繰り返しになるが、このことはベンサムの法の説明に関するハートの解釈と同じように (1990 : 93–94)「準指令」を含んでいる。第一章註17にあるこの点に関する検討を見よ。

(23) 「自由にそして自覚的に」というところに注意。われわれはよりよい証拠だと信じるものに反して信じることができるように思われるが、よりよい証拠とそのとき見なしているものに反して信じることができることはけっして明らかではない。そして、行為が本質的に価値のある結果を実現するという実質的目標をもっていたとすれば、それに類似したことが行為にも当てはまるだろう。

(24) このおなじみの論点のメタ倫理学的な帰結に関する特に優れた議論として、エノックの近刊を見よ。

(25) このことを Darwall 2002b で紙幅を費やして論じた。

(26) しかし、何年にもわたってさまざまな所でそうするために歩を進めてきた。Darwall 1983, 1985, 1986b. 1990, 1992, 1997.

(27) この点については、Darwall 1986b を見よ。

(28) これは存在内在主義でもある。なぜなら、(理性的行為主体にとって) 動機になるということが行為の規範的理由になることにとって本質的だと見なすからである。存在内在主義と判断内在主義との区別については、Darwall 1983 : 54–55 を見よ。わたしは、Darwall 1997 において、内在主義のさまざまな変種をさらに包括的に検討している。

(29) たとえば、完全な情報理論、反省的認証のテスト、十分な情報に基づく自己反省的なテスト、などである。たとえば、Brandt 1979, Korsgaard 1996e, Railton 1986, Smith 1994 を見よ。

(30) このことからカント的な構成主義が引き出す教訓は、事実上、行為主体性は、まさにその本性によって、実質的目標をもつということである。この教訓は、行為の目標は、非規範的な観点から理解される自律ではなく、自由で理性的な意志〔の主体〕としてわれわれが関与せざるをえない形式的規範に従うものとして理解される自律だ、ということであるように思われる。行為の実質的目標は、自己理解の欲求によって引き起こされる自己指導として理解される自律だという考えの擁護については、Vellman 2000 を見よ。

(31) 現実の動機から一歩身を引き批判的に評価する能力として理解される自律と、未決の問いの議論との間には、深いつながりがあること、それが Rosati 1995 and 2003, Darwall 1990 and 1992 で論じられた主題である。

(32) (原初状態における構成の主体としての当事者たちの)「合理的自律」と(当事者の構成的地位を引き受け、理性的に選択し構成するであろう原理によって自分自身を統制することのできる人としての市民たちの)「完全な自律」に関するロールズの議論を参照(1980 : 520–521)。

(33) ロールズのカント解釈やその解釈に従った研究者のうちに見出されるように。Rawls 2000 を見よ。

(34) この点については第十章〔原著第十二章〕で論じる。この点は時に、カントの定言命法の諸公式の一部、たとえば普遍法則の公式「あなたの格率が普遍的法則〔あるいは普遍的自然法則〕となることを、その格率を通じてあなたが同時に意欲することができるような、そのような格率に従ってのみ行為せよ」(Kant 1996b : 421) からは抜け落ちているように思われることがある。しかしながら、人に責任を問うことが、本質的には、人格としてのその人に関わることに他ならないことをひとたび正しく理解すれば、次のことも理解できるようになる。つまり、人間性ないし理性的本性をつねに目的自体として扱うよう要求する人間性の公式、そして自律の公式や目的の国の公式を解釈する際、道徳的立法が、われわれが遵守する責任のある規範としての立法的原理を含むことになるようなしかたで解釈すべきだということである。
(35) この二つのレベルを区別すべきだという点については、スキャンロンのあげる例によって例証される(1998)。規範的契約主義者であるスキャンロンは、構成主義をメタ倫理学上の立場としては提示しない。
(36) ここで私が念頭に置いているのは、ロールズの「公正としての正しさ」という観念であって、ロールズが『正義論』以降さらに政治哲学に特化して用いた契約主義的観念ではない(1971:17, 111)。
(37) この点については、第四章を見よ。
(38) 第六章を見よ。
(39) ここで第四章で論じたアダム・スミスの見解を思い出していただきたい。憤りが「主として意図しているのは、お返しに敵に痛みを感じさせることではなく、……危害を加えられた人がそのような扱いを受けるいわれはないと感じさせることである」(1982a:95–96)。

第十章　契約主義の基礎

道徳的義務や人の平等な尊厳に関するわれわれの理解には、二人称的観点と二人称的理由とが含意されているが、その含意のされかたのいくつかを本書の序盤と中盤の章で引き出そうとした。われわれは互いに要求を行いあう地位をもつが、その要求が行為するための規範的理由を生み出すことを直前の数章で論じた。(1) だが、もっと詳しく言えば、これらの規範的理由は何を要求するのだろうか。平等な道徳的人〔人格〕として「互いに負いあっている」(Scanlon 1998) ものは何だろうか。

この最終章はこの最後の問いに答える場ではもちろんない。しかし、スキャンロンの有名な一節を引き合いに出すのは、本書で進めてきた議論は、その問いに契約主義的な方法で答えることを必要とするわけではないが、おのずから契約主義的な〔contractualist〕試みに行く着くことを示唆するためである。われわれは二人称的観点から人の尊厳という基本的考えに与することになる、とわたしは主張したが、この人の尊厳とは、平等な人として相互に責任を負いあっているということである。そして、このことによって、各人が自由で理性的な行為主体として受け入れることができる原理ないし道理にかなうしかたで却下することができない原理によって、自らの行動を統制することを認めざるをえなくなる。誰かに何らかの種類の二人称的理由を宛てることによってその人に責任を問おうとするとき、われわれは次のことを前提としているのである。つまり、われわれが暗に訴えている権威や原理を、相手も理由を二人称的に宛てるにふさわしい自由で理性的な行為主体として受け入れ、道理にかなうしかたで却下することがないと期待される、ということである。

この最終章では、二人称的観点は契約主義的な規範的道徳理論の基礎になりうる、という考えを簡潔に展開したい。契約主義的な理論の特徴の一つは、正（正しさ）の諸原理は独特の役割を、つまり相互的な尊敬に基づく関係を媒介するという役割をもっていると見なすところにある。「契約主義の理想によれば」、契約主義が理解するところの正の諸原理に従うとき、われわれは「相互承認」つまり平等な人としての相互的尊敬を実現する、とスキャンロンは言う（1998: 162）。これは異なるが関係のある二つの理由による。第一に、契約主義的な諸原理の内容は平等な人として互いに負いあっている義務を明確にする。つまり、人を遇する際にとってはならない遇しかたととるべき遇しかたとがあるが、そのような人として互いに対する尊敬を示すことが契約主義的な諸原理を遵守することによって可能になる。(2) 第二に、しかしそれに劣らず重要なこととして、契約主義は、正の諸原理の形式は平等な人として相互的な責任を互いに負いあうことである、と主張する。したがって、「誰も道理にかなうしかたで却下することのできない原理によって許されないとすれば」その行為は不正である、とスキャンロンが言うとき、それを次のような意味に理解すべきである。ある原理を遵守する責任があると互いに見なしあうことを誰も道理にかなうしかたで却下することができないとき、その原理によって許されない行為は不正である、と。それが、実際、正と責任との結びつきであり、その結びつきによって「道理にかなうしかたで却下することができない」というテストがそもそも適切になる。なぜなら、道徳的義務が提示するのは、道徳的義務は相手がその義務の基礎にある原理を理性的に却下すること（繰り返すが、その原理が相互的な責任による要求の基礎であることを却下すること）ができないことにかかっている、という要求だからである。芸術の批評家は、自分が批評した芸術家が、その批判的評定の根拠を道理にかなうしかたで却下することができるからといって、自らの評定を取り下げる必要はない。だが、われわれが互いに責任があると見なして行う要求の場合は別である。第五章で（および第八章〔原著第十章〕のカントの「理性の事実」の議論で再び）見たように、道徳的要求を相手に宛てるとき、われわれは、相手がわれわれの与える決定的な二人称的な理由を（二人称的に）受け入れることができ、それによって自由に自己を規定することができるということを、その意味に含めているのである。こうして、われわれは、違反することが不正であるような原理を道理にかなうしかたで却下する可能性を否定せざるをえなくなる。

というわけで、これが相互承認ないし相互的尊敬が契約主義的な説明のなかに入ってくる第二の場所である。つまり、正の諸原理が契約主義においてもつ形式と役割である。正の契約主義的な諸原理に従う責任を互いに問いあうとき、われわれは尊敬を要求する平等な地位を互いに認知しあうことになるのである。

しかし、道徳的義務はもっと広い範囲をもち、その内容はわれわれが（まずもって）端的に人に対して負う義務を越えて拡張すると考えることも十分できる。多くの人々が、理性的でない人間や他の動物、それどころか環境に対してまで、「われわれが互いに負いあっているもの」から導出されず、それへと還元されない道徳的義務をわれわれはもつと考えている。(3) しかし、道徳的責任を、このような事例においても道徳的義務が含むものの一部と見なすなら、われわれはこのような事例においても（道徳的共同体の成員として）互いに責任があると見なさなければならない（つまり、諸原理の形式からして）。道徳的義務の内容はたしかにこのような広い範囲をもっと強く考えるほうに、わたしは傾いている。だが、中心的な二人称的事例における責任をもとにして発展し拡大する方法以外に、このような考えを立証する見込みのある方法を知らない。(4)

そうだとすれば、契約主義は、まさにその本性によって、相互的責任と相互的尊敬という二人称的関係に関わっている。正の諸原理は、人の間の規範的関係を表現し、違反行為はそれを背景として理解されなければならない。とすれば、スキャンロンが指摘するように、わたしが誰かに不正を働くとすれば「わたしのその人に対する関係は、その人が何をするかにかかわらず、すでにその事実によって変わっている」のである。

その人は何らかのしかたでわたしに報復するかもしれないし、赦してくれるかもしれない。だが、赦すということは、たとえば怒ったり友人関係を断ったりするというような、正当と見なされる方法で不正に応答することを進んで差し控えることにすぎない。赦すことによって行われた不正が変わるわけではないのだ。(272)

このように、契約主義の基本的な道徳的関係は相互的尊敬である。不正はその関係を害する。不正は人の尊厳を適切に認知することをせず、それを疑問に付すのである。それゆえ、不正を赦してくれる人は、不正を行った人に相互的尊敬を要求すると同時に与えることによって、相互承認的な応答を保証し相互的尊敬を立て直すことを目指しているのである。(5)

契約主義のさまざまな種類

あらゆる契約主義的な理論に共通するのは、われわれが平等で道徳的な人として互いに負いあっている道徳的義務の内容は、個人を平等に道徳的な人として位置づける（したがって人そのものに対する尊敬を表す）パースペクティヴに基づいて行われる（仮説的な）合意、選択、「契約」の結果として説明される、という考えである。この一般的な考えはさまざまに異なるしかたで展開することができる。ロールズが『正義論』で提示するように、公正としての正義は正義に関する契約主義的な理論である。そして、そこでロールズは「公正としての正しさ」という道徳的な正の理論を提案しているが、それは同じような線に沿って展開することができる。正の諸原理は、社会の基本構造というよりもむしろ個人の行動に適用されるが、その点を除けば、公正としての正しさは、そのような諸原理を、よく知られている正義の諸原理の「導出」と同じように説明する。そこには同じ要素がある。「無知のヴェール」を伴う「原初状態」、自由で平等な人として当事者の利益（「基本財」）を促進する道具的な意味で合理的なパースペクティヴから、相互に利害を度外視して諸原理を選択すること、などである（Rawls 1971: 17, 111）[6]。だが、原初状態にいる当事者たちが正義の諸原理を選択すれば、自分たちの基本的社会構造に関する公共的批判を形成することになるのに対し、「公正としての正しさ」の諸原理は、道徳的義務——相互的責任——に特有の種類の批判を形成するものと理解すべきである[7]。原初状態にいる当事者たちは、人々に遵守する責任があると見なされる諸原理を選択するのである。

スキャンロンの契約主義は三つの重要な点で「公正としての正しさ」とは異なる。それは、無知のヴェールのような情報上の制約を採用しない。その導出は「合理的な〔rational〕」というよりもむしろ「道理にかなった〔reasonable〕」受け入れまたは却下という明らかに道徳的な観念に依拠している（それに対して合理性の基準は道徳的規準から独立である）。そして、その手続きの基準ないし標準は、候補となる原理をどの人も理性的にまたは道理にかなうしかたで選択したり受け入れたりするというのとは反対に、誰も候補となる原理を道理にかなうしかたで却下することはできないというものである。

ここで、以上見てきた契約主義やその他の種類の契約主義の一長一短を考える必要はない。[8] この最後の章でわたしが目標とするのは、契約主義の方法に共通なもの、つまりわれわれは各人が平等で道徳的な人として（何らかの適切な意味で）受け入れることができる諸原理によって自己を統制する責任を相互に負いあっているということ、それが二人称的観点によって基礎づけられ、二人称的観点からもっともよく理解されるということである。あるいは、同じ点を反対から言えば、われわれが二人称的パースペクティヴをとるとき前提としなければならない平等な尊厳によってわれわれが与することになる道徳的諸原理の内容を明らかにするもっとも見込みのある方法は、何らかの種類の契約主義である。

契約主義と定言命法

契約主義の背景にもっとも明確に認められる考えをもっている哲学者はカントなので、カントの倫理学における人の尊厳と定言命法のその他の公式との間にある関係を手短に素描することから始めるのが有益だろう。カントのいう人の尊厳の働きは人間性の公式（「あなたの人格や他のあらゆる人の人格の内にある人間性を、つねに同時に目的として扱い、けっしてたんに手段としてのみ扱わないように行為せよ」

〔Kant 1996b : 429〕）に見られる。人は、その本性によって尊厳をもち、その尊厳のために人（またはその人の内にある人間性や理性性）をたんなる手段として扱うことは義務違反となる。カム（1989, 1992）やネーゲル（1995）が言うように、人は「不可侵の」、つまり、たんなる手段として扱われてはならない存在者である。だが、誰かを、あるいはその人の内にある人間性や理性性を、たんに手段として扱うとはどういうことか。

他の人に対して不正を行う際に、それが人の理性性をたんに道具的に扱うことになる場合——たとえば、さまざまな種類の詐欺、支配、強制——があることは一般に知られている（Korsgaard 1996b ; Wood 1999 : 124–132）。だが、誰かの理性性や人間性を利用することがそれをたんに手段として用いることになるのは、どんな場合か。第八章〔原著第十章〕の議論において中心的な役割を演じた、脅しによって強制することと正当な制裁を通告することによって責任を負わせることとの間にある対比を想起しよう。脅しは人の理性性を宛先としているとか、理性的なものとしての人を宛先としているとか、言うことは理解できる。結局、脅しは脅された人の実践的推論を通じて効果を発揮するのである。だが、それは、その脅しの狙いがその人の理性にあるというにすぎない。しかし、脅しは、本書が関心を寄せてきたようなしかたで人を宛先とするわけではない。実際、脅しが明白な意味で人を宛先とすることはない。脅された人が、ある行為が招く可能性のある帰結について知ればそれで十分だろう。それは、コミュニケーションをまったく含まない知り方で十分だろう。たとえば、鏡に映った自分に銃が突きつけられているのを見ることによって知る場合のように。しかし、二人称的な要求を誰かに宛てるときには、自由で理性的な行為主体としての相手を宛先とする（そしてすでに論じたように、尊敬する）と見なされるのである。

どの二人称的理由も、それが妥当なものであるかぎり、自由で理性的な人々に、その人々が自由で理性的であるがゆえに、宛てることができるのでなければならないのであって、ただ脅しが人の理性性に「宛てられる」ようにではなく、理性的であるがゆえに規範的な地位をもつ人に宛てられなければならない。その（二人称的）理由とその理由の基礎となる権威関係とが、自由で理性的な人としての相手に受け入れ可能なものでなければならないということは、そのように理由を誰かに宛てることの前提である。したがって、そのように理由を誰かに宛てることが、平等な人としての相手に要求を行うとすれば、その相手は、それを一つの要求として理性的に承認し、道理にかなうしかたで却下することができないのでなければならない。そして、その要求に従う責任が人々にはあると見なされるのでなければならない。二人称的に推論することは、本質的に、互いに対して正当性を示すことであり、まさにスキャンロンが理解するところの道徳的義務をめぐる推論のようなものである。

もう一度、自由で民主的な共和国の市民軍の軍曹が兵卒に腕立て伏せを十回せよという命令を下し、従わなければ営倉で謹慎させるとその兵卒に通告する、と想定しよう。(9) このように要求を宛てることは、たんなる脅しとは基本的な意味で異なる。(10) その軍曹が権威をもっておらず、端的に同じ罰をもって脅したとしたら、それは純然たる強制であり、その人やその人の理性性をたんなる手段として用いることになるだろう。そのうえ、第八章〔原著第十章〕で見たように、兵卒に従う責任を問うならば、軍曹自身もこの区別を前提としなければならない。そして、これもすでに見たように、軍曹がこのことを有意味に想定できるのは、軍曹の権威と、軍曹の命令に規範的な力を与える原理とを、その兵卒が自由で理性的な行為主体として受け入れることをも前提することができる場合のみである。これが、責任を理性的に受け入れること、または道理にかなうしかたで却下できないこと、というテストに結びつけるものである。二人称的に見れば、相手に責任を問おうとするとき、人は自由で理性的な人としての相手を宛先としているのである。そして、自由で理性的な人としての誰かに要求をするためには、その人がそれと同じ要求によって自分自身を自由に規定することができることを前提としなければならない。このように、人の尊厳を尊重することは、要求に権威を与える原理に従う責任が自分にあると見なすことと結びついており、その原理は自由で理性的な人が受け入れるもの、または道理にかなうしかたで却下できないもの、なのである。

通常契約主義に結びつけて考えられる定言命法の公式は目的の国の公式だが、わたしの見るところ、以上のようにして人間性の公式を目的の国の公式につなぐことができ、また、適切に理解されるならば、普遍法則の公式につなぐこともできる。目的の国ないし「目的の王国」という観念は、「理性的存在者が共同の法則によって体系的に結合していること」だとカントは言う。

> なぜなら、理性的存在者はすべて、その各々が自分自身とすべての他人をけっしてたんに手段としてのみではなく、つねに同時に目的それ自体として扱うべきである、という法則の下にある。そこから、共同的な客観的法則による理性的存在者の体系的結合が生じる（1996b: 433）。

そして、これは目的の国の公式を含意する。「各々の理性的存在者は、自らの格率を通じてつねに、普遍的な目的の国の立法する成員であるかのように、行為しなければならない」（1996b: 438）。

契約主義は、この基本的なカント的教説の一解釈である。第八章〔原著第十章〕でわれわれが導きの糸としたカント的な主張に次のことを付け加えれば、つまり、尊厳とは「それによって」人が「他のあらゆる理性的存在者から尊敬を要求する」二人称的権威であることを付け加えれば、「目的の国」は平等で自由で理性的な行為主体の共同体であり、その理性的な行為主体は、自分たちが受け入れることができる、または、道理にかなうしかたで却下することができない、したがって互いに自由で理性的なものとして行いあうことのできる、要求に従う責任があると相互に見なしあっている、ということになる(1996b: 434-435)。それゆえ、人々が互いに特定の要求を行いあうことができるのは、各人が有意味にその要求を受け入れることを、あるいは誰もそれを自由で理性的な人として道理にかなうしかたで却下できないことを、期待することができる場合だけである。そして、これは次のことを意味している。つまり、人々がその要求を行うことができるのは、各人が、人々にはその要求を規定する原理に従う責任があると見なされるべきだということを、自由で理性的な人として、受け入れることができる、または道理にかなうしかたで却下することができない、ということを期待しうる場合だけだ、ということである。

第四章と五章とで最初に注目したように、道徳的責任の観念は不可避的に道徳的共同体という対をなす観念をもたらすが、それは道徳的義務や人の尊厳といった観念にも暗に含まれているものである。われわれは、道徳的共同体の平等な成員のパースペクティヴから道徳的要求を行い、自他に責任を問う。相互に責任を認めあうことによって、われわれは道徳的共同体において平等に法を執行ないし実施する成員としての機能を果たす。だが、目的の国の公式は、道徳的共同体の観念を別の基本的な意味でもたらす。つまり、各々の人は目的の国の「立法する成員」であるかのようにふるまうべきである。われわれが平等な地位をもつのは、道徳法則を(その内容が何であれ)執行ないし実施することによるばかりではなく、その内容を「規定する」ことにもよる。契約主義の場合と同じように、カントの考えのもっとも有望な解釈は、現実の人々による道徳法則の現実的な規定という観点からではなく、むしろ、当事者たちを平等な人として位置づける、仮説的な、理想化された合意の過程によって道徳法則が規定されるという観点からなされる、と思う。人は、あらゆる自由で理性的な人自身によって理性的に受け入れられる、または誰にも道理にかなうしかたで却下されない、つまり、これらの点で当事者たちを平等なものとして位置づける仮説的なパースペクティヴから（たとえば個人的な差異に関する無知のヴェールの背後で）、義務的な原則に従う責任が自他にあると人々が見なすとき、目的の国という道徳的共同体において平等に立法し法を執行する成員の働きをするのである。こうした理由から、カントは、われわれが自由で理性的な人として互いに行う要求を指定する原則を「共同の法則」と呼ぶ。それらの法則は「各人が万人と一致しながら、自分自身に従う」（1997 : 49–50）社会的結合の形式というルソーの有名な定式を満たすものである。

さて、目的の国の公式は、「あなたの格率が普遍的法則となることを、その格率を通じてあなたが同時に意欲することができるような、そのような格率に従ってのみ行為せよ」（1996b : 421）という普遍法則の公式の文字通りの意味とは異なっている。狭く読めば、普遍法則の公式が言うのは、ある格率ないし原則が普遍的法則になることを自分自身が意志する（選択する、容認する）ことができなければ、そのような格率ないし原則に従って行為することは道徳的に容認できないということである。そのように解釈すれば、普遍法則の公式は、他の人々が受け入れることができることや却下できないことについては何も言っていないことになる。対照的に、パーフィット（2004）のいう「カントの契約主義的公式」は、「だれもが理性的に選択しうる原則に従って行為すること」を要求するが、これは明らかに目的の国の公式の精神であるように思われる。

さて、第七章〔原著第九章〕と第八章〔原著第十章〕で、カント的な枠組みのなかでもっとも基本的な観念と見なされるべきは人の尊厳であり、それは、平等な基本的二人称的権威として理解される、と論じた。わたしの見るところ、契約主義的な定式は、この観念を展開または明確化するものである。[11] 人間性の公式を基本的なものと見なし、人間性の公式を目的の国の公式を通して解釈し、それに照らして普遍法則の公式を解釈すれば、カントの枠組みのなかで同じ線に沿って考えることができる。そうすることによって、カントが明確かつ明示的に意図しているように、定言命法のあらゆる公式を統一する方法が得られる（1996b: 436）。根底にある考えは、自分自身と他の人々とには、自分自身も他の人々も普遍的法則として意志することができる（または道理にかなうしかたで却下することのできない）原則に従う責任を問いあうことによって、理性的本性を、それが自分自身の内にあるものであれ、他の人の内にあるものであれ、目的自体として扱う、というものである。しかし、ここでいう意志することとは、ある特定の種類のものであり、ある特定のパースペクティヴからなされるものでなければならない。たとえば、わたし（あるいは他の誰であれ）が、ある原則が普遍的に行動を統制する原則になることを意志することができない理由が、わたしが自由で平等で理性的な人としてもつ関心から発するのでもなければそれに支えられているのでもないような特異な関心によるとすれば、どうしてカントがそれを道徳的に妥当だと見なしうるのか、理解し難いだろう。あるいは、関心はこのテストに適合するが、平等な成員としてのわたしに及ぼす影響を理由として、その原則が普遍的に統制することに対して、仮にわたしが他の人だったとしたら唱えないであろう異議を、わたしが唱えるとすれば、これもまた道徳的原則の候補に対する間違った種類の異議になろう。[12] 同じように、自律の公式も、「あらゆる理性的存在者の意志が普遍的に立法する意志であるという観念」（1996b: 432, 434, 438, 440 も見よ）に従って自らの行動を規制すべきだと主張する。ここでもまた、自律の公式が目的の国の公式によって統制されると見なすべきであることは明らかだと思われる。とすれば、一般に、目的の国の公式は、もっとも明確な契約主義版の定言命法であることになるが、もっとも基本的な「手続き」版でもあると思われる。そして、翻って、この手続き的な考えが、われわれが二人称的観点をとるかぎり与することになる基本的な考えによって基礎づけられる。つまり、人間性の公式と自由で理性的な人の尊厳である。

契約主義における理性的な受け入れと道理にかなった却下の基礎

相互に責任のある自由で理性的な人の道徳的共同体という理想は、契約主義的な手続きの枠内で、つまり個人が自由で理性的な成員としてもつ利害関心に基づいて、議論するための基盤を提供する。このことは、おそらく、トマス・E・ヒル・ジュニア版の「カント的構成主義」(1989)においてもっとも明確になるが、それは、ロールズの無知のヴェールよりも制限が弱く、人の平等な尊厳をもっと正確に明確化しようとするとき、どのような原則を理想的な立法者は受け入れることができるかを考察するものである。そして、原初状態における「合理的な」選択に関するロールズの基準は道具主義的であり道徳的に中立だとしても、当事者たちが「二つの道徳的な力」を発揮する際に、相互に責任のある自由で理性的な人としてもっている「最高階の関心」に寄与する「二つの目標」の構想につながっている。その「二つの道徳的な力」とは、正義感覚の能力（または「公正としての正義」では自他に道徳的責任を問う能力）および「善の構想を形成し、改訂し、理性的に追求する」能力である（Rawls 1980: 525)。

スキャンロンは、道理にかなう受け入れや却下に関する統一的な説明を与えることにロールズほどは関心をもっていないものの、「妥当だと見なされる理由の範囲」は「当事者とその他の人々が共有する、道理にかなったしかたで却下することのできない原理を見出そうという」目標とに由来する、と述べてはいる（1998 : 192 : Kumar 2003も見よ）。この共有された目標が十分に説明されれば、次のような原理が見出されるはずである。つまり、ここではわたしの言葉づかいを用いるが、平等な尊敬という条件の下で相互に責任を負いあって生きることに関心をもつ自由で理性的な人が、道理にかなったしかたで却下できない原理である。これに該当するものとしては、自由で理性的な人が、他の人との相互的尊敬という条件の下で自ら方向を定めて生きることに対する関心、つまり、ロールズのいう「道徳的な力」を発揮することに対する最高階の関心以外には考え難い[13]。それゆえ、これらのいずれのしかたで契約主義的な方法が詳細に展開されるにしても、その範囲内で、（われわれが二人称的観点から与することになる）相互に責任のある自由で理性的な人という観念に訴えて、道徳的義務の原理の候補が理性的に受け入れられるか道理にかなったしかたで却下されるかを判定する助けを与えることができる。ここで当然思い浮かぶ一つの例は、第八章〔原著第十章〕の議論で引き合いに出した、他の人によって恣意的に管理されることからの自由に対する関心である。このことは、フィヒテの法・権利の原理（「わたしは、あらゆる場合に、わたしの外にいる自由な存在者を自由な存在者として承認しなければならない、すなわち、わたしはわたしの自由をその人の自由の可能性という概念によって制限しなければならない」［2000 : 49］）やカントの「法の普遍的原理」（行為そのものが、あるいはその行為の格率に則してみた場合に各人の選択意志の自由が、あらゆる人の自由と普遍的法則に従って両立しうるならば、その行為は正しい［1996c : 230］）に明らかに認められる。

契約主義と規則帰結主義

以上の諸点を、「カント的契約主義」は規則帰結主義を含意するというパーフィットの最近の主張（2004）を考察することによって、まとめて整理することができる。規則帰結主義は、何であれ一般に受け入れられれば最善の帰結を生むような原則に従うべきだ、という見解である。繰り返しになるが、カント的契約主義は「誰もが理性的に選択することのできる原則に従って行為すべきだ」と主張する。カント的契約主義は、よく知られている帰結主義的理由によって行為功利主義を排除する。契約主義的な選択の観点から見て重要な帰結は――実践的推論においても相互的な責任によっても――ある原則が普遍的に受け入れられた場合の帰結である。そして、帰結主義者は、誰もが行為帰結主義以外の原則を受け入れ、それによって相互人格的に自己を統制するとき、物事はよりよく運ぶ可能性が高い、ということを、広く受け入れている。(14) それが、結局は、ミルの規則功利主義的な正義論の背景にあるものである。

実はパーフィットは、それを受け入れれば物事が全体的にうまくいくような原則を選択すること（つまり、結果としては規則帰結主義の選択）を合理性が要求する、とは主張していない。ごく大雑把に言って、パーフィットが主張しているのは、合理性が許すのは、つねに、中立的に考慮して最善の結果に至るようなことを選択することだ、ということであり、この場合に合理性が許すのは、受け入れれば最善の結果をもたらすと期待される原則、つまり規則帰結主義が遵守を要求するような原則を選択することをあらゆる人に許す、ということである。

われわれの手許にあるものを用いて契約主義者の応答を定式化することがすでにできるので、パーフィットの議論の細部にこだわる必要はない。その議論の主な問題は、契約主義的な理論に基づく正しさの原理がもつ形式を無視していることにある。つまり、相互的な責任を通じて相互的な尊敬を伝えるという役割を無視しているのである。契約主義者は、一般に、結果によって与えられる中立的な理由が存在することを承認することができるし、自らの信条を脅かされることなく、中立的に見てよりよい結果を促進するために個人が自己利益を犠牲にすることが理性的でありうる、ということにも同意することができる。だが、以上のことと矛盾することなく、そのような結果の序列自体が、道徳的義務または道徳的正しさに関する正しい種類の原則を提供するということを、契約主義者は否認することができるのである。正しさの原則はたんなる個人的選択のための基準にすぎないわけではない。それは、われわれが互いに責任を問いあうことによって何を互いに要求する地位にあるかを示すのである。それゆえ、正しさの原則を保証する正しい種類の理由であるためには、事由は次のような関心に関係していなければならない。つまり、われわれが、二人称的観点の枠内で、自立し相互に責任のある自由で理性的な人の共同体の成員として、前提とする権限をもっているような関心である。

いうまでもなく、これは、規則帰結主義と契約主義との間の争点にストローソンの論点を転用したものである。結果の望ましさは、それ自体を取ってみれば、道徳的責任に関する要求を、したがってまた道徳的義務を、基礎づけるには間違った種類の理由である。しかし、パーフィットが挙げる選択の基礎はそれほどお粗末ではない。それは、責任に関わるさまざまな慣行においてわれわれが採用する原則を、直接的な帰結主義的推論に置き替えることを提案するものではない。むしろ『功利主義論』第五章におけるミルのように、原則が責任に関わる慣行に適しているかどうかを試すテストとして、帰結の望ましさを用いることを提案するのである。[15] だが、先に述べたように、こう言ったところで、たんに問題が先送りされるだけだと思われる。誰かが何かを要求する権威が、その人がそれを要求することができることが望ましいというただそれだけのことから、導き出されるだろうか。やはり、それは、個々の場合においてだけでなく当の慣行それ自体を確立するためにも、二人称的な責任の間違った種類の理由であるように思われる。それが基礎づけることができるのは、せいぜい何かを要求することができることに対する欲求までであって、要求でもなければ責任に関する慣行自体でもない。そうすると、規則帰結主義の問題は、正しさの原則を間違った種類の理由から導き出すところにある。

とはいえ、契約主義は、純粋に形式的な意味での一種の規則帰結主義として表現されてもおかしくはない。無知のヴェールの背後で原則を選択することを伴うロールズ版の契約主義を考察するとしよう。そして、当事者たちが（ヴェールがあげられたとき）自分たちは等しい確率で誰にでもなりうると想定するのは合理的だという、ハーサニー（1978）やロールズの批評者の多くの主張を受け入れるものとしよう。[16] さて、このことから、当事者たちは、「実際の」「ヴェールの外の」効用――これは、何であれ自分たちがもつであろう選好として定義される――を最大化するような原則を選択するはずだ、と結論するのは、先ほど論じた理由で間違いである。ロールズの考えは、むしろ、われわれはその当事者たちにある一定の選好や関心を帰するということ、つまり、相互的な責任と尊敬という条件の下で自ら方向を定めて生きることに対する「最高階の関心」を帰するということであり、当事者たちは、その自分に帰させられた選好の観点から、つまり無知のヴェールの制約の下で、原則を理性的に選択するものと理解されなければならない、ということである。

だが、当事者たちに、自分たちは平等な確率で誰にでもなりうるという想定を許すとすれば、当事者たちが、それを受け入れれば自分たちに帰されたそれらの選好の平均的な満足を最大化するような、そういう原則を、つまり、実際の選考ではなく目的の国の成員（相互に責任のある自由で理性的な人）としての当事者に帰される選好に従って当の効用の規準が定義される場合に、平均的な効用を最大化するような、そういう原則を選択することは、理性的ではないということがあるだろうか。そのような選択は、当事者たちの期待される効用を最大化し、それゆえ当事者たちの観点からは道具的に理性的な選択であるように思われるだろう。(17) 契約主義者がこの提案に抵抗することに深い理由があるとは思われない。ひとたび対象依存的な欲求と原理依存的な欲求とを区別すれば、カント派の道徳心理学者が心配せずにはいられないことを認めることなく、自律的で相互に責任のある行動を信念・欲求の心理学の枠内に位置づけることができるが、それと同じように、カント派の契約主義者が、基本的・理論的に重要な点で妥協することなく、自らの見解が純粋に形式的な意味で規則帰結主義の一種であることを認めたとしても、おかしくはないと思われる。(18) 適切な関心自体は二人称的な責任という観念から独立には定義されないのだから、そして契約主義的な枠組みが最終的には平等な二人称的権威に依拠するかぎり、このような純粋に形式的な種類の帰結主義が、ただ帰結の望ましさのみから権威を手に入れる恐れ、つまり間違った種類の理由を基礎とする恐れはない。(19)

契約主義者にとってもっとも重要なことは、二人称的観点からわれわれが認めざるをえないこと、つまり、自由で理性的な人々の平等な尊厳と相互的な責任である。これら二つが、正しさの原則一般に関する契約主義的な説明を提供し、契約主義のさまざまな説明に用いられる理性的な選択または道理にかなった却下の具体的な解釈を形成するのである。

公共性の役割と原則

正しさが相互的な責任に結びつくことによって、正しさが公共的に説明可能な原則を本質的に含むのはなぜかが説明される。そのような説明は徳の理想などのような他の倫理的基準には必要ないものである。[20] 正と不正の基準は、その本性上、公共的な期待の、つまりわれわれが正当に互いに期待しあうことの基盤である。だから、その基準は公共的に説明可能であり認識可能でなければならない。[21] ふつうの道徳的行為主体がもっているとは想定できないような特別な能力がなければ適用できないような基準や、ふつうの行為主体が理解できるように定式化できないような基準に対する責任が人々にあると見なしたとすれば、道理にあわないだろう。このように、道徳的な正しさの基準は、道徳的な「法則」でなければならず、われわれがふつう理解するところの法をモデルとするのである。

この考えが、他のさまざまな〔道徳哲学の〕系譜としばしば衝突するにもかかわらず、功利主義の伝統において重要な役割を演じることは、注目すべきことである。繰り返しになるが、契約主義は規則ないし原則を重視するという性格をもつが、その性格が契約主義のもっとも根底にある諸原則の正当化を補完するところが、契約主義の強みである。正と不正は本質的に責任の概念を含むというミルのテーゼは、本書で頻繁に見られたテーマである。そのミルのテーゼほどは理解されず、知られてすらいないのが、功利の原理を擁護するベンサムの主要な議論もまた、政策を方向づける公共的批判において正しさに関する道徳的原則が演じるとベンサムが考える役割から導き出されている、という事実である。[22] その役割を演じるためには、どの原則も「外在的な根拠」ないし「外的な基準」によって公共的に提案されうるのでなければならない、とベンサム（1962）は論じる。これらの語句によってベンサムが言おうとしているのは、その原則をすでに受け入れていること（またはその原則に明文化されている感性を共有していること）を前提としないで、その原則を受け入れることが期待される、という原則を擁護する理由のことである。この議論は、そのような制限を却下するとベンサムが見なす数多の倫理的哲学——道徳感覚、合理的直観、常識、いずれの擁護者であれ——を批判する最中に現れる。

正と不正の基準に関して形成されてきたさまざまな体系はすべて、外的な基準に訴える義務を回避するための工夫を［本質としていた］（Bentham 1962 : 8)。

そのような理論はどれも、もっぱら「作者の感情や意見をそれ自体の理由として受け入れるよう読者を説き伏せる」（1962 : 9）という誤りを犯している、とベンサムは論じる。ベンサムの危惧は、論点先取などのようなたんに知的な誤りのみに関わるものではない。

このような考え方や論じ方（それは実は、すでに見たように、さまざまに異なる種類の語で表現された同一の方法である）すべてに共通する難点は、専制の隠れ蓑や口実や支えの働きをすることである。実行された専制でないとしても、潜在する専制であり、口実と力が手に入るやいなや実行されようとしている専制である（1962 : 9n)[23]。

ベンサムの危惧は、むしろ、外的な基準なしに正しさの原則を提示すると、結局は強制になるということとである。それは、他の人々が道理にかなったしかたで受け入れることができない要求をすることである。そして、功利の原理を擁護するベンサムの申し立ては、功利は、経験的に確証可能な事実であることが判明するので、論争の余地なく適用できるということであり、人間の動機の「二つの至高の支配者」である快と苦とに関わるから、動機を与えると期待されるということである。(24)

このような線に沿った展開がベンサムにあるのは意外だと思われるかもしれない。というのも、その展開は、功利の原理の基礎を、政策を方向づける(「要求するような」)言説および慣行への制限という明らかに自由主義的な根拠に基づくものに求め、その逆ではないからである。だが、ベンサムは、自分がまさにこのことを意図していることを(少なくともこの系統の議論においては)はっきりさせている。「道徳感情」が「もともと抱かれている」のか「実は……吟味したり反省したりするとき……功利の観点」とは「別の根拠によって持続し正当化されるのか」は、自分は知りもしなければ気にもしない、とベンサムは言う。「どちらかと言えば、それらがどのように判定されるかはどうでもいい」。だが、「正しさの要点［正しさの原理］」が、共同体に宛てて発言する人によって、別の根拠に基づいて適切に正当化されうるかどうかは「慣行の問題」であり、それに対する答えは「他の答えと同様に重要なものである」(1962: 9n)。

道理にかなったものを立証する

ロールズやスキャンロンの用法に見られるように、「道理にかなっている」は、「合理的な〔理性的な〕」や「規範的理由」とは異なった概念を表現する。それは、平等で自由で理性的な人として互いに要求を行いあう（二人称的な）地位にあることと独特のしかたで結びつけられる規範的理由とされるものを指している。ロールズの格言を思い起こそう。人は「妥当な権利主張の自己創出的な源泉である」（Rawls 1980: 546）。（とすれば「道理にかなっている」とは二人称的な概念を表現することになる、とわたしは思う。）そうだとすれば、わたしは、二人称的観点の諸前提が人の平等な尊厳を立証すると主張することによって、同じ諸前提が道理にかなったものの規範性を立証すると主張していたことになる。

さて、第一章で簡単に触れたように、スキャンロンは、道徳の権威を立証するという問題は「正と不正の他の価値に対する優位」を説明するという問題、正と不正の特別な「重要性」を説明するという問題だと理解している（Scanlon 1998: 146, 147）。もともとの論文でスキャンロン（1982）は、契約主義の道徳の「動機の基礎」は、他の人々に対して正当化できるしかたで行為したいという欲求だ、という見方をとった。しかし『われわれが互いに負いあっているもの』においては、主として欲求が行為の理由を基礎づけることに対する懐疑から、異なったアプローチをとっている。[25] スキャンロンが論じるには、行為の理由は欲求に基づくというのは真実からほど遠く、欲求は明確な理由に反応するという特徴をもつと言うほうが真理に近い。「導かれた注意という意味」で、欲求は、人の注意をその人が欲求するものを（そしてそれゆえそれに対する欲求を）「支持すると思われる事由に向けて強く導く」（Scanlon 1998: 39–41）ことを伴う。

正の優先性を擁護するスキャンロンのさらに最近の議論には、ここでは十分に追究することのできない複雑さがある。[26] しかし、その基礎は、スキャンロンのいう、他の人々に対して相互承認の関係に立つことの「価値」および「魅力」である。これら二つは、それ自体においても、友情のような価値のある関係に不可欠の側面としても、正の優先性の基礎である（1998: 158–168）。この価値はわれわれに「他の人々と、その人々が道理にかなったしかたで却下することができない条件に従って——その人々もまた〔この条件に従うという〕同じ理想によって動機づけられているかぎり——生きなければならない」理由になる（というよりもその価値の本質は「責任転嫁」の要領でその理由にあると言うほうがよい）からこそ、「どの行為が正しくどの行為が不正か、という問いに注意を向ける理由がある」（154）[27]。スキャンロンは、これを、次のような『功利主義論』におけるミルの立場になぞらえている（Mill 1998 : ch. 3 ; Scanlon 1998 : 154）。つまり、正の規準ないし基準はあらゆる人々の最大の幸福によって与えられるが、道徳的な「強制力〔sanction〕」（正に関する事由がわれわれにとって理由になる根拠を指すミルの用語）は「仲間の人間たちと社会的に結合していたいという欲求」だという立場である。大雑把に言えば、ミルにとって、正に関する事由（それ自体は直接に一般的幸福に基づく）が行為の理由になるのは、他の人々と結合して生きることが望ましいからである。同じように、スキャンロンにとって、正に関する事由（そして、それに関連して、道理にかなったもの）が理由になり、実際われわれにとって優先性をもつのは、他の人々と相互承認と尊敬という条件の下で生きることには価値や魅力があるとわれわれが見なすからである。

しかし、ミルの立場には一つの問題があり、契約主義の立場をミルの立場にあまりに近く引きつけすぎると、その問題に感染することになる。望ましさに関する事由は、本書でずっと見てきたように、道徳的な義務や権利の（二人称的）理由を基礎づけるにはまったく間違った種類の理由である。したがって、他の人々と相互承認の関係に立たなければならない理由が、（中立的な観点からであれ、われわれ自身の観点からであれ）たんにそうするのが望ましいからというものであったとすれば、それらの理由がどんなに重みのあるものだったとしても、道徳的な正に独特の（二人称的な）理由を基礎づけることはできない。繰り返しになるが、それらが基礎づけることができるのは、せいぜい、道徳的要求の妥当性を認識したいという欲求などにとどまる。道徳的要求をそれ自体で受け入れたり承認したりする理由は与えてくれないのである。

実はここには二つの問題があり、それぞれが道徳的義務の異なった側面に結びついている。それらの側面についてはすでに論じた。一つは道徳的義務の（ものとされる）最優先性ないし優位性であり、もう一つは道徳的義務の相互的責任との結びつきである。(28) 前者の問題は、正に関する事由を（望ましさも含む）他の価値に対して優越性をもつものとして扱うことが望ましいという事実から、そのような事由が実際にその優先性をもつと結論することが、いったいどのようにしてできるのか、という問題である。後者の問題は、ストローソンの論点のもう一つの現れであるが、われわれが相互的責任という条件で互いに関係しあうことが望ましいということが、われわれは相互に責任があるという明確に二人称的な要求を、いったいどのようにして基礎づけることができるのか、という問題である。

相互的尊敬という条件の下で互いに関わりあう価値が、そのような関係の内でわれわれが引きあいに出す理由に正しいしかたで結びつけられるためには、この尊敬がそれ自体として、自由で理性的な人々の平等な尊厳によって要求されると見なさなければならない。このことこそが、契約主義的な手続きの理論的根拠の根底にあり、われわれが二人称的観点から認めざるをえなくなるものである、とわたしは論じてきた。われわれが尊敬をもって他の人々と関わる理由は、それが何らかの意味で、個人にとってであれ、中立的に見てであれ、とにかく望ましいことだけではなく、端的に人の尊厳であり、人が二人称的な地位をもっていることであって、そもそも人に宛てて二人称的に何かを宛てるときには、われわれはこの地位を受け入れざるをえない。(29) このことを前提とするかぎり、自由で理性的な人として互いに要求を行いあう地位をもっていることを前提とせざるをえない、とわたしは論じてきた。それは、互いをたんなる手段として扱うことはできないということであり、たんなる手段として扱わない責任を互いに負っているということである。

誰かに何かを二人称的に宛てることにつねにすでに暗に含まれているのは相互承認であり、それによってわれわれは道理にかなうものおよび互いに対する正当化の空間に入る。素朴な行為主体甲と乙を考えてみよう。二人は、自らの欲求や実践的経験の結果の望ましさに与えられるそれぞれの評価にそのまま基づいて、一人称的に推論している。たとえば、甲と乙が二人とも同じリンゴを欲求し、二人とも、それぞれ、そのリンゴに対する欲求を、それを手に入れることが自分にとってほんとうに望ましいことの理由と見なしているとしよう。この時点では、甲も乙も相手の欲求、意志、行為主体性を自らの理由の材料とは見なしていないが、自分自身の意志や行為主体性をそのように見なしてもいない。この素朴なパースペクティヴから見れば、二人の行為主体性と意志とは熟慮において「背景化して」（Pettit and Smith 1990）いる。二人にとって前景化しているのは、自分たちの欲求に影響されると思われるかぎりでの、それぞれの欲求の対象の望ましさである。甲にとっては、わたし（甲）がそのリンゴを手に入れるのはよい（望ましい）。乙にとっては、わたし（乙）がそのリンゴを手に入れるのはよい（望ましい）。

この時点で、甲が、自らの欲求を表明することによって、自分（甲）がリンゴを手に入れることを許すべき理由を乙に与えるとしよう。甲は、自分（甲）がそのリンゴを手に入れることは望ましい結果であり、実現されるべき状態であると言う（ということは、甲の知るかぎり、乙がそれを手に入れることは実現されるべき状態ではないということになる）。これはおそらくうまくいかないだろう。なぜなら、乙のパースペクティヴから見れば、乙が見ることのできるかぎり、甲がリンゴを手に入れるために言えることは何もないが、自分（乙）がそれを手に入れるために言えることはいくらでもあるかもしれないからだ。乙のパースペクティヴから見れば、甲の判断はたんなる思い込み、つまり甲の欲求のたんなる表明であると思われてもおかしくないから、乙が甲の判断を信じる理由はないかもしれない。乙に理由を与えようとする甲の試みは、理論的な理由を与えることに構造上類比的であろう。それがうまくいくのは、甲の判断とその判断が表象するとされる規範的世界との間に何らかの証拠に基づく関係が存在すると考える理由を、乙がもっている場合だけである。

しかし、同時に、甲の欲求の表明は乙の自分自身の欲求の現れに対する信用を一時停止させるかもしれない。一人称的なパースペクティヴから見れば、よりよい情報に裏づけられた欲求が新たに現れるとき修正されるだけで、他の人の欲求や意志によって異議を唱えられることがないので、乙は、見たところ自分自身の欲求を通じて得た理由の認識を、心おきなく信用することができるだろう。だが、いまや乙は、乙の欲求が乙にとって理由の認識を提供するのと同じように、甲の欲求が甲にとっては理由の認識を提供することを理解するのである。

たしかに、甲と乙との会話が（見たところ）結果に基づく理由の空間内で進むこともあるだろう。甲または乙が、同情に由来する関心によって相手を気遣うようになり、相手の福利（したがって、相手がリンゴを手に入れること）をよいことと見なすこともあるだろう。あるいは、相手の実践的経験や欲求を、自分自身のそれと同じように、望ましい結果という証拠に基づくものと見なすようになるかもしれない。しかし、これらの理由のどれも、甲か乙かのいずれかが、または甲と乙が二人とも、リンゴを全部または部分的に手に入れることがよいことである理由を、示すことはできないだろう。いずれもが、全部であれ部分であれ、そのリンゴに対して道理にかなった要求の権利をもつことを示すことはできないだろうし、したがって、リンゴに対する〔どちらかに渡すとか分けるとかいった〕特定の措置が道理にかなっていることも示すことができないだろう。(30) 特に、限界効用逓減などの現象を度外視すれば、そのリンゴを二人で分けることを勧める理由は何もなくなるだろう。そして、もちろん、甲にも乙にも、相手の利害関心に(それどころか、自分自身の利害関心にすら)重みを認める道徳的義務があるという考えの余地は、まったくないことになるだろう。

さて、甲がそのリンゴ(またはその部分またはそれを手に入れる可能性)に対して何らかの権利を要求し、それを乙に二人称的に宛てるとしよう。甲の要求が何に基づくかにかかわらず、その際甲は乙に対する二人称的な関係を前提としている。甲は、何に基づいて特定の要求を行うのであれ、それを相手に宛てる地位を前提とし、それゆえ、そもそも他の人に対して要求を行う二人称的権威を前提としている。そして、乙がその要求を取り上げるならば、その欲求をただ二人の間で公共的に考慮するだけだとしても、乙は甲の二人称的な権威を暗に認めたことになる。たとえ、乙がよく考えた末それを却下したとしても、である。同じようにして、甲が自らの要求を乙に宛てるとき、甲は同時に乙の二人称的権威を前提としなければならない。最終的に、甲の要求または二人称的な促しを認めることによって、乙は実践的推論を行う際、自由で理性的な行為主体としての自分自身の権威をも認めなければならないのである。

二人称的観点を相互に承認しあうことによって、要求を宛てる人も宛てられる人も同様に自由で理性的な人としての相互的責任を認めざるをえなくなり、そうすることによって、少なくとも相互的責任の範囲内では互いに正当化しあうべきだという要求を認めざるをえなくなる。相互に要求を宛てあうことによって、双方とも、互いが相手に宛てるどの要求も、道理にかなうかぎり、拘束力があることも認めざるをえなくなる。自分が自由で理性的な人として要求を宛てる相手が、その要求を受け入れること、または、道理にかなったしかたで却下することができないことを、自立し相互に責任のある(二人称的能力のある）行為主体の関心という観点から、期待することができなければならないのである。このことによって、双方とも、自由で理性的な行為主体としてともにもっている共通の観点から〔相手だけでなく〕自分自身にも行う用意のない要求を相手に行わないことを認めざるをえなくなるのである。

このように、二人称的観点は道理にかなったものを立証し、したがって契約主義的な道徳理論を基礎づける。人の平等な尊厳を前提とすることによって、われわれは契約主義のもっとも根底にある発想に与することになる。つまり、相互に責任のある自由で理性的な人々の共同体という発想である。[31] そして、そうすることによって、相互に責任を負いあう平等な人々の間で尊敬を伝える媒体になる諸原則を遵守するための、正しい種類の理由が与えられるのである。

註

（1）このような理由が最優先の権威をもっていることを、わたしは明らかにしただろうか。第八章〔原著第十章〕の議論が穏当なものであれば、どのような種類の二人称的理由であれそれを誰かに宛てるときには、自由で理性的な人の平等な尊厳を前提とすることを避けることはできない。理由を二人称的に宛てることによって互いに責任を問いあうことそれ自体が、責任を求める二人称的理由の最優先性の想定を含んでいる（第五章を見よ）ので、平等な尊厳に基づく理由の最優先性を前提とすることをいかにして避けられるかは理解しがたい。

（2）しかし、これらの原則を遵守することは、第六章で論じたように、人に対する十全な尊敬を表明するのに十分である。

（3）十全な道徳的能力をもたない人間の責任については、第四章で簡潔に論じた。

（4）（他の）動物たちに責任を与えることに関する一連のたいへん興味深い考察については、Hearne 1986 を参照。

この参照については、エリザベス・アンダーソンに負っている。

(5) 繰り返しになるが、ストローソンの、他の人に反応的態度をもって応答することは「その人を道徳的共同体の一員と見なすこと」である、「ただし、道徳的共同体の要求に違反した人として」(1968: 93) という所見、および憤りは他の人にわれわれの尊厳を感じさせることを目標とする (1982: 95-96)、というアダム・スミスの所見を想起しよう。第四章のこれら両方に関する検討を見よ。また処罰する権利というヘーゲルの有名な考えも参照 (1991: §100)。

(6) ロールズは、この関心を、次のように記してさらに詳述している。当事者は自らの道徳的人格性を発揮すること (相互的尊敬という条件のもとで生きること)、そして善に関する自らの理解を理性的に選択し改訂することに「最高階の関心」をもっており、また、「善に関する自らの理解を擁護し促進すること」に「最高階の関心」(1980: 525) をもっている。「基本財」という観念を含めたロールズの正義論のいわゆる「カント主義的解釈」に関する議論として、Darwall 1980 を参照。ロールズは一九八〇年のデューイ講義の後、自らの考えをまったく政治的リベラリズムの枠内で提示し、それゆえ規範的道徳理論の問題に背を向け、また、深い哲学的な正当化根拠やリベラルな社会で論争の的になる可能性のあるその他の「包括的教説」に背を向けた。

(7) ロールズは道徳的責務〔obligations〕と道徳的義務〔duties〕を区別し、「責務」という用語を、自発的に始める行為から生じるもののためにとっておく (1999: 93-101)。しかし、この区別はわれわれの目的にとっては重要ではない。

(8) 他の例は Hill 1989 である。対照的に「利益契約主義〔contractarianism〕」は、正に関する道徳的原則は相互に有利な契約から導出されるという見解であり、Harman 1977, Gauthier 1986、そして議論の余地はあるが Hobbes 1994 に見られる。契約主義と利益契約主義の相違に関する検討として、Darwall 2002a を参照。

(9) ここでもまた、そのような制裁はまったく通常の慣行の範囲内にあり、民主的な市民の監査を受け、正当な手続きによって適用される、などと想定しよう。

(10) 繰り返しになるが、これはプーフェンドルフの論点である。

(11) ウッド (1999) もまた人格の尊厳はカントの基本的な観念だと考えているが、ウッドと違って、わたしは、人間性の公式をそれ自体で単純に解釈できるとも、普遍法則の公式を含むさまざまな普遍化の手続きを空虚なものあるいは道徳的に問題のあるものとして無視するべきだとも思わない。さらに、わたしの見るところ、基本的なのは自存的価値としての尊厳ではなく、二人称的権威としての尊厳である。

(12) このことは、ロールズ版の契約主義とは両立不可能だと思われるかもしれない。なぜなら、原初状態にある当事者たちは、互いに没利害的なしかたで、自分自身の（最高階の）利益を合理的な人として促進するという点で道具的な合理性をもつ人として、原則を選択するからである。だが、そうだとすれば、当事者たちの動機が無知のヴェールの制約と組み合わされることによってどのように働くかを、誤解することになるだろう。当事者たちは、ある個人の市民とその利益の委託者（その人に関してそれ以上知ることは無知のヴェールに阻まれる）であり、自分自身の利益にはまったく重きを置かないかもしれない。原初状態からの議論は、いずれの場合もまったく同じである。この点についてはDarwall 1980: 340–343を参照。ロールズ自身がこの点を明記している(2001: 84–85)。

(13) Kumar 2003はいくぶんこの線に沿って解釈されうる。

(14) これは「一致することの功利」ないし「一致することの帰結」に反対する「受け入れることの功利」ないし「受け入れることの帰結」をめぐる論点である。たとえばLyons 1965を見よ。パーフィットの言葉で言えば、行為功利主義は「集合的に見れば間接的に自己論駁的」であり、またおそらくは「自己消去的」である (1984: 27–43)。Hare 1981も見よ。

(15) Rawls 1955も見よ。

(16) ロールズは、意志決定の問題は、専門的な意思決定理論における意味では、リスクのもとにあるというより不確実性のもとにあるものと見なされなければならず、適切な意思決定原則はマキシミンである、と論じて、このことを否定する（1971：154–157）。

（17）繰り返しになるが、ロールズは等しい確率という想定を却下するさまざまな理由をあげ、選択の問題をリスクというよりも不確実性の問題として扱う。これらの理由がどれほどの説得力をもつかについてここで意見を決める必要はない。要点は、それらが説得力をもたないとしても、カント的契約主義が純粋に形式的な意味で規則帰結主義的であるとしたところで、理論的に重要な点はこの点にいささかも左右されない、ということである。たとえば、その当事者は格差原理も選択すべきだということ（つまり、格差原理はこの純粋な種類の規則帰結主義に適うということ）は、このことと矛盾しない。

（18）これらの点に関する議論については、アラン・ギバートに負っている。

（19）スキャンロンの次の一節を参照。「人々が、法的処罰や社会的否認による脅威やそれらに対して否認を感じる根強い傾向性によって、［ある］行為を遂行する気を失うとすれば、それはいいことだろう、という事実は、そのような傾向性を獲得する理由にはなりうるだろうが、そのように行為しない理由にはならない。だとすれば、われわれがしなければならないことは、人々がそのような行為を遂行することが許されることに対するある種の抵抗があるという観念から、どのようにしてその行為が不正であるという観念が生じるのかを、もっと明確に説明することであり、われわれはこのことを、この意味で行為が不正であることが、どのようにしてそれを行わない理由になりうるのかを明確にするようなしかたで、行わなければならない」（1998：153）。

（20）倫理学における「パティキュラリズム」の擁護として、Dancy 1993, 2001, 2004 を参照。ジョン・マクダウェル（1979）は倫理的観念、とくに徳に関わる観念は成文化不可能であるという考えのもう一つの影響力のある源泉である。

（21）これは次のような批判に対する正しい応答だと思う。原初状態に面した当事者たちは候補となる原理を公共的な正義の原理として選択するというロールズの制約は、功利主義に対して論点先取の誤りを犯している、という批判である。この条件は、もっと一般的な倫理学との関係において考察されればアドホックだと思われるかもしれないが、われわれが公共的に責任を負うべき道徳的権利に関する適切な理論にとって、まさに核心的なことである。
(22) さらに展開された議論として、Darwall 1994 を参照。ここの考察もこれに依拠している。リベラルな民主主義のさらに広い文脈に関する関連文献として Railton 1992。
(23) また、「自分自身の根拠のない感情」(つまり、外的な根拠に基づいていない感情) を表明する人に関して、ベンサムは「自分の原則が専制的でないかどうか自問させよ」(1962 : 3) と言う。
(24) これは実証的社会科学とリベラルな道徳理論および政治理論との深い関係である。
(25) 同じような線の他の議論として、Bond 1983 ; Dancy 2000, Darwall 1983 ; Hampton 1998 ; Petit and Smith 1990 ; Quinn 1991 見よ。
(26) 特にスキャンロンの「三部の方策」(1998 : 166–168) を見よ。
(27) 価値の「責任転嫁」的な分析については、Scanlon 1998 : 11, 95–100 見よ。
(28) 繰り返しになるが、その関係は、道徳的義務の理由が最優先とされるのは、それが相互的な責任に本質的に結びついているからである、というものである。この議論については第五章を見よ。
(29) ただし、子どもやその他の標準的でない事例、要求などが純粋に宛てられていない場合などには留保がある。
(30) この点については、マーク・ヴァン・ロージェンとの会話に負っている。
(31) エリザベス・アンダーソン (1999) は、「平等の関係的理論」と自ら呼ぶものをこの線に沿って提示している。わたしは彼女の著作に多くを負っている。

監訳者解説

寺田俊郎

一　原著者について

本書『二人称観点の倫理学――道徳・尊敬・責任』の原著者、スティーヴン・ダーウォル（Stephen Darwall）は、一九四六年アメリカ合州国生まれの哲学研究者である。ダーウォルは、イェール大学を卒業してピッツバーグ大学大学院に進み、一九七二年に博士号を取得した。同年ノースカロライナ大学で教職に就き、一九八二年にミシガン大学に移り、そこで長く教え、二〇〇八年に現在教えているイェール大学に移った。ミシガン大学では、ジョン・デューイ卓越教授（John Dewey Distinguished Professor）の称号を受け、退職後もジョン・デューイ卓越名誉教授の地位にある。また、イェール大学では、アンドリュー・ダウニー・オリック教授（Andrew Downey Orrick Professor）の称号をもつ。二〇〇一年以来アメリカ学芸科学アカデミー（American Academy of Arts and Sciences）の会員であり、二〇〇三〜〇四年にアメリカ哲学会中部分会会長を務めた。

著作として本書を含め七編の著書、七編の編著、百三十点に上る論文などがあるが、本書を除く著書のみを挙げておく。ダーウォルの邦訳は本書が初めてであるので、それぞれの書名に暫定的な日本語訳をつける。

Impartial Reason. Ithaca, NY: Cornell University Press, 1983. Paper edition, 1985.（『不偏的理性』）

The British Moralists and the Internal 'Ought': 1640–1740. Cambridge: Cambridge University Press, 1995.（『英国のモラリストと内的な「べし」——一六四〇年から一七四〇年まで』）

Philosophical Ethics. Boulder, CO: Westview Press, 1998.（『哲学的倫理学』）

Welfare and Rational Care. Princeton, NJ: Princeton University Press, 2002. Paper edition, 2004.（『福祉と理性的ケア』）

Morality, Authority, and Law: Essays in Second-Personal Ethics I. Oxford: Oxford University Press, 2013.（『道徳・権威・法——二人称的観点の倫理学に関する試論Ⅰ』）

Honor, History, and Relationship: Essays in Second-Personal Ethics II. Oxford: Oxford University Press, 2013.（『名誉・歴史・人間関係——二人称的観点の倫理学に関する試論Ⅱ』）

Metaética: Algumas Tendências, with Allan Gibbard and Peter Railton, ed. Darlei Dall'Agnol, trans. Janyne Sattler. Florianópolis, Brazil: Editora da UFSC, 2013.（『メタ倫理学——いくつかの潮流』）

その業績は、主として、倫理学の理論、倫理学の歴史、倫理学の解説に分類できるだろう。倫理学の理論の研究においては、非帰結主義的、義務論的、カント的な立場をとり、独自の理論の構築に努めている。本書は、そのための基本的な構想を提示したものと言ってよいだろう。そして、それに続く『二人称的観点の倫理学に関する試論I・II』でその構想をさらに展開している。また、倫理学の歴史については、近世初期から現代に至るまで、幅広く研究対象にしている。本書にも、その歴史的研究が存分に生かされていると言ってよいだろう。

まだ日本ではあまり知られていない研究者だが、アメリカ合州国はもちろん、世界各地に招かれて講義、講演、セミナーなどを行っている。二〇一二年には日本学術振興会の海外招聘研究者（受け入れ機関・上智大学）として来日し、上智大学、大阪大学、京都大学で講演やセミナーを行った。

ちなみに、「ダーウォル一四八番（"Rejoice the Lord is King"）」で有名なイングランドの聖職者で聖歌の作詞・作曲者である、ジョン・ダーウォル（John Darwall 一七三一〜八九年）は直接の先祖だとのことである。

二　本書の概要

第一章「主要な着想（一）」および第二章「主要な着想（二）」で本書の基本的な構想が示され、第三章以降でそれが詳細に論述されるという構成になっているので、第一章、第二章を読めば、本書の概要を把握することができる。また、第十章「尊厳と二人称」で、本書の主な主張が定式化されているので、これも本書の要点を概観するのに役立つ。なお、原著は全四部・十二章からなるが、その第三部に当たる第七章「二人称の心理学〔Psychology of Second-person〕」および第八章「間奏——正義をめぐるリードとヒューム〔Interlude: Reid and Hume on Justice〕」を、原著者と相談のうえ、割愛した。いずれも興味深い章であるが、第七章の説明や第八章の標題にも表明されているように、あくまで補助的な章であることを考慮し、訳書が大部になるのを避けるための措置である。ご了承いただきたい。

まずは、本書の内容を、第一章および第二章の叙述に即して、第三章以下の叙述にも目配りをしながら、概観しよう。見出しとして挙げる語句の多くは、ダーウォル自身が鍵概念としているものだが、監訳者が解説上重要だと判断したものも含まれる。本書からの引用および参照箇所は本文中に丸括弧で示す。

二人称的観点　本書の主張を一言で言えば、道徳は「二人称的観点」に由来する、というものである。ダーウォルによれば、道徳的義務、責任、権利、人の尊厳などの道徳的概念はすべて、われわれが二人称的観点をとり、互いに二人称的関係に入ることによって、成立する。道徳がもつ規範性も二人称的観点に由来するのである。「二人称的観点」とは「あなたとわたしが、互いの行動や意志に対する要求を行ったり承認したりする際にとるパースペクティヴ」(九頁)である。たとえば、〈わたし〉が〈あなた〉に、何かすることを要求し、あなたがその要求を受け止め、受け入れたり退けたりするとき、〈わたし〉と〈あなた〉は互いに二人称的観点をとり、〈あなた‐わたし‐あなた〉という相互関係を構成し、二人称的関係に入っている。逆に〈あなた〉が〈わたし〉に何かを要求するときも同じである。

誰かに何かを宛てること　二人称的観点の理解にとって重要なのは「誰かに何かを宛てる〔address〕」ことである。この“address”という英語の語は、名詞としても動詞としても使われるが、いずれの場合も日本語一語で言い表わすのは難しい。それはたんに言葉を発すること(発話)ではなく、言葉も含めた何かを誰かに向けて、誰かを宛先として、発することなのである。〈わたし〉が〈あなた〉に、〈あなた〉が〈わたし〉に、何かを要求するとき、〈わたし〉は〈あなた〉に、〈あなた〉は〈わたし〉に、要求を「宛てる〔address〕」のであり、〈あなた〉は〈わたし〉の、〈わたし〉は〈あなた〉の要求の「宛先〔addressee〕」になる。このように二人称的に宛てられるものは、要求だけではない。非難や謝罪、さらに憤りや感謝などの感情も、誰かに二人称的に宛てられる。それらは言葉によって明示的に宛てられるとはかぎらないが、誰かに宛てられるという意味でたしかに二人称的である。

二人称的理由　〈わたし〉が〈あなた〉に何かを宛てるとき、とりわけ要求や権利主張を宛てるとき、〈わたし〉は〈あなた〉に行為する理由を与えることになる。それは〈わたし〉から〈あなた〉に宛てられた理由であるから「二人称的理由」である。そして、〈わたし〉が〈あなた〉に二人称的理由を宛てるとき、〈わたし〉はあらかじめいくつかのことを前提としている。〈わたし〉が〈あなた〉に行為の理由を宛てる権威をもっていること、〈あなた〉は〈わたし〉の宛てる理由を受け止め、応答する能力と責任をもっていること、などである。以上のことは、〈あなた〉が〈わたし〉に何かを宛てるときも同じである。「あなたとわたしが有意味に二人称的な姿勢をとり、互いに権利主張や要求を行うためには、二人ともただ自由で理性的な行為主体であるというだけで二人称的な権威、能力、責任をもつ、ということを前提としなければならない」（一一頁）。つまり、われわれは二人称的権威、二人称的能力、二人称的責任をもつことを、互いに前提としている。

二人称的理由の特性を説明するのに、ダーウォルは、誰かが〈わたし〉の足を踏んで苦痛を与えているという場面を想定する。[*1]〈わたし〉の足を踏んでいる人がその足をどけることには、二つの異なる種類の理由が考えられる。一つは、上述の二人称的な理由であり、〈わたし〉が〈あなた〉に「足をどけてくれ」と二人称的に要求すること、そのことに由来する理由である。これは「行為主体相関的な〔agent-relative〕」（一五頁）理由ということもできる。それに対して、もう一つは、誰かが苦痛を感じているのはよくない状態なので、〈わたし〉が感じている苦痛を取り除くことによってその状態をよりよいものにする、という理由である。後者は、〈わたし〉が〈あなた〉に宛てる理由ではなく、〈わたし〉が苦痛を感じているという状態に由来し、その状態を改善できる人であれば誰にでも当てはまる理由であるから、「行為主体中立的な〔agent-neutral〕」理由であり、（ダーウォルは使わない表現だが）いわば三人称的な理由である。

二人称的な権威と責任　二人称的理由を宛てられた〈あなた〉は、もちろん、その理由をいったん受け止めたうえで、承認することも否認することもできる。〈わたし〉は、その理由を妥当なものだと信じているかぎり、〈あなた〉はそれを承認すべきだ、と思っているから、〈あなた〉が否認すれば、〈わたし〉は非難や不服を〈あなた〉に返すであろう。〈あなた〉が理由を否認することも、それに対して〈わたし〉が非難や不服を返すことも、いずれも誰かに何かを二人称的に宛てることの一種である。それを、〈わたし〉も〈あなた〉も、あらかじめ了解しているのである。それゆえ、「二人称的理由の妥当性は、人と人との間に前提される権威関係および責任関係に基づいているのであり、それゆえ、理由が人から人に宛てられる可能性に基づいているのである。命令、依頼、主張、非難、不服、要求、約束、契約、同意、指令などに表現されたり前提されたりしている理由は、すべて以上のような意味で二人称的である〔強調原著者〕」（一五頁）。

二人称的概念の円環　二人称的観点に基づく二人称的理由、二人称的権威、二人称的責任という概念は、互いに互いを規定しあい、含意しあって、他のものに還元することのできない「円環〔circle〕」（一九頁）をなしている。これらの概念を理解するためには、二人称的観点をとり、二人称的概念の円環の中に入り込まなければならない。この円環の外からは、これらの概念を理解することはできないのである。そして、この二人称的概念の円環には、人（人格）の「尊厳〔dignity〕」および「権利〔right〕」の概念も含まれる。

道徳的義務　われわれの道徳的義務も、二人称的観点から説明される。なぜなら、道徳的義務は、道徳的共同体の一員としての誰かが、同じく道徳的共同体の一員としての他の誰かに、二人称的に宛てる要求に他ならないからである。右の例で言えば、〈わたし〉が〈わたし〉の足を踏んでいる〈あなた〉に、「足をどけてくれ」と要求するとき、その要求は、個人としての〈わたし〉から同じく個人としての〈あなた〉に宛てられていると同時に、道徳的共同体の一員としての〈わたし〉から同じく道徳的共同体の一員としての〈あなた〉に、宛てられてもいるのである。

ストローソン、フィヒテ、プーフェンドルフの論点　この「二人称的観点」という着想を、ダーウォルは、三人の哲学者の主張に関連づけて説明する。P・F・ストローソン（P. F. Strawson）、ヨハン・ゴットリープ・フィヒテ（Johan Gottlieb Fichte）、ザムエル・プーフェンドルフ（Samuel Pufendorf）である。[*2]

まず、ダーウォルは、有名な論文「自由と憤り〔Freedom and Resentment〕」において、ストローソンが「反応的態度〔reactive attitudes〕」という概念を用いて示そうとした、〈結果の望ましさは、人に責任を問うことを正当化するには、間違った種類の理由である〉、つまり、〈人に責任を問うことが正当なのは、それが望ましい結果をもたらすという理由によるのではない〉という論点を引き、それを「ストローソンの論点〔point 主張〕」と名づける。次に、フィヒテが『自然法の基礎』の中で「促し〔Aufforderung〕」という概念を用いて示そうとした、〈自由な行為主体が宛てる要求や理由は、その宛先である自由な行為主体が自由な自己決定による選択を通じて従うというしかたでのみ、自由な行為主体を方向づけることができる〉というテーゼから、〈二人称的要求は、自由で理性的な行為主体が共通に前提とする二人称的な理由、権威、責任を前提とする〉という論点を取り出し、「フィヒテの論点」と名づける。さらに、プーフェンドルフが、神学的主意主義を擁護して主張した〈神が命令によって人間に義務を課すことができるのは、その命令が理性的存在者である人間に宛てられ、人間もその命令を理解して受け入れる場合のみである〉というテーゼから、〈真の義務は、理性的能力を前提として人に宛てられる場合にのみ成立する〉という論点を取り出し、「プーフェンドルフの論点」と名づける。

これらの論点を併せ考えることによって、二人称的観点をとり、二人称的な理由、権威、責任を認めあうことこそが、自由で理性的な行為主体として、つまり人（人格）として認めあうということだということを、われわれは理解するのである。

平等な責任としての道徳　われわれは、互いに二人称的理由を宛てあう際、互いが二人称的な権威と責任を平等にもつ人（人格）であることを、前提としている。先に見たように、道徳的義務とは、道徳的共同体の一員としてのわれわれが互いに宛てあう二人称的理由のことである。道徳とは、相互に二人称的観点をとる人々の、平等な責任のことなのである。こうして、道徳のもつ規範性が二人称的観点によって説明される。

人の尊厳と尊敬　ダーウォルによれば、人の尊厳もまた二人称的概念の円環に含まれる。人の尊厳とは、二人称的関係の中で尊敬の対象になるもののことであり、二人称的権威に他ならない。ここでいう「尊敬」とは、優れた性質や功績のゆえに宛てられる尊敬ではなく、二人称的関係に入りうる人々すべてに宛てられる尊敬である。ダーウォルは、前者を「評価としての尊敬〔appraisal respect〕」、後者を「認知としての尊敬〔recognition respect〕」（一八九頁）と呼んで区別する。

以上のような二人称的観点に基づく道徳の分析に基づいて、ダーウォルは、イマヌエル・カントの道徳論を解釈しようと試みる。二人称的観点こそが、道徳的義務がもつとされる最高の規範性を立証するというカント的なプロジェクトに、もっとも適した道具立てを与えると考えるのである。

カントの「定言命法」「意志の自律」「理性の事実」

カントの倫理学の主著、『人倫の形而上学の基礎づけ』（一七八五年、以下『基礎づけ』と略記）および『実践理性批判』（一七八八年）の議論を、ダーウォルはかなりの紙幅を割いて詳細に検討する。『基礎づけ』と『実践理性批判』とでは、道徳法則と意志の自律が相互に前提しあっているという主張、いわゆる「相互性のテーゼ」[*3]は一貫しているが、その扱い方が異なっている。『基礎づけ』では、意志の自律を確証し、「相互性のテーゼ」を介して、道徳法則を証明するという方策がとられる。その要点になるのは、われわれは「自由という理念の下でなければ行為することができない〔強調原著者〕」[*4]ということ、つまり自律があらゆる行為の前提だということ、である。しかし、ダーウォルによれば、この方策は失敗に終わる運命にある。なぜなら、ここで想定されている自律は、特に道徳的な意味での自律であるわけではないからである。

それに対して、『実践理性批判』では、道徳法則を「理性の事実」として確証し、「相互性のテーゼ」を介して意志の自律を証明するという方策がとられる。ダーウォルによれば、この方策は正しい。そして、この『実践理性批判』の方策を、二人称的観点から解釈することを試みる。われわれは互いに二人称的な権威と能力を前提しあい、それらに基づいて、道徳的共同体の成員として互いに二人称的理由を宛てる。そして、その理由を、われわれは欲求の対象の性質のゆえにではなく二人称的権威のゆえに受け入れ、それに従って行為する。このように二人称的権威と能力が前提とされ、それに基づく理由が宛てられ受け入れられるという事態こそ「理性の事実」であり、そこで宛てられ受け入れられる理由が

「定言命法」としての道徳法則、前提とされている能力が「意志の自律」なのである。

契約主義の道徳論　最後にダーウォルは、以上の議論を踏まえて、二人称的観点は、T・M・スキャンロン（T. M. Scanlon）のいう契約主義（Contractualism）の道徳論の基礎になる、と論じる。[*5]契約主義の道徳論は、人と人とがどのように関係しあうべきかに定位し、道徳的原則は行為の正・不正を告げるだけでなく、人々の相互的尊敬を媒介すると考えるが、このことは、二人称的観点に基づいてもっともよく説明されうるからである。

三　本書の評価

本書の出版後まもなく、国際学術誌の『エシックス』（*Ethics*）は本書をめぐる誌上シンポジウムを掲載した。[*6]クリスティーン・コースガード（Christine Korsgaard）、ジェイ・ウォーレス（Jay Wallace）、ゲリー・ワトソン（Gary Watson）ら、英語圏を代表する倫理学研究者が本書に対する批判的な論評を行い、それに対してダーウォルが回答するというものである。この扱い一つ見ても、本書に対する学界の高い評価の一端が窺い知られる。

これまで道徳は、一般に、三人称的観点または一人称的観点から論じられてきた。前者は行為主体中立的な道徳論、後者は行為主体相関的な道徳論と呼ぶこともできる。そこに、ダーウォルは、二人称的観点を導入するのである。ダーウォル自身も言うように、二人称的観点は一人称的観点を含み、したがって、二人称的観点に基づく道徳論は行為主体相関的な道徳論の一種である。一人称的観点の道徳論が〈わたし〉の観点から構成されるのに対し、二人称的観点の道徳論は〈わたし〉－〈あなた〉－〈わたし〉

の観点から、つまり〈わたし〉と〈あなた〉の相互的な関係の観点から構成される。〈わたし〉-〈あなた〉の相互関係が哲学的思索の主題となること自体は、哲学の歴史において先例があり、ダーウォルの独創というわけではない。ダーウォル自身も引いているマルティン・ブーバー（Martin Buber）の『わたしとあなた』（*Ich und Du*）は、よく読まれている哲学の古典だが、そのなかでブーバーは、〈わたし〉-〈あなた〉と〈わたし〉-〈それ〉とが、二つの根源的な言葉の対であることに注目し、両者の根本的な違いを論じている。[*7] それは、二人称的観点と三人称的観点の根本的な違いを論じるものと解することもできるだろう。そして、ブーバーのその書を、一つの道徳論として読むこともできる。しかし、ダーウォルの独創的なところは、二人称的観点が、実はこれまでの道徳論においても潜在的に役割を果たしていたことを見出し、従来の道徳論を批判的に継承する形で、二人称的観点に基づく道徳論を構築しようとすることにある。ダーウォルは、特にカントの道徳論を二人称的観点から大胆に読み直すことを試みる。そして、ダーウォルは、功利主義をはじめとする帰結主義的な道徳論を退け、非帰結主義的な道徳論である契約主義の道徳論に与することになるのである。

監訳者は、二人称的観点に基づいて道徳論を構築することは、有望な試みだと考える。特に、道徳のもつ規範性に十分な説明を与えることは、二人称的観点を考慮することなくしてはできないと思われる。道徳は、相互人格的（間人格的）な事象であり、人（人格）と人との関係を規定する原則に関わるものである。人と人との関係は、本来、〈わたし〉と〈あなた〉を基底とする人称の世界の事象であり、一人称的観点を含む二人称的観点から互いに関係しあうところに起源をもち、二人称的観点によって初めて理解されるのであって、たんなる三人称的観点からは理解されない。[*8] そうだとすれば、道徳もまた、二人称的観点によって理解されるのであり、三人称的観点からは理解されないのである。英語では「人格」も「人称」も同じ語"person"によって言い表されるように、人称の世界(人称的世界)とは人格の世界(人格的世界)である。二人称的観点への着眼は、人格的世界すなわち人称的世界に固有の事象である道徳を解明し、人称的世界の道徳論を構築する第一歩だと思われる。ダーウォルのいう「二人称的概念の円環」という考え方、すなわち、道徳的な概念は二人称的概念の外部では語られえず、その内部でのみ語られうるという考え方は、そのことを表現するものと解釈されるだろう。

ダーウォルもときおり参照するコースガードは、いわば一人称的観点の道徳論を構築することを試みている。英語圏の倫理学において一定の影響力をもつ主著『規範性の源泉』で、コースガードは、道徳のもつ規範性は、反省的な行為主体である〈わたし〉が、反省と熟慮のうえで自ら承認すること、つまり「反省的認証(reflective endorsement)」に由来すると論じ、一人称的観点に基づく行為主体相関的な道徳論を展開しているのである。[*9]「反省的認証」に基づいて行為を決定することは、その行為主体のアイデンティティに、したがってまた尊厳に関わることであるがゆえに、規範性をもつというのである。しかし、ダーウォルに言わせれば、このような説明は道徳的行為にかぎらず、あらゆる自己決定に基づく行為に当てはまるのであり、道徳的な行為と非道徳的な行為とを区別することができず、したがって、道徳のもつ規範性を示すことができない、ということになるだろう。そして、興味深いことに、コースガードもまた、行為主体が互いに理由を与えあうという「理由の共有」[*10]について語り、二人称的な関係を考慮に入れているのである。にもかかわらず、コースガードは、それを規範性の原理とは見なすことがない。これは、ダーウォルとコースガードのカント道徳論の解釈の差異となって表れもする、興味深い論点である。

ダーウォルは、二人称的観点に基づく道徳論が、スキャンロンが提唱する契約主義の道徳論に基礎を与えると主張している。その主張には一定の説得力があると思われる。しかし、二人称的観点に基づく道徳論を、さらにほかの道徳論と関連づけてみることは、興味深いことであろう。たとえば、エマニュエル・レヴィナス（Emmanuel Levinas）の倫理学である。ダーウォルも、本書の中で一度だけレヴィナスに言及し、レヴィナスの「顔」の概念の二人称的性格を指摘するヒラリー・パトナム（Hilary Put-nam）の論考を参照している（四四頁）。しかし、残念ながら、ダーウォルの言及はそこまでであり、また、レヴィナスの倫理学に親しんでいない監訳者にも、その論点を展開する用意がいまはない。ダーウォルはほとんど言及しないが、ユルゲン・ハーバーマス（Jürgen Habermas）らの討議倫理学（コミュニケーション倫理学）との対比も興味を惹く。討議倫理学によれば、いかなる規範も、その規範の妥当性要求に応えて行われる実践的討議において吟味され承認されて初めて、正当性をもつが、規範の妥当性を要求することも、それをめぐる実践的討議を行うことも、人々の平等な二人称的権威と二人称的責任に基づいている、と説明することができる。

さて、本書の内容をめぐって考察すべき問題はいくつも考えられるが、ここでは、次の二点を特に取り上げたい。一つは、二人称的理由と道徳的理由との関係であり、もう一つは、ダーウォルのカント道徳論解釈の妥当性である。

前者の問題は、おそらく、本書を読む多くの読者が逢着する問題であろう。ダーウォルは、われわれが二人称的観点をとり、二人称的関係に入るとき、すでに責任、理由、尊厳、権利などの二人称的概念の円環に入っていると主張している。しかし、二人称的関係にあることが、ただちに道徳的関係にあることと見なされるわけではない。道徳的義務は、われわれが個人的に宛てあう二人称的理由ではなく、道徳的共同体の成員として宛てあう二人称的理由であると説明されるのである。しかし、たんなる二人称的理由と道徳的理由との関係、したがってまた、二人称的関係と道徳的関係との接続はどのように説明されるのだろうか。

後者の問題を考察するのは、ダーウォルは、本書のかなりの頁数をカント道徳論の検討に費やしており、本書をカント道徳論の解釈的試論と見なすことができるほどだからである。もちろん、本書は、カント哲学の専門的研究を目的とするものではないから、本書のカント道徳論の解釈の是非にとりたてて論及するのは、不当でもあり無粋でもあるかもしれない。にもかかわらず、敢えてそうするのは、本書のカント道徳論の解釈が、カント哲学の専門的研究にとっても有益な示唆を含んでいると考えられるからである。

二人称的関係と道徳的関係の接続

すでに見たように、ダーウォルによれば、人々は互いに二人称的観点をとり、二人称的権威と二人称的責任を認め、二人称的理由を宛てる。二人称的理由を宛てられた人は、それを受け入れ、それに従って行為することもあれば、それを退けることもあり、それに疑問を表明することもある。宛てられた理由を退ければ、そうする理由を示すことを要求され、宛てられた理由に疑問を表明すれば、相手に説明を要求することになる。このような相互行為を通じて互いに正当だと認めた二人称的理由に従って行為するとき、われわれは正当に行為していることになり、それ以外の理由に従って行為するとき、われわれは不当に行為していることになる。これをもって、われわれは、道徳的な意味で正当に行為していると言いうるだろうか。つまり、二人称的関係にある〈わたし〉と〈あなた〉が、二人称的観点から受け入れる理由に従った行為が道徳的に正当な行為である、と言いうるだろうか。

ダーウォルの所論に即して考えれば、答えは「否」である。すでに見たように、ダーウォルは、たんなる人としての〈わたし〉と〈あなた〉が受け入れるにすぎない要求と、道徳的共同体の成員としての〈わたし〉と〈あなた〉の要求とを区別し、それを次のように説明している。あなたの足を踏んでいる人に、足をどけるよう要求するとき、「あなたは、それを、その人に足を踏まれている当人として要求することもあるだろうし、互いの足を踏まないよう要求しあっていると自己了解している成員からなる道徳的共同体の一員として、あるいはその両方の地位から要求することもあるだろう」（一四頁）。

二人称的理由が必ずしも道徳的理由でないことは、命令という言語行為を見ればいっそう明確になる。命令は、ダーウォルがしばしば軍の上官と部下の例を用いて説明するように、それが二人称的関係に基づくものであるかぎり、行為の正当な理由を与える。上官が部下に命令を与え、部下がそれに従うことは、軍の階級制度による特殊な権威に基づいているだけではなく、上官の人としての権威を部下が二人称的に承認することにも基づいているかぎりにおいて、正当なのである。しかし、それは道徳的な意味で正当だとはただちには言いえない。命令にかぎらず、あらゆる言語行為は、人が人に宛てて発話することによって成立するかぎり、基本的に二人称的であり、平等な二人称的権威と二人称的責任を前提としているはずであるが、ただちに道徳的な意味で正当であるわけではない。ダーウォルは、脅しを伴う要求などのように、二人称的に見える言語行為が実は二人称的ではない場合があることを示している（六五―六六頁）が、そのような二人称的行為の逸脱あるいは誤用とも呼ばれうる事例は除くとしても、すべての言語行為が道徳的な意味で正当であるわけではないのである。

このように、たんなる二人称的理由と道徳的理由とは明確に区別される。では、二人称的理由の一種である道徳的理由を、たんなる二人称的理由から区別するものは何だろうか。つまり、たんなる二人称的関係は、端的に自由で平等な理性的行為主体どうしの関係であるが、その二人称的関係の一種としての道徳的関係は、たんなる二人称的関係からどのように区別されるのだろうか。

先の引用箇所で「互いの足を踏まないよう要求しあっていると自己了解している成員からなる道徳的共同体」と言われているように、道徳的共同体は、たんなる自由で平等な理性的行為主体の共同体ではなく、特定の要求が通用していると「自己了解している成員」から成る共同体として、理解されている。この意味での道徳的共同体は、特定の要求をいわば共同の規範として認めている共同体であると考えられる。この特定の規範は、どのようにして形成されるのだろうか。

すでに見たように、ダーウォルによれば、人々は自由で平等な理性的行為主体として、相互に二人称的観点をとり、二人称的権威と二人称的責任を認め、尊厳を認める。これらはすべて規範的な事柄であり、あらゆる成員に妥当するいわば普遍的な規範である。しかし、その普遍的な規範に則って、人々が個別的な事情の下で行為するなかで、さまざまな個別的な要求や理由が生まれ、そのうち一般に共有される要求や理由に基づいて一般的・共同的な規範が形成される、と考えられる。このような規範形成過程の説明は、二人称的観点の道徳論と構成主義（Constructivism）の道徳論との親和性（三五二―三五三頁）から見ても妥当なものだろう。そして、その過程としては大まかに二種類が考えられる。一つは、成員の相互行為の中でいわば自生的に規範が形成されていく過程であり、もう一つは、成員の熟議と合意によって意識的に規範が形成されていく過程である。いずれの過程を想定するにせよ、このような道徳的共同体の一般的・共同的な規範が道徳的義務を規定するということになる。一般的・共同的な規範として形成された、いわば制度としての二人称的理由は、それが明示的なものであれ、非明示的なものであれ、直接的に〈あなた〉の二人称的権威に由来するものではないが、いわば、当該の共同体に属するあらゆる〈あなた〉たちの二人称的権威に由来するものであり、二人称的であることに変わりはない。〈わたし〉も〈あなた〉たちも、平等な権威と責任をもつ成員としてそれらの規範に則って互いに二人称的理由を宛てる。それがダーウォルのいう「平等な責任としての道徳」である。

さしあたり以上のように、二人称的理由と道徳的理由との関係、または二人称的関係と道徳的関係との接続を考えることができるだろう。先述の『エシックス』の誌上シンポジウムでジェイ・ウォーレスは、そもそも誰かが誰かに具体的な二人称的要求を宛てるまでは、道徳的義務というものは存在しないことになるのではないか、という疑問を表明しているが、それはこの点に関わるものである。[*11] 以上の説明は、それに対する一つの答えでもある。

しかし、ここで振出しに戻るような疑問が浮上してくる。道徳的共同体の一般的・共同的な規範になる以前の二人称的理由は、ほんとうに道徳的理由（道徳的に正当な理由）ではないのだろうか。そして、〈わたし〉と〈あなた〉が二人称的関係において与えあう理由およびそれに基づく行為の道徳的評価は、一般的・共同的な規範のみに照らして下されるのだろうか。言い換えれば、たんなる二人称的関係は道徳的関係ではないのだろうか。一人の人として〈わたし〉の足を踏んでいる〈あなた〉に足をどけるよう要求すること、その要求を理由として受け入れて足をどけることは、〈他の人の足を踏むべきではない〉という一般的・共同的規範に訴えるまでもなく、道徳的に正当なことではないのだろうか。

もちろん、〈わたし〉と〈あなた〉が二人称的観点から受け入れる理由は、必ずしも他の人々が受け入れるものだとはかぎらないし、〈わたし〉と〈あなた〉が受け入れる二人称的理由が、一般的・共同的な道徳的規範に照らして正当だともかぎらない。〈わたし〉と〈あなた〉は、つねに特定の個別的な事情のもとで理由を宛てあうのであり、その理由も個別的であることを免れない。しかし、〈わたし〉

と〈あなた〉は、理性的行為主体として二人称的に熟慮し、判断を下し、それに基づいて行為するのであり、たんに恣意的な判断を下すわけではなく、同様の個別的事情のもとであれば、他のあらゆる理性的主体が下すと思われるような判断を下すのである。それは、道徳的判断を下し、道徳的行為を行っていることになるのではないだろうか。それどころか、たんなる理性的行為主体の共同体で下される判断こそ、根源的な意味での道徳的判断ではないだろうか。

この問題が先鋭化するのは、これら二種類の判断に矛盾が生じる場合である。この問題をさらに詳細に論じることは、もはやここではできない。二つの論点を指摘して、読者の考察に委ねたい。ここで問題になっているのは、一つには、道徳の「普遍性」または「普遍化可能性」の意味であり、いま一つには、道徳的判断の本性である。これらは、いずれも、カント道徳論の解釈においても問題になる主要な論点である。

カント道徳論の解釈の問題

本書のカント道徳論の解釈については、すでに、道徳の規範性および「意志の自律」の概念に焦点を当てて概観した。

ダーウォルも指摘しているとおり、道徳の規範性を確証するカントの方策は、『基礎づけ』から『実践理性批判』にかけて大きく転換した。道徳法則と意志の自律が相互に前提しあっているという主張、いわゆる「相互性のテーゼ」は一貫しているが、『基礎づけ』では、意志の自律を確証することによって道徳法則を証明しようとするのに対して、『実践理性批判』では、道徳法則を「理性の事実」として確証することによって意志の自律を証明しようとする、というように、論証の方向が反転している。ダーウォルはこの方策の転換を支持する。そして、「理性の事実」を、二人称的観点をとり二人称的関係を生きる理性的行為主体の事実として理解するのである。いわば〈二人称的観点の事実〉[*12]として理解すると言ってもよいだろう。

その他の点では、ダーウォルは『基礎づけ』と『実践理性批判』との主張を整合的なものと見なし、「意志の自律」の概念を二人称的観点の立場から解釈するとともに、「定言命法」の三つの公式(いわゆる「普遍性の公式」「人間性の公式」「目的の国の公式」)[*13]にも、一定の解釈を与えている。以下「定言命法」の解釈、「意志の自律」の解釈、「理性の事実」の解釈を順次概観し、それらを最後にまとめて考察しよう。

人の尊厳は、人のもつ二人称的権威として理解され、われわれはその二人称的権威に応じて互いに行為しあう責任を負う。このような二人称的関係を表現するのが、〈人を何らかの目的のためのたんなる手段として扱うことなく、つねに同時に目的自体として扱うべきだ〉という原理を表現する定言命法の公式、つまり「人間性の公式」(または「目的自体の公式」)である。そのような二人称的関係にある人々の共同体の表象が「目的の国」である。「目的の国の公式」は、〈「目的の国」の成員としてふさわしく行為すべきだ〉という原理を表現するが、それは平等な二人称的権威と二人称的責任をもつ人々の共同体の成員として行為すべきだという原理に他ならない。この「目的の国」を介して、「人間性の公式」は、〈各人の行為の格率が普遍法則として妥当しうるように行為すべきだ〉という原理を表現する「普遍法則の公式」と接続する。つまり、平等な二人称的権威と二人称的責任をもつ人々の共同体において成員たちが従う規範は、あらゆる成員が認め、受け入れることができるという意味で普遍的なものでなければならないのである。このように、定言命法の三つの公式と、その関連とが二人称的観点から解釈される。
「意志の自律」の解釈にはすでに触れたが、もう少し詳しく見よう。二人称的観点をとり、互いに二人称的理由を宛てあう際に、われわれは互いに二人称的な権威と能力とを前提しあっている。われわれは、欲求の対象の性質ではなくただ二人称的権威に基づく理由を受け入れ、それに従って行為する二人称的能力をもつ。〈あなた〉が〈わたし〉に何らかの要求を行い、その要求に〈わたし〉が従うとき、〈あなた〉は〈わたし〉が二人称的能力をもち、〈あなた〉の二人称的権威を認め、その要求の正当性を認めて受け入れることができることを前提としている。そして、〈わたし〉は二人称的能力によって〈あなた〉の二人称的権威を認め、その要求を正当なものとして受け入れ、それに従う。同じことは、道徳的共同体の要求である道徳的義務に関しても言われうる。したがって、われわれは、道徳的義務を、それを正当なものと認めるというだけの理由で、他の理由によることなく、自分自身に課すことができる。これは、カントのいう「意志の（意欲の対象のいかなる性質にも依存しないで）自分自身に対して法則であるという性質」[*14]つまり「意志の自律」に他ならない。

「理性の事実」とカントが呼ぶのは、われわれの意志を規定する道徳法則が直接的に意識されることである。それが「理性の事実」であるということは、論証されるまでもなく確証されている、ということである。道徳的義務や道徳の規範性も「理性の事実」として確証されていることになる。カントのいう道徳法則とは「定言命法」の形式を満たす格率に他ならないから、「理性の事実」とは「定言命法」の公式として表現されている実践理性の原理が、われわれの意志を規定するものとして意識されることでもある。その意識は、先述のように二人称的に解釈された「意志の自律」によって可能となる。したがって、われわれが二人称的観点をとって互いに二人称的権威と二人称的責任を認め、二人称的関係に入るとき、そしてそのときにのみ、われわれは道徳がわれわれを拘束することを「理性の事実」として意識するのである。それゆえ、先述のように、「理性の事実」は〈二人称的観点の事実〉とも呼びうるのである。

以上のようなダーウォルの解釈は、カント道徳論の枢要な概念である「定言命法」「意志の自律」「理性の事実」の解釈として一定の説得力をもち、カント道徳論に一つの整合的な理解を与えるものだと監訳者は考える。もちろん、さまざまな異議も予想される。そのうち一つを検討しておこう。カントが「自律」と見なし、「定言命法」の根本原理と考えるのは、〈わたし〉が〈わたし〉に義務を課すことであり、〈あなた〉が〈わたし〉に義務を課すことではない、というものである。

この異議は、道徳の規範性を一人称的観点に基づくものとする先に考察した見解と同根のものである。したがって、まず、一人称的観点の道徳論に対する先の反論がそのまま当てはまる。つまり、〈わたし〉が〈わたし〉に何かを課すというだけでは、道徳的規範を他の規範から区別することはできないのである。さらに、次のような反論もある。まず、二人称的観点からすれば、〈あなた〉が〈わたし〉に何かを課すことは、ただちに〈わたし〉が自らに何かを課すことを妨げるわけではない。二人称的観点の前提は、〈あなた〉と〈わたし〉が平等な権威と責任を二人称的に認めあっているという関係の中で、〈あなた〉の要求に〈わたし〉が従うということは、〈わたし〉が〈あなた〉の要求を正当なものとして認めて受け入れ、〈わたし〉の行為の理由とする、ということであり、〈わたし〉は〈あなた〉の要求を〈わたし〉に課してもいるからである。この点に関しては、道徳の規範性は一人称的観点に基づくものとする立場からダーウォルのカント道徳論の解釈を批判するコースガードが、図らずも、〈わたし〉が自らに法則を課すことを「内なる二人称（the second person within）」*15と表現していることが示唆的である。

なお、この問題は、厳密に言えば、カントのいう「自律」と「他律」の区別と直接には関係がない。この点はよく誤解されるが、カントがたんに「自律」および「他律」と言わず、「意志」の「自律」および「他律」と言い、人格の「自律」と言っていないことを考慮すれば、明白である。「意志の自律」とは「意志」が自らの法則に従うこと、「意志の他律」は「意志」が自らの法則ではなく、自らの対象に由来する法則に従うことである。その意味では、〈わたし〉が自ら課したものに従うこと、〈わたし〉が〈あなた〉の課したものに従うことは、それ自体では「自律」でも「他律」でもない。この点を、ダーウォルは正しく理解している。もっとも、〈わたし〉や〈あなた〉が、つまり人格が「意志の自律」に基づいて行為することは、カントの厳密な言葉遣いを離れれば人格の「自律」と表現するにふさわしい事態であり、その意味であれば、以上の問題を「自律」および「他律」の観点から論じることができるだろう。

四　本書の翻訳作業

本書の翻訳にあたっては、寺田が第一部と第三部（原著第四部）、会澤が第二部を試訳し、共同で訳文を見直し、訳語を検討したうえ、推敲を重ね、最後に寺田が全文を読み通して、訳語や表現の統一を図りつつ、さらに推敲した。したがって、訳文に関する最終的な責任は寺田にある。正確で読みやすい訳文を目指したつもりだが、及ばなかったところも多々あることと思う。読者諸賢のご批評、ご教示を賜れば幸いである。

いくつかの語句については、訳出に苦労した。いろいろと工夫したために、通常見かける訳とは異なっているものもある。そのうち、特に重要だと思われるものについて、若干の説明を加えておきたい。

――person　「人格」という意味の場合は、読みやすさを考えて、ほとんどの場合「人」と訳した。「人格」という意味での人であることを特に示す必要がある場合は、「人〔人格〕」などとした。「人称」という意味の場合は、本来は「第一人称」「第二人称」「第三人称」とすべきだが、これも読みやすさを考えて、原則として「第」は省略した。

――address　動詞としては、「誰かを宛先として言葉を含めた何かを発する」という意味を大切にして、「誰かに何かを宛てる」という訳を基本とし、文脈によって明確な場合は「何か」を「要求」や「理由」に置き換えた。同様の方針から、名詞としても、やや冗長にはなるが、「誰かに何かを宛てること」を基本とした。派生語の“addressee”は文脈に応じて「宛てられる人」「宛先になる人」「相手」などとした。

――responsibility / accountability　ダーウォルは「説明責任〔accountability〕」と「応答責任〔responsibility〕」を使い分けているが、両者が対比的に用いられている場合以外は、読みやすさを考えて、たんに「責任」とした。なお、“responsibility”が「原因責任」という意味でも用いられることから、ダーウォルは曖昧さを避けるために「説明責任」を優先的に使っている。

――recognition respect / appraisal respect　“recognition”は、日本語の「認識」「承認」のいずれとも訳しうる意味の広がりをもつ。ここでは、人として「承認」するという意味であり、「承認」と訳すことも考えたが、“acknowledgment”との区別を明確にするために「認知」とし、“recognition respect"を「認知としての尊敬」、"appraisal respect"を「評価としての尊敬」とした。その他の文脈では"recognition"を「承認」と訳した場合もある。

註

＊1　ダーウォル自身も記している通り、この例はヒュームの著作に由来する。David Hume, *An Inquiry concerning Moral Principles*, 1751（渡部峻明訳『道徳原理の研究』晢書房、一九九三年）.

＊2　ダーウォルやコースガードをはじめとして、英語圏の哲学研究者たちが近年、プーフェンドルフなど、倫理学研究においてこれまであまり言及されなかった哲学者たちに注目している。これは、J・B・シュニーウィンドの、次の大著に結実する一連の哲学史研究によるところが大きいと考えられる。J. B. Schneewind, *The Invention of Autonomy*, Cambridge University Press, 1998（田中秀夫監訳『自律の創成』法政大学出版局、二〇一一年）.

＊3　ヘンリー・アリソンが用いた名称である。Henry E. Allison, "Morality and Freedom: Kant's Reciprocity Thesis", *The Philosophical Review*, Vol. 95, No. 3, Jul., 1986, pp. 393–425.

＊4　Immanuel Kant, *Grundlegung zur Mephysik der Sitten*, 1785, IV 448（イマヌエル・カント『道徳形而上学の基礎づけ』）. 以下、同書からの引用はプロイセン・アカデミー版の巻（ローマ数字）と頁（算用数字）で示す。

＊5　T. M. Scanlon, *What We Owe to Each Other*, Harvard University Press, 1998.

＊6　Symposium on Stephen Darwall's *The Second-person Standpoint*, *Ethics*, Vol. 118, No.1, 2007.

＊7　Martin Buber, *Ich und Du*, Reclam, Stuttgart, 2008（植田重雄訳『我と汝・対話』岩波文庫、一九七九年）.

＊8　道徳という事象が、三人称的な観点からは解明されえず、ただ一人称的かつ二人称的な観点からのみ解明されうることは、そもそも行為というものが、三人称的観点のみからは記述されえないことからも明らかである。G・E・M・アンスコムが論じるように、行為の記述はその行為の意図と不可分であり、行為の意図は、その行

為の理由を尋ねる問いに対する答えとして行為主体に直接的に知られる「観察によらない実践的知」だとすれば、行為の記述は、原理的に、三人称的観点（観察者の観点）からはなされず、一人称的観点（行為主体の観点）から行われることになる。そうだとすれば、道徳を理解するためには一人称的観点が必要である。しかし、一人称的観点のみでも道徳を理解するには不十分なのである。G. E. M. Anscombe, *Intention*, Harvard University Press, 1957（菅豊彦訳『インテンション——実践知の考察』産業図書、一九八四年）.

＊9 Christine Korsgaard, *The Sources of Normativity*, Cambridge University Press, 1996, Lecture 3（クリスティーン・コースガード『規範性の源泉』寺田俊郎他訳、岩波書店、二〇〇五年）.

＊10 *Ibid*.

＊11 *Ethics*, Vol. 118, No. 1, 2007, p. 26–27.

＊12 訳者の表現である。

＊13 H・J・ペイトンの命名による。H. J. Paton, *The Categorical Imperative*, University of Pennsylvania Press, 1972, p. 129.

＊14 Immanuel Kant, *Grundlegung zur Mephysik der Sitten*, 1785, IV 440.

＊15 *Ethics*, Vol. 118, No. 1, 2007, p. 23.

監訳者あとがき

本訳書の原著に出会ったのは、二〇〇七年の春のことでした。一読して強く魅かれるところがあり、翻訳したいと思うようになりました。二〇〇八年の夏に、ベルリン・フンボルト大学の倫理学に関するセミナーで、たまたま原著者のダーウォルさんにお目にかかったのを機に話が前に進み、ミシガン大学に留学してダーウォルさんの下で学んだ会澤久仁子さんにも呼びかけて、翻訳を開始しました。しかし、さまざまな事情で作業が難航し、座礁しかけたこともあります。ようやく刊行に漕ぎつけることができ、ほんとうに嬉しく思います。

本訳書および監訳者解説の出版に対して、勤務先の上智大学から個人研究成果発信奨励費による助成を受けました。この助成がなければ本訳書が世に出るのはもっと先のことになっていたでしょう。支給をお認めいただいた上智大学および同文学部に感謝申し上げます。

法政大学出版局の郷間雅俊さんには、特に本訳書を世に送り出す最後の段階で、たいへんお世話になりました。感謝申し上げます。

二〇一七年早春

寺田 俊郎

著　者

スティーヴン・ダーウォル（Stephen Darwall）

1946年生まれ。イェール大学卒業，ピッツバーグ大学で博士号を取得，ノースカロライナ大学教授，ミシガン大学教授を経て，現在イェール大学アンドリュー・ダウニー・オリック教授，ミシガン大学ジョン・デューイ卓越名誉教授。主な研究分野は倫理学。主な著作に，本書のほか，*Philosophical Ethics*（Westview Press, 1998：『哲学的倫理学』），*Welfare and Rational Care*（Princeton University Press, 2002：『福祉と理性的ケア』），*Morality, Authority, and Law: Essays in Second-Personal Ethics I*（Oxford University Press, 2013：『道徳・権威・法——二人称的観点の倫理学に関する試論Ⅰ』），*Honor, History, and Relationship: Essays in Second-Personal Ethics II*（Oxford University Press, 2013：『名誉・歴史・人間関係——二人称的観点の倫理学に関する試論Ⅱ』）など。

監訳者

寺田俊郎（てらだ・としろう）

京都大学大学院文学研究科博士課程学修退学，大阪大学大学院文学研究科博士後期課程修了，博士（文学）。洛星中学・高等学校教諭，明治学院大学一般教育部助教授，同大学法学部准教授を経て，現在，上智大学文学部教授。主な研究分野は，近現代の実践哲学，臨床哲学，哲学的対話の理論と実践。主な著作に『グローバル・エシックスを考える——「九・一一」後の世界と倫理』（共編著，梓出版社，2008年），『世界市民の哲学』（共編著，晃洋書房，2012年），『自由の秩序——カントの法および国家の哲学』（共監訳，ミネルヴァ書房，2013年）など。

訳　者

会澤久仁子（あいざわ・くにこ）

大阪大学大学院文学研究科博士後期課程単位修得退学，日本学術振興会特別研究員，ミシガン大学客員研究員，熊本大学グローバルCOEリサーチ・アソシエイトを経て，国立循環器病研究センター研究員，現在，同センター医学倫理研究部倫理研究室長。主な研究分野は，臨床倫理，研究倫理，臨床哲学。主な著作に「家族と代理判断」（浅井篤・高橋隆雄編『臨床倫理』丸善，2012年），“Defining life-prolonging treatment through Neo-Socratic Dialogue”（*BMC Medical Ethics*, 2013），「国内における研究倫理コンサルテーションのニーズ」（『臨床薬理』2015年）など。

《叢書・ウニベルシタス　1052》
二人称的観点の倫理学
道徳・尊敬・責任

2017年 3月 21日　初版第 1 刷発行

スティーヴン・ダーウォル
寺田俊郎 監訳／会澤久仁子 訳
発行所　一般財団法人　法政大学出版局
〒102-0071 東京都千代田区富士見 2-17-1
電話 03(5214)5540 振替 00160-6-95814
組版 : HUP　印刷: 平文社　製本: 誠製本

Printed in Japan

ISBN978-4-588-01052-1

索　引

ア 行

カ 行

365, 378–79
相互性のテーゼ Reciprocity Thesis 52–53, 233, 240, 335
尊敬 respect 202–11
定言命法 Categorical Imperative 39, 47, 52–53, 57–59, 64, 139, 153, 175–76, 178–79, 236–37, 239–40, 243, 254, 257, 265–70, 282–83, 321, 357, 358, 365, 372, 375, 378–79
人間性の公式 Formula of Hymanity 64, 178, 237, 254, 256–57, 260, 275, 276, 365, 372, 375, 378–79, 396
普遍法則の公式 Formula of Universal Law 178, 265, 365, 375, 377–78, 396
目的の国の公式 Formula of the Realm of Ends 179, 270, 282, 365, 375–79
理性の事実 fact of reason 55–56, 131, 206, 233–34, 244, 261, 263, 265–67, 279, 291–92, 321, 325, 369
帰結主義 Consequentialism
「過大な要求」という異議 "too demanding" objection 151–52, 181
規則帰結主義 rule-consequentialism 161, 179, 182, 381–84, 397
行為帰結主義 act-consequentialism 141, 145, 151–52, 160, 182, 250, 381
正〔正しさ〕(道徳的義務) の理論 theory of right (moral obligation) 60–63, 145, 160–61, 201–02, 381–84
責任の理論 theory of responsibility 23, 105–46, 160–61
帰責 Imputability 110, 166–67, 180
ギバード Allan Gibbard 44, 49, 137, 141, 148, 153, 179, 226, 362
規範的 (な) 適切性の条件 Normative felicity conditions 11, 35, 85, 89, 116–18, 124, 188, 284, 308, 323, 324, 333
義憤 Indignation 25, 69, 95, 96, 107, 108, 114–15, 118, 123, 125, 126, 149, 215, 227, 361
義務〔責務〕 Obligation →道徳的義務を見よ
義務論的直観主義 Deontological intuitionism 57, 243, 266
義務論的 (な) 強制力 (行為主体相関的な制限) Deontological constraints (agent-relative restrictions) 61, 226
共感 Empathy 37, 38, 72–76, 78, 100, 217
強制 Coercion 28, 30–31, 33, 124, 163, 170–74, 290–91, 293, 302–06, 373–74, 386
キング Martin Luther King Jr. 126
クマール Rahul Kumar 60, 64, 380, 396
グロティウス Hugo Grotius 183–84
ケア care 196–99, 200–01, 225
ケネット Jeanette Kennett 139
権威 Authority
二人称的・実践的な―― second-personal practical 14–15, 19–23, 93–95, 113, 195–96, 210, 282–306, 313–14, 316–22, 391–394
二人称的・理論的な―― second-personal theoretical 20, 90–91, 195, 215, 363
認識上の―― epistemic 20–21, 41, 90–91, 93, 101, 193, 195, 260, 299, 347, 349, 363
言語行為 Speech acts 10, 83–84, 86–87, 89, 116, 308, 323
権利 Rights 26–28, 51, 146, 180, 214–15, 318, 362
行為主体相関的な理由 Agent-relative reasons 14, 17–18, 37, 38, 120, 277
行為主体中立的な理由 Agent-neutral reasons 14, 18, 37, 38, 62, 140–41,

198, 200, 286
構成主義的な（メタ倫理学的な）実践理性の理論　Constructivist (metaethical) theories of practical reason　353–358
コースガード　Christine Korsgaard　17–18, 40, 53, 64, 71, 97, 182, 185, 234, 252, 254–56, 275, 276, 277, 278, 353–54, 361
ゴート　Berys Gaut　353
ゴードン　Robert Gordon　74, 98
ゴールドマン　Alvin Goldman　74–75, 98
ゴフマン　Erving Goffman　220

サ 行

罪責感　Guilt　9, 25, 107, 112–13, 115–16, 121, 137, 141, 148–49, 152, 171, 173
サルトル　Jean-Paul Sartre　112, 138
サスマン　David Sussman　276
ジェイコブソン　Daniel Jacobson　24, 42, 223
ジェファーソン　Thomas Jefferson　42
シェフラー　Samuel Scheffler　37, 47, 61, 153, 181, 325, 361
シジウィック　Henriy Sidgwick　183, 226, 363
実質的実在論　Substantive realism　256, 275
シュニーウィンド　J. B. Schneewind　183
助言　Advice　17, 79, 86–87, 89, 92–93, 101, 184, 194–95, 299, 348–49
神学的主意主義　Theological voluntarism　32, 136, 170, 184, 286
信念　Belief
——の正しい種類の理由　reasons of right kind for　24–25, 346–49
→理論的推論も見よ
スアレス　Francisco Suarez　161, 163–65, 167–68, 183, 184
スース　Dr. Seuss (Theodor Geisel)　51
スキャンロン　T. M. Scanlon　34, 60–61, 136, 139, 178, 180, 185, 226, 358, 366, 367–68, 370–71, 374, 379, 387–89, 397, 398
契約主義について　on contractualism　61–63, 367–98
スコラプスキ　John Skorupski　49, 148, 153
スターリン　Joseph Stalin　100, 211–14, 309, 334, 361
スターン　Laurence Stern　126
スタンプ　Dennis Stampe　363
ストローソン　P. F. Strawson　9, 23–26, 28, 33, 40, 42, 61, 95, 105–16, 118, 120, 127–28, 131, 135, 137, 141, 142, 145, 146, 160, 168, 180, 192, 201, 211, 220, 222, 235, 264, 284–86, 289, 291–92, 302, 312, 317, 322, 334, 364, 382, 390, 395
——の論点　Strawson's Point　23–24, 28, 40, 42, 61, 106, 18, 120, 141, 168, 180, 201, 222, 235, 284–85, 292, 312, 382, 390
ストロツィ　Bernardo Strozzi　229
スミス　Adam Smith　72, 75–77, 98, 99, 100, 127–28, 130, 142, 158, 181, 182, 366, 395
憤りと尊敬について　on resentment and respect　127–28, 366, 395
共感と尊敬について　on empathy and respect　72–78
スミス　Michael Smith　87, 88, 91–92, 237–38, 297, 325, 347, 363, 391
正義　Justice　70, 75, 108–09, 125, 143, 146, 171, 180, 182, 183, 229, 371, 379, 381, 395, 397

正当化　Justification　21, 23–25, 27–28, 35, 60, 82, 105–06, 108–09, 133, 135, 145, 177, 201, 233–34, 258, 285, 307, 310, 313, 316–19, 358, 385, 387–88, 391, 393, 395
責任　Responsibility
応答——　19, 101, 110, 126, 154, 174, 184, 209, 216, 268
神に対する責任としての——　as accountability to God　158, 161–70, 221
説明責任としての——　as accountability　110–11, 145–85, 221
説明——　Accountability　2, 19, 21, 50, 94, 101, 105, 110–11, 126, 145, 154–55, 158, 162, 166, 174, 184, 196, 209, 228, 229, 230, 268, 286
平等な責任としての——　as equal accountability　158–61, 221–23 282, 367–94
セラーズ　Wilfrid Sellars　338
センセン　Oliver Sensen　224
素朴な（一人称的）実践的観点　Naïve (first-person) practial standpoint　54–55, 237–39, 248–53, 259, 283, 295–97, 338–39, 342
尊敬　Respect　22, 30, 33, 60, 75–77, 94–95, 122–23, 125–30, 187–230, 233, 281, 358, 367–76
認知としての——　recognition respect　189–223, 360, 367–76
評価としての——　appraisal respect　191–93
尊厳（二人称的権威としての）　Dignity (as second-personal authority)　19, 21–22, 30, 32–33, 36, 94–95, 123–30, 140, 182, 187–230, 233–39, 281–332, 360–61, 367, 372–79, 394, 396

タ 行

ダーウォル　Julian Darwall　42, 229
ダーウォル　Will Darwall　229
ダームズ　Justin D'Arms　24, 42, 223
ダメット　Michael Dummett　40, 101
ダンシー　Jonathan Dancy　37, 237, 397, 398
デイヴィドソン　Donald Davidson　36, 91, 273
ディラン　Bob Dylan　138, 227
ディロン　Robin Dillon　224, 226, 227
適切性の条件　Felicity conditions　10–11, 35, 79, 83, 85–86, 89, 116–18, 124, 188, 268, 284, 308, 323, 324, 333
手続き的実在論　Procedural realism　353–54
デューイ　John Dewey　23–24, 143, 395
トゥヴァルスキ　Amos Tversky　74
道具的な合理性　Instrumental rationality　396
道徳的　Moral
——義務　obligation　15, 18–19, 22, 25–26, 28, 32, 47–60, 101, 145–185, 201, 221–23, 233–332, 367–94
——共同体　community　14–15, 25–26, 28, 34, 41, 43, 49, 51–52, 59–60, 71, 95, 107–11, 115, 118, 120–21, 123, 128, 134, 136, 139, 140, 141, 146–47, 150–51, 159, 172, 174–75, 187–88, 220, 235, 268, 270, 281–82, 289, 291–92, 302, 322, 332, 350, 364, 369, 376–77, 379, 395
道理にかなった　Reasonable（合理的・理性的と対照して　vs. rational）　33–34, 178, 372, 379–80, 384, 387–89, 392–94
トゥルース　Sojourner Truth　360
トムソン　Judith Thomson　147, 215, 228

ナ 行

内在主義（存在） Internalism (existence) 180, 331, 353, 364
内在的理由のテーゼ Internal reasons thesis 149
ニーチェ Friedrich Nietzsche 119, 125, 141, 148, 180, 181
ニクソン Richard Nixon 181
二人称的 Second-personal
——権威 authority 2, 18–20, 22, 34, 43, 56, 58, 90–91, 94, 124, 140, 149, 168, 175, 179, 188, 190, 194, 196, 209–10, 214–17, 219, 221, 227, 235, 270–71, 282, 284, 286–88, 291, 294, 300–02, 305–06, 309, 318–21, 347, 349, 358–61, 376, 378, 384, 393, 396
——に宛てること address 11, 15, 17, 29–31, 33, 35, 56, 70–71, 78, 89, 108, 111, 118–19, 124, 131, 140, 165, 184, 190, 238, 284, 287–88, 293–94, 299, 303, 307–08, 310, 312–14, 316, 323, 330, 391, 394
——能力 competence 2, 30, 32, 51–52, 56, 58–59, 117–18, 120, 124, 131, 135, 139, 144, 175, 179, 196–97, 211, 220, 222, 225, 235, 270, 284–89, 294, 296–98, 300–02, 306, 315–22, 393
——理由 reasons 2, 10–12, 15–21, 26–27, 29–31, 35–36, 58, 67–68, 78, 87, 89, 93–95, 101, 108, 113, 117–20, 122–25, 130, 140, 146, 149, 153, 155–57, 160–61, 164, 182, 188, 196, 207, 211–12, 222–23, 275, 281–332, 333–34, 347, 350–52, 354, 356, 359–62, 367–68, 374, 394
ネーゲル Thomas Nagel 17, 21, 37, 40, 52, 61, 159, 190, 282, 373

ハ 行

ハーサニー John C. Harsanyi 383
人〔人格〕，——の尊厳，二人称的権威としての Person, dignity of, as second-personal authority →尊厳を見よ
ハート H. L. A. Hart 27–28, 39, 40, 43, 44, 45, 139, 171, 179, 184, 305, 322, 332, 364
パーフィット Derek Parfit 37, 64, 135, 275, 377, 381–82, 396
ハーマン Gilbert Harman 395
バイアー Annette Baier 230
バイアー Kurt Baier 49, 141, 148, 180, 362
恥 Shame 112–13, 137, 138, 194–95
バス Sarah Buss 181, 194–95, 218, 224, 226, 228, 229
パターナリズム Paternalism 199, 216, 225
ハチスン Frances Hucheson 226
ハティブ Omar Khatib 128–29, 360
バトラー Joseph Butler 138
ハリス Robert Alton Harris 133, 134, 143, 144
ハルデマン H. R. Haldeman 181
バレストレム Karl Graf Ballestrem 184
反応的態度 Reactive attitudes 2, 25–26, 40, 42, 45, 50, 69, 95–96, 107–12, 116, 118–23, 125–28, 130–31, 135, 136, 137, 138, 139, 146–47, 149, 152, 171, 209, 211–13, 220, 289–91, 302, 304, 313, 315, 317, 325, 334, 359–61, 395
ヒトラー Adolf Hitler 144
ヒューム David Hume 1, 37, 80, 98–99, 119, 139, 180, 229, 334
ヒル Thomas E. Jr. Hill 53, 224, 226, 358, 379, 395

ファインバーグ　Jeol Feinberg　26, 43, 190, 210
フィヒテ　Johann Gottlieb Fichte　27–34, 44, 64, 79, 140, 223, 228, 239, 281, 284–85, 287–88, 292–301, 303–07, 312, 314–15, 317, 324, 325, 326, 327, 329, 331, 334, 346, 354–55, 380
　促し　Summons (Aufforderung)　30–31, 293, 297–98, 300, 303, 312, 326, 329, 334, 346, 393
　自由について　on freedom　295–99
　――の分析　Fichte's Analysis　29–30, 32, 284–85, 287–88, 292–93, 296, 299–300, 303, 305, 312, 314–15, 317
　――の論点　Fichte's point　29–30, 32, 34, 140, 223, 239, 284–85, 293–94, 300, 307, 324
　「法・権利の原理」　"principle of right"　293, 296, 300, 306, 380
ブーバー　Martin Buber　67–68, 137
プーフェンドルフ　Samuel Pufendorf　28, 32–33, 35, 45, 79, 83, 120, 124, 158, 161–63, 165–74, 180, 183, 184, 229, 271, 284–85, 288–89, 291–92, 303, 305, 317, 396
　――の論点　Pufendorf's Point　32–33, 45, 79, 120, 162–63, 170–72, 229, 271, 284–85, 288–89, 291–92, 303, 305, 317, 396
フォーク　W. D. Falk　42, 78, 100, 135, 278
フット　Philippa Foot　47, 153–54, 278, 362
プライス　Richard Price　57, 243
プラトン　Plato　119, 320
フランクリン　Aretha Franklin　228
ブラント　Richard Brandt　49, 64, 148, 160–61, 365
プリチャード　H. A. Prichard　42
ブルーメンフェルド　David Blumenfeld　128, 360
ブルーメンフェルド　Laura Blumenfeld　128–30, 142, 184
ヘーア　R. M. Hare　39, 396
ヘーゲル　Georg Wilhelm Friedrich Hegel　45, 140, 329, 395
ペティット　Philip Pettit　87–88, 91–92, 193, 237, 297, 325, 343, 347, 363, 391
ベネット　Jonathan Bennett　116, 139
ベンサム　Jeremy Bentham　39, 139, 322, 364, 385–87, 398
ホーニー　Karen Horney　227
ホーフェルド　Wesley N. Hohfeld　27, 43, 318
ボーマン　James Bohman　87
ポステマ　Gerald Postema　40, 182, 185
ホッブズ　Thomas Hobbes　20, 41, 167, 176, 185, 196, 324, 349, 395
ホフマン　Paul Hoffman　138
ボンド　E. J. Bond　37, 237, 398

マ 行

マードック　Iris Murdoch　202
マクダウェル　John McDowell　397
間違った種類の理由　Wrong kind of reason　23–25, 42, 61, 106, 145, 160–61, 242, 272, 285, 304, 346, 382–84, 389
マルガリット　Avishai Margalit　219
マンデラ　Nelson Mandera　126
未決の問いの議論　Open question argument　250, 341, 365
ミル　John Stuart　43, 48–49, 61, 125, 141, 146–48, 150, 152, 160–61, 179, 185, 201–02, 228, 381, 382, 385, 389
ミルグラム　Stanley Milgram　264
　――の実験　Milgram experiments　264
ムーア　G. E. Moore　12, 37, 49, 61, 242–43, 250–51, 256, 259–60, 272, 273,

274, 275, 278, 297, 325, 337, 339–41, 344, 359, 362–63
メイソン　Michelle Mason　135, 136, 137
名誉　Honor　86, 96, 217, 219–20, 227, 230
メディア　138
モリセット　Alanis Morissette　138

ヤ 行

ユーイング　A. C. Ewing　63
赦し　Forgiveness　107, 113–14, 215
要求　Demands　9, 13–16, 19–23, 25–36, 50–52, 58–60, 69, 82, 93–95, 109–11, 116–44, 151–85, 209, 214, 235, 268–332, 349–51, 367–77, 394
欲求　Desire
——および実践的理由　and practical reasons　12, 54–55, 189, 207–08, 237–38
対象依存的 vs. 原理依存的——　object-dependent vs. principle-dependent　44, 149, 241–43, 262, 321, 384

ラ 行

ライプニッツ　Gottfried Wilhelm Leibniz　167, 184
ラジンスキー　Edvard Radzinsky　212–13
ラズ　Joseph Raz　27, 40, 41, 42, 225
ラビノウィッツ　Wlodek Rabinowicz　42, 135
リーガン　Donald Regan　275, 276, 297
理由　Reasons
行為主体中立的な——　agent-neutral　14, 18, 37, 38, 62, 140–41, 198, 200, 286
行為主体相関的な——　agent-relative　14, 17–18, 37, 38, 120, 277
正しい・誤った種類の——　right/wrong kind of　24, 42, 63, 106, 108, 135, 163, 180, 189, 223, 382, 394
二人称的な——　second-personal　→二人称的を見よ
理論的推論と二人称的権威　Theoretical reasoning and second-personal authority　87–91, 193,
リンカーン　Abraham Lincoln　178
ルソー　Jean-Jacques Rousseau　142, 208, 377
レヴィナス　Emmanuel Lévinas　44
ロールズ　John Rawls　9, 30, 33–34, 44, 137, 139, 149, 178, 179, 181, 190, 230, 241, 264, 274, 354, 358, 365, 366, 371, 379–80, 383, 387–88, 395, 396, 397
公正としての正しさ　Rightness as fairness　371, 366
ロシュフーコー　François Rochefoucauld　214
ロス　W. D. Ross　57, 243, 362
ロスチャイルド　Emma Rothschild　99
ロック　John Locke　43, 140, 141, 161, 183, 196, 320
ロノウ＝ラスムセン　Toni Ronnøw-Rasmussen　42, 135

ワ 行

ワトソン　Gary Watson　40, 42, 58, 116–17, 125–26, 133–34, 136, 139, 143, 144, 268, 314

引用文献

Adams, Robert. 1999. *Finite and Infinite Goods*. New York: Oxford University Press.

Alexander, Richard D. 1987. *The Biology of Moral Systems*. New York: Aldine de Gruyter.

Allen, Karen, Jim Blascovich, and Wendy B. Mendes. 2001. “Cardiovascular Reactivity and the Presence of Pets, Friends, and Spouses: The Truth About Cats and Dogs.” *Psychosomatic Medicine* 63: 727–739.

Allison, Henry. 1986. “Morality and Freedom: Kant’s Reciprocity Thesis.” *The Philosophical Review*, 95: 393–425.

Anderson, Elizabeth. 1999. “What is the Point of Equality?” *Ethics*: 109: 287–337

——. 2000. “Beyond Homo Economicus: New Developments in Theories of Social Norms.” *Philosophy & Public Affairs*, 29: 170–200.

Anscombe, G. E. M. 1957. *Intention*. Oxford: Basil Blackwell. G. E. M. アンスコム，菅豊彦訳『インテンション——実践知の考察』産業図書，1984 年。

——. 1958. “Modern Moral Philosophy.” *Philosophy*, 33: 1–19.

Aristotle. 1980. *The Nicomachean Ethics*, ed. David Ross. New York: Oxford University Press. アリストテレス，神崎繁訳『ニコマコス倫理学』(『新版アリストテレス全集』第 15 巻) 岩波書店，2014 年。

Arpaly, Nomy. 2003. *Unprincipled Virtue*. Oxford: Oxford University Press.

Austin, J. L. 1975. *How to Do Things with Words*. (2nd ed.) Cambridge, MA: Harvard University Press. J. L. オースティン，坂本百大訳『言語と行為』大修館書店 , 1978 年。

Axelrod, Robert. 1984. *The Evolution of Cooperation*. New York: Basic Books. R. アクセルロッド，松田裕之訳『つきあい方の科学——バクテリアから国際関係まで』ミネルヴァ書房，1998 年。

Bagnoli, Carla. 2003. “Respect and Loving Attention.” *Canadian Journal of Philosophy*, 33: 483–516.

Baier, Annette. 1991. *A Progress of the Sentiments*. Cambridge, MA: Harvard University Press.

——. 1993. "Moralism and Cruelty: Reflections on Hume and Kant." *Ethics*, 103: 436–457.

Baier, Kurt. 1966. "Moral Obligation." *American Philosophical Quarterly* 3: 210–226.

Baron-Cohen, Simon, A. Leslie, and U. Frith. 1985. "Does the Autistic Child Have a 'Theory of Mind?" *Cognition*, 21: 37–46.

Barry, Brian, and Russell Hardin, eds. 1982. *Rational Man and Irrational Society*. Beverly Hills, CA: Sage Publications.

Ben-Ner, Avner, and Louis Putterman, eds. 1998. *Economics, Values, and Organization*. Cambridge: Cambridge University Press.

Bennett, Jonathan. 1980. "Accountability," in *Philosophical Subjects*, ed. Zak Van Stratten. Oxford: Clarendon Press.

Bentham, Jeremy. 1962. *Introduction to the Principles of Morals and Legislation*, in *The Works of Jeremy Bentham*, ed. J Bowring. New York: Russell & Russell. ベンサム，山下重一抄訳『道徳および立法の諸原理序説』（『世界の名著 49』）中央公論社，1979年。

Blackburn, Simon. 1995. "Practical Tortoise Raising." *Mind* 104: 695–711.

Blumenfeld, Laura. 2000. *Revenge: A Story of Hope*. New York: Simon & Schuster. ローラ・ブルメンフェルド，吉岡裕一訳，『復讐　私の物語――父を撃ったテロリストを追いつめる旅』上・下，原書房，2004年。

Bohman, James. 2000. "The Importance of the Second Person: Interpretation, Practical Knowledge, and Normative Attitudes," in *Empathy and Agency*, eds. Hans Herbert Kögler and Karsten R. Stueber.

Bond, E. J. 1983. *Reason and Value*. Cambridge: Cambridge University Press.

Brand-Ballard, Jeffrey. 2004. "Contractualism and Deontic Restrictions." *Ethics*, 114: 269–300.

Brandt, Richard. 1965. "Towards a Credible Form of Utilitarianism," in *Morality and the Language of Conduct*, eds. Hector-Neri Castañeda and George Nakhnikian. Detroit, MI: Wayne State University Press.

——. 1979. *A Theory of the Good and the Right*. Oxford: Oxford University Press.

Bratman, Michael. 1992. "Shared Cooperative Activity," *Philosophical Review* 101: 327–341.

——. 1993. "Shared Intention," *Ethics* 104: 97–113.

Bricke, John. 1996. *Mind and Morality: An Examination of Hume's Moral Psychology.* Oxford: Clarendon Press.

Brink, David O. 1997. "Kantian Rationalism: Inescapability, Authority, and

Supremacy," in *Ethics and Practical Reason*, eds. Garrett Cullity and Berys Gaut. Oxford: Clarendon Press.

Broome, John. 1999. "Normative Requirements." *Ratio*, 12: 398–419.

Brosnan, Sarah F., and Frans B. M. de Waal. 2003. "Monkeys Reject Unequal Pay." *Nature* 425 (2003): 297–299.

Buber, Martin. 1970. *I and Thou*, trans. Walter Kaufman. New York: Touchstone, Simon and Schuster. マルティン・ブーバー，植田重雄訳『我と汝・対話』岩波文庫，1979年。

Burge, Tyler. 1993. "Content Preservation." *The Philosophical Review*, 102: 457–488.

Buss, Sarah. 1999a. "Appearing Respectful: The Moral Significance of Manners." *Ethics* 109: 795–826.

——. 1999b. "Respect for Persons." *Canadian Journal of Philosophy*, 29: 517–550.

Butler, Bishop Joseph. 1900. *The Works of Joseph Butler*. ed. J. H. Bernard. 2 vols. London: Macmillan.

——. 1983. *Five Sermons*, ed. Stephen Darwall. Indianapolis: Hackett Publishing Co.

Carroll, Lewis. 1895. "What the Tortoise Said to Achilles." *Mind*, 4: 278–280.

Chafe, William. 1980. *Civilities and Civil Rights*. New York: Oxford University Press.

Coady, C. A. J. 1992. *Testimony: A Philosophical Study*. Oxford: Oxford University Press.

Cohon, Rachel. 1997. "Hume's Difficulty with the Virtue of Honesty." *Hume Studies*, 23: 91–112.

Corwin, Miles. 1982. "Icy Killer's Life Steeped in Violence." *Los Angeles Times*, May 16, 1982.

Cranor, Carl. 1975. "Toward a Theory of Respect for Persons, *American Philosophical Quarterly*, 12: 309–319.

Cudworth, Ralph. ~1670. Manuscripts on freedom of the will. British Library, Additional Manuscripts, nos. 4978–82.

——. 1996. *A Treatise Concerning Eternal and Immutable Morality*, ed. Sarah Hutton. Cambridge: Cambridge University Press.

Cullity, Garrett, and Berys Gaut. 1977. Introduction to *Ethics and Practical Reason*, eds. Garrett Cullity and Berys Gaut. Oxford: Oxford University Press.

Dancy, Jonathan. 1993. *Moral Reasons*. Oxford: Blackwell.

——. 2000. *Practical Reality*. Oxford: Oxford University Press.
——. 2001. "Moral Particularism." *Stanford Encyclopedia of Philosophy* (http://plato.stanford.edu/).
——. 2004. *Ethics without Principles*. Oxford: Oxford University Press.
D'Arms, Justin and Daniel Jacobson. 2000a. "The Moralistic Fallacy: On the 'Appropriateness' of Emotions." *Philosophy and Phenomenological Research*, 61: 65–90.
——. 2000b. "Sentiment and Value," *Ethics* 110: 722–748.
Darwall, Stephen. 1974. "Pleasure as Ultimate Good in Sidgwick's Ethics." *Monist*, 58: 475–489.
——. 1977. "Two Kinds of Respect." *Ethics*, 88: 36–49.
——. 1980. "Is There a Kantian Foundation for Rawlsian Justice?" in *John Rawls' Theory of Social Justice*, eds. H.G. Blocker and E. Smith. Athens, OH: Ohio University Press, 1980.
——. 1983. *Impartial Reason*. Ithaca, NY: Cornell University Press.
——. 1985. "Kantian Practical Reason Defended." *Ethics*, 96: 89–99.
——. 1986a. "Agent-Centered Restrictions from the Inside Out." *Philosophical Studies* 50: 291–319.
——. 1986b. "Rational Agent, Rational Act." *Philosophical Topics*, 14: 33–57.
——. 1987. "Abolishing Morality." *Synthese*, 72 (1987): 71–89.
——. 1990. "Autonomist Internalism and the Justification of Morals." *Nous*, 24: 257–268.
——. 1992. "Internalism and Agency." *Philosophical Perspectives*, 6: 155–174.
——. 1994. "Hume and the Invention of Utilitarianism," in *Hume and Hume's Connexions*, eds. M. A. Stewart and J. Wright. Edinburgh: Edinburgh University Press.
——. 1995a. *The British Moralists and the Internal 'Ought': 1640–1740*. Cambridge: Cambridge University Press.
——. 1995b. "Human Morality's Authority." *Philosophy and Phenomenological Research*, 55: 941–948.
——. 1997. "Reasons, Motives, and the Demands of Morality: an Introduction," in *Moral Discourse and Practice*, eds., Darwall, Gibbard, and Railton. New York: Oxford University Press.
——. 1998. "Empathy, Sympathy, Care." *Philosophical Studies*, 89: 261–282.
——. 1999a. "The Inventions of Autonomy." *European Journal of Philosophy*, 7:

339–350.
——. 1999b. “Sympathetic Liberalism.” *Philosophy & Public Affairs*, 28: 139–164.
——. 2001. “Because I Want It.” *Social Philosophy & Policy*, 18: 129–153.
——. 2002a. *Contractarianism/Contractualism*. Oxford: Blackwell.
——. 2002b. *Welfare and Rational Care*. Princeton, NJ: Princeton University Press.
——. 2003a. “Autonomy in Modern Natural Law,” in *New Essays on the History of Autonomy*, eds. Larry Krasnoff and Natalie Brender. Cambridge: Cambridge University Press.
——. 2003b. “Moore, Normativity, and Intrinsic Value.” *Ethics* 113: 468–489.
——. 2004a. “Equal Dignity in Adam Smith.” *Adam Smith Review* 1: 129–134.
——. 2004b. “Respect and the Second-Person Standpoint.” *Proceedings and Addresses of the American Philosophical Association* 78: 43–59.
——. 2005. “Fichte and the Second-Person Standpoint.” *International Year book of German Idealism* 3: 91–113.
——. 2006. “Contractualism, Root and Branch: A Review Essay.” *Philosophy & Public Affairs* 34 (2006): 193–214.
——. Unpublished. “How is Moorean Value Related to Reasons for Attitudes?”
Darwall, Stephen, Allan Gibbard, and Peter Railton. 1997. “Toward *Fin de Siècle* Ethics: Some Trends,” in *Moral Discourse and Practice*, eds. Darwall, Gibbard, and Railton. New York: Oxford University Press.
Davidson, Donald. 1980. “Actions, Reasons, and Causes,” in *Essays on Actions and Events*. Oxford: Clarendon Press. ドナルド・デイヴィドソン，服部裕幸，柴田正良訳『行為と出来事』勁草書房，1990 年。
——. 2001. “The Second Person,” in *Subjective, Intersubjective, Objective*. Oxford: Clarendon Press. ドナルド・デイヴィドソン，清塚邦彦・柏端達也・篠原成彦訳『主観的，間主観的，客観的』春秋社，2007 年。
Davies, Martin and Tony Stone. 1995. *Psychology: The Theory of Mind Debate*. Oxford: Blackwell.
Deigh, John. 1983. “Shame and Self-Esteem: A Critique.” *Ethics*, 93: 225–245.
——. 1995. “Empathy and Universalizability.” *Ethics*, 105: 743–763.
Dewey, John. 1998a. “The Moral Self,” in *The Essential Dewey, vol. 2, Ethics Logic, Psychology*, eds. Larry A. Hickman and Thomas M. Alexander. Bloomington: Indiana University Press. J. デューイ，河村望訳「道徳的自我」（『デューイ＝ミード著作集 10　倫理学』）人間の科学新社，2002 年。
——. 1998b. “Three Independent Factors in Morals,” in *The Essential Dewey*, v.

2, *Ethics Logic, Psychology*, eds. Larry A. Hickman and Thomas M. Alexander. Bloomington, IN: Indiana University Press, 1998.

Dillon, Robin S., ed. 1995. *Dignity, Character, and Self-Respect*. New York: Routledge.

——. 1997. "Self-Respect: Moral, Emotional, Political." *Ethics*, 107: 226–249.

——. 2004. "Kant on Arrogance and Self-Respect," in *Setting the Moral Compass: Essays by Women Philosophers*, ed. Cheshire Calhoun. New York: Oxford University Press.

Downie, R. S. and Elizabeth Telfer. 1970. *Respect for Persons*. New York: Schocken.

Dummett, Michael. 1990. "The Source of the Concept of Truth" in *Meaning and Method: Essays in Honour of Hilary* Putnam, ed., George Boolos. Cambridge: Cambridge University Press.

Dworkin, Gerald. 1988. *The Theory and Practice of Autonomy*. Cambridge: Cambridge University Press.

Dylan, Bob. 2004. *Lyrics: 1962–2001*. New York: Simon & Schuster. ボブ・ディラン，中川五郎訳『ボブ・ディラン全詩集』ソフトバンククリエイティブ，2005年。

Ekman, Paul, Maureen O'Sullivan, and Mark G. Frank. 1999. "A Few Can Catch a Liar." *Psychological Science*,10: 263–266.

Emmons, Robert A. and Michael E. McCullough. 2003. "Counting Blessings Versus Burdens: An Experimental Investigation of Gratitude and Subjective Well-Being in Daily Life, *Journal of Personality and Social Psychology* 84: 377–389.

Enoch, David. 2007. "An Outline of an Argument for Robust Metanormative Realism," in *Oxford Studies in Metaethics,* vol. 2: 21–50, ed. Russ Shafer-Landau. Oxford: Oxford University Press.

Ewing, A. C. 1939. "A Suggested Non-Naturalistic Analysis of Good." *Mind* 48: 1–22.

Falk, W. D. 1953. "Goading and Guiding." *Mind*, 62: 145–171.

——. 1986. "Fact, Value, and Nonnatural Predication," in *Ought, Reasons, and Morality*. Ithaca, NY: Cornell University Press.

Fehr, Ernst, and Simon Gächter. 2002. "Altruistic Punishment in Humans." *Nature*, 415: 137–140.

Fehr, Ernst, and Bettina Rockenbach. 2003. "Detrimental Effects of Sanctions on Human Cooperation." *Nature*, 422: 137–140.

Fehr, Ernest, and Klaus M. Schmidt. 1999. "A Theory of Fairness, Competition, and Cooperation." *Quarterly Journal of Economics*, 114: 817–868.

Feinberg, Joel. 1980. "The Nature and Value of Rights," in *Rights, Justice, and the Bounds of Liberty*. Princeton, NJ: Princeton University Press.

Fichte, Johann Gottlieb. 2000. *Foundations of Natural Right*, ed. Frederick Neuhouser, trans. Michael Bauer. Cambridge: Cambridge University Press. フィヒテ，藤沢賢一郎ほか訳『自然法論』(『フィヒテ全集』第6巻) 哲書房，1995年。

Fleischacker, Samuel. 2004a. *On Adam Smith's Wealth of Nations: A Philosophical Companion*. Princeton, NJ: Princeton University Press.

——. 2004b. *A Short History of Distributive Justice*. Cambridge, MA: Harvard University Press.

Foley, Richard. 1994. "Egoism in Epistemology," in *Socializing Epistemology: The Social Dimensions of Knowledge*, ed. Frederick F. Schmitt. Lanham, Md.: Rowman and Littlefield.

Foot, Philippa. 1972. "Morality as a System of Hypothetical Imperatives." *The Philosophical Review*, 81: 305–316.

Frank, Robert. 1988. *Passions Within Reason: The Strategic Role of the Emotions*. New York: W. W. Norton & Co. R. H. フランク，大坪庸介ほか訳『オデッセウスの鎖——適応プログラムとしての感情』サイエンス社，1995年。

Frankena, William. 1992. "Sidgwick and the History of Ethical Dualism," in *Essays on Henry Sidgwick*, ed Bart Schultz. Cambridge: Cambridge University Press.

Freeman, Samuel. 1991. "Contractualism, Moral Motivation, and Practical Reason." *Journal of Philosophy*, 88: 281–303.

Gauthier, David. 1979. "David Hume, Contractarian." *Philosophical Review*, 88:3–38.

——. 1992. "Artificial Virtues and the Sensible Knave." *Hume Studies*, 18: 401–428.

——. 1986. *Morals by Agreement*. Oxford: Clarendon Press. デイヴィド・ゴティエ，小林公訳『合意による道徳』木鐸社，1999年。

Gewirth, Alan. 1978. *Reason and Morality*. Chicago, IL; University of Chicago Press.

Gibbard, Allan. 1990. *Wise Choices, Apt Feelings*. Cambridge, MA: Harvard University Press.

Gilbert, Margaret. 1990. "Walking Together: a Paradigmatic Social Phenome-

non." *Midwest Studies in Philosophy*, 15: 1–14.
——. 1996a. *Living Together: Rationality, Sociality, and Obligation*. Lanham, MD: Rowman & Littlefield Publishers, Inc.
——. 1996b. "Is an Agreement an Exchange of Promises?" in *Living Together: Rationality, Sociality, and Obligation*. Lanham, MD: Rowman & Littlefield Publishers, Inc.
Goffman, Erving. 1961. *Asylums: Essays on the Social Situation of Mental Patients and Other Inmates*. Chicago: Aldine, 1961). E. ゴッフマン，石黒毅訳『アサイラム――施設被収容者の日常世界』誠信書房，1984 年。
Goldman, Alvin I. 1989. "Interpretation Psychologized." *Mind and Language*, 4: 161–85.
——. 1992. "In Defense of the Simulation Theory." *Mind and Language*, 7: 104–119.
Goldsmith, Oliver. 1901. *The Vicar of Wakefield*. Chicago: Scott, Foresman and Company. ゴールドスミス，神吉三郎訳『ウェークフィールドの牧師』岩波文庫，1937 年。
Good, Erica. 1999. "To Tell the Truth, It's Awfully Hard To Spot a Liar." *The New York Times*, May 11, 1999.
Gordon, Robert M. 1986. "Folk Psychology as Simulation." *Mind and Language*, 1: 158–71.
——. 1992. "The Simulation Theory: Objections and Misconceptions." *Mind and Language*, 7: 11–34
Greenspan, P. S. 1975. "Conditional Oughts and Hypothetical Imperatives." *Journal of Philosophy*, 72: 259–276.
——. 1992. "Subjective Guilt and Responsibility." *Mind*, 101: 287–303.
Grotius, Hugo. 1925. *The Law of War and Peace*, trans. Francis W. Kelsey. New York: Carnegie Endowment for International Peace. グローチウス，一又正雄訳『戦争と平和の法』酒井書店，1989 年。
Haakonssen, Knud. 1981. *The Science of a Legislator*. Cambridge: Cambridge University Press. クヌート・ホーコンセン，永井義雄・鈴木信雄・市岡義章訳『立法者の科学――デイヴィド・ヒュームとアダム・スミスの自然法学』ミネルヴァ書房，2001 年。
Habermas, Jürgen. 1990. *Moral Consciousness and Communicative Action*. Tr., Christian Lenhardt and Shierry Weber Nicholsen, intro., Thomas McCarthy. Cambridge, MA: MIT Press. ユルゲン・ハーバマス，三島憲一・中野敏男・木前利秋訳『道徳意識とコミュニケーション行為』岩波書店，1991 年。

Hampton, Jean. 1998. *The Authority of Reason*. Cambridge: Cambridge University Press.

Hare, R. M. 1971. "Wanting: Some Pitfalls," in *Agent, Action, and Reason*, eds. Robert Binkley, Richard Bronaugh, and Ausonio Marras. Toronto: Toronto University Press.

——. 1981. *Moral Thinking: Its Level, Methods, and Point*. Oxford: Oxford University Press. R. M. ヘア，内井惣七・山内友三郎監訳『道徳的に考えること——レベル・方法・要点』勁草書房，1994 年。

——. 1993. "Could Kant Have Been a Utilitarian?," in *Kant and Critique: New Essays in Honor of W. H. Werkmeister*. Dordrecht: Kluwer Academic Publishers.

Hare, Robert D. 1993. *Without Conscience: The Disturbing World of the Psychopaths among Us*. New York: The Guilford Press. ロバート・D・ヘア，小林宏明訳『診断名サイコパス——身近にひそむ異常人格者たち』早川書房，1995 年。

Harman, Gilbert. 1977. *The Nature of Morality: An Introduction to Ethics*. New York: Oxford University Press. ギルバート・ハーマン，大庭健・宇佐美公生訳『哲学的倫理学叙説——道徳の本性の自然主義的解明』産業図書，1988 年。

Harsanyi, John C. 1978. "Bayesian Decision Theory and Utilitarian Ethics." *The American Economic Review*, 68: 223–228.

Hart, H. L. A. 1965. "Are There Any Natural Rights?" *Philosophical Review* 64: 175–191. H. L. A. ハート，小林公訳「自然権は存在するか」(『権利・功利・自由』) 木鐸社，1987 年。

——. 1961. *The Concept of Law*. Oxford: Clarendon Press. H. L. A. ハート，矢崎光圀監訳『法の概念』みすず書房，1976 年。

——. 1990. "Commands and Authoritative Legal Reasons," in *Authority*, ed. Joseph Raz. New York: New York University Press.

Hartley, Christie. 2005. "Justice for All: Constructing an Inclusive Contractualism." Ph.D. diss., University of Michigan-Ann Arbor.

Hearne, Vicki. 1986. *Adam's Task: Calling Animals by Name*. New York: Knopf, distributed by Random House. ヴィッキー・ハーン，川勝彰子・山下利枝子・小泉美樹訳『人が動物たちと話すには？』晶文社，1992 年。

Hegel, Georg Wilhelm Friedrich. 1977. *Phenomenology of Spirit*, trans. A.V. Miller.Oxford: Oxford University Press. G. W. F. ヘーゲル，牧野紀之訳『精神現象学』未知谷，2001 年。

——. 1991. *Elements of the Philosophy of Right*, eds. Allen W. Wood and Hugh B. Nisbett, eds. Cambridge: Cambridge University Press. ヘーゲル，藤野渉・赤沢正敏訳『法の哲学 I・II』中公クラシックス，2001 年。

Henrich, Joseph. 2000. "Does Culture Matter in Economic Behavior? Ultimate Game Bargaining among the Machiguenga of the Peruvian Amazon." *American Economics Review* 90: 973–975.

——. 2001. "In Search of Homo Economicus: Behavioral Experiments in Fifteen Small-Scale Societies." *American Economics Review* 91: 73–78.

Herman, Barbara. 1996. *The Practice of Moral Judgment*. Cambridge: MA: Harvard University Press.

Hill, Thomas E., Jr. 1980. "Humanity as an End in Itself." *Ethics*, 91: 84–99.

——. 1985. "Kant's Argument for the Rationality of Moral Conduct." *Pacific Philosophical Quarterly*, 66:3–23.

——. 1989. "Kantian Constructivism in Ethical Theory, *Ethics*, 99: 752–770.

——. 1997. "Respect for Humanity" in *The Tanner Lectures on Human Values*, ed. Grethe B. Peterson. Salt Lake City, UT: University of Utah Press, v. 18.

——. 1998. "Respect for Persons," in *Routledge Encyclopedia for Philosophy*, Edward Craig, ed. London and New York: Routledge), v. 8, p. 284.

Hinchman, Edward S. 2000. *Trust and Reason*, Ph.D. Diss., University of Michigan.

——. 2005. "Telling as Inviting to Trust." *Philosophy and Phenomenological Research* 70: 562–587.

Hobbes, Thomas. 1983. *De Cive, the English Version, Entitled in the First Edition, Philosophicall Rudiments Concerning Government and Society*, ed. and trans. Howard Warrender. Oxford: Clarendon Press. トマス・ホッブズ，本田裕志訳『市民論』(近代社会思想コレクション 01)，京都大学学術出版会，2008 年。

——. 1994. *Leviathan*, ed. Edwin Curley. Indianapolis, IN: Hackett Publishing Co., Inc. ホッブズ，水田洋訳『リヴァイアサン』岩波文庫，1992 年。

Hoffman, Martin L. 2000. *Empathy and Moral Development*. Cambridge: Cambridge University Press. M. L. ホフマン，菊池章夫・二宮克美訳『共感と道徳性の発達心理学——思いやりと正義とのかかわりで』川島書店, 2001 年。

Hohfeld, Wesley Newcomb. 1923. *Fundamental Legal Conceptions*, ed. Walter Wheeler Cook. New Haven, CT: Yale University Press.

Honneth, Axel. 1995. *The Struggle for Recognition*. Cambridge, MA: Polity Press. アクセル・ホネット，山本啓・直江清隆訳『承認をめぐる闘争——社会的

コンフリクトの道徳的文法』法政大学出版局，2003 年。
Hooker, Brad. 2000. *Ideal Code, Real World: A Rule-Consequentialist Theory of Morality*. Oxford: Oxford University Press.
Horney, Karen. 1970. *Neurosis and Human Growth: The Struggle Toward Self-Realization*. New York: W. W. Norton. カレン・ホーナイ，榎本譲・丹治竜郎訳『神経症と人間の成長』（ホーナイ全集 第 6 巻）誠信書房，1986 年。
Hudson, Stephen D. 1980. "The Nature of Respect." *Social Theory and Practice*, 6: 69–90.
Hume, David. 1978. *A Treatise of Human Nature*, ed. L. A. Selby-Bigge, 2nd ed., rev. P. H. Nidditch. Oxford: Oxford University Press. ディヴィド・ヒューム，木曾好能訳『人間本性論〈第 1 巻〉知性について』法政大学出版局，2011 年；ディヴィド・ヒューム，石川徹・中釜浩一・伊勢俊彦訳『人間本性論〈第 2 巻〉情念について』法政大学出版局，2011 年；ディヴィド・ヒューム，伊勢俊彦・石川徹・中釜浩一『人間本性論〈第 3 巻〉道徳について』法政大学出版局，2012 年。
——. 1985a. *An Enquiry Concerning the Principles of Morals*, in *Enquiries Concerning Human Understanding and Concerning the Principles of Morals* [, ed. L. A. Selby-Bigge, 3rd. ed., rev. P. H. Nidditch. Oxford: Clarendon Press. D. ヒューム，渡部峻明訳『道徳原理の研究』晢書房，1993 年。
——. 1985b. *An Enquiry Concerning Human Understanding*, in *Enquiries Concerning Human Understanding and Concerning the Principles of Morals* [, ed. L. A. Selby-Bigge, 3rd. ed., rev. P. H. Nidditch. Oxford: Clarendon Press. D. ヒューム，渡部峻明訳『人間知性の研究・情念論』晢書房，1990 年。
Imam, Ayesha. 2002. Interview with Terry Gross, "Fresh Air," December 5, 2002（http://freshair.npr.org/day_fa.jhtml?display=day&todayDate=12/05/2002）.
Jefferson, Thomas. 1984. *Writings.* New York: Library of America.
Johnson, Conrad D. 1985. "The Authority of the Moral Agent." *Journal of Philosophy*, 82: 391–413.
——. 1991. *Moral Legislation: A Legal-Political Model for Indirect Consequentialist Reasoning*. Cambridge: Cambridge University Press, 1991.
Kahneman, Daniel, and Amos Tversky. 1982. "The Simulation Heuristic," in *Judgment under Uncertainty*, ed. D. Kahneman, P. Slovic, and A. Tversky. Cambridge: Cambridge University Press.
Kamm, Frances. 1989. "Harming Some to Save Others." *Philosophical Studies*, 57: 227–260.

——. 1992. "Non-Consequentialism, the Person as an End-in-Itself, and the Significance of Status." *Philosophy & Public Affairs*, 21: 381–389.

Kant, Immanuel. 1900- . *Kant's gesammelte Schriften.* Berlin: Georg Reimer, later Walter de Gruyter.

——. 1996a. *Practical Philosophy*, trans. and ed. Mary J. Gregor. Cambridge: Cambridge University Press.

——. 1996b. *Metaphysical First Principles of the Doctrine of Right*, in *The Metaphysics of Morals*, in *Practical Philosophy*. カント，樽井正義・池尾恭一訳『人倫の形而上学』（『カント全集』第11巻）岩波書店，2002年。

——. 1996c. *Groundwork of the Metaphysics of Morals*, in *Practical Philosophy*. カント，平田俊博訳『人倫の形而上学の基礎づけ』（『カント全集』第7巻）岩波書店，2000年。

——. 1996d. *Critique of Practical Reason*, in *Practical Philosophy*. カント，坂部恵・江古田理訳『実践理性批判』（『カント全集』第7巻）岩波書店，2000年。

——. 1996e. *Metaphysical First Principles of the Doctrine of Virtue*, in *The Metaphysics of Morals*, in *Practical Philosophy*. カント，樽井正義・池尾恭一訳『人倫の形而上学』（『カント全集』第11巻）岩波書店，2002年。

——. 1996f. *The Metaphysics of Morals*, in *Practical Philosophy*. カント，樽井正義・池尾恭一訳『人倫の形而上学』（『カント全集』第11巻）岩波書店，2002年。

——. 1998. *The Critique of Pure Reason*, trans. and ed. Paul Guyer and Allen W. Wood. Cambridge: Cambridge University Press. カント，有福孝岳訳『純粋理性批判』上・中・下（『カント全集』4～6巻），岩波書店，2001–2006年。

——. 1999. *Religion Within the Boundaries of Mere Reason*, eds. Allen W. Wood, George Di Giovanni, foreword Merrihew Adams. Cambridge: Cambridge University Press. カント，北岡武司訳『たんなる理性の限界内の宗教』（『カント全集』第10巻）岩波書店，2000年。

——. 2002. *Groundwork for the Metaphysics of Morals*, ed. Allen Wood. New Haven, CT: Yale University Press. カント，平田俊博訳『人倫の形而上学の基礎づけ』（『カント全集』第7巻）岩波書店，2000年。

Kavka, Gregory. 1995. "The Rationality of Rule-Following: Hobbes' Dispute with the Foole." *Law and Philosophy*, 14: 5–34.

Kennett, Jeanette. 2002. "Autism, Empathy, and Moral Agency." *The Philosophical Quarterly* 52: 340–357.

Kerstein, Samuel. 2001. "Korsgaard's Kantian Arguments for the Value of

Humanity." *Canadian Journal of Philosophy*, 31: 23–52.
Kögler, Herbert and Karsten R. Stueber. 2000. *Empathy and Agency: The Problem of Understanding in the Human Sciences*. Boulder, CO; Westview Press.
Kohlberg, Lawrence. 1981. *Essays on Moral Development*. San Francisco, CA: Harper & Row. ローレンス・コールバーグ，岩佐信道訳『道徳性の発達と道徳教育——コールバーグ理論の展開と実践』広池学園出版部，1987 年。
Korsgaard, Christine. 1986. "Skepticism about Practical Reason." *Journal of Philosophy* 83: 5–25.
——. 1996a. "Creating the Kingdom of Ends," in *Creating the Kingdom of Ends*. Cambridge: Cambridge University Press.
——. 1996b. "Kant's Formula of Humanity," in *Creating the Kingdom of Ends*.
——. 1996c. "Morality and Freedom," in *Creating the Kingdom of Ends*.
——. 1996d. "The Reasons We Can Share: An Attack on the Distinction Between Agent-Relative and Agent-Neutral Values," in *Creating the Kingdom of Ends*.
——. 1996e. *The Sources of Normativity*. Cambridge: Cambridge University Press. クリスティーン・コースガード，寺田俊郎・三谷尚澄・後藤正英・竹山重光訳『義務とアイデンティティの倫理学——規範性の源泉』岩波書店，2005 年。
——. 1996f. "Two Distinctions in Goodness," in *Creating the Kingdom of Ends*.
——. 1997. "The Normativity of Instrumental Reason," in *Ethics and Practical Reason*, eds. Garrett Cullity and Berys Gaut. Oxford: Oxford University Press.
——. 2003. "Realism and Constructivism in Twentieth-Century Moral Philosophy." *Journal of Philosophical Research* 28: 99–122.
Kumar, Rahul. 1999. "Defending the Moral Moderate: Contractualism and Common Sense." *Philosophy & Public Affairs*, 28: 275–309.
——. 2003. "Reasonable Reasons in Contractualist Moral Argument." *Ethics*, 114: 6–37.
Laurence, Michael. 1997. "Death Be Not Proud." *Bates Magazine*.
Leibniz, Gottfried Wilhelm. 1989. *Political Writings*, ed. Patrick Riley, 2nd ed. Cambridge: Cambridge University Press.
Leimar, Olof, and Peter Hammerstein. 2001. "Evolution of Cooperation through Indirect Reciprocity." *Proceedings of the Royal Society of London*, 268: 745–753.
Leiter, Brian. 1995. "Morality in the Pejorative Sense: On the Logic of Nietzsche's Critique of Morality." *British Journal for the History of Philosophy*, 3: 113–

145.
——. 1997. “Nietzsche and the Morality Critics.” *Ethics*,10: 250–285.
Lévinas, Emmanuel. 1969. *Totality and Infinity: An Essay on Exteriority*, trans. Alphonso Lingis. Pittsburgh: Duquesne University Press. レヴィナス，熊野純彦訳『全体性と無限』上・下，岩波文庫，2005–2006 年。
Lincoln, Abraham. 1989. *Speeches and Writings, 1832–1858*, ed. Don E. Fehrenbacher. New York: The Library of America. リンカーン，高木八尺・斎藤光訳『リンカーン演説集』岩波文庫，1957 年。
Lloyd, Sharon. 2009. *Cases in the Law of Nature: The Moral Philosophy of Thomas Hobbes.* Cambridge; New York: Cambridge University Press.
Locke, John. 1975. *An Essay Concerning Human Understanding*, ed. Peter H. Nidditch. Oxford: Oxford University Press. ジョン・ロック，大槻春彦訳『人間知性論』全 4 巻，岩波文庫，1972–1977 年。
——. 1988. *Second Treatise of Government*, in *Two Treatises of Government*, ed. Peter Laslett. Cambridge: Cambridge University Press. ジョン・ロック，加藤節訳『完訳統治二論』岩波文庫，2010 年。
Lotem, Arnon, M. A. Fishman, and L. Stone. 1999. “Evolution of Cooperation Between Individuals.” *Nature*, 400: 226–227.
Lyons, David. 1965. *The Forms and Limits of Utilitarianism*. Oxford: Clarendon Press.
Mack, Eric. 1976. “Hart on Natural and Contractual Rights.” *Philosophical Studies 29:* 283–285.
Malanowski, Jamie. 2002. “Human, Yes, But No Less a Monster.” *New York Times*, December 22, 2002, sec. 2, pp. 1, 36.
Mansbridge, Jane J., ed. 1990. *Beyond Self-Interest*. Chicago: University of Chicago Press.
Margalit, Avishai. 1996. *The Decent Society.* Cambridge, MA: Harvard University Press.
Mason, Michelle. 2003. “Contempt as a Moral Attitude.” *Ethics*, 113: 234–272.
——. unpublished. “Shamelessness.”
McDowell, John. 1979. “Virtue and Reason.” *Monist* 62: 331–350. ジョン・マクダウェル，荻原理訳「徳と理性」(『思想』2008 年第 7 号) 岩波書店，2008 年。
McNaughton, David and Piers Rawling. 1991. “Agent-Relativity and the Doing Happening Distinction.” *Philosophical Studies* 63: 167–185.
——. 1993. “Deontology and Agency.” *Monist* 76: 81–100.

——. 1995. “Value and Agent-Relative Reasons.” *Utilitas* 7: 31–47.

Melnick, Arthur. 2002. “Kant’s Formulations of the Categorical Imperative.” *Kant-Studien* 93: 291–308.

Milgram, Stanley. 1974. *Obedience to Authority*. New York: Harper & Row. スタンレー・ミルグラム，山形浩生訳『服従の心理』河出書房新社，2008 年。

Mill, John Stuart. 1988. *The Subjection of Women*, ed. Susan Moller Okin. Indianapolis, IN: Hackett Publishing Company. J. S. ミル，大内兵衛・大内節子訳『女性の解放』岩波文庫，1957 年。

——. 1998. *Utilitarianism*, ed. Roger Crisp. Oxford: Oxford University Press. J. S. ミル，川名雄一郎訳『功利主義』(『功利主義論集』) 京都大学学術出版会，2010 年。

Miller, William I. 1997. *The Anatomy of Disgust*. Cambridge, MA: Harvard University Press.

Moore, G. E. 1966. *Ethics*. London: Oxford University Press. G. E. ムーア，深谷昭三訳『倫理学』法政大学出版局，1977 年。

——. 1993. *Principia Ethica*, rev. ed. with the preface to the (projected) 2nd ed. and other papers, ed. with an intro. Thomas Baldwin. Cambridge: Cambridge University Press. G. E. ムア，泉谷周三郎・寺中平治・星野勉訳『倫理学原理——付録：内在的価値の概念／自由意志』三和書籍，2010 年。

Moran, Richard. 2005. “Getting Told, Being Believed.” *Philosophers’ Imprint* 5:5 (http://www.philosophersimprint.org/005005/).

Morissette, Alanis. 1995. “You Oughta Know.” Milwaukee, WI: MCA Music Publishers, H. Leonard Corp.

Morris, Herbert. 1976. “Guilt and Shame,” in *Guilt and Innocence*. Berkeley: University of California Press.

Mulgan, Timothy. 2001. *The Demands of Consequentialism*. Oxford: Oxford University Press.

Murdoch, Iris. 1999. “The Sublime and the Good,” in *Existentialists and Mystics*, ed. Peter Conrad, New York: Penguin Books.

Murphy, Jeffrie G., and Jean Hampton. 1988. *Forgiveness and Mercy*. Cambridge: Cambridge University Press.

Myejes, Meno. 2002. *Max*. Natural Nylon II ; Pathé.

Nagel, Thomas. 1970. *The Possibility of Altruism*. Oxford: Clarendon Press.

——. 1986. *The View from Nowhere*. New York: Oxford University Press. トマス・ネーゲル，中村昇ほか訳『どこでもないところからの眺め』春秋社，2009 年

——. 1995. "Personal Rights and Public Space." *Philosophy & Public Affairs* 24: 83–107.

Neiman, Susan. 2002. *Evil in Modern Thought: An Alternative History of Philosophy.* Princeton, NJ: Princeton University Press.

Neufeld, Ephraim, trans. 1951. *The Hittite Laws*. London: Luzac.

Neuhouser, Fredrick. 1994. "Fichte and the Relationship between Right and Morality," in *Fichte: Historical Contexts/Contemporary Controversies,* ed. Daniel Breazeale and Tom Rockmore. Atlantic Highlands, NJ: Humanities Press, pp. 158–180.

Nietzsche, Friedrich. 1994. *On the Genealogy of Morals*, ed. Keith Ansell-Pearson and Carol Diethe. Cambridge: Cambridge University Press. フリードリッヒ・ニーチェ，信太正三訳『善悪の彼岸・道徳の系譜』ちくま学芸文庫，1993年。

Nowak, Martin A., and Karl Sigmund. 1998a. "The Dynamics of Indirect Reciprocity." *Journal of Theoretical Biology*, 194: 561–574.

——. 1998b. "Evolution of Indirect Reciprocity by Image Scoring." *Nature*, 393: 573–577.

Nowell-Smith, P. H. 1948. "Freewill and Moral Responsibility." *Mind*, 57: 45–61.

Nozick, Robert. 1969. "Coercion," in *Philosophy, Science, and Method*, eds. Sidney Morgenbesser, et al. New York: St. Martin's Press.

Oakes, James. 1990. *Slavery and Freedom*. New York: W. W. Norton & Company, Inc.

Olson, Jonas. 2004. "Buck-Passing and the Wrong Kind of Reasons." *The Philosophical Quarterly*, 54: 295–300.

Orbell, John M., Robyn M. Dawes, and Alphons van de Kragt. 1988. "Explaining Discussion-Induced Cooperation." *Journal of Personality and Social Psychology*, 54: 811–819.

——. 1990. "Cooperation for the Benefit of Us--Not Me, or My Conscience," in *Beyond Self-Interest*, ed. Jane J. Mansbridge.

Parfit, Derek. 1984. *Reasons and Persons*. Oxford: Clarendon Press. デレク・パーフィット，森村進訳『理由と人格——非人格性の倫理へ』勁草書房，1998年。

——. 1997. "Reasons and Motivation." *Aristotelian Society*, supp. vol., 71: 99–130.

——. 2001. "Rationality and Reasons," in *Exploring Practical Philosophy: From Action to Values*, ed. Dan Egonsson, Bjön Petersson, Jonas Josefsson, and

Toni Rønnow-Rasmussen. Aldershot: Ashgate Press.
——. 2004. "Contractualism," in *Tanner Lectures on Human Values 2004*, ed. Grethe Peterson. Salt Lake City, UT: Utah University Press.
Parisoli, Luca. 2001. "Hume and Reid on Promises," *Thèmes*, Année 2001 (http://www.philosophiedudroit.org/parisoli,% 20hume.htm).
Pettit, Philip and Michael Smith. 1990. "Backgrounding Desire." *Philosophical Review* 99: 565–592.
——. 1996. "Freedom in Belief and Desire." *Journal of Philosophy*, 93: 429–449.
Plato. 1969. *The Collected Dialogues of Plato, Including the Letters*, ed. Edith Hamilton and Huntington Cairns. Princeton, NJ: Princeton University Press. 田中美知太郎・藤沢令夫編『プラトン全集』全15巻，岩波書店，1974–1978年。
Platts Mark. 1979. *Ways of Meaning*. London: Routledge & Kegan Paul.
Postema, Gerald. 1995. "Morality in the First Person Plural." *Law and Philosophy* 14: 35–64.
Pound, Roscoe. 1922. *An Introduction to the Philosophy of Law*. New Haven, CT: Yale University Press. R. パウンド，恒藤武二訳『法哲学入門』(社会科学選書第9) ミネルヴァ書房，1957年。
Price, Richard. 1974. *A Review of the Principle Questions in Morals* (originally published in 1758), ed. D. D. Raphael. Oxford: Clarendon Press.
Prichard, H. A. 2002. "Does Moral Philosophy Rest on a Mistake?" in Moral Writings, ed. Jim McAdam. Oxford: Oxford University Press. H. A. プリチャード，小泉仰訳「道徳的哲学は誤りにもとづいているか」(現代英米の倫理学 (II)』) 福村書店，1959年。
Pufendorf, Samuel. 1934. *On the Law of Nature and Nations*, trans. C. H. Oldfather and W. A. Oldfather. Oxford: Clarendon Press.
Putnam, Hilary. 2002. "Levinas and Judaism," in *The Cambridge Companion to Levinas*, eds. Simon Critchley and Robert Bernasconi. Cambridge: Cambridge University Press.
Quinn, Warren. 1991. "Putting Rationality in Its Place," in *Morality and Action*. Cambridge: Cambridge University Press.
Rabinowicz, Wlodek and Toni Ronnøw-Rasmussen, 2004. "The Strike of the Demon: On Fitting Pro-Attitudes and Value." *Ethics*, 114: 391–423.
Radzinsky, Edvard. 1997. *Stalin*. New York: Anchor Books. エドワード・ラジンスキー，工藤精一郎訳『赤いツァーリ——スターリン，封印された生涯』上・下，日本放送出版協会，1996年。

Railton, Peter. 1986. "Moral Realism." *Philosophical Review* 95: 163–207.
——. 1989. "Naturalism and Prescriptivity." *Social Philosophy and Policy*, 7: 151–174.
——. 1992. "Pluralism, Determinism, and Dilemma." *Ethics*, 102: 720–742.
——. 1997. "On the Hypothetical and Non-Hypothetical in Reasoning About Belief and Action," in *Ethics and Practical Reason*, eds. Garrett Cullity and Berys Gaut. Oxford: Oxford University Press.
Rawls, John. 1955. "Two Concepts of Rules." *Philosophical Review*, 64: 3–32. ジョン・ロールズ，深田三徳訳「二つのルール概念」（『公正としての正義』）木鐸社，1979 年。
——. 1971. *A Theory of Justice*. Cambridge: MA: Harvard University Press. ジョン・ロールズ，川本隆史・福間聡・神島裕子訳『正義論』紀伊國屋書店，2010 年。
——. 1980. "Kantian Constructivism in Moral Theory." *Journal of Philosophy*, 77: 515–572.
——. 1993. *Political Liberalism*. New York: Columbia University Press.
——. 2000.*Lectures on the History of Philosophy*, ed. Barbara Herman. Cambridge, MA: Harvard University Press. ジョン・ロールズ，久保田顕二・下野正俊・山根雄一郎訳『ロールズ哲学史講義』上・下，みすず書房，2005 年。
——. 2001. *Justice as Fairness: a Restatement*. Ed., Erin Kelly. Cambridge, MA: Harvard University Press, 2001. ジョン・ロールズ，田中成明・亀本洋・平井亮輔訳『公正としての正義　再説』岩波書店，2004 年。
Raz, Joseph. 1972. "Voluntary Obligations and Normative Powers." *Proceedings of the Aristotelian Society* 46: 79–101.
——. 1975.*Practical Reason and Norms*. London: Hutchinson.
——. 1986. *The Morality of Freedom*. Oxford: Clarendon Press. ジョセフ・ラズ，深田三徳ほか訳『権威としての法——法理学論集』勁草書房，1994 年。
Regan, Donald H. 2003a. "How to be a Moorean." *Ethics*, 113: 651–677.
——. 2003b. "The Value of Rational Nature." *Ethics*, 112: 267–291.
Reid, Thomas. 1969. *Essays on the Active Powers of the Human Mind*. Cambridge, MA; MIT Press.
Rochefoucauld, François (duc de) la. 1973. *Reflexiones, ou sentences ou maximes morales suivi des reflexions diverses*, ed. Jean LaFond. Paris: Gallimard. ラ・ロシュフコー，二宮フサ訳『ラ・ロシュフコー箴言集』岩波文庫，1989 年。
Rosati, Connie S. 1995. "Naturalism, Normativity, and the Open Question Argument." *Noûs*, 29: 46–70.

——. 2003. “Agency and the Open Question Argument.” *Ethics*, 113: 490–527.
Ross, W. D. 1930. *The Right and the Good*. Oxford: Clarendon Press. Sir. W. D. ロス，林竹二抄訳「「正しい」ということの意味」(『現代英米の倫理学（II）』) 福村書店，1959 年；Sir. W. D. ロス，林竹二抄訳「善いということの本質」(『現代英米の倫理学（III）』) 福村書店，1959 年。
Rothschild, Emma. 2001. *Economic Sentiments: Adam Smith, Condorcet, and the Enlightenment*. Cambridge, MA: Harvard University Press.
Rousseau, Jean-Jacques. 1977. *The Social Contract and Other Later Political Writings*, ed. Victor Gourevitch. Cambridge: Cambridge University Press. ルソー，小林善彦・井上幸治訳『人間不平等起原論；社会契約論』(中公クラシックス) 中央公論新社，2005 年。
Rumfitt, Ian. 1998. “Presupposition” , in *Routledge Encyclopedia of Philosophy*, ed. Edward Craig, vol. 7.
Rumfitt, Ian. 2007. “An Anti-Realist of Classical Consequence,” *The Philosophy of Michael Dummett* (*The Library of Living Philosophers*), eds. Randall E. Auxier and Lewis Edwin Hahn. Chicago, IL : Open Court.
Sabini, John, and Maury Silver. 1982. *Moralities of Everyday Life*. New York: Oxford University Press.
Sartre, Jean-Paul. 1957. *Being and Nothingness : a Phenomenological Essay on Ontology*, trans. by Hazel Barnes. New York: Washington Square Press. ジャン＝ポール・サルトル，松浪信三郎訳『存在と無』全 3 巻，ちくま学芸文庫，2007–2008 年。
Scanlon, T. M. 1982. “Contractualism and Utilitarianism,” in *Utilitarianism and Beyond*, eds. Bernard Williams and Amartya Sen. Cambridge: Cambridge University Press.
——. 1990. “Promises and Practices.” *Philosophy & Public Affairs* 19: 199–226.
——. 1995. “The Significance of Choice,” in *Equal Freedom*, ed. Stephen Darwall. Ann Arbor, MI: University of Michigan Press.
——. 1998. *What We Owe to Each Other*. Cambridge, MA: Harvard University Press.
Schapiro, Tamar. 1999. “What Is a Child?” *Ethics* 109: 715–738.
——. 2001. “Three Conceptions of Action in Moral Theory.” *Noûs* 35: 93–117.
——. 2003a. “Compliance, Complicity, and the Nature of Nonideal Conditions.” *Journal of Philosophy* 100: 329–355.
——. 2003b. “Childhood and Personhood.” *Arizona Law Review* 45: 575–594.
Scheffler, Samuel. 1982. *The Rejection of Consequentialism*. Oxford: Clarendon

Press.
——. 1992. *Human Morality*. New York: Oxford University Press.
——. 2004. “Doing and Allowing.” *Ethics* 114: 215–239.
Schlick, Moritz. 1939. *Problems of Ethics*. New York: Prentice-Hall. M. シュリック，安藤孝行訳『倫理学の諸問題』行路社，1981年。
Schneewind, J. B. 1990. *Moral Philosophy from Montaigne to Kant*. Cambridge: Cambridge University Press.
——. 1998. *The Invention of Autonomy*. Cambridge: Cambridge University Press.
Searle, John. 1964. “How to Derive an ‘Ought’ from an ‘Is’.” *Philosophical Review* 73: 43–58.
Sellars, Wilfrid. 1997. *Empiricism and the Philosophy of Mind*. Cambridge, MA: Harvard University Press. ウィルフリド・セラーズ，浜野研三訳『経験論と心の哲学』岩波書店，2006年
Seuss, Dr. [Theodor Geisel] . 1971. *The Lorax*. New York: Random House.
Shafer-Landau. 2003. *Moral Realism: A Defense*. New York: Oxford University Press.
Shah, Nishi. 2003. “How Truth Governs Belief.” *Philosophical Review* 112: 447482.
Shah, Nishi, and J. David Velleman. 2005. “Doxastic Deliberation.” *Philosophical Review* 114: 497–534.
Sherman, Nancy. Unpublished. “Manners and Morals.”
Shriffin, Seanna Valentine. 2000. “Paternalism, Unconscionability Doctrine, and Accommodation, *Philosophy & Public Affairs*, 29: 205–250.
Sidgwick, Henry. 1964. *Outlines of the History of Ethics for English Readers*, 6th ed. Boston, MA: Beacon Press. シジウィック，竹田加寿雄・名越悦訳『倫理学史』上・下，刀江書院，1951–1952年。
——. 1967. *The Methods of Ethics*, 7th ed. London: Macmillan.
Skorupski, John. 1999. *Ethical Explorations*. Oxford: Oxford University Press.
Slote, Michael. 1992. *From Morality to Virtue*. New York: Oxford University Press.
Smart, J. J. C. and Bernard Williams. 1973. *Utilitarianism: For and Against*. Cambridge: Cambridge University Press.
Smith, Adam. 1976. *An Inquiry into the Nature and Causes of the Wealth of Nations*, eds. R. H. Campbell and A. S. Skinner. Oxford: Clarendon Press. アダム・スミス，山岡洋一訳『国富論――国の豊かさの本質と原因についての研究』上・下，日本経済新聞出版社，2007年。

——. 1982a. *The Theory of Moral Sentiments*, eds. D. D. Raphael and A. L. MacFie. Indianapolis: Liberty*Classics*. アダム・スミス，高哲男訳『道徳感情論』（講談社学術文庫）講談社，2013 年。

——. 1982b. *Lectures on Jurisprudence*, eds. R. L. Meek, D. D. Raphael, and P. G. Stein. Indianapolis: Liberty*Classics*. アダム・スミス，水田洋訳『法学講義』岩波文庫，2005 年。

——. 1995. *Essays on Philosophical Subjects*, eds. W. D. Wightman and J. C. Bryce. Indianapolis: Liberty*Classics*. アダム・スミス，水田洋ほか訳『アダム・スミス哲学論文集』名古屋大学出版会，1993 年。

Smith, Michael. 1987. "The Humean Theory of Motivation." *Mind*, 96: 36–61.

——. 1994. *The Moral Problem*. Oxford: Blackwell. マイケル・スミス，樫則章監訳『道徳の中心問題』ナカニシヤ出版，2006 年。

Sripada, Chandra. 2005. "Punishment and the Strategic Structure of Moral Systems." *Biology & Philosophy* 20: 767–789.

Stalnaker, Robert. 1974. "Pragmatic Presuppositions," in *Semantics and Philosophy*, eds. Milton K. Munitz and Peter K. Unger. New York: New York University Press.

Stampe, Dennis. 1987. "The Authority of Desire." *Philosophical Review*, 96: 335–381.

Stern, Lawrence. 1974. "Freedom, Blame, and Moral Community." *Journal of Philosophy*, 71: 72–84.

Stocker, Michael. 2007. "Shame, Guilt, and Pathological Guilt: A Discussion of Bernard Williams." *Bernard Williams*, ed. A. P. Thomas. Cambridge: Cambridge University Press.

Strawson, P. F. 1968. "Freedom and Resentment," in *Studies in the Philosophy of Thought and Action*. London: Oxford University Press. P. F. ストローソン，法野谷俊哉訳「自由と怒り」（『自由と行為の哲学』）春秋社，2010 年。

Stroud, Ronald S. 1979. *The Axones and Kyrbeis of Drakon and Solon*. Berkeley, CA: University of California Press.

Suarez, Francisco. 1944. *A Treatise on Laws and God the Lawgiver*, trans. Gwladys L. Williams, Ammi Brown, and John Waldron, rev. Henry Davis, S.J., intro. James Brown Scott, in *Selections from Three Works of Francisco Suarez, S.J.*, v. 2. Oxford: Clarendon Press, 1944. フランシスコ・スアレス，山辺建訳『法律についての，そして立法者たる神についての論究』（『中世思想原典集成第 20 巻　近代のスコラ学』）平凡社，2000 年。

Sussman, David. 2003. "The Authority of Humanity." *Ethics*, 113: 350–366.

Swanton, Christine. 2003. *Virtue Ethics: A Pluralistic View.* Oxford: Oxford University Press.

Thibaut John, and Laurens Walker. 1975. *Procedural Justice: A Psychological Analysis*. Hillsdale, NJ: Lawrence Erlbaum Associates, Publishers.

Thompson, Michael. 2004. "What Is It to Wrong Someone? A Puzzle about Justice," in *Reason and Value: Themes from the Philosophy of Joseph Raz*, ed. R. Jay Wallace, Philip Pettit, Samuel Scheffler, and Michael Smith. Oxford: Oxford University Press.

Thomson, Judith Jarvis. 1971. "A Defense of Abortion." *Philosophy & Public Affairs* 1: 47–66. J. トムソン, 星敏男ほか抄訳「人工妊娠中絶の擁護」(『バイオエシックスの基礎——欧米の「生命倫理」論』) 東海大学出版会, 1988年。

——. 1990. *The Realm of Rights*. Cambridge, MA: Harvard University Press.

Trivers, R. L. 1971. "The Evolution of Reciprocal Altruism." *Quarterly Review of Biology* 46: 35–57.

Tugendhat, Ernst. 2004. "Universalistically Approved Intersubjective Attitudes: Adam Smith." *Adam Smith Review* 1: 88–104.

Velleman, J. David. 2000. "The Possibility of Practical Reason," in *The Possibility of Practical Reason*. Oxford: Oxford University Press.

——. 2001. "The Genesis of Shame." *Philosophy & Public Affairs* 30: 27–52.

——. 2005. "The Voice of Conscience," in *Self to Self.* Cambridge: Cambridge University Press.

Vranas, Peter. 2001. *Respect for Persons: An Epistemic and Pragmatic Investigation*. Ph. D. Diss., The University of Michigan, Ann Arbor.

——. 2007. "I Ought, Therefore I Can." *Philosophical Studies* 136: 167–216

Wallace, R. Jay. 1994. *Responsibility and the Moral Sentiments.* Cambridge, MA: Harvard University Press.

Watson, Gary. 1987. "Responsibility and the Limits of Evil: Variations on a Strawsonian Theme," in *Responsibility, Character, and the Emotions: New Essays in Moral Psychology*, ed. F. D. Schoeman. Cambridge: Cambridge University Press.

——. 1996. "Two Faces of Responsibility." *Philosophical Topics* 24: 227–248.

——. Unpublished. "Promising, Assurance, and Expectation."

Wedekind, Claus, and Manfred Milinski. 2000. "Cooperation Through Image Scoring in Humans." *Science* 288: 850–852.

Westlund, Andrea. 2003. "Selflessness and Responsibility for Self: Is Deference

Compatible with Autonomy?" *Philosophical Review* 112: 483–523.
Williams, Bernard. 1973. *Problems of the Self.* Cambridge: Cambridge University Press.
——. 1981a. *Moral Luck*. Cambridge: Cambridge University Press.
——. 1981b. "Internal and External Reasons," in *Moral Luck*.
——. 1985. *Ethics and the Limits of Philosophy*. Cambridge, MA: Harvard University Press. バナード・ウィリアムズ，森際康友・下川潔訳『生き方について哲学は何が言えるか』産業図書，1985 年。
——. 1993. *Shame and Necessity.* Berkeley: University of California Press.
——. 1995. "Internal Reasons and the Obscurity of Blame," in *Making Sense of Humanity*. Cambridge: Cambridge University Press.
Wolff, Robert Paul. 1970. *In Defense of Anarchism*. New York: Harper & Row.
Wollheim, Richard. 1984. *The Thread of Life.* New Haven, CT: Yale University Press.
Wood, Allen. 1999. *Kant's Ethical Thought*. Cambridge: Cambridge University Press.
Woodward, Bob. 2004. *Plan of Attack*. New York: Simon. ボブ・ウッドワード，伏見威蕃訳『攻撃計画——ブッシュのイラク戦争』日本経済新聞社, 2004 年。
Zimbardo, Philip G., Ebbe B. Ebbesen, and Christina Maslach. 1977. *Influencing Attitude and Changing Behavior: An Introduction to Method, Theory, and Applications of Social Control and Personal Power*. Reading, MA: Addison-Wesley Publishing, Company. フィリップ・ジンバルド，エベ・B. イブセン，高木修訳『態度変容と行動の心理学』（現代社会心理学の動向第 4 巻）誠信書房，1979 年。